W9-BDD-634

LULA,
el hijo de Brasil

DENISE PARANÁ

LULA,
el hijo de Brasil

Traducción de Marcelo Canossa

 **Editorial El Ateneo**

620.7   Paraná, Denise
PAR   Lula, el hijo de Brasil - 1a. ed., 1a reimp.
        Buenos Aires, El Ateneo, 2003
        496 p.; 15,5 x 22,5 cm.

        Traducción: Marcelo Canossa

        ISBN: 950-02-6371-8

        1. Título - 1. Biografía

© Denise Paraná, 2003
© *Lula, o filho do Brasil*, Editora Fundação Perseu Abramo

Diseño de interiores: Lucila Schonfeld
Foto de tapa: Prensa Três

Primera edición, Primera reimpresión de Editorial El Ateneo
© LIBRERÍAS YENNY S.A., 2003
Patagones 2463 - (C1282ACA) Buenos Aires - Argentina
Tel.: (54 11) 4943 8200 - Fax: (54 11) 4308 4199
E-mail: editorial@elateneo.com

Derechos exclusivos de edición en castellano
reservados para todo el mundo.
Queda hecho el depósito que establece la ley 11.723

Impreso en Talleres Verlap S.A.
Comandante Spurr 653, Avellaneda,
Provincia de Buenos Aires,
en el mes de julio de 2003.

Impreso en la Argentina

Para

Ana Clara,
João Batista,
Maria Rita,
y todos aquellos que saben amar
y luchar por lo que creen

In memorian, Doña Lindu

"Porque vivir es en verdad aprender a vivir. El sertón me produjo, luego me tragó, después me escupió del calor de su boca… ¡No soy del demo y no soy de Dios!"

João Guimarães Rosa
Grande sertão: Veredas

Índice

Agradecimientos 13

Presentación, Antonio Candido 15

Introducción 21

Los primeros y más marcados recuerdos 47

Adaptándose al asombroso nuevo mundo 71

Inesperados cambios de ruta 81

Desafiando lo desconocido 113

Y Luiz Inácio se transformó en Lula 129

Caminos y descaminos políticos 159

La experiencia de la tortura 187

Recuerdos del sertón y de la metrópoli 203

El padre, la madre y la amante 253

Me acuerdo de todo 271

Deseos no realizados 291

Una mujer, dos nombres 317

Todo terminó bien 333

Historias de la juventud 359

En busca de una historia 375

De la "cultura de la pobreza" a la "cultura
de la transformación" 381

Impresiones al final de la jornada 423

Referencias bibliográficas 459

Agradecimientos

Escribir agradecimientos de este tipo es siempre una tarea ardua; es difícil demostrarle a cada uno de los personajes que ayudaron a la construcción de este libro hasta qué punto fueron valiosos. A la familia Silva, mi inmensa gratitud: a Lula y su esposa Marisa, a sus hermanos Frei Chico, Vavá, Jaime, Maria, Marinete, Tiana, y sus respectivos maridos, esposas e hijos. Y también al ex cuñado de Lula, Lambari, y a su tía doña Luzinete. Todos ellos se dispusieron a abrir sus memorias y sus corazones sin pedir jamás nada a cambio, acogiéndome cariñosamente, transformándose en amigos cercanos y queridos. Y, aunque el destino no me haya concedido el privilegio de conocer personalmente a doña Lindu (madre de los Silva), le agradezco también, por el ejemplo de vida y carácter; por su fortaleza de "analfabeta sabia", esta especie humana posdoctorada en adversidades de la vida. Este trabajo pertenece a todas las "doñas Lindus" y a todos los "Silva" de Brasil.

Agradezco al apoyo fundamental de mi orientador en la Universidad de San Pablo, Prof. Dr. Emanuel Soares da Veiga Garcia y también del Prof. Dr. Osvaldo Coggiola que co-orientó este trabajo. Quisiera también agradecer a una serie de amigos y maestros cuyo apoyo fue importante para la publicación de este libro. Mi especial agradecimiento a: Abib Issa Sabbag, Ana Maria Stuart, Antonio Augusto Marx, Antonio Candido, Antonio Victor Paraná, Aurélio Pimentel, Carla Sabbag, Célio Vieira Pamplona, Elzi Dutra, Eugênio Bucci, Eunice Moreira Bastos, Gilberto Carvalho, Gilberto Safra, Gisela Paraná Sanches, Heloísa T. Stroppa, Istvan Jancsó, João Batista Pamplona, José Carlos Espinoza, Luiz Dulci, Maria Rita Kehl, Marise Oliveira Fonseca, Maura Pardini Bicudo Veras, Míriam Marx, Mônica Zerbinato, Mustaf Yazbek, Nina Tozzi Paraná, Paulo Luís Miadaira,

13

Paulo de Tarso Vannuchi, Ricardo Azevedo, Rodrigo Paraná Sanches, Teófilo Otoni Vasconcelos Torronteguy, Yara Paraná Sanches y Zaíra Sabbag.

Agradezco también a la Capes y al CNPq que me concedieron becas para maestría y doctorado respectivamente y a la Universidad de San Pablo, que posibilitó la realización de este trabajo, originariamente una tesis de doctorado en ciencias humanas.

Presentación

ANTONIO CANDIDO*

Este libro, de los más interesantes que he leído últimamente, es muy oportuno por lo que trae de información y reflexión sobre la condición de las clases desfavorecidas en el Brasil. Pero también por lo que esclarece acerca de uno de los hechos políticos más importantes e innovadores de nuestro tiempo: la constitución y desarrollo del Partido de los Trabajadores (PT).

Su núcleo central es una muy interesante colección de entrevistas con Luiz Inácio Lula da Silva y sus hermanos, que conforma un panorama del comportamiento y los sentimientos de las clases oprimidas. Pero este aspecto individual e íntimo se apoya en una sólida reflexión teórica, que el lector encontrará hacia el final, y que brinda los elementos para su adecuada interpretación. En esta, Denise Paraná estudia el paso de la "cultura de la pobreza", concepto tomado del libro clásico de Oscar Lewis, a la "cultura de la transformación", concepto que elabora con seriedad y fuerza interpretativa. A estos dos bloques se le agrega un tercero: la conclusión de inspiración psicoanalítica, en la que Denise trata de explicar el comportamiento de Lula a través de las relaciones con sus padres, lo que implica complementar, de manera osada, el aspecto sociológico con el psicológico. Como se ve, el material es variado y difícil de coordinar, aunque Denise supo integrarlo de manera clara y convincente, usando un lenguaje agradable, expresivo, que hace que la lectura fluya.

El método pertenece a lo que actualmente se denomina "historia oral". Antes, era algo usado sobre todo en antropología, sociología y psicología, teniendo como base las "historias de vida", o sea, la reco-

---

* Doctor en Ciencias Sociales y en Literatura, Titular Retirado de Teoría Literaria y Literatura Comparada de la Universidad de San Pablo.

lección directa de datos interesantes de la biografía de personas representativas del grupo estudiado, por medio de entrevistas. La combinación de historia, psicología, sociología y antropología es fecunda, ya que ayuda a ampliar la comprensión. Para los historiadores, es probablemente un medio de penetrar en otras disciplinas, lo que ayuda a traerlos hacia lo concreto del mundo contemporáneo.

A pesar de que la materia específica de la parte introductoria, la de las entrevistas y la de la conclusión son lo principal de este trabajo, en esta presentación deseo destacar un aspecto que en este caso es colateral, pero que está presente en todo el libro y es central en la vida brasileña: de qué manera el estudio de una familia pobre del Nordeste y del singular destino de su hijo menor colabora en la comprensión de la conformación del Partido de los Trabajadores, que la autora visualiza como producto de la dinámica de grupos económica y socialmente marginados, que procuran modificar su posición a través del esfuerzo de sus elementos más conscientes. Este libro muestra cómo influye la condición alienada de vida en la estructura y en el comportamiento de un grupo familiar, cómo emerge de este el mayor dirigente obrero que Brasil haya tenido y cómo se transforma en líder político de la más alta importancia.

Por lo tanto, lo que ahora quiero destacar es la correlación entre "cultura de la pobreza", "cultura de la transformación" y conducta política, a través de su vida y de las ideas de Lula, inclusive porque lo que este libro trae como información al respecto es importante para la historia de la izquierda en Brasil.

Antes de la carrera victoriosa de Lula y del PT, la izquierda brasileña (no repuesta aún, en sus sectores más actuantes, del choque causado por el XX Congreso del Partido Comunista de la Unión Soviética) todavía tenía parámetros que venían del pasado y significaban la adhesión a los peligrosos mecanismos de la certeza absoluta, de las fórmulas impositivas y ya hechas, nacidas en el seno del marxismo oficializado y revestido de un dogmatismo que, sofocando el libre debate, impedía el análisis correcto de la realidad. A esta circunstancia se le sumaba la idea de que, siendo considerada la Unión Soviética una guía infalible del socialismo en el mundo, sus propios intereses eran al mismo tiempo el interés de todos los trabajadores, en cualquier país. En el marco de la degeneración burocrática del stalinismo, esa combinación de marxismo mecanizado y política exterior soviética podía generar distorsiones trágicas, de las cuales tuvimos ejemplos en Brasil.

Es verdad que en la izquierda brasileña de la década 1940-1950 hubo intentos de definir un tipo de socialismo democrático capaz de promover movimientos político-sociales que condujesen a la verdadera transformación de la sociedad en el rumbo de las igualdades esenciales: la económica, la educativa, la sanitaria. Pero fueron intentos de actuación reducida, que no llegaron a ligarse de manera firme y constante a los principales interesados, o sea, los obreros, los campesinos asalariados y de manera general los que, como ellos, pertenecen a los sectores de ingresos mínimos. Fue el caso del Partido Socialista Brasileño, inicialmente denominado Izquierda Democrática, fundado en 1945, que tuvo bastante actividad, en especial a nivel legislativo y en la circulación de ideas, hasta su extinción en 1965, por obra de la dictadura militar. Se trató de una toma de posición que se puede considerar histórica, y sus antiguos militantes (como yo) podrían suscribir lo que dijo Lula en una entrevista registrada en este libro:

"La verdad es que nosotros teníamos duras críticas hacia el socialismo real existente. Nuestra pelea dentro del PT –eso cambió después de la caída del muro de Berlín, y cambió también porque hay otras corrientes dentro del PT– era porque nunca aceptamos el modelo soviético como un modelo alternativo de la sociedad, nunca lo aceptamos. Criticábamos al socialismo porque no admitíamos una sociedad socialista sin libertad de expresión, sin derecho de huelga, sin partidos políticos de oposición. Yo ya tenía todas estas informaciones. No era posible hablar de democracia con un solo partido, con sindicatos que no podían hacer huelga, sin que las personas pudiesen criticar al partido que estaba en el poder. En esa época, ya hacíamos esas críticas.

"Es por eso que hoy en día me siento tranquilo. Hoy es muy fácil criticar al socialismo real. Pero nosotros lo criticábamos ya en aquella época. Los sectores de izquierda que leían las cartillas de Moscú pensaban que nosotros éramos de la CIA. Hoy ellos tienen el discurso que nosotros teníamos 20 años atrás, aunque no hacen una autocrítica."

Esta era aproximadamente la posición del Partido Socialista Brasileño desde 1945, lo que le valió ásperos ataques, durante muchos años, por parte del comunismo oficial. Pienso que en ese sentido el Partido de los Trabajadores retomó su tradición, dándole, obviamente, un carácter operativo que aquel nunca había alcanzado, ya que era sobre todo un partido de cúpulas, al cual le faltaba (además de grandes líderes) aquello que hace al éxito del PT y que marca su papel histórico: la iniciativa y la participación a gran escala de la clase obrera, con sus propios líderes, que de ese modo crearon el encuadramiento práctico para la reflexión ideológica.[1]

En ese sentido, el análisis de Denise Paraná me parece ejemplar, pues explica el surgimiento y la naturaleza del PT como fruto de una convergencia dinámica, en una determinada coyuntura histórica, de la iniciativa sindical, de aspiraciones difusas cuya meta es la igualdad económica y del liderazgo de Lula. Este, con mucha clarividencia, afirma a cierta altura de su entrevista:

"Por eso yo digo siempre que soy el fiel resultado del crecimiento de mi clase. Ni más ni menos. A medida que esta avanzaba, yo avanzaba, a medida que esta no avanzaba, yo no avanzaba. Yo no era representante de mí mismo, era representante de ellos. Como mínimo, yo tendría que ser fiel a lo que ellos querían."

Lula no sólo fue "representante" de grupos y aspiraciones, sino que tiene conciencia de eso y no quiere ser otra cosa, lo que aleja por completo cualquier rasgo de caudillismo y demagogia con que algunos malos observadores quisieron caracterizarlo. Y el libro de Denise Paraná es una especie de explicación fundamentada de esa naturaleza especial de un gran líder que se debe a la idea de servir a los demás.

Resalto esta circunstancia para recordar que la ausencia de espíritu caudillesco en Lula tiene como correspondiente un rasgo característico del PT, desde el punto de vista ideológico: la ausencia de ortodoxia y de dogmatismo, lo que ha llevado a algunos a considerarlo una amorfa bolsa de gatos. Es que estamos tan habituados a la he-

---

[1] Sobre el Partido Socialista Brasileño (ahora resurgido), véase el libro reciente de Miracy Barbosa de Sousa Gustin y Margarida Luiza de Matos Vieira, *Semeando democracia. A trajetória do socialismo democrático no Brasil*, Contagem, Editora Palese, 1995.

rencia del siglo XIX que en el fondo nos parece extraño cuando, en la izquierda, la convicción política procura evitar el dogma y la unidad absoluta. A pesar de que se habla cada vez más de pluralismo, no se entiende que un partido socialista, cuyo objetivo definido es de hecho el socialismo, pueda ser abierto sin ser concesivo; experimental y tolerante sin ser informe. Ahora bien, en ese momento de crisis de la teoría y de la práctica del socialismo, ¿cómo avanzar hacia el futuro sin investigar, probar, comparar y tratar de enriquecerse recurriendo a diversas fuentes, hasta que se puedan definir tendencias ideológicas renovadas? El PT es un partido muy amplio, lleno de contradicciones vitales. Por ello mismo es vivo y puede ser experimental, ajustarse a la realidad y caminar con firmeza hacia un tipo de socialismo ajustado a nuestra realidad, capaz de elegir en el arsenal ideológico los instrumentos adecuados para la acción política transformadora de este Brasil cargado de iniquidades seculares. Se trata por el momento de ir modulando, movilizando preceptos del marxismo (punto de referencia indispensable), del nuevo cristianismo social, de las tendencias democráticas radicales. Para ese tipo de orientación, Lula es un líder extremadamente funcional (digámoslo así), por el hecho de no tener concepciones teóricas prefabricadas e inmutables, además de no poseer el peligroso sesgo de los caudillos. Este libro esclarece eso y mucho más, haciendo que el lector sienta cómo el dirigente y el partido se construyeron como un vasto esfuerzo para arrancar a los oprimidos de la "cultura de la pobreza" y, pasando por la "cultura de la transformación", encarnada en Lula y su familia, luchar por aquello que es la esencia del socialismo: el esfuerzo para llegar a una sociedad en la cual la distribución de los bienes sea por lo menos tan importante como su producción. El actual predominio de esta ha llevado a privilegiar los intereses financieros y, por lo tanto, a impedir o a desvirtuar la realización de las aspiraciones de justicia social, que sería la coronación del proceso desencadenado por la "cultura de la transformación".

Introducción

"Quería entender del miedo y del coraje, de la fuerza que nos empuja a hacer tantos actos, a darle cuerpo al suceder."

João Guimarães Rosa
Grande sertão: Veredas

Este es un libro sobre un hombre controvertido. Antes que nada, un hombre que supo cambiar radicalmente un destino que, todo lo indica, "debería" ser suyo. Habiendo tenido una trayectoria común de migrante nordestino, anónimo excluido social, Luiz Inácio Lula da Silva se transformó en uno de los mayores líderes de masas de Brasil, escribiendo su nombre para siempre en la historia nacional. ¿Cómo se forjó este hombre? ¿Qué caminos recorrió? ¿Qué obstáculos enfrentó? ¿Cuántos venció, cuántas veces cayó derrotado?

A través de la figura de Lula, este libro busca comprender cómo algunos individuos son capaces de cambiar radicalmente sus vidas. ¿Qué les había reservado el destino a los pares de Luiz Inácio, obreros que migraron del Nordeste hacia el centro industrializado, mano de obra barata en busca de trabajo, extranjeros en su propio país? Una historia repleta de sacrificios, y también de placeres, pero básicamente una vida en la cual trabajo y sufrimiento son los binomios centrales. Al comienzo de su vida Lula repite la historia de millones de brasileños. Pero al contrario de sus pares, superando enormes adversidades, Lula rehace su destino rehaciéndose a sí mismo, recreándose como un hombre capaz de cambiar no sólo su vida sino también la de millones de personas. Para el historiador inglés Eric Hobsbawm, es tal el impacto de la elección de Lula como presidente de la República del Brasil que este es uno de los pocos eventos del comienzo del siglo XXI que nos da esperanzas para el resto de este siglo.[1]

---

[1] "Um século em migalhas", *Folha de São Paulo*, San Pablo, 13 de noviembre de 2002, Especial, pág. 10.

Nuestra historia tiene comienzo en un pequeño villorio del ser-tón* nordestino en 1945, año de nacimiento del pequeño Luiz Iná-cio, y tiene su fin en 1980, cuando Lula ya se había transformado en un líder de masas, una figura pública respetada a nivel nacional e internacional. Nuestro interés es comprender cómo, en determinadas circunstancias objetivas colocadas por la vida, hombres como Lula son capaces de cambiar su destino, transformando sus magros recursos en grandes armas de supervivencia y ascenso social. En fin, cómo hombres semejantes a Lula son capaces de "cambiar su lugar en la vida" y ocupar nuevos y más pródigos territorios. Objetivamente, Lula dejó su tierra natal, suelo estéril de donde no brotaba vida, triste tierra asolada por la sequía que le impedía la existencia, y migró tratando de sobrevivir en el sudeste del país. En esta búsqueda encontró no sólo un nuevo territorio geográfico sino también un nuevo continente subjetivo y un nuevo "lugar en la vida". Dejó de ser un "peón poco instruido", tratado con desdén por la sociedad, para ocupar un espacio de gran notoriedad.

Es difícil –quizás imposible– decir cuándo comienza una historia. En verdad, cuando imaginamos que estamos iniciando una historia sólo estamos seleccionando una parte de una historia mayor.[2] En otras palabras, ninguna historia tiene comienzo o fin delimitados de forma absoluta: toda historia forma parte de otra historia anterior, que la contiene y le da sentido; toda historia forma parte de un proceso cuyo inicio es invariablemente imposible precisar. Escribir o contar una historia es también hacer recortes, supresiones, selecciones. Como ejemplo cabal de que nada es completo y absoluto, figuran las historias de vida. El comienzo de cada historia parte siempre de una decisión cuyos criterios son en alguna medida arbitrarios. Cuando delimitamos un período histórico, por más amplio que pueda ser, siempre efectuamos una "expurgación", suprimimos mucho de lo que se podría analizar, decir o escribir. ¿Cuándo, final-

---

* Zona poco poblada del interior de Brasil, especialmente del interior semi-árido de la región nor-occidental, muy seca, donde la cría de ganado prevalece sobre la agricultura.

[2] Incluso en la literatura no preocupada por el registro riguroso de los hechos históricos, parece que encontramos esta conciencia en algunos de nuestros mejores autores nacionales. Clarice Lispector, por ejemplo, inicia su *Livro dos prazeres* con una simple –y genial– coma.

mente, tiene comienzo la historia de un país, de una nación? Ciertamente no en las fechas oficiales, las cuales, sin embargo, pueden ser una buena referencia para que podamos efectuar el recorte histórico necesario. Del mismo modo la historia de un individuo no tiene inicio ni fecha marcada en su certificado de nacimiento. Infinitos acontecimientos y procesos que van a forjar la vida y la personalidad de un individuo ocurren incluso mucho antes de que este nazca. ¿Sería imposible, entonces, iniciar una historia, ya que todo nos remite a acontecimientos y procesos anteriores? La respuesta es no, pero es necesario tener plena conciencia de que los recortes son obligatorios, viabilizan la "producción" de una historia, si no efectuásemos dichos recortes caeríamos en un callejón sin salida. Ante eso, sólo nos queda asumir las limitaciones que toda historia posee, comprender que nuestra producción histórica nunca es, ni será, algo acabado. Reconocer que el trabajo de quien cuenta una historia, por más dedicado, cuidadoso, minucioso, obsesivo que sea, es siempre algo que frustra, porque siempre dice menos de lo que podría haber dicho. Cada historia, por más amplia y ambiciosa que sea, es siempre un fragmento de una historia mayor. Y sólo debe ser comprendida como fragmento.

Optamos por comenzar la historia de Lula, reconstituida en este libro, en el año 1945, cuando nace Luiz Inácio (tal como la mayoría de los historiadores, recurrimos a su certificado de nacimiento como punto de referencia). Después de experimentar la vida de un *sertanejo* hasta los siete años de edad, Lula emigra a San Pablo. En el centro urbano más industrializado de Brasil se transforma en obrero especializado, se sindicaliza, comienza a hacer política primero dentro, luego fuera de las fábricas, funda un partido político y una central sindical. Luego de un cuarto de siglo en el centro de la escena política, este hombre, electo presidente de la República en 2002, se transformó en uno de los mayores símbolos de la izquierda brasileña e internacional.

Podríamos construir una metáfora: Lula dejó el sertón de Pernambuco, restringido territorio nordestino, para conquistar otro "sertón" más amplio y complejo, el propio Brasil. Y en este gran sertón que es Brasil, Luiz Inácio eligió sus propios senderos. La mención al escritor Guimarães Rosa es evidente, inevitable:

"Haga usted lo que quiera o lo que no quiera, usted nunca en la vida puede sacar los pies: que ha de estar siempre encima del sertón."

"El sertón es eso: usted empuja hacia atrás, pero de repente él vuelve a rodearlo a usted por los costados."

"El sertón acepta todos los nombres."

"El sertón es del tamaño del mundo."

En este territorio "tamaño del mundo" Lula vivió su historia, su "grande sertão: veredas". En un pasaje de las entrevistas, al explicar el camino que recorría para volver a su casa, dice una frase que, si se la comprende como metáfora (aunque Lula la estuviese utilizando en su sentido literal), es muy significativa: "Yo no iba por el camino de las Lágrimas, iba por el marginal". El camino marginal al que Lula se refiere puede ser comprendido simbólicamente como la "vereda" (sendero) que él eligió para huir de la ruta de las Lágrimas, la que recorrieron incontables trabajadores parecidos a él.

En su historia de vida, Lula muestra que "El sertón no llama a nadie claramente; sin embargo se esconde y hace gestos. De repente el sertón se estremece, debajo de nosotros…". Aunque no fuese "llamado claramente", Lula percibió los "gestos" del sertón. Y fue con las huelgas prohibidas por el régimen militar, con la fundación de nuevas instituciones que representaban los intereses de los trabajadores, con la conquista de la presidencia de la República, que el "Brasil-sertón se estremeció".

El ascenso de Lula

Este libro reproduce una serie de entrevistas realizadas con Lula y también con sus hermanos, integrantes de la "familia Silva". El relato de la familia Silva muestra claramente la existencia de lo que el antropólogo Oscar Lewis llamó "cultura de la pobreza", en la cual encontramos personas con un sentimiento de indignación y alienación en relación a su medio. Pero esta "cultura de la pobreza", en ciertas condiciones objetivas (que de hecho existieron en el período investigado), pudo ser trasmutada en una "cultura de la transformación", en la cual la energía consumida en el sentimiento de indignación ante sus condiciones de vida se torna energía constructiva, transformadora de la realidad que le desagrada. Una cultura en la cual la alienación se transforma en nuevas formas de conciencia y capacidad organizativa.

Cuando pasan a poseer la "cultura de la transformación", dejando atrás la "cultura de la pobreza", los Silva –especialmente Lula y su hermano Frei Chico– adquieren una conciencia social mayor, empiezan a tener una visión de carácter básicamente humanista y, al sentirse sujetos de su propia historia, se vuelven agentes de transformación del orden vigente, que consideran injusto.

Al entrar al Sindicato de Metalúrgicos de São Bernardo do Campo y Diadema, Lula era un trabajador totalmente despolitizado. El tiempo, su potencial y la práctica cotidiana en el sindicato hicieron que cambiara. De a poco, se fue volviendo cada vez más carismático, un líder respetado por la mayoría de los metalúrgicos que representaba. Aunque sin ningún vínculo con organizaciones clandestinas de izquierda, Lula hace un "giro a la izquierda", ya que quería atender las demandas de los trabajadores más combativos de la clase obrera, que eran justamente los que más participaban, presionaban, se articulaban dentro del sindicato. Su trayectoria como líder de izquierda se debe mucho a este hecho: Lula supo y quiso oír lo que tenían para decir los trabajadores más politizados. Ya que eran estos los que "sabían hablar más alto", los que le daban más sentido al sindicato, fortaleciendo la institución. Otro hecho importante en este "giro ideológico" fue la cárcel y la tortura de su hermano Frei Chico, ante la cual Lula se indignó profundamente, cambiando su manera de ver el mundo y también de actuar.

Por ser ideológicamente conservador y desvinculado de las organizaciones de izquierda, Lula era visto por los empresarios interesados en el proceso de redemocratización del país y por sus representantes en el gobierno como un "sindicalista de confianza", o sea, como alguien que comulgaba con el mismo ideario de los dueños del capital. Estos empresarios deseosos de que finalizara la era de gobiernos militares fueron, en parte, responsables por el ascenso de Lula como líder de los trabajadores, en la medida que necesitaban un "interlocutor de confianza" para llevar a cabo su proyecto de apertura democrática. Así, los "dueños del poder" rubricaron a ese líder metalúrgico que surgía con gran legitimidad entre sus pares y que tenía, a sus ojos, la enorme virtud de no interesarse por las cuestiones más amplias de la política nacional; se trataba de una especie de "interlocutor ideal". Ese fue el período en que fue elogiado por la gran prensa, la imagen de su rostro y sus palabras aparecieron impresas y reproducidas por millares.

Tan pronto Lula asumió lo que llamamos "cultura de la transformación" comenzando a cuestionar el orden vigente, más específicamente la distribución de la renta, y no bien fundó un partido que representaba los intereses de los trabajadores y una central sindical con esa misma finalidad, las cosas cambiaron radicalmente para él. Luchando contra esa marea (la de los interesados en el mantenimiento del status quo) y a favor de otras mareas (las de aquellos que querían cambios en el país), Lula trazó una trayectoria tan imbricada con la historia reciente del país que se volvió imposible estudiarla sin citar su figura.

Comprender la historia de Lula y de la familia Silva es comprender la historia reciente de Brasil en el más amplio sentido que pueda traducir el término comprensión. Hay inscriptos en su historia de vida, en su cultura, en su personalidad, "textos" que evidencian, traducen los procesos políticos, económicos, sociales por los cuales pasó el país. Los Silva simbolizan mucho de lo que podríamos denominar "carácter nacional". Las entrevistas autobiográficas de Lula y su familia constituyen, en este sentido, un documento histórico extremadamente valioso para el entendimiento de un país absolutamente complejo, contradictorio, ambivalente, en que las relaciones sociales y productivas asumen el carácter dialéctico en su sentido más profundamente radical.

Si lo particular y lo universal siempre se encuentran y se funden en cada historia de vida, en la de Lula y su familia esta unión aparece en forma profundamente rica. Uno de los objetivos de este libro es demostrar la riqueza de las relaciones entabladas y de las contradicciones entre los aspectos universal y particular, entre los aspectos objetivo y subjetivo.

Anotaciones biográficas sobre Lula

El día 27 de octubre de 1945, en Garanhuns, una ciudad castigada por la sequía y olvidada del sertón de Pernambuco, nacía el séptimo hijo de un matrimonio de labradores pobres: Aristides Inácio da Silva y Eurídice Ferreira de Mello, más conocida como Dona Lindu. Bautizado como Luiz, el niño pronto recibió el apodo de Lula, bastante común en esa región nordestina.

Pocos días antes del nacimiento de Lula, su padre Aristides, siguiendo la ruta de millares de otros nordestinos, emigra para el estado de San Pablo, centro industrializado del país, en busca de empleo, de algo que pudiera garantizar su subsistencia y también la de su familia.

Lula conoció a su padre recién a los cinco años de edad, en 1950, cuando Aristides Inácio da Silva volvió a Pernambuco a visitar a su mujer y a sus hijos. Dos años más tarde, su madre Eurídice decide emigrar con sus hijos también hacia el estado de San Pablo. Iba al encuentro de su marido Aristides, que se había hecho estibador en el puerto de Santos. Los trece días de viaje en *pau-de-arara** marcarían la vida de Lula para siempre. Ese sería su primer contacto con la diversidad y la modernidad brasileñas: de un mundo donde casi no existían las marcas del progreso, Lula emigra para el mayor centro urbano de un país que daba grandes pasos hacia la industrialización.

En las calles de Santos, aún con siete años, Lula tiene su primer trabajo: es vendedor de maní, naranja, tapioca. Al mismo tiempo, cursa la escuela primaria del Grupo Escolar Marcílio Dias y se alfabetiza. Cuatro años después de su llegada a Santos, Doña Eurídice (Lindu) se muda con sus hijos para la ciudad de San Pablo, luego de decidir separarse de Aristides, un hombre violento que nunca supo ser buen padre ni tampoco buen marido. En San Pablo, en 1956, Luiz Inácio empieza a trabajar como ayudante de tintorería y como telefonista, haciendo al mismo tiempo "changas" como lustrabotas.

Al cumplir quince años, Lula consigue una vacante en el curso de tornero mecánico ofrecido por el Servicio Nacional de la Industria (Senai). Mientras realiza el curso que dura tres años, trabaja también en la Fábrica de Tornillos Marte. Ya profesionalizado, pasa a integrar el plantel de operarios de una gran empresa metalúrgica lla-

---

* El *pau-de-arara* es un camión cubierto, sobre su carrocería se colocan tablas longitudinales, y encima de ellas se sientan los pasajeros, sin respaldo alguno. Se usa principalmente en el transporte de los migrantes nordestinos. (Todas las notas al pie señaladas con asterisco pertenecen al traductor.)

mada Villares, en São Bernardo do Campo, municipio del Gran San Pablo.

Lula era todavía joven cuando se casa por primera vez. Su esposa, Maria de Lurdes, una operaria tejedora, muere tempranamente, a raíz de una hepatitis contraída en avanzado estado de gravidez. El hijo del matrimonio fallece junto con su madre. Años más tarde, Lula sería padre de una niña, Luriam, fruto de una relación que tuviera en su época de viudez. Poco después se casa con Marisa Letícia da Silva, asumiendo la paternidad de cuatro hijos más: Marcos –hijo del primer casamiento de Marisa, también viuda–, Fábio Luiz, Sandro Luiz y Luiz Cláudio.

En 1969, años después de haber emigrado a San Pablo, Lula, obrero despolitizado y sin ningún conocimiento de las prácticas sindicales, es invitado a participar en la dirección del Sindicato de los Trabajadores de las Industrias Metalúrgicas y de Material Eléctrico de São Bernardo do Campo y Diadema. Aunque a disgusto, termina por aceptar la invitación, inicialmente dirigida a su hermano Frei Chico; este, imposibilitado de aceptar el ofrecimiento, "lo transfirió a su hermano". Fue esta mera casualidad, explicada detalladamente más adelante, la que hizo que Lula se acercara al mundo sindical.

El tiempo pasa, Luiz Inácio va dejando atrás su ingenuidad y comienza a modificar sus concepciones acerca de las prácticas sindicales. En la siguiente elección para la dirección sindical, en 1972, Lula es nuevamente llamado a formar parte del cuerpo directivo. En este momento, aquel que antes era un joven inexperimentado ya se había constituido en un promisorio líder sindical, haciéndose cargo, como primer secretario, del sector de la previsión social de la entidad.

Una nueva elección, realizada en 1975, coloca a Lula en la presidencia de la dirección del sindicato. En esa época, a través de la actuación de Lula y de otros sindicalistas, surge el llamado "nuevo sindicalismo", una forma distinta de hacer sindicalismo en Brasil, diferente de aquella caracterizada por el clientelismo y el asistencialismo sindical que marcaron durante años la vida de la clase trabajadora brasileña, inmersa en un régimen antidemocrático. Lula retoma antiguas luchas en defensa de los intereses de los trabajadores: remuneración salarial digna, empleo garantizado y mejores condiciones laborales eran algunas de sus reivindicaciones. El sindicato abre sus puertas, asume una nueva dinámica, lleva las asambleas a los lugares de trabajo de los operarios, amplía el número de sindicalizados y también los horizontes de la enorme cantidad de trabajadores que representa.

El resultado de ese trabajo puede expresarse en números: en las elecciones siguientes para la dirección del sindicato, el 98% de los votantes reeligen a Lula para la presidencia. Era el año 1978. A través del Sindicato de Metalúrgicos y del liderazgo de Lula, los trabajadores brasileños desafían al régimen autoritario que hasta entonces desconocía las huelgas de alcance nacional, ya que tales huelgas estaban expresamente prohibidas por ley. Brasil aún vivía bajo la tutela militar cuando fue sacudido por una serie encadenada de huelgas en la industria (en su mayoría metalúrgica). Era un terremoto cuyo epicentro se localizaba en São Bernardo do Campo, pero con efectos que se hacían sentir en todo el estado de San Pablo. De fábrica en fábrica, los obreros comenzaban a parar. Como consecuencia de ese movimiento, se firmaron importantes acuerdos salariales entre patrones y empleados.

En 1979 se repite la experiencia huelguista del año anterior, pero esta vez la huelga es de toda la rama metalúrgica, se trata de una huelga unificada. El sindicato amplía su actuación, y su poder de fuego –los trabajadores–, cada vez más organizados, reuniéndose en asambleas de hasta 150.000 personas, paralizan sus tareas durante 15 días. Pero esta vez, ya preparado contra la organización huelguista de los trabajadores, el gobierno militar y el gran empresariado responden duramente al movimiento: represión policial, represión dentro de las fábricas, panfletos falsificados que llaman al fin de la huelga, apelan a un incontable número de artimañas para poner fin a la situación. En marzo de ese año, el Ministerio de Trabajo, considera la huelga ilegal y decide intervenir el sindicato, separando a Lula y a la comisión directiva durante dos meses.

En el mes de abril de 1980, Lula, nuevamente al mando del Sindicato de Metalúrgicos, lidera otra nueva huelga del sector. Esta duraría un tiempo récord: 41 días. La paralización de actividades llega a todo el estado de San Pablo, contando con la adhesión de 270.000 asalariados. Nuevamente se repite la escena: el gobierno militar en sintonía con el gran empresariado reprime el movimiento. Se interviene el sindicato, como en la huelga anterior, pero esta vez descabezan su dirección. Lula recibe 31 días de reclusión en el Departamento de Orden Político y Social (DOPS), encuadrado en la Ley de Seguridad Nacional. En noviembre de 1981 la Justicia Militar lo condena a tres años y seis meses de prisión. Pero en abril del año siguiente el proceso es anulado por el Superior Tribunal Militar.

Convencido de que los trabajadores debían tener sus propios representantes en la esfera política, el 10 de febrero de 1980, Lula, junto a otros sindicalistas, intelectuales, representantes de la Iglesia progresista, militantes de grupos de izquierda y de movimientos populares, entre otros, fundan el Partido de los Trabajadores. El partido que se haría conocido como "PT" nace en un delicado momento de transición política de la dictadura militar –que ya no tenía aire propio para sustentarse– hacia la democracia. Apareciendo en el escenario político brasileño como una innovación, el PT se constituye como un partido ligado a la defensa de los intereses de las clases trabajadoras y de los marginados de la esfera política. El PT nace a partir de la creencia de que la transformación social del país sólo es posible si viene del pueblo, si tiene su origen en las bases de la sociedad. Este partido forjado en el seno del movimiento sindical modifica la forma tradicional de hacer política en Brasil, sacudiendo los cimientos de la vieja elite política conservadora.

Contando con magros recursos financieros y humanos, Lula, algunos sindicalistas y militantes de izquierda iniciaron una especie de peregrinación por Brasil en el intento de construir el Partido de los Trabajadores, que, pocos años más tarde, se transforma en uno de los importantes partidos de oposición del país. A partir de ese momento, Lula es invitado a viajar por el mundo: su proyección había superado las fronteras del país. Intercambiando experiencias con entidades sindicales extranjeras, líderes políticos, intelectuales y trabajadores, Lula visita Suecia, Cuba, Japón, Nicaragua, Bélgica, España, Estados Unidos, Italia, Alemania Occidental, Alemania Oriental, Francia, Suiza, Portugal, Canadá y Argentina. En Brasil, ya años antes Lula se había encontrado con líderes políticos internacionales como Helmut Schmidt y Adolfo Suárez. En 1981 tiene audiencia con el senador demócrata Edward Kennedy y, en Italia, se encuentra con el entonces sindicalista polaco Lech Walesa y con el papa Juan Pablo II. Muchos encuentros políticos y viajes internacionales importantes le seguirían a este, en el futuro.

La primera elección en la que participa el Partido de los Trabajadores es la de 1982. Son elegidos 8 diputados federales, 12 estaduales y 78 concejales del PT. En 1985 el partido conquista la intendencia de una capital, el municipio de Fortaleza. En la elección siguiente, en 1986, se duplicaría su bancada federal, llegando a los 16 parlamentarios.

A comienzos de esa década, en agosto de 1983, Lula funda, junto a otros sindicalistas, la Central Única de los Trabajadores (CUT). Surgía una central sindical fuera de los patrones establecidos por la legislación laboral de Getúlio Vargas inspirada en la "Carta del Lavoro", de orientación fascista. Se creaba una central "combativa", identificada con los intereses de los trabajadores y sin la tutela del Estado.

Al año siguiente, 1984, Lula, al frente del PT, lanza un comité suprapartidario que realiza una campaña por las elecciones directas para la Presidencia de la República. Otros partidos políticos comienzan a adherir a esta campaña, que, a pesar de no ser exitosa, logra movilizar a millones de personas en todo el país.

Cuando se candidatea para gobernador del estado de San Pablo en 1982, Lula obtiene 1.144.648 votos; aunque no haya sido elegido, sale fortalecido políticamente. En la campaña de 1986 –esta vez disputando una banca en la Cámara de Diputados de la Nación– Lula es el diputado más votado del país, con 651.763 votos. Líder de la bancada del Partido de los Trabajadores, Lula participa de la Asamblea Nacional Constituyente defendiendo los derechos de los trabajadores.[3]

En 1989, luego de 29 años sin elecciones directas para la Presidencia de la República, Luiz Inácio Lula da Silva llega a la segunda vuelta de las elecciones con 16 millones de votos, en una de las más disputadas campañas de la historia brasileña. Lula encabeza el Frente Brasil Popular, coalición entre el Partidos de los Trabajadores, el Partido Socialista Brasileño y el Partido Comunista do Brasil. Apoyado en la segunda vuelta por una amplia gama de fuerzas progresistas

---

[3] Como integrante de la Subcomisión de Negros, Población Indígena, Discapacitados y Minorías y como miembro de la Comisión de Sistematización, Lula, junto con otros parlamentarios del PT, garantiza la inclusión de enmiendas populares en la nueva Constitución. Derecho de huelga, licencia por maternidad de 120 días, derechos iguales para trabajadores urbanos y rurales, jornada de trabajo de 44 horas semanales, salario mínimo unificado, fueron algunos de los avances garantizados a los trabajadores.

-Partido Democrático Trabalhista (PDT), Partido de la Social Democracia Brasileña (PSDB), Partido Verde (PV), Partido Comunista Brasileño (PCB) y parte del Partido del Movimiento Democrático Brasileño (PMDB)-, Lula pierde por una diferencia del 6% de votos
válidos frente a su opositor, Fernando Collor de Mello, apoyado por
las oligarquías nacionales y por el gran capital financiero e industrial.
Lula obtiene el 47% y Collor el 53%. Fueron casi 31,5 millones de votos contra 35 millones del candidato elegido.

El 15 de julio del año siguiente, 1990, Lula lanza y pasa a coordinar el Gobierno Paralelo, entidad inspirada en el *shadow cabinet* del
Partido Laborista inglés con el objetivo de formular políticas alternativas de gobierno para atender a las demandas sociales de la nación.
A pesar de elaborar proyectos de gran repercusión, el Gobierno Paralelo da lugar al Instituto de la Ciudadanía, una institución supra-
partidaria de la cual participan intelectuales, miembros de entidades
de la sociedad civil, dirigentes sindicales y líderes políticos.[4]

En 1992, Lula tiene un importante papel, en la presidencia del
PT, en la lucha contra la corrupción, que culminó con el *impeachment*
del Presidente de la República. A partir de denuncias y solicitudes de
legisladores del PT, se crea una Comisión Parlamentaria de Investigación (CPI) para verificar la existencia de corrupción en el gobierno
federal. El país asiste a una de las mayores movilizaciones populares
de su historia, la sociedad exige que el ejercicio de la política se haga en forma más digna. Sucesivas encuestas de opinión indican que
si la elección presidencial realizada en 1989 fuese en ese año, Lula sería el candidato electo para gobernar el país.

Comprometido en la lucha por los derechos humanos y la conquista de los derechos ciudadanos, Lula adhiere activamente, en
1993, a una campaña nacional de lucha contra el hambre. Para él, era
necesario transformar el hambre en una cuestión política. A partir de
entonces Lula realiza las Caravanas de la Ciudadanía, que recorren
miles de kilómetros, entrando en las regiones más castigadas por la

---

4 El Gobierno Paralelo elaboró proyectos en las áreas de desarrollo de la Ama-
zonia y del Nordeste, educación, política agrícola y seguridad alimentaria. Este
último proyecto terminó siendo el inspirador de la campaña nacional Acción de
la Ciudadanía contra el Hambre y la Miseria y por la Vida (conocida también como "La campaña de Betinho contra el hambre") realizada por el gobierno federal y por entidades civiles.

miseria y denunciando las condiciones infrahumanas de existencia de una parte significativa de la población. Para Lula ya no es posible convivir con 32 millones de brasileños en condiciones de indigencia.

A pesar de liderar las encuestas de opinión pública durante meses y con una amplia ventaja sobre sus opositores como candidato a la Presidencia de la República en 1994, Lula es derrotado ya en la primera vuelta. El vencedor, Fernando Henrique Cardoso, obtiene 34.350.217 votos, 44,1% de los votos válidos, en tanto Lula alcanza el 22% del electorado con 17.112.255 votos.

El presidente electo era un ex ministro que acababa de dejar el poder luego de realizar un victorioso proyecto de control de la inflación, denominado Plan Real. En coalición con los partidos más conservadores del país, Fernando Henrique Cardoso, un sociólogo de origen progresista, terminó por conquistar a gran parte del electorado, dejando atrás a Lula y a su frente de partidos del campo democrático. En la elección presidencial que le siguió, en 1998, Fernando Henrique Cardoso repite el resultado de las urnas, siendo reelecto presidente en la primera vuelta. Fueron 35.923.259 votos para Cardoso contra 21.470.442 votos para Luiz Inácio Lula da Silva, que representaron un 43,1% contra un 25,8% de los votos válidos.

En 2002, Lula se presenta por cuarta vez a las elecciones para la Presidencia de la República, y logra la victoria batiendo el récord de votos de las elecciones en Brasil, la cuarta democracia del planeta, con 115 millones de electores. Lula obtiene 52.788.428 votos contra 33.366.439 votos de su adversario José Serra (del Partido de la Social Democracia Brasileña), apoyado por el entonces presidente Cardoso, convirtiéndose en el 17° presidente electo por el voto directo en el país. El resultado de esta elección, decidida en segunda vuelta, fue de 61,3% contra 38,7% de los votos válidos.

Lula propuso un pacto social con lo que denominó "fuerzas vivas de la nación". Uniendo al Partido de los Trabajadores con el Partido Liberal, creó una alianza capital-trabajo, en una fórmula más movida hacia el centro que en las elecciones anteriores. Además del Partido de los Trabajadores y del Partido Liberal, del cual provenía el candidato a la vicepresidencia José Alencar, la "Coalición Lula Presidente" estaba integrada por el Partido de la Movilización Nacional, con el Partido Comunista de Brasil y con el Partido Comunista Brasileño.

Con una victoria elogiada por muchos en Brasil y en el exterior y vista como un triunfo de la democracia brasileña, Luiz Inácio Lula da Silva interrumpe la alternancia de las elites en el poder. Cuando conquista la presidencia, a pesar de hacerlo con alianzas políticas que le confieren un perfil más moderado, Lula interrumpe la lógica de 500 años de historia de Brasil, representando la incorporación del pueblo, de los trabajadores, al poder político.

El sociólogo Francisco de Oliveira cree que la victoria de Lula traduce la "refundación" de Brasil. Para él, existieron hitos históricos que significaron el "renacimiento" del país: la abolición de la esclavitud, el fin de la monarquía y la instauración de la República, y la Revolución de 1930, que condujo el país a la urbanización y a la industrialización. La victoria de Lula se inscribe como el cuarto hito de refundación nacional.[5]

Para el profesor Antônio Candido, en la victoria de Lula

"hay, antes que nada, una especie de simbolismo. Cansado de las injusticias y de los errores cometidos por las elites, el pueblo brasileño decidió confiar su destino a alguien de la clase obrera, como si quisiese reconocer el derecho que esta tiene de participar decisivamente en el gobierno de la nación, con ánimo de cambios. En todo el mundo, ¿cuántos trabajadores manuales llegan a la jefatura del Estado? Muy pocos. Por la lucha armada y por la guerra, Tito en Yugoslavia; por el voto, Fritz Ebert en la República de Weimar y Lech Walesa en Polonia. [...] Adviértase que no es un trabajador que, por el esfuerzo, logró salir de su clase y se incorporó a las elites dominantes, como Lincoln. La singularidad, en su caso, es que continúa esencialmente identificado con los intereses de su clase, pero decidido a atender a las necesidades de todo el pueblo brasileño. [...] La victoria de Lula puede ser el comienzo de una etapa redentora en la vida política y social brasileña [...]".[6]

Con 22 años de existencia, el Partido de los Trabajadores fundado por Lula es considerado hoy el mayor partido de izquierda del

---

[5] "Lula é refundação do Brasil, diz sociólogo", *Folha de São Paulo,* San Pablo, 29 de octubre de 2002, Especial, pág. 12.
[6] "Um presidente e muita esperança", *Folha de São Paulo,* San Pablo, 28 de octubre de 2002, Especial, A 13.

mundo. Aunque el desempeño electoral de Lula sea más expresivo que el del Partido de los Trabajadores, este viene logrando una fuerte identificación popular y consolidando su estructura partidaria. En 2002, además de alcanzar la presidencia de la República y el gobierno de tres estados, Acre, Piauí y Mato Grosso do Sul (de un total de 27 estados provinciales), el Partido de los Trabajadores obtuvo 14 senadores (de un total de 81), 147 diputados estaduales (de un total de 1.059), 91 diputados federales (de un total de 513), 2.479 concejales (de un total de 60.265), estando al frente de la administración de 186 municipios (de un total de 5.527 municipios brasileños). La Central Única de los Trabajadores, también fundada por Lula, a ejemplo del PT, viene consolidándose. Considerada como la más "combativa", promueve la mayoría de las movilizaciones de trabajadores registradas en el país en los últimos años.

Historia de muchas vidas

Hoy Lula es un personaje que trasciende su sigla partidaria; su imagen cargada de simbolismo excede los límites del Partido de los Trabajadores que ayudó a fundar. Lula simboliza y corporiza la clase obrera nacional que surge con el "milagro brasileño", que exige mejores condiciones de trabajo y de vida, y que se moviliza en favor de la democracia. En el rico imaginario popular, Lula ocupa muchos espacios, asume muchas y contradictorias identidades. Tal vez para la mayoría nunca dejó de ser obrero metalúrgico: su migración desde el Nordeste, su origen mestizo (europeo e indígena), su poca escolaridad formal y su inserción en la industria del Gran ABC hacen de él un "peón típico". Algunos sectores sociales creyeron que Lula era una amenaza al orden público, un izquierdista radicalizado sin preparación, un hombre "ignorante", ávido por alcanzar cargos electivos políticamente importantes. Para muchos, por el contrario, Lula no sólo es un líder de masas extraordinariamente carismático, sino también un estadista, un hombre culto, preparado, capaz de promover la justicia social que el país necesita. Símbolo de la movilidad social y de la consolidación de la democracia brasileña, Lula representa para algunos el miedo y para otros la esperanza.

Para la población, Luiz Inácio Lula da Silva logra representar subjetivamente al mismo tiempo a los que "fueron vencidos" y a los que "vencieron" en la vida. Cuando Lula era parte de los "vencidos", se hallaba inmerso en la "cultura de la pobreza", pero fue capaz, por innumerables razones, de superar sus propios límites, alcanzando la "cultura de la transformación" y proponiendo la construcción de una sociedad social y económicamente más democrática.

Hasta hoy, son raras las publicaciones en Brasil[7] que toman en cuenta la subjetividad de los trabajadores considerados "peones". Sus condiciones objetivas de pauperización o las actuaciones políticas y sindicales fueron casi siempre el objetivo principal de las investigaciones realizadas. En este trabajo tratamos de no minimizar la más que evidente importancia de los factores subjetivos que interactuaron en la construcción de la vida de los Silva (familia de Lula); intentamos, no obstante, dar cauce a la tentativa de aproximación a este vasto y aún tan poco conocido continente: el de la subjetividad de nuestros trabajadores.

Optamos aquí por comentar no sólo lo que pudimos concluir de aquello que oímos de los Silva. Deseamos ir un poco adelante. Al elaborar hipótesis, realizar análisis, tejer comentarios, nuestra preocupación fue (además de tratar de entender los factores objetivos que estaban en juego) echar algunas luces para clarificar cuestiones relativas a la cultura y a los aspectos subjetivos de Lula y de sus hermanos. Pero no bastaba que se lo hiciera sin dar publicidad –mediante la reproducción de los discursos– a todo cuanto se nos había dicho. Por medio de estas declaraciones se hace evidente toda la complejidad de los pensamientos y sentimientos humanos, del universo de Lula y su familia. Nuestro objetivo al reproducir las entrevistas es permitir lecturas diferentes a las nuestras, ya que sabemos que cada lector de estas fascinantes declaraciones tendrá ciertamente su propia comprensión de los discursos. Los discursos son siempre un océano abierto, un horizonte pleno de posibilidades. Cada lector podrá y sabrá navegar por esas aguas como quiera.

Así, al utilizar el método de la historia oral, nos fue posible registrar relatos autobiográficos que explicitan lo que fue la vida no des-

---

[7] El trabajo de Eder Sader Quando novos personagens entram em cena (cf. Bibliografía) es una de las más importantes excepciones a esta regla, razón por la cual citamos frecuentemente al autor.

de el punto de vista del investigador, sino desde el punto de vista de quien la vivió, de aquellos que definieron sus caminos a partir de sus propias reflexiones, capacidades y dificultades, en fin, desde el punto de vista de quienes estamos tratando de comprender. Es la mirada de Lula y de su familia sobre sí mismos.

En este libro pretendemos que Lula y su familia aparezcan por entero, en su totalidad y en su complejidad: no sólo la imagen de la familia de migrantes que se proletariza en el centro urbano del país a través de un doloroso proceso de adaptación, no sólo el surgimiento del operario que termina sindicalizándose y actuando políticamente, sino también la imagen que cada individuo de esa familia elabora de sí mismo y de los otros componentes, y cómo cada uno interpreta su vida, sus experiencias, sus victorias y derrotas.

Como sabemos, Lula es un personaje rico en contradicciones. Cabe recordar que se tornó uno de los mayores representantes de la izquierda brasileña sin haber recorrido nunca los tradicionales caminos de formación político-ideológica de la izquierda de Brasil.[8] Pero las contradicciones vividas por este hombre –de niño destinado a compartir el agua con el ganado en pozos abiertos en el suelo y más tarde recibido por jefes de Estado que en ocasiones brindaron por él entre burbujas de champán francés– son mucho mayores que las contradicciones de carácter meramente ideológico.

La diferencia entre Lula y un sinnúmero de otros peones comienza a existir cuando este pasa a dedicarse a la práctica sindical y a "hacer política" dentro del sindicato, y más tarde a "hacer política" también fuera de este, ganando cada vez más espacio público e importancia en la historia de la lucha de los trabajadores. Pero hasta que eso ocurra su trayectoria personal –aunque en determinados aspectos absolutamente única y singular, como todas las trayectorias personales– asume un carácter común, universal, cuando se funda en la "repetición" de las historias de millares de familias nordestinas que migran en busca de mejores condiciones de vida y se deparan con un universo social y económico mucho más complejo de lo que tendrían capacidad de imaginar.

---

[8] Hoy en día, la gran mayoría de los dirigentes del PT proviene de la antigua izquierda organizada (de partidos políticos clandestinos) o de los grupos de intelectuales de izquierda (universitarios).

Creemos que una historia escrita a través de un "camino de múltiples manos" en el cual se busquen lo particular y lo universal de manera dialéctica, "lo uno en lo otro" (lo particular explicando lo general y lo general explicando lo particular), una historia más preocupada en plantear hipótesis y abrir cuestiones que en cerrarlas con respuestas supuestamente "definitivas", se vuelve una historia más rica, más compleja, más humana y, por lo tanto, más cercana de la "verdad" que siempre buscamos alcanzar.

Los entrevistados

Al establecer nuestro objeto de estudio, la trayectoria personal de Luiz Inácio Lula da Silva hasta su encumbramiento político, realizamos inmediatamente un recorte cronológico: de su nacimiento, en 1945, hasta el comienzo de la década de 1980, cuando hacen eclosión las primeras huelgas obreras del país luego de largos años de dictadura militar. Es entonces cuando Lula surge como líder sindical y político en un país que iniciaba su proceso de redemocratización.

Para comprender cómo se "produjo" este hombre tan singular, sería imposible analizar sólo al individuo sin entender el entretejido de relaciones familiares y sociales que lo envolvieron. Si buscamos los aspectos subjetivos aún no estudiados, su visión del mundo, la formación de sus ideas, de sus anhelos, de su personalidad, de su cultura, es necesario comprender las experiencias y relaciones entabladas en el seno del primer núcleo social que conoció: su familia. Este libro priorizó, pues, las entrevistas con Luiz Inácio Lula da Silva. Pero fue más allá. Entrevistar personajes familiares que acompañaron paso a paso la vida de Lula se impuso como tarea imprescindible si deseábamos alcanzar de hecho nuestros objetivos. Sabíamos también que si extendiésemos mucho el abanico de entrevistas podríamos perder objetividad, ampliando la investigación al punto de hacerla inviable. Era necesario optar por un tipo de recorte, seleccionar los entrevistados. Esta selección significó privilegiar a Lula y a su círculo íntimo, ya que sus padres han fallecido.

Con el método de la historia oral, buscamos captar, a lo largo de horas de entrevistas, los testimonios de todos los hermanos vivos de Lula. En esta edición actualizada y ampliada, incorporamos al texto original dos entrevistas realizadas en la misma época que las demás, pero que permanecían inéditas. Son estas la de Marisa Letícia Lula da Silva, esposa de Lula hace 28 años, y la de Jacinto Ribeiro dos Santos, conocido como Lambari, el más importante amigo de infancia de Lula y hermano de su primera esposa. Lamentablemente el hermano mayor de los Silva, apodado Zé Cuia, murió años atrás, de mal de Chagas; pero el resto de los hermanos, Jaime, Vavá, Frei Chicc, y las hermanas Marinete, Maria y Tiana participaron activamente de este trabajo sin ningún tipo de condicionamiento. Cabe recordar que los nombres antes citados son sólo los de algunos de los hijos que Lindu tuvo con su marido Aristides, ya que cuatro de ellos murieron siendo aún bebés o muy pequeños. Además, Aristides tuvo varias mujeres a lo largo de su vida y, de acuerdo a algunos testimonios, habría sido padre –sumando los hijos que tuvo con todas ellas– de nada menos que 22 personas.

El surgimiento de esta investigación

En primer lugar, debemos relatar cómo surgió la idea de producir un estudio biográfico sobre Lula y su familia y cómo la aceptaron ellos. Un dato importante y que de cierta forma determinó la elaboración de este trabajo es la relación existente entre la investigadora y los investigados. Luiz Inácio Lula da Silva es un figura muy asediada por una gran variedad de entrevistadores, periodistas, investigadores nacionales y extranjeros. En función de sus actividades políticas, de su agenda siempre completa, raras veces se dispone a conceder entrevistas más extensas, que demanden más que un cuarto de hora. Como la mayoría de los políticos brasileños, Lula tiene una agenda mucho más volcada a las urgencias que a los asuntos que considera importantes, pero menos inmediatos. Como consecuencia de esto, muchas entrevistas sobre su trayectoria de vida dejaron de realizarse en los últimos años. Siempre faltaba tiempo y, aunque no faltara interés de su parte, los encuentros debían ser postergados.

Cuando, años antes, trabajamos en la asesoría de Lula, percibimos muchas veces que ese hecho ocurría, aunque tratábamos de evitarlo. Siempre creímos que faltaba un registro más profundo y bien acabado acerca de la historia de este personaje, tan revelador de la realidad brasileña. Más tarde, ya en la condición de ex asesora, le propuse a Lula que fuese el objeto de estudio de mi tesis de doctorado en Ciencias Humanas/Historia en la Universidad de San Pablo. Argumenté que aunque su tiempo fuese exiguo, como bien lo sabíamos, era necesario priorizar un trabajo de reconstrucción histórica de su trayectoria personal y familiar. Al final de cuentas, existían varios trabajos publicados relativos a la historia del Partido de los Trabajadores y de la Central Única de los Trabajadores –ambas instituciones fundadas por él–, existían también trabajos sobre el surgimiento de nuevos líderes sindicales y políticos ligados a los trabajadores, pero no había ningún registro específico sobre su trayectoria y la de su familia. Había allí un vacío a llenar. Y él lo sabía.

Esta vez Lula no tardó en aceptar la propuesta, y, mejor aún, logró hacerse de tiempo para llevarla a cabo. Estaba claro, sin embargo, que sólo aceptaba participar de este trabajo porque ya conocía y confiaba en la entrevistadora. En otras palabras, este trabajo sólo fue posible no en función de una supuesta "neutralidad" de la entrevistadora producto del total desconocimiento y/o de la "distancia" de la autora de su objeto de estudio, sino, por el contrario, del conocimiento y de las informaciones que el entrevistado tenía respecto de la autora. Este es un dato muy relevante, ya que tuvo importantes consecuencias de carácter metodológico en el transcurso de la investigación. El mismo "fenómeno de confianza" se dio con los otros miembros de la familia de Lula: se concedieron las entrevistas a pedido de este y para una persona que sería fiel a la veracidad de las informaciones suministradas. De otra forma jamás habríamos tenido acceso a este material. O sea, sin esa relación establecida previamente con Lula, a lo largo de años, esta investigación no podría haberse llevado a cabo.

En esa condición privilegiada –como alguien en quien podrían confiar– fui presentada a los miembros de la familia Silva que todavía no conocía, ya que con parte de ellos ya había tenido contactos anteriores. Y fue también en esa condición, que podríamos denominar "de amiga", que los Silva abrieron la puerta de sus casas y los archivos de su memoria. Nos sumergimos, durante incontables horas, en ejercicios de rememoración, redescubrimos fotos amarilleadas por el tiempo, osamos tocar asuntos incómodos hurgando en casos guardados en los "cajones del olvido", dejamos aflorar viejas imágenes, registros de infancia antes guardados en las regiones abisales de la conciencia. No demoró mucho tiempo que los entrevistados volvieran a recordar detalles de experiencias vividas: olores, texturas, colores, impresiones ya casi borradas por el paso de los años. Fue un trabajo delicado, cansador, pero también muy placentero.

Ese clima amistoso fue constante en todas las entrevistas. Habíamos definido que la mayoría de los encuentros transcurrirían en la casa de los entrevistados: una manera de que se sintieran lo más a gusto posible. En dichas ocasiones, ofrecieron a la entrevistadora jugos, tortas, galletitas: gentilezas de quienes se portaron como buenos anfitriones ante su invitada.

A pesar de las amabilidades –y esto es importante– no se instaló en el ambiente un clima de formalidad. Los entrevistados transmitieron todo el tiempo la impresión de estar hablando sincera y honestamente: si eran gentiles con la entrevistadora, el contenido de sus informaciones no parecía, sin embargo, modificarse tratando de agradar a quien los entrevistaba. En otras palabras, el clima de amabilidad creado no se traducía, en ningún momento, en un intento de asegurar o legitimar las tesis planteadas por la entrevistadora. De nuestra parte, hicimos la menor cantidad de preguntas posible, dejando que el relato de los entrevistados fluyera naturalmente, en el camino marcado por sus propias asociaciones. Si aceptaron hablar sobre sus memorias –y lo hicieron–, no estaban allí para agradar a la entrevistadora. No estaban preocupados por elaborar frases que podían satisfacer lo que se suponía que yo específicamente desearía escuchar. Parece que simplemente hablaron. Hablaron porque tenían mucho de qué hablar. Y se sentían a gusto para hacerlo.

Obviamente, no podemos ser ingenuos al punto de pensar que los entrevistados no construyeron en sus cabezas, aunque sea en forma rudimentaria, un "guión ideal" de aquello que de forma genérica imaginaban que eran interesante para la entrevistadora. Además, sabían que escribía un libro para publicar y que probablemente el libro sería leído por muchas personas y, también, que los lectores podrían tener mayor o menor curiosidad sobre determinados asuntos. Cuando efectuaban sus asociaciones, con certeza los entrevistados tenían eso en mente, si no en forma clara, por lo menos como una especie de trasfondo inconsciente. Aun así, ninguno de los entrevistados se angustió mucho con la posibilidad de que su testimonio se escapara de la línea que la entrevistadora estaba buscando. Tal vez eso haya ocurrido, en parte, por la postura receptiva de la entrevistadora en relación a los dichos del entrevistado, pero también porque los entrevistados deseaban contarles a los demás (entrevistadora y posibles lectores) lo que habían sido sus vidas. No deseaban responder con floreos ni mentiras, entre otras cosas porque creían –todos ellos– que sus trayectorias personales tenían algo para decir acerca de la "vida", acerca de la universalidad de los sentimientos humanos y, a la vez, sobre las peculiaridades de vivir en este país y el sufrimiento de pertenecer a una clase marginada socialmente.

Era siempre sorprendente ver cómo el ritmo de las entrevista iba creciendo según las agujas del reloj: en los minutos iniciales eran más frías, paso a paso se iban volviendo más llenas de emoción. Al final de los encuentros (la gran mayoría duró horas), se tocaban asuntos hoy casi olvidados, muchos de ellos dolorosos. Pero también aparecían las glorias, las oportunidades no desperdiciadas, los méritos alcanzados. Todas las entrevistas, sin excepción, tuvieron por lo menos un momento de fuerte emoción y de lágrimas (y eso siempre ocurría cuando hablaban sobre su madre, doña Lindu).

Hacia el fin de las entrevistas pudimos sentir hasta qué punto nuestros personajes estaban empeñados en contar lo que verdaderamente sentían. De Jaime, el hermano mayor de Lula todavía vivo, pudimos oír: "Y estoy aquí hasta hoy, sufrí como un desgraciado. Hablaba de estudiar y mi padre me golpeaba. La verdad es esa. Yo sé firmar mi nombre porque pagué para que me enseñaran. Pagué. [...] Es todo lo que yo podía decir, puedo decir y dicho está. De lo que me acordé; es lógico, ¿no?". Sebastiana, hermana menor de Lula, al finalizar su entrevista dice: "Yo dije lo que pensaba. Espero que esto sirva para algo... Todo lo que fue dicho allí es desde el fondo del corazón. Es algo sincero. No agregué nada y no escondí nada. Todo lo que dije fue lo que viví".

Mencionamos que Lula aceptó participar de este trabajo porque ya conocía y confiaba en la investigadora. Ahora hay que explicar sobre qué bases se estableció dicha confianza. A pesar de haber trabajado en su asesoría –y haberme desvinculado de esa tarea a partir de crecientes demandas de mis actividades académicas– no me propuse realizar un trabajo de *ghost writter*, como algunos podrían al instante suponer.

Si, tiempo atrás, había hecho un trabajo profesional subordinado a Lula, esa relación de subordinación ya había llegado al fin. Lo que se proponía ahora no era un trabajo propio de la asesoría de comunicación de "construir" o "vender" la imagen de una persona (física o jurídica) sino, exactamente lo contrario, la tarea de la investigadora: recabar informaciones, tratar de descubrir y analizar quién "era y es", finalmente, ese personaje. Asesoría de prensa e investigación son tareas diametralmente opuestas: una parte de una premisa ya terminada, de una imagen ideal a crear, a construir, afirmada socialmente hasta que se vuelva/parezca verdadera, aceptada; la otra tarea, la de la investigación, busca aquello que aún no conoce, procura disecar al personaje, comprenderlo, analizando y descubriendo lo que todavía está velado a los ojos del investigador y del público. De manera simplista, podríamos decir que la asesoría de prensa busca crear un personaje, en tanto que la investigación busca descubrirlo.

En nuestra conversación inicial, Lula se quejó de la casi totalidad de los textos publicados a su respecto:

"No quiero que publiquen que soy santo. No lo soy. Estoy cansado de que me carguen en el regazo, que me chupen las medias. No encuentro textos serios: o inventan mentiras para desacreditarme, o exageran en cosas que no existieron para transformarme en superhombre. No soy ni una cosa ni la otra. Me gustaría que hicieras un texto 'científico' sobre mí, contando las cosas como son."

Las palabras de Lula convergían en el sentido exacto de mi propuesta: tratar de colocar las cosas lo más próximo de lo que "eran". Por eso nos decidimos por entrevistar también a los hermanos de Lula, pues de esa forma conseguiríamos testimonios de aquellos que vivieron las cosas en la carne y en el espíritu, "como fueron" para ellos, los Silva. Si la tan repetida frase de Nelson Rodrigues "ver la vida como es", es una imposibilidad absoluta –ya que es imposible saber exactamente cómo es la vida–, tratamos de descubrir por medio de relatos autobiográficos cómo fue y es la vida para aquellos que la vivieron.

Sabemos sin embargo que nuestro trabajo no se resume en presentar el punto de vista de la familia Silva sobre su trayectoria. Por eso agregamos a estos extraordinarios relatos de experiencias de vida

43

un conjunto de informaciones sobre los procesos sociales y económicos por los cuales pasaba el país, tratando de construir un cuadro mediante el cual se puedan avistar y comprender las relaciones dialécticas que se establecieron tanto entre lo que ocurrió desde el punto de vista más particular e individual como entre lo que ocurrió desde el punto de vista más colectivo y social. La historia de la familia Silva traduce parte importante de la historia de Brasil; parte importante de la historia de Brasil traduce la historia de la familia Silva.

La realización de las entrevistas

Para tratar de armar y comprender el intrincado mosaico constituido por la historia de la familia Silva, utilizamos la técnica de la entrevista no directiva o no dirigida. Creemos que las entrevistas directivas, con formularios de preguntas rígidamente definidos, no son instrumentos de investigación adecuados para trabajos de esta naturaleza, en los cuales los aspectos subjetivos de los entrevistados son parte esencial del material de análisis histórico. En este trabajo, la definición de un repertorio cerrado de preguntas empobrecería el material obtenido, colocando a los entrevistados casi en la mera posición de "objeto de estudio", cohibiendo sus manifestaciones de creatividad, su esfuerzo intelectual, limitando su discurso a los temas y preocupaciones que nosotros sugiriésemos.

Optamos, por el contrario, por un método de entrevista abierto, en la cual nosotros, la entrevistadora –el "sujeto" de la investigación– y los entrevistados –los "objetos" de estudio–, ocupamos posiciones no rígidamente definidas, sino flexibles, maleables, o sea, no se desea una "neutralidad absoluta" del investigador y un despojamiento total y completo del entrevistado, como un microorganismo que exhibe sus formas y colores en un microscopio, sin pudores, deseos ni miedos. Si nuestras armas de trabajo provienen de las ciencias humanas, no de las ciencias biológicas, si cambiamos el "microscopio de laboratorio" por entrevistas con aquellos que deseamos estudiar, tenemos que asumir los límites y las posibilidades de ese "juego" que se establece entre seres humanos.

La primera regla de ese "juego" es la de que nuestro objetivo no consiste en investigar datos históricos exactamente de la manera como ocurrieron, chequeando informaciones y buscando toda suerte de documentos para llegar a una versión final, definitiva, sobre cada hecho. Buscamos, por el contrario, comprender cómo percibieron los hechos cada uno de los personajes. Para algunos de los miembros de la familia Silva, por ejemplo, el viaje en *pau-de-arara* desde el Nordeste hasta San Pablo duró trece días, para otro entrevistado duró, con total certeza, exactos diez días. Podríamos buscar en otras entrevistas o incluso en archivos un puñado de documentos que pudieran dirimir esa duda: el tiempo de duración de un viaje que ocupa un papel central en la vida de estos personajes.

El hecho es que no pretendemos reconstruir una sola historia sino, por el contrario, las diversas versiones históricas, aun sabiendo que, en este caso específico, el viaje tuvo una sola duración y que el número de días que los Silva tardaron en cruzar esos dos mundos tan diferentes fue uno solo, independientemente de la sensibilidad de los participantes. Esto quiere decir que, aun cuando hay un dato objetivo fácilmente verificable, optamos por no hacerlo; preferimos tratar de comprender los aspectos de carácter subjetivo del discurso de los entrevistados, ya que son estos los aspectos que apuntan más en dirección a lo que fue la realidad vivida/percibida por ellos. O sea, en lo que atañe a las entrevistas, nuestros interés es tratar de traducir *la vida como fue para quien la vivió*. Es evidente que en el proceso de tratar de traducir o comprender una experiencia ajena mezclamos contenidos nuestros, por más que nos empeñemos en evitarlo. Sabemos que la elaboración final de este tipo de trabajo es siempre e invariablemente producto de una relación entre el investigador y el investigado, no sólo un análisis "puro" elaborado por ese segundo elemento.

Es importante aclarar que todas las entrevistas que aparecen en este libro fueron transcriptas de manera de respetar el lenguaje oral de los entrevistados. Al trabajar con "historia oral" seguimos una serie de principios y normas. Decidimos intervenir lo mínimo posible en los discursos, transformados así en documentos históricos. Se mantuvieron, por lo tanto, las imprecisiones lingüísticas producto de la oralidad. Si los entrevistados tuviesen que responder a las preguntas por escrito, ciertamente lo harían en la forma escrita de la lengua portuguesa. Pero nuestro objetivo es captar el discurso oral, y es por ese motivo que muchas veces hemos mantenido las expresiones típicamente orales. Sólo hicimos algunas modificaciones en las trascripciones con el fin de garantizar la calidad del contenido sin desvirtuar la idea original. Las entrevistas traducen discursos vivos y honestos. En realidad, nuestro mayor objetivo es captar la "gramática del espíritu, del pensamiento" y no la gramática de la lengua culta escrita.

Hacia el final de este libro, el lector encontrará capítulos destinados a analizar las entrevistas. Estos análisis son transdisciplinarios, conjugando principalmente historia, sociología, antropología y psicoanálisis. Al lector le quedará claro el estrecho puente existente entre historia oral y psicoanálisis: la palabra verbalizada (no la escrita). Y es sobre este puente –la palabra espontánea, proveniente del discurso oral– que este libro camina.

Los primeros y más marcados recuerdos
- LULA -

"Mi madre vendió el reloj, el burro, vendió los santos, las fotografías familiares, vendió todo, todo lo que tenía, para dejar el Nordeste."

"Tengo pena de mi padre porque pienso que era muy ignorante. Era enormemente ignorante. […] Mi padre murió en 1978 como indigente."

"Yo no dejo de dar gracias a Dios por el coraje de mi madre. […] Mi madre logró, en un momento de miseria muy grande, criar a cinco hijos que se transformaron en hombres pobres, pero honrados, y tres mujeres que no tuvieron que prostituirse. Creo que eso es algo fantástico."

Lo primero que recuerdo, cada vez que alguien me pregunta acerca de mi infancia, es exactamente el hecho de que yo no tuve infancia. Es muy difícil, no sólo en el Nordeste sino en cualquier lugar del país o del mundo, que un chico pobre o muy pobre se acuerde de su infancia. Principalmente porque uno se acuerda con más facilidad de las cosas buenas y no de las cosas malas que nos ocurren.[1]

Yo nací el día 27 de octubre de 1945. Hasta hoy sigue siendo la mayor polémica, porque mi padre me registró el día 6 de octubre; entonces, tengo dos fechas de nacimiento. En verdad, yo prefiero creer en la memoria de mi madre, que dice que yo nací el día 27 y, como me gusta más el signo de Escorpio, elegí esa fecha. En el documento estoy registrado como nacido el 6 de octubre. Mi madre me dice que fue una equivocación de mi padre. En esa época nacíamos una sema-

---

[1] Esta primera entrevista de la serie realizada con la familia Silva transcurrió en nuestra residencia, el día 30 de junio de 1993.

47

na y nos registraban tres o cuatro meses después. Mi padre no sabía la fecha correcta.

Yo tengo pocos recuerdos hasta mis siete años; sé que, cuando nací, fue el momento en que mi padre se fue para San Pablo. En realidad, yo ni había nacido todavía. Mi padre le pidió a su hermano, que es mi padrino, que cuidara a mi madre, porque él se venía a San Pablo para tratar de ganar algún dinero. Entonces mi tío empezó no sólo a cuidar a mi madre sino al resto de la familia.

Mi padre recién vuelve a Pernambuco en 1950. Vuelve en 1950, embaraza a mi madre de mi hermana menor, que era la octava hija. Entonces se vuelve para San Pablo trayendo con él a mi hermano mayor y dejando allá a mi madre embarazada. Yo no tengo muchos recuerdos de ese episodio. Tengo algún recuerdo a partir del momento del nacimiento de mi hermana menor, cuando yo tenía alrededor de cinco años.

Recuerdo, tengo una imagen, a mis hermanos mayores saliendo a cazar cuises, a cazar torcazas, era la forma que había para encontrar la llamada "mezcla", o sea, la carne para el almuerzo. Me acuerdo que la primera vez que comí arroz fue por un problema de enfermedad, yo tenía dolor de panza; algo yo tenía, y entonces mi madre compró un remedio, es decir, compró arroz. En esa época, el arroz en mi casa era algo raro, no era algo normal. Se comía el frijol con harina. Mi madre hacía una especie de kibbe, tomaba el frijol y la harina y hacía una especie de kibbe amasado con la mano y era eso lo que comíamos.

Yo todavía recuerdo cuando nació mi hermana más pequeña. Frei Chico y yo le hicimos pegar un susto muy grande a mi hermana mayor, Maria. Ella fue a la casa de un compadre de mi mamá a avisar que había nacido mi hermanita, y yo y Frei Chico fuimos a un lugar cerca de un depósito de agua, en donde se enterraba a los niños paganos, aquellos que morían sin que los hubiesen bautizado. A ese lugar le llamaban cementerio de los paganos. En esa época se decía que el niño que no había sido bautizado no se iba al cielo, que el alma se quedaba penando...

Lo recuerdo como si fuese hoy. Mi hermana había vuelto de la casa de mi madre y yo y Frei Chico nos acostamos entre la vegetación, donde estaba el cementerio de los paganos, y comenzamos a llorar. Mi hermana se asustó mucho y volvió corriendo a la casa del compadre de mi mamá, y para volver tuvo que venir acompañada con otras personas. Después contamos que éramos nosotros los que estábamos haciendo esa escena…

Después recuerdo que mi madre iba a trabajar al campo con mis hermanos, y mi hermano mayor era medio perezoso, entonces ella se peleaba con él porque acostumbraba apoyarse en el mango de la azada para no trabajar.

Recuerdo otro episodio en que mi hermano Vavá, en el momento mismo de venirnos a San Pablo, se escondió, subió a un árbol de cajú y se escondió, porque él no quería venir a San Pablo, quería quedarse allá en Pernambuco. Todavía recuerdo que cuando llovía –como había problemas de gran sequía–, cuando llovía, corríamos a embalsar el agua. El terreno tenía una cierta caída para tratar de retener un poco de agua. Era un agua barrosa, un agua sucia, pero nosotros la colocábamos en un lugar para que se "asentara". Después de "asentarse", la íbamos sacando con un jarrito. Sacábamos la parte de arriba, la suciedad quedaba abajo.

Yo todavía recuerdo, en esa época, cuántas veces mi madre nos llevaba para visitar la casa de sus hermanos. Salíamos caminando de noche, en la oscuridad, con una especie de antorcha. Era un pedazo de bolsa de estopa atado, como en las películas, un pedazo de estopa con kerosene. Salíamos y eso era lo que iluminaba el camino que recorríamos.

Todo esto que te estoy diciendo ocurrió hasta los siete años de edad, todo antes de tomar el *pau-de-arara* para venir a San Pablo.

Es increíble, pero cuando uno es pequeño ve una cosa y se tiene una dimensión de grandeza diferente de la que se tiene cuando se es adulto. Entonces, por ejemplo, yo me acuerdo de las calles, de las casas… Cuando que volví allá, después de 30 años, me quedé decepcionado. Yo me imaginaba una gran calle frente a donde nosotros vivíamos, yo me imaginaba un árbol inmenso, había una planta de ceibo, que es un árbol que da una semillita roja. Yo tenía noción de un árbol enorme, y cuando volví luego de 30 años el árbol que yo vi no era grande, era un árbol pequeño. Y era el mismo árbol de la infancia…

Había un lugar allá llamado "la bodega de Tozinho", que era un almacén. Yo tenía la impresión que era algo casi del tamaño del Carrefour, pero al volver vi que era del tamaño de una casita popular de aquí, o de un barracón pequeñito. Tengo recuerdos de esa bodega de Tozinho porque en 1950, yo tenía cinco años, pero mis hermanos mayores ya escucharon por primera vez la Copa del Mundo en la radio. El único que tenía radio era él [Tozinho]. Entonces la gente iba allá a escuchar radio, a escuchar programas musicales y cosas de ese tipo.

Destierro: partida hacia lo desconocido

El recuerdo más fuerte que tengo de esa bodega es que cuando mi madre decir venirse, vendió sus tierras por 13.000 cruzeiros. Mi madre vendió el reloj, vendió el burro, vendió los santos, las fotografías familiares, vendió todo, todo lo que tenía, para dejar el Nordeste. Y nos fuimos a la bodega de Tozinho. Allá había un cuartito, que no sé si era un depósito; él nos dejó quedarnos allí hasta que el *pau-de-arara* nos fuese a buscar. Y el *pau-de-arara* se atrasó, creo que unos dos días, y nosotros nos quedamos dentro de ese cuarto. Mi mamá, sus hijos, más el hermano de mi mamá, su mujer y su hijo. Éramos creo que doce dentro de un cuartito.

La cosa que más me marcó de esa época era que teníamos un perro llamado Lobo. Era un perro que inclusive fue causa de una pelea de mi padre y de mi madre en San Pablo. Cuando llegamos a Santos, mi padre, en vez de estar preocupado porque habíamos llegado sin avisarle, la primera pregunta que hizo fue: "¿Dónde está el perro?".

Mi padre se puso nervioso porque mi mamá no había traído al perro. Imagina traer un perro en un *pau-de-arara* durante trece días... Ese perro –su nombre era Lobo–, lo que más me impresionó es que se quedó llorando alrededor del lugar donde estábamos. Y mi madre no abría la puerta para que él no nos viera. Entonces se quedó llorando hasta que salimos y nos fuimos. El tío mío que se quedó allá tomó el perro y se lo llevó a su casa. Ese perro murió pocos días después, dejó de comer, se puso triste... Murió. Mi padre se puso muy nervioso porque pensó que mi mamá debería haber traído al perro a San Pablo. No debería ser un perro de raza, me parece que era un perro cualquiera.

Los recuerdos hasta los siete años de edad son esos. Después está el período en que viajamos en el *pau-de-arara*. De ese período ya tengo más recuerdos. Primero todavía en Vargem Comprida... El lugar donde nací era Vargem Comprida, subdistrito de Garanhuns, que hoy se llama Caetés. Se transformó en ciudad en 1963. Todavía en Vargem Comprida nosotros vivíamos a 18 kilómetros de Garanhuns, era a seis leguas de Garanhuns. No nos era fácil ir a la ciudad. El pan era algo raro. El café nuestro por la mañana era café negro en un jarrito con harina. Mi madre hacía una papilla de mandioca y tomábamos eso de mañana. Nos quedábamos en cuclillas cerca del horno de leña y tomábamos eso de mañana. Creo que ni siquiera era un jarrito, era una cosa de barro que nosotros hacíamos. Comíamos cajú, comíamos fruta, mis hermanos mayores le robaban sandías a mi abuelo. Comíamos cosas que mis hermanos mataban: cuises, palomitas; a veces mi madre mataba una gallina. Entonces, era frijol y harina. El dulce, casi no lo conocía.

Sobre el dulce tengo un recuerdo fantástico. Al dulce de coco, las *cocadas*, mi mamá lo conocía con el nombre de "japonés". Yo no sé cuál era la relación que ella hacía. Y cuando llegamos a Vicente de Carvalho,[2] que por otra parte en ese tiempo se llamaba Itapema, mi madre fue al bar y pidió dos "japoneses". Y el tipo no entendió nada... Ella tuvo que indicar con el dedo. Entonces el tipo le explicó que eso no era "japonés", que eso era una cocada. Japonés es otra cosa [risas].

Nosotros salimos de allá, del Nordeste, mi madre y siete hijos. Siete, porque mi hermano mayor, Jaime, había ido adelante. Y llegando aquí mi hermano mayor descubrió que mi padre tenía otra mujer. Entonces comenzó a escribir pidiéndole a mi madre que viniera, diciéndole que era mi papá quien quería que mi mamá viniera para acá. Pero mi padre estaba poco interesado en que mi madre viniera para acá. En verdad mi padre estaba poco interesado en que mi madre viniera para acá porque lo que él quería era vivir su vida con la mujer que tenía aquí, que era una prima de mi mamá.

Mi padre ya había salido de Pernambuco con esa prima, ella había desaparecido, pero nadie había relacionado la desaparición de

---

[2] Vicente de Carvalho era una región de la ciudad portuaria de Santos, estado de San Pablo.

ella con la venida de mi padre. Y mi hermano en la carta no le cuenta esa historia a mi madre, sólo le dice que mi padre quería que ella viniese para acá. Entonces mi madre arregló las cosas y vino para acá. Además, porque su situación se estaba poniendo difícil.

Cuando llegamos aquí, mis dos hermanos por parte de padre, mis dos hermanos mayores, ya tenían seis o siete años. ¿Entonces qué hizo mi padre? Mandó a mi mamá a que se quedara un tiempo en la casa de un compadre de él llamado Zé Nuno y siguió viviendo con la otra mujer en la casa que era de él. Entonces consiguió una nueva casa para esa segunda mujer en la otra punta del barrio, y llevó a mi madre a la casa donde él vivía antes. Mi madre tenía que tener prioridad en la llamada casa principal, que era la casa donde él vivía antes. Mi madre fue a vivir con él y la otra fue a vivir al final del barrio.

Creo que es real la historia de que mi padre le dio preferencia a la segunda familia. Pero los hijos de la otra familia andaban mejor vestidos porque yo llegué del Nordeste, yo viajé trece días con una sola camisa. Llegué aquí, la camisa estaba arruinada… En cambio, mis hermanos de aquí ya andaban vestidos normalmente, con medias… Ellos tenían efectivamente un nivel mejor que el nuestro, que éramos *retirantes* (migrantes); ellos ya estaban aquí.

Mi padre mantuvo las dos casas, mantuvo las dos casas. Mi madre se quejaba mucho de que él trataba a la otra mujer mejor que a ella, que las frutas que iban para la otra eran mejores, que los gastos para la casa eran mayores. Mi madre se quejaba mucho de eso. Yo no tengo muchos recuerdos de eso para saber si era verdad. En esa época yo debía tener ya siete años, no tengo muchos recuerdos. Pero sé que mi padre mantenía sin problemas a las dos familias. Él se quedaba dos días en una casa con mi mamá, dos días con la otra. Un día con una, un día con otra. Él se arreglaba bien, ¿comprendes?

Mi padre trabajaba como estibador, cargaba bolsas en un depósito de café. En esa época se ganaba por producción. En 1958 yo recuerdo a esa gente fuerte, aquellos negros que andaban todos de blanco, con traje blanco, zapatos blancos. Esos hombres durante el día se colocaban una bolsa de café en el cuello y uno debajo de cada brazo. Cargaban tres bolsas de café cada vez. Ganaban por producción y andaban muy a la moda.

Mi padre, como cargador de café, sustentaba a dos familias. Eso significaba que en esa época él ganaba un salario razonable. Y mantenía a dos familias: iba al almacén y mandaba entregar cosas para mi madre, también pedía que le entregaran a la otra. Iba a hacer compras para una, iba a hacer compras para la otra. Dentro de las posibilidades que tenía, yo pienso, él cuidaba bien a las dos. Yo tengo pena de mi padre por otras cosas, no por eso.

Padre tiránico, pero trabajador

Yo tengo pena de mi padre porque creo que él era muy ignorante. Mi padre era enormemente ignorante. Hay dos cosas muy fuertes en mi padre que me marcaron. La primera es que mi padre no comía el pan que nosotros comíamos. Si para nosotros él compraba pan común, para él se compraba pan con azúcar, esos panes redondos, bien bonitos. Él se levantaba antes que nosotros, tomaba café, comía su pedazo de pan. Después tomaba el resto que quedaba, lo ponía en una lata arriba del armario y nadie lo podía tocar. Cuando él volvía, lo abría para comerlo. No compartía eso, aquello era algo sólo de él. Cosa que hoy un padre normal, un ser humano normal, se queda sin comer para darle a su hijo. Mi papá se lo comía.

Hoy, cuántas veces llego a la noche tarde a mi casa, Luiz Cláudio ya cenó. Entonces Marisa fríe un bife para mí, él se me sienta encima y quiere comer, yo termino dándole mi bife. Yo no le voy impedir que coma.

Otra cosa que me marcó mucho de mi padre es que un día –en 1952, mi hermana tenía unos tres años– yo veía a mi padre comiendo pan y a mi hermana pidiéndole un pedacito. Mi papá tomaba los pedacitos de pan y los arrojaba a los perros. No se los daba a ella. Yo no estoy seguro si él oía que ella le pedía o no, pero sé que eso me marcó mucho. En esa época no tenía unos ocho o nueve años. Aquello me marcó mucho: cómo es que el sujeto veía a una niña pequeña de tres años allí, pidiéndole un pedazo de pan y él… Mi padre tenía muchos perros. Los cuidaba. Creo que los cuidaba más que a sus hijos. Adoraba los animales que tenía en casa.

Otra cosa que me marcó mucho fue una paliza que le dio a mi hermano. Nosotros teníamos que cuidar una barca que tenía mi padre, una chata, de esas que nos cruzan en Santos. Y mi padre tenía una en el río Caraú; nos pidió que cuidáramos la barca, y allí fuimos. Pero teníamos que atravesar el aeropuerto de la Aeronáutica, y al llegar allá hubo una lluvia muy fuerte. Nos dio miedo y volvimos. Teníamos mucho para andar: atravesar el aeropuerto de la Aeronáutica para ir al río Caraú a ver la barca de mi papá que estaba amarrada. Era para saber si estaba intacta, si no la habían robado. Y ese día yo y mi hermano fuimos, nos dio miedo del temporal y volvimos a casa. No pudimos ver la barca. De noche mi papá preguntó y mi madre dijo que estaba todo bien.

Al día siguiente, mi padre fue a trabajar y encontró a un amigo que le dijo: "Mira, Aristides, robaron tu chata, ¿viste? Yo pasé ayer por allá y vi a una persona andando en ella. No estaba en su lugar". Ahí mi papá llegó a casa de noche, con la mayor ignorancia del mundo, tomó la manguera, agarró a Frei Chico –el pobre se había cambiado para ir a la escuela–, ¡le dio una paliza! ¡Pero qué paliza!... Creo que él tenía unos diez u once años. El pobre se orinaba en los pantalones de tanto que cobraba. Y mi padre, cuando terminó de golpearlo, vino a golpearme a mí. Cuando vino a golpearme, mi mamá no lo dejó. Entonces él le dio un manguerazo en la cabeza a ella y ese fue el comienzo del proceso de separación de mis padres. Mi madre no admitía que él le pegara. Yo era el menor. Creo que eso es algo típico de las madres. Siempre el menor, el más chiquito, recibe más cuidados de la madre.

Esta historia del helado es algo que me marcó mucho en mi vida, porque mi padre no dejaba que mis hermanos salieran, no les permitía salir a pasear, ni les permitía que fumaran. Era una vida muy dura. Yo siento pena de mis hermanos mayores, porque yo era un niño y los niños se quedan en la casa. Uno de mis hermanos mayores trabajada de carbonero, otro trabajaba en el astillero, el otro hermano, Vavá, trabajaba en un bar. Y ellos no tenían el derecho de salir un sábado o un domingo, de ninguna manera. Ay de cualquiera de ellos si mi padre llegaba a casa de noche y hubiese alguien fuera del portón. Él no admitía que hubiese alguien fuera del portón. Sólo admitía que estuviéramos dentro de casa, de ninguna forma nos dejaba salir.

Hay una historia de un helado. Hoy me acuerdo y me río de eso, pero en aquel tiempo me quedé profundamente irritado. Mi padre, cuando venía del trabajo, debe haber comprado, a esos chicos que vendían en una cajita de telgopor, unos helados. Llegó, le dio un helado a mi medio hermano mayor, llamado Beto, que es hijo de él con la otra mujer –que hoy es pastor, es un buen tipo–, le dio un helado a Rubens, que es otro medio hermano, les dio más helados a algunas otras personas y ahí él fue a darme uno a mí. Estiró la mano y dijo lo siguiente: "Mira, no sabes chupar, yo no voy a darte helado, no". Y no me dio el helado. Es posible que yo no supiera chupar, ¿no? Creo que era el primer helado que había visto en mi vida. Tal vez ni supiera de verdad cómo se chupaba. Pero él no tenía derecho de decirme: "¡No sabes chupar!". Me debía dar el helado y permitir que me enchastrara. El problema era mío, no era de él. Yo en esa época debía tener entre ocho y nueve años, yo ya estaba en Vicente de Carvalho. A los diez años yo me vine a San Pablo.

Mi padre era una de esas figuras trabajadoras. Trabajaba mucho, pero mucho. Era responsable desde el punto de vista de no dejar que faltara comida en casa. Pero era demasiado violento. Por demás violento, y una violencia de ignorancia. Por ejemplo, yo recuerdo el día que le dio una trompada a mi hermana en la frente. Mi hermana tenía un novio, que hoy es su marido, y ella saltaba la ventana para estar con él. Mi padre no la dejaba, entonces ella saltaba la ventana y se encontraba con él. Y un día mi papá lo supo y le dio una trompada que le hundió la frente. Y mi hermana, ese mismo día, saltó y fue a encontrarse con su novio. Mi hermana también era testaruda.

Gritos de libertad

Yo recuerdo que cuando mi madre fue a separarse de mi padre –ese es otro caso interesante– mi madre le comunicó a mi padre que no iba a estar más con él, que estaba buscando casa para mudarse. Mi padre se quedó muy asustado. No quería que mi mamá se separase de él. Entonces mi padre mandó a llamar a mis tío de aquí de San Pablo. Uno de ellos es mi padrino José, el otro es mi tío Antonio, que es padrino de mi hermano Vavá, que son los dos hermanos de mi papá, y también Luiz, que es otro hermano de crianza de mi padre, que vive en Paulicéia aún hoy. Ellos bajaron a Santos para saber qué estaba ocurriendo. Y fueron a conversar con mi padre.

Aquel día mi papá llegó a casa cargado de cosas: había traído bacalao, carne seca. Porque en esos tiempos el bacalao –es interesante eso– no era esa cosa sofisticada que es hoy, los pobres también lo comían. Los Viernes Santos lo más común era que los pobres compraran y comieran bacalao. Hacíamos bacalao de coco, bacalao frito. Ahora se transformó en una comida "superlujosa". Pero antes hacíamos bacalao todos los años, inclusive siendo pobre mi madre tenía condiciones para hacerlo. Y mi padre trajo un montón de comida. Mis tíos quisieron saber qué estaba sucediendo y se lo preguntaron. Yo era pequeño, pero veía a mi padre explicándose ante mis tíos. Y él decía que no quería que mi madre se separara, quería que ella se quedara con él.

Mis tíos después se fueron. Todo el mundo se fue a dormir; al día siguiente mi padre fue a trabajar. Y a las 7 de la mañana mi mamá decidió irse de casa. Ella les comunicó a todos los hijos que se iban a trabajar: "Miren, cuando ustedes vuelvan, no deben volver más para acá, porque yo voy a estar en tal lugar". Mi madre consiguió un barracón en una calle. Hoy, ni recuerdo el nombre de esa calle. Era un barracón que un día se cayó. Era tan "barracón" que un día se vino abajo. Nosotros vivíamos allí. Se cayó la cocina entera.

Salimos yo, Frei Chico, mi hermana Maria, mi hermana Tiana, que es la menor, creo que mi hermana Marinete no fue porque ya estaba trabajando como empleada doméstica. Nosotros salimos y nos fuimos a esta nueva casa que mi madre había alquilado. Estaba cerca de la otra, no era muy lejos, no.

Y yo me acuerdo de lo que mi madre tenía para llevar, además de lo puesto y de otras pocas cosas que tenía de ropa. Lo que teníamos para llevar en la mudanza era una tina, una lata de leche Mococa –¿te acuerdas de esa lata de leche Mococa que tenía pintada la vaquita?– para guardar pan y un cuchillo. ¡Era ese el "mobiliario" que teníamos cuando salimos de casa!… Todo el resto quedó allá. La queja de ella en relación a mi padre era él le había dado ese manguerazo en la cabeza, que había tratado de pegarme a mí… y ella no admitía eso. Además, mi padre era muy peleador, nos atormentaba mucho. Nos atormentaba en el sentido de que no nos dejaba salir, no nos dejaba hacer esto, no nos dejaba hacer lo otro. Era como si fuésemos un grupo de esclavos dentro de casa. En esa época eso era muy feo.

Lo gracioso es que cuando mi madre se fue, durante mucho tiempo mi padre se quedó rondando la casa en la que ella estaba, tratando de convencerla de que volviera. Yo recuerdo que ese tío mío, que es mi padrino, volvió otra vez de San Pablo. Creo que fue mi mamá que lo llamó para quejarse de que mi padre rondaba la casa todos los días por la noche, agregándole que podía dejar de hacer eso ya que ella no volvería.

No sé si mi padre estaba enamorado de mi madre, pero al menos él no quería que ella se separara. Pero ella igual se separó. Yo no sé si en esa época mi padre tenía idea de lo que es enamorarse. El dato concreto es que él no quería separarse de ella. Varias veces se quedó dando vueltas a la casa, de noche.

Eso para nosotros fue magnífico. Quedamos en libertad, ¿no? ¡Mis hermanos mayores podía ir al cine de noche! Ellos trabajaban, el mayor como carbonero, pero llegaba el domingo y no podía ir al cine. ¡No tenía por qué quedarse encerrado dentro de casa!

Mi padre nos hacía ir a cazar mucho. Casi todos los domingos nos obligaba a ir al manglar a buscar leña, a recoger mariscos, a buscar cangrejos. Había que cortar leña. Teníamos un horno a leña. A veces él también vendía un poco de leña. Pero es duro andar en el manglar. Yo andaba descalzo, me pinchaba los pies. Era una situación violenta. Mi padre nos hacía hacer eso casi todos los domingos. Entonces, la separación de mis padres, en el fondo, en el fondo, fue una gran libertad.

Mis tres hermanos mayores ya trabajaban, yo y Frei Chico vendíamos naranjas, vendíamos tapioca, vendíamos maní. Mis dos hermanas, Maria y Marinete, trabajaban de empleadas domésticas. Entonces mi madre se quedaba en casa con la menor, nos lavaba la ropa, y todo eso. Lavaba ropa también para afuera. Empezamos a vivir mejor. La pobreza era mejor. Era una pobreza con libertad. Teníamos derecho a gritar, por lo menos.

Hacían un chiste sobre mí. Decían que yo tenía el cuello corto por tanto cargar leña. El manglar quedaba lejos. Si hoy vas para Guarujá, vas a percibir que en un momento uno entra en Piaçagüera, después de salir del morro; allí hay varios ríos de agua salada. Nosotros íbamos en barco hasta allí, era bien lejos, no había ruta, no había nada, era todo selva. Era allí que buscábamos leña, mariscos y cangrejos.

Teníamos que armar un atado de leña, colocarlo en la cabeza y andar. Y solíamos atascarnos, con el barro hasta las rodillas. Nos pinchábamos. Era un martirio, una verdadera tortura. Después colocábamos la leña en la barca, atravesábamos del otro lado, y ya del otro lado nos colocábamos de nuevo el atado en la cabeza hasta llegar a casa. En ese momento la distancia era mucho mayor; no había manglar, pero la distancia era mucho mayor. Eso era casi todos los domingos, casi todos los feriados. Era muy feo.

A mi padre le gustaba mucho cazar. Nos llevaba muy seguido a cazar. También si uno pasa hoy por Piaçagüera, puede ver un lugar llamado río Diana. Ese río terminaba en otro río de agua dulce, que venía de una cascada. Íbamos en barco hasta una casa abandonada que había. Y allí mi padre cazaba: mataba tapires, mataba chanchos salvajes. Mi papá cazaba tatúes, cazaba pacas. Y nosotros íbamos con él casi siempre. Frei Chico y yo nos quedábamos en esa casa, cuidándola, cocinando. Allá había muchas víboras. Muchas víboras coral. De vez en cuando nos despertábamos con un montón de víboras coral en el cuarto. Ahí mi padre hacía hogueras. Hacía una hoguera en la cocina, hacía una hoguerita en nuestro cuarto, que era de tierra pisada. Encendía una hoguerita para que las víboras no se acercaran.

Nosotros no teníamos vida de niños, no teníamos eso de jugar, jugar a la pelota, divertirse. La separación fue un grito de libertad que dio mi madre y que alcanzó de lleno a toda su "población", que eran sus hijos.

Uno de estos días me encontré con la otra mujer de mi padre. Pobre, está sorda. Fue tan cariñosa conmigo. Ella era una buena persona, no era una mala persona. La historia del agua que Frei Chico y yo debíamos cargar para ella era la siguiente: había un pozo de agua lejos de la casa de ella. Nosotros debíamos atravesar prácticamente todo Vicente de Carvalho cargando agua. Había un barril que no sé si era de 100 ó 200 litros. Nosotros íbamos haciéndolo rodar por el suelo. Nos atábamos una soga en la barriga y tirábamos del barril hasta llegar allá. Los hijos que eran sólo de ella no hacían eso, pero mi padre nos obligaba a hacerlo a nosotros. Tal vez nos mandase a hacer eso porque éramos mayores que los otros.

Pero lo más feo no era eso. Lo más feo era que mi madre se ofendía porque la mujer de mi padre nos daba pan. A veces nos daba pan del día anterior. En esa época el panadero vendía el pan en una carreta. Y a veces nosotros llegábamos temprano, todavía no había pan fresco, y ella nos daba casi medio pan largo del día anterior. A nosotros nos encantaba, teníamos hambre… Ibamos comiendo pan seco por el camino. Mi madre se amargaba porque no quería que aceptáramos aquel pan de la otra mujer de mi papá. Era pan viejo. Mi madre nos daba cada sermón para que no aceptáramos… Pero nosotros lo aceptábamos porque teníamos hambre.

No era común tener dos mujeres, pero en aquellos tiempos era más fácil. La familia de mi padre tiene muchos antecedentes. Mi padre tiene otro hermano que huyó con una jovencita de quince años. La familia de mi padre era medio mujeriega. Hoy que yo tengo conciencia política, analizo a mi padre con un poco más de seriedad. Yo no tengo ninguna compasión por mi padre. Creo que desde el punto de vista del cariño, de ese tipo de padre que cuida a sus hijos, que les pasa la mano por la cabeza, mi padre fue un desastre. Ahora, desde el punto de vista del padre que debe garantizar el frijol y el arroz para sus hijos, eso él lo hizo.

El padre desesperado y su muerte como indigente

Cuando nosotros estábamos en el Nordeste y mi padre aquí, él nos mandaba dinero. De ese tipo de cosas no nos podemos quejar. Él nunca faltó a sus compromisos. ¿Sabes ese tipo de compromisos de comienzos de siglo? El compromiso era el siguiente: yo garantizo el frijol, el arroz, el pan y la casa. Todo eso él lo garantizó. Pero era un pésimo marido. Peleaba mucho. Creaba problemas con mis hermanas, con todo el mundo. Tanto es así que el pobre murió como indigente. Mi padre murió en 1978 como indigente.

En la época que murió mi papá, él también estaba separado de la segunda mujer. La otra mujer tampoco aguantó. Él le pegaba mucho a mis hermanos. Estaba imposible, estaba imposible. Una vez me llamaron de Santos porque él estaba medio loco. Llegué allá, fui a la casa de la comadre Jucelina, que es una especie de madre de todos nosotros. Cuando llegamos de Pernambuco, esa doña Jucelina, que era la madre de mi cuñado, y que era de una familia que vivía bien… ¿Sabes cómo es una familia que vive bien? Eran considerados ricos. Tenían casa, el padre trabajaba de contramaestre de barco, eran una familia que vivía bien. Esa doña Jucelina era todo un personaje. ¿Sabes ese tipo de persona que hace una comida y te la pasa por el cerco para que comamos? Era un personaje fantástico. Murió también en 1992. Creo que en 1978, antes de que muera mi padre, me llamaron de Santos y él estaba en la casa de esa comadre Jucelina. Él entraba al cuarto de baño, se encerraba y decía que alguien lo perseguía. Estaba con problemas, unas debilidades. Ese día fui junto con mis hermanos. Él no tenía nada, almorzó con nosotros, conversó. Estaba bien aquel día. Pero él estaba sin mujer, y ya jubilado. Entonces, cuando cobraba la jubilación, se llevaba una mujer a su casa. Hacía todas las fiestas que creía que tenía derecho y, cuando se terminaba el dinero, las mujeres se iban y él se quedaba solo. Vivía en un barracón pequeño allá en Vicente de Carvalho. Él estaba en una situación muy delicada. Cuando murió, ni nosotros ni la otra mujer lo supimos en el mismo día. Lo supe después que había muerto. Fue enterrado como indigente y después lo supimos. Mi hermano Vavá fue al cementerio.

Yo supe de la muerte de mi padre así: a las 8 de la mañana recibí la noticia de que la Scania había decretado la huelga de 1978; a las 9 de la mañana recibí la noticia de que mi padre había muerto. Entré en contacto con mis hermanos y dije: "Nuestro padre murió, vamos todos para allá". Como mis hermanos fueron primero, descubrieron enseguida que mi padre había muerto doce días antes, no aquel día. Yo había recibido la carta de la mujer de él con mucho atraso. Conversa más con mis hermanos sobre mi padre…

La imagen que me quedó de mi padre es sólo la de Santos. Yo no tengo la imagen de mi padre en Pernambuco. Yo ni sentía la falta de padre.

En verdad, mi padre no quería que nadie estudiara. Él sólo quería que trabajáramos. Mi padre era analfabeto. Era analfabeto, pero tenía algo gracioso: todos los días compraba la *Tribuna de Santos*. Él iba en la barca "leyendo" los diarios. No sabía hacer una "o" con un vaso, pero cruzaba en barca "leyendo" el periódico… Él pensaba que nadie debía ir a la escuela, que teníamos que trabajar, que las mujeres no debían ir a la escuela, que las mujeres en la escuela sólo iba a aprender a escribir cartas para los novios. No tenían que entrar a la escuela. El viejito era increíble.

Los abuelos, los antepasados

El padre de mi padre tenía tierras allá en Pernambuco. Él era mi padrino. Yo a mi abuelo le decía padrino "João Grande". Él era tan avaro que les disparaba a mis hermanos cuando robaban sandías. Mi abuelo era de aquellos que guardaban el dinero debajo del colchón. No sé si los nietos le robaron, sólo sé que mi abuelo murió sin un centavo. Mi abuelo tenía bastante tierra, bastante tierra. Pero era tan avaro que no te puedes imaginar.

Yo no conocí al padre de mi mamá. Tengo una duda que cargo hasta hoy en día, no sé si era descendiente de italianos. Yo conocí a la madre de mi mamá, mi abuelita, llamada Otília Ferreira de Melo. Otília es un nombre italiano, ¿no es verdad? Yo creo que la madre de mi madre era nieta de italianos. Yo traté de investigarlo allá en Garanhuns, pero la situación precaria de 1989 no me lo permitió y no intenté más. Pero yo creo que ella tenía ascendencia italiana. No conocí a mi abuelo por parte de madre, pero conocí a mi abuela.

Mi abuelita, pobre, bebía *cachaça*… Cuántas veces mis hermanos la encontraron en medio de la vegetación, en la ruta, al borde del asfalto… Pobrecita. No sé por qué razón bebía. Pero ella bebía mucho, mucho. Mi madre no hablaba mucho de sus padres. Mi madre era un personaje…

Es increíble. Si ves la fotografía de mi madre cuando estaba en Pernambuco y tenía 39 años y ves la fotografía de ella a los 60 años, está más bonita en esta última foto. La comida hace que la persona se ponga bonita. Es verdad. La persona que come se vuelve más bonita. La persona que no come se pone deformada. Mi madre sufrió mucho. ¡No le deseo a Miriam Cordeiro la vida que llevaba mi madre![3]

En 1955, no tengo la fecha con precisión, pero creo que fue en 1955 que mi madre decidió venir a San Pablo. Estábamos en Santos

[3] Hubo un período en que Lula, luego de elaborar un sufrido duelo por la pérdida de Lurdes, su primera esposa que falleció en avanzado estado de gravidez, trató de retomar la vida que había tenido cuando era soltero. De las novias que tuvo, una de ellas, llamada Miriam Cordeiro, quedó embarazada. Lula celebró el hecho, deseaba ser padre. Registró al niño con su nombre, le ofreció ayuda económica y de otros órdenes, pero no quiso casarse con su entonces ex novia. Algún tiempo después de que naciera el fruto de esta unión, Luriam, Lula se casó con la mujer de la que se había enamorado: Marisa Letícia da Silva.

y mi madre decidió venirse para acá. Mis hermanos mayores vinieron antes, consiguieron empleo. Después mi madre vino con Vavá, y con mi hermanita menor, Tiana. Y nos quedamos allá en Santos Frei Chico y yo, viviendo con mi padre. Mis hermanas Maria y Marinete también se quedaron en Santos trabajando como empleadas domésticas. Nos quedamos cuatro años allá. Yo recién vine acá en 1956. Tenía nueve años. Me quedé allá con mi padre entre seis meses y un año, yo y Frei Chico. De mis hermanas, Maria era dos años mayor que yo, y Marinete debe ser unos siete u ocho años mayor que yo.

Me quedé viviendo con mi padre, con su otra mujer y con mis otros hermanos y Frei Chico. Todos los hijos de mi padre eran tratados de manera igual, yo no veía diferencia. Lo que de verdad mi padre quería era que no fuéramos a la escuela. Nosotros fuimos por decisión de mi mamá. Fue casi a la fuerza. Tanto que mis hermanos, incluso cuando eran pequeños, comenzaron a estudiar de noche, porque trabajaban de día. Después nosotros empezamos a estudiar de día: yo, Frei Chico, Maria. Después de un tiempo mi padre asimiló eso. No se trataba de que quisiera pegarnos a causa de eso, lo que sucede es que él pensaba que nosotros no debíamos ir a la escuela. Teníamos que trabajar y se acabó la discusión. Esa debía ser nuestra vida.

Mi padre era rudo. Era rudo, rudo. Del tipo de persona que parece indio. Quiero decir, no tenía muchos rasgos de indio, más bien tenía rasgos de mestizo. Era fuerte. Tenía más o menos mi altura, la altura de mis hermanos, entre 1,70 y 1,73 m. Y todos tienen esto [apunta a su abdomen y se ríe]. Vas a conversar con mis hermanos mayores y verás que todos ellos tienen el mismo porte físico. Mi hermano mayor está muy "enfermo de cachaça". Ya estuvo medio loco. El único diferente es él.

A la espera del *pau-de-arara*: el comienzo de interminables descubrimientos

Me acuerdo de un día cuando yo todavía era niño, estando yo allá en Garanhuns, en la bodega de Tozinho, esperando que llegue el *pau-de-arara* para buscarnos. Fue ese día que vi la primera bicicleta en mi vida. Frente al bar había una gran ruta de arena. Dos tipos que habían pasado un tiempo en San Pablo volvieron para allá [Garanhuns] y llevaron una bicicleta. Aquello era la gran novedad. Yo me quedé alucinado de ver a esos tipos andando arriba de una bicicleta. ¡Me parecía maravilloso!… Ese es un recuerdo que yo tengo de ese tiempo de Garanhuns.

¿Sabes cómo es un *pau-de-arara*? Es una tabla atravesada en la carrocería del camión. No tiene ni apoyo atrás. No es un banquito de madera, es una tabla pegada a la carrocería. Uno se sienta y no tiene respaldo, uno se puede caer. ¡Imagina trece días viajando en eso! Había unas 30 ó 40 personas dentro del camión. Mis hermanos tal vez se acuerden más del viaje. Fue un viaje muy penoso. Estaba yo, mi madre, estaba Tiana, estaba Maria, Ziza [Frei Chico], Vavá, Marinete, mi tío, que es hermano de mi mamá, mi tía Laura, mi primo Zé, que era hijo de mi tío. Y vinimos. Fueron trece días de viaje.

Tengo recuerdos del viaje. Lógico que en esa caravana[4] que hice ahora al Nordeste no encontré más esos lugares, el asfalto llegó a muchos lados. Yo recuerdo que varias veces dormíamos… dormíamos en la acera. Llegábamos a una acera cualquiera, nos estirábamos y comenzábamos a dormir allí. A veces con una mantita encima. Y de repente nos despertábamos bajo la lluvia, y teníamos que correr para abajo del camión. No cabía todo el mundo. Nos quedábamos amontonados todos debajo del camión…

Aventuras y riesgos de viaje

Durante el viaje comíamos bananas, raspadura, harina. A veces tomábamos agua en el río San Francisco y hacíamos comida. Raras veces comimos o dormimos en una pensión. Eso era algo muy raro. Dormimos, pero fue debajo del camión o en la acera.

---

4 Lula se refiere a una de las llamadas Caravanas de la Ciudadanía que recorrieron Brasil cubriendo desde grandes centros urbanos hasta pequeñas y olvidadas localidades. Organizadas por el Partido de los Trabajadores, su intención era discutir con la población local los problemas de cada región, así como los problemas nacionales. Se llevaron a cabo algunos meses antes del comienzo de la campaña presidencial de 1994 y las informaciones, opiniones, análisis, en fin, el material recogido durante esos viajes sirvió de antecedente para la preparación del Programa de Gobierno de Luiz Inácio Lula da Silva.

Un día, durante el viaje, el camión estaba parado en la ruta. Frei Chico y yo teníamos dolor de panza. Nos fuimos entre la vegetación y, cuando nos dimos cuenta, el camión ya se estaba yendo. El camión salió. Mi madre iba gritando y nosotros corriendo atrás de ella, corriendo atrás del camión. Fue un gran susto.

Los otros días una compañera del PT me dice: "Lula, eres muy humilde, necesitas ser más 'vencedor', mucha humildad no sirve". Yo le pregunté por qué y ella me dijo: "Un tipo que logró salir de Garanhuns y llegar a donde llegaste... Tienes que ser más 'prepotente'". Yo, aunque no adopte ese discurso de la prepotencia, creo que ocurre una cosa con el nordestino. El nordestino puede morir hasta los cinco años de edad; si no muere, tiende a vivir más tiempo. Tiende a ser una persona fuerte.

Y yo creo que escapar de la vida que llevábamos... Yo me pongo a imaginar que si no fuese por el coraje de mi madre de venir para San Pablo, ¿qué sería yo en el Nordeste hoy? Yo sería, quién sabe, un buen tomador de cachaça. O ya habría muerto de cirrosis.

El coraje materno hace posible una nueva vida

Yo no dejo de darle gracias a Dios por el coraje de mi madre. ¿Sabes en qué me quedo pensando? ¿Cómo es que una analfabeta como ella –mi mamá tampoco sabía hacer una "o" con un vaso– mete a siete hijos debajo de su falda y se viene para San Pablo, con la perspectiva de encontrar un marido que ella no sabe qué está haciendo de su vida?... y logra separarse de ese marido. Y logra criar a siete personas. Porque, si es verdad que la marginalidad está vinculada a la pobreza, mi madre es lo opuesto a eso. Mi madre logró, en un momento de miseria muy grande, criar a cinco hijos que se transformaron en hombres pobres, pero honrados, y a tres mujeres que no tuvieron que prostituirse. Creo que eso es algo fantástico. En ese aspecto tengo un respeto inconmensurable por mi madre [Lula llora].

Mi madre tomaba el ómnibus para ir a sacarnos nuestros documentos en San Pablo, ella no sabía leer, se perdía, tomaba el ómnibus equivocado, tenía que preguntar. Ella se "perdía". ¿Sabes qué es estar "perdido"? Es cuando a veces uno está en un lugar y se olvida en dónde está. Una persona de poco conocimiento, acostumbrada a una ciudad pequeña, puedes imaginarte lo que siente aquí en San Pablo... Cada vez que andaba por San Pablo, la pobre se "perdía", perdía la orientación de donde estaba. Pero igual llegaba a casa. Y obtenía los documentos y todo. Era algo notable. Y ella era una mujer de mucho coraje, mucho coraje.

Yo a veces me lamento, porque ella murió exactamente en el momento en que yo empezaba a crecer políticamente. Y ella no lo pudo ver. Ella tenía miedo de que yo terminara preso. Tenía miedo. Frei Chico había estado preso y ella se quedó horrorizada con eso. Yo estaba preso cuando ella murió. Fui a visitar la tumba de mi madre con los tipos del DOPS.[5] Fue Tuma el que me soltó. Hay determinados comportamientos humanos que no pueden ser mezclados con la ideología.

Mi madre fue una persona muy noble para los patrones culturales que tenía. Fantásticamente noble. No sé si yo heredé el coraje de mi madre. Pero creo que el coraje de mi madre fue mucho. Yo creo que someterse a lo que ella se sometió, vivir como ella vivió, es algo muy noble. Yo creo que en el fondo uno logra cargar un poquito de eso. Uno logra cargar un poquito de la ruindad del padre, un poquito de la bondad de la madre.

Si ves a mi hermana menor, sabrás cómo era mi madre físicamente. Tenía ojos azules. Mi hermana menor se parece mucho a mi madre. Lógico que con otro aspecto, porque mi madre tuvo un sufrimiento que ella no tuvo. Mi madre tenía unas ganas de vivir muy grandes. No se deprimía, no flaqueaba. No era una mujer que se quedaba quejándose de la vida. Yo no recuerdo a mi madre quejándose de que había trabajado mucho. Siempre había algo que la motivaba a decir: "¡Perfecto, está todo bien!". Cuando nos íbamos a quejar, ella decía: "¡Pero hay gente que está peor que tú!". Yo creo que tengo mucho de eso. Creo que Frei Chico tiene mucho de eso. Vavá también tiene mucho de eso, es una persona muy expansiva, muy optimista.

Mi madre no solía dar cariño físico. Creo que eso se debe a que

---

5 El DOPS (Departamento de Orden Político y Social) fue un importante organismo utilizado en la estrategia de represión a los movimientos y a las organizaciones de izquierda o incluso a grupos que realizaran cualquier acto que —de acuerdo con los criterios del gobierno militar que gobernaba en el país— tuviesen alguna "connotación subversiva" del orden político y social establecido.

en esa época no era común, ni ella había sido criada así. ¡Ella tenía que hacer comida para trece, catorce personas! Hacía las camas, lavaba la ropa, sacaba agua del pozo. En esos tiempos el agua era de pozo, no es como hoy que se abre el grifo y el agua cae en la pileta de lavar ropa. En esa época había que jalar la cuerda del pozo, llenar la pileta, refregar con jabón prenda por prenda. Ella hacía eso para catorce, quince personas. Y lavaba ropa para afuera y también la ropa del equipo del fútbol que ensuciábamos. Ella cocinaba, preparaba la comida que nosotros vendíamos. Y además tenía alegría. Eso es increíble, además tenía alegría. Eso es fantástico.

Fuerza y fe en la vida: con un pueblo como este se cambia el país

Yo comprendí ahora, en este viaje por el Nordeste [Caravana de la Ciudadanía], el optimismo de mi madre y de otras personas, que es diferente del de la clase media urbana. La clase media urbana es muy "debilucha". Siempre se siente infeliz, siempre se queja. El tipo está sentado en un bar, aquí en la avenida Santo Amaro, tomando cerveza, todo el mundo con los hombros caídos, diciendo que nada tiene solución, que está todo mal, que el gobierno no sirve. ¡Uno conversa con el *sertanejo*, que está pasando hambre, está sin comer hace tres días, pero él está con la cabeza erguida, creyendo que hay solución! Se trata de algo así, casi una profesión de fe. ¡Hay solución! Voy a mejorar, va a llover, va a ocurrir algo en mi vida. Él tiene eso, la clase media urbana está siempre diciendo: "Ah, la inflación…". Siempre tirando hacia abajo. Yo creo que eso es así porque la clase media se gana las cosas muy fácilmente. Es algo medio hereditario. El padre era clase media, el hijo es clase media, el nieto va a ser clase media. Son personas que no conocen el sufrimiento. No conocen el tener que comer el pan que amasó el diablo, como la madre de Ricardo Kotscho, que estuvo en la Segunda Guerra Mundial.[6]

Uno ve a un tipo pobre, yo no sé si tiene más fe, si cree más en

---

[6] Ricardo Kotscho es un amigo cercano, que durante mucho tiempo fue su asesor de prensa, conviviendo con Lula diariamente.

Dios, lo que sé es que es más optimista. Anda con la cabeza erguida, no está postrado. En el Nordeste el *sertanejo* está apoyado en la aza- da, no tiene nada que hacer, y uno le pregunta: "¿Y, compañero, va- mos a mejorar?". Y él responde: "¡Se Dios quiere, vamos a mejorar! ¡Tengo fe que va a mejorar!". Es algo muy positivo. Con un pueblo como este se puede hacer una revolución. ¡Se puede salvar a este país! Este país tiene solución, eso es algo fantástico. Yo tengo certe- za, estoy convencido de que con este pueblo se va a poder cambiar al Brasil.

Cuando el niño pobre del Nordeste se torna un posible presidente de la República

Yo quería que conversaras bastante con Marinete, Vavá, Frei Chi- co... Pregunta por Jaime, que parece "una radio fuera de la esta- ción"... Habla con todos ellos, va a ser bueno.

En 1989, cuando era candidato a la Presidencia de la República, el hecho de tener hermanas empleadas domésticas me daba orgullo. En mi cabeza yo pienso lo siguiente: ¿por qué tengo que cambiar mi vida si soy electo presidente de la República? Uno estos días Luiz Cláudio me preguntó: "Papá, ¿es verdad que si ganas voy a tener que vivir en Brasilia y dejar a mis amigos aquí?". Entonces me pregunto: ¿tendrá que dejarlos? ¿Por el hecho de que yo esté ejerciendo el man- dato de presidente de la República tengo el derecho a cambiarle la vi- da a mi hijo obligatoriamente? Yo no tengo tan claro el hecho de que si gano debo llevar a mi hijo a Brasilia.

Cuando me quedé viudo, yo soñaba esto: voy a buscar una kit- chenet para mí sólo. Voy a tener mis cositas, nadie las va a tocar... Mi vida siempre fue muy agitada, muchos hermanos, mucha gente dentro de casa. Cuando me quedé viudo, mi madre vivía con mi her- mana y me dijo: "No, no vas a vivir solo, voy a vivir contigo". Y de- jó a mi hermana para encargarse de mí. Se quedó conmigo unos tres años. Se quedó hasta que me casé con Marisa.

Luego me casé y ella decidió quedarse un poco con los otros hi- jos también. Vivía un poco con cada hijo. Cuando dejó a mi herma- na para quedarse conmigo, mi hermana ya estaba casada. Yo salía a bailar, volvía a las 3 de la mañana, y cuando llegaba, allá estaba mi madre, preguntándome: "Hijo, ¿quieres comer?". Era una figura fantástica mi madre. Se levantaba a las 4 de la mañana para cocinar un bife para mí, para freír un huevo. Y mi hermana Maria también: ella vivía conmigo, y llegara a la hora que yo llegara, ella se levantaba para hacerme comida, o para calentar la comida. Hacía un café, esperaba que yo fumara un cigarrillo, y ahí se iba a acostar.

Hay algo que no me deja inseguro nunca, que es lo siguiente: son esas tonterías que dice Maluf, "¡Voy a sacar provecho porque Lula no tiene estudios superiores, voy a sacar provecho porque Lula no habla inglés!". Esas tonterías no me conmueven. Yo creo que cada uno de nosotros representa algo. Yo tengo conciencia de lo que yo represento. Tengo conciencia de para quién debo gobernar. Tengo conciencia de cuál es el sector que yo quiero privilegiar.

Yo tengo conciencia de que Maluf, Collor y otros son enemigos de esas ideas. Lo que menos me importa es saber si un día voy a tener el mismo grado intelectual que ellos tienen. Yo quiero saber si ellos algún día van a tener el mismo grado de compromiso que yo tengo con los llamados "sectores más pobres".

Recuerdo una cosa que definí en mi cabeza en ocasión del debate con Collor en la segunda vuelta electoral de 1989. "Dios mío", pensé, "yo no tengo que ponerme a estudiar como si fuese a dar examen de ingreso a la Universidad. Yo tengo que ser mejor que Fulano en la televisión. Si llegué adonde llegué, debo ir y hablar el lenguaje que mi pueblo entiende. Mi pueblo no quiere que yo sea profesor de economía, mi pueblo no quiere que sea profesor de literatura. Mi pueblo quiere que sea lo que soy, y es eso lo que tengo que ser. Yo digo esto porque en la próxima campaña electoral no me voy a someter a los exámenes a los que me sometí esa vez."

Yo creo que un intelectual es muy importante, porque la capacidad de elaboración que tiene es algo fantástico. Pero no siempre la elaboración intelectual tiene un (o mejor) componente político. Yo tengo conciencia de que hoy no soy más un obrero con un lenguaje de obrero. Soy un obrero intelectualizado. Yo charlo con obreros, pero también con muchos intelectuales, leo muchos diarios, leo muchas revistas, leo mucho sobre política, leo todo tipo de cosas, discuto mucho. Mi ventaja es esa capacidad de asimilar las cosas buenas, las informaciones que son importantes.

En el primer debate que iba hacer con Collor, llamé por teléfono a Vicentinho[7] para ver qué opinaba él de lo que yo debía decir. Yo ya había oído a tanta gente dando opiniones sobre ese debate que ya no sabía qué era mejor hacer. Vicentinho me dijo: "¿Sabes lo que haces, Lula? Cada vez que mires a Collor, tienes que ver enfrente a la peonada de la Volkswagen. Y habla como si fuese para la peonada". Fue lo que hice.

Es mucho mejor uno ser espontáneo y hablar como uno piensa. Y el tipo me preguntaba: "Lula, ¿usted sabe qué es no sé qué cosa, o no sé qué otra cosa?". ¿Qué servía que yo respondiera a eso? Yo no tengo por qué responder a cada tontería. A mí me gustaría haber podido hacer un curso superior. Me gustaría ser economista, pero no fue posible. No me quedo lamentándome. Lo esencial yo lo tengo, que es el compromiso ideológico.

Lejos del mundo ideal, trabajos en el mundo real

Después de un período como lustrabotas, pasé a trabajar de tintorero. Yo no lavaba la ropa, pero colocaba la ropa en la máquina, marcaba la dirección de los clientes en las bolsas de ropa y la iba a entregar. En ese episodio hay dos cosas interesantes. La primera es que el dueño de la tintorería, don Antônio, era un personaje fantástico. Me quería como si yo fuera un hijo. Y me quería enseñar japonés, pero me parecía muy difícil.

La otra cosa es que yo era bajito. Ocurrió algo gracioso con un tipo que hoy en día trabaja en la Ford, de quien digo que es mi "compadre". Había llovido mucho y yo fui a entregarle su traje de lino azul. Cuando fui a cruzar la calle, y pasar por el cordón, había mucho agua, incluso con el brazo levantado el traje pasó por el agua. Al entregarle el traje a su mujer, ella lo tomó, lo llevó para adentro y yo me fui. Cuando ya estaba cruzando la calle la mujer vino gritando atrás de mí. Ella se dio cuenta que una buena parte del traje había pasado por el agua. Tuve que llevar el traje de vuelta. Has-

---

7 Vicentinho es el apodo de Vicente Paulo da Silva, amigo de Lula y en esa época presidente del Sindicato de los Metalúrgicos de São Bernardo do Campo y Diadema; posteriormente fue presidente de la Central Única de los Trabajadores (CUT).

ta 1989, cuando me encontraba con ese señor, que todavía estaba en la Ford, él me preguntaba bromeando: "¿Y mi traje? ¿Lo va a limpiar otra vez o no?".

Después entré en una oficina, en los Almacenes Generales Columbia, en donde estuve seis meses. De allí me fui a la Fábrica de Tornillos Marte. En la oficina yo atendía el teléfono. Me ponía nervioso, no entendía lo que decían las personas. Me ponía nervioso cada vez que sonaba el teléfono. Yo iba a atender, no entendía lo que decían, entonces no anotaba bien los mensajes, se generaba una confusión enorme.

Antes de empezar a trabajar, recuerdo que estuve mucho tiempo con un solo pantalón. Mucho tiempo. No fueron días, no. Fueron meses con un pantalón solo. Yo iba a la escuela con ese pantalón y sábados y domingos me lo quitaba para que mi madre lo lavara. Los lunes volvía a ir a la escuela con el pantalón, y el sábado y domingo mi madre lo lavaba. Siempre así. Fue un período muy malo. Mucha miseria. Pero yo era un jovencito feliz. Porque en esa época éramos pobres, pero teníamos un mundo a nuestra disposición.

La calle no estaba asfaltada, jugábamos al trompo, remontábamos cometas... Jugábamos a la pelota por la mañana, por la tarde y por la noche. Hoy, los chicos no lo pueden hacer. Yo comparo mi vida con la de mis hijos. Mis hijos tienen videojuegos, tienen televisión, un montón de cosas. Pero no tienen esa alegría que yo tenía de ir a la calle, de saltar la cuerda, de ir a buscar una pelota, de hacer guerras de ricino. Eran guerras, pero guerras de verdad, de salir lastimado. Yo me subía a un árbol con una honda. Nos quedábamos atacando a los otros. Si el adversario te descubría en el árbol, venían seis, siete, a tirarnos ricino con la honda. Ahí estabas perdido. Y dolía, teníamos que taparnos la cara y dejar hacer. Cuando pedíamos que pararan, era que estábamos derrotados. Era un juego pesado. Jugábamos al fútbol barrio contra barrio. Había piñas. Comenzaba el juego y a los diez minutos había piñas. Nosotros peleábamos con piedras. Piedras de verdad, cada equipo de un lado del campo, uno tirándole al otro, gente con la cabeza lastimada... Es un tipo de cosa que hoy los chicos no tienen, hoy son medio robotizados.

Frei Chico y yo éramos inseparables. Él era mi compañero, a pesar de ser tres años mayor que yo. Jugaba a la pelota conmigo, era algo muy lindo.

Adaptándose al asombroso nuevo mundo
- LULA -

"Recuerdo que el primer regalo que me dieron en mi vida fue en Santos. En esa época, para Navidad la municipalidad distribuía regalos para los niños pobres. Mi madre tuvo que enfrentar una fila inmensa para conseguir regalos para sus hijos. Yo recibí un autito a cuerda. Yo tenía, creo, unos nueve años, o algo así. Fue mi primer juguete."

"Cuando vine del Nordeste para acá, sentí muchos cambios. Son cambios como de quien sale del infierno y va al cielo... El progreso de la ciudad es una cosa..."

La llegada: adaptación al mundo nuevo

Yo no me acuerdo de los juegos de allá de Vargem Comprida.[1] Porque un niño de seis o siete años de edad, que no tenía vecinos, que no tenía radio, que no tenía televisión, que no recibía regalos... es muy difícil que se acuerde de los juegos que hacía. No me acuerdo. Tampoco me acuerdo de mis proyectos y expectativas de niño. Expectativas yo recuerdo que comencé a tener cuando vine a Santos. Fue allí que empecé a tener una infancia normal de niño que tenía amigos, que tenía escuela, que jugaba. La gran expectativa de mi vida era ser chofer de camión. Yo veía un camión de la Shell y me fascinaba ser chofer de un "camionazo" de esos.

No recuerdo la imagen de mi papá en Garanhuns, porque cuan-

---

[1] Esta segunda entrevista con Lula se realizó en su gabinete en el Gobierno Paralelo, en el mes de julio de 1993. Problemas de orden técnico inutilizaron parte de las grabaciones, conversaciones que fueron retomadas en entrevistas posteriores.

do nací él ya no estaba allá. Entonces cuando llegó, para un hijo que nunca vio a su padre, yo no tengo ningún recuerdo de la llegada de él. Cuando mi padre retornó a Pernambuco yo debía tener unos cinco años de edad.

Cuando llegamos aquí a San Pablo, tomamos un taxi: mi madre y sus siete hijos, mi tío, su mujer y un hijo, y fuimos hasta el puerto de Santos en donde trabajaba mi padre, en un depósito de café. Fue la primera vez que anduve en automóvil. Tengo la impresión de que era un Chevrolet 1950, 1951. Era un taxi. Sé que entró toda la familia: los hermanos éramos siete, más mi madre, ocho, más mis tíos, diez, más un primo, once.

Mi hermano mayor se llamaba José Inácio da Silva. Que es el mismo nombre de mi otro hermano, Frei Chico. Pero Frei Chico tiene el apellido Ferreira. No sé cuáles son los Inácio, cuáles son los Silva, cuáles son los Ferreira. Lo que sé es que Frei Chico es José Ferreira da Silva.

Bien, cuando llegamos a Santos mi padre trató a la otra mujer como "filial" y a mi madre como la [casa] "matriz". En Santos fuimos a la escuela. Creo que entré a la escuela en 1953, yo tenía siete años y unos meses. Estábamos en la misma escuela yo, mis hermanos Ziza, Frei Chico y mi hermana Maria. Y mis otros hermanos que estudiaban, lo hacían de noche, porque trabajaban de día.

Yo estudié en Santos, en Itapema, en el Grupo Escolar Marcílio Dias, hasta el segundo grado, después me mudé a San Pablo. Antes el lugar se llamaba Itapema, ahora es Vicente de Carvalho. Fue allá que hice el primero y el segundo grados, el tercero ya fue en San Pablo, en Vila Carioca.

Me acuerdo del colegio de Vicente de Carvalho, existe hasta hoy. Recuerdo una maestra mía, doña Terezinha, que era un personaje a quien yo le gustaba. Cuando mi madre le fue a comunicar que yo iba a dejar la escuela para ir a San Pablo, ella le insinuó a mi mamá que le gustaría que yo me quedase con ella. Quería que mi madre me dejara allá para cuidarme. Pero mi madre decidió llevarme.

Hubo una vez, creo que fue al segundo año, que yo, Frei Chico y mi hermana fuimos los primeros de la clase, cada uno en una clase diferente. El recuerdo que tengo es que yo iba a ganar un premio por eso. El día de la entrega, le entregaron el premio a mi hermano, le entregaron el premio a otros niños, le entregaron el premio a mi hermana, y se olvidaron de mi premio. No lo gané. Frei Chico se ganó un libro llamado *El reino de Liliput*, lo recuerdo bien porque era un libro muy bonito. Mi hermana se ganó una cartuchera de útiles. Yo creo que iba a ganar una cartuchera también, pero no gané nada. No dieron nada más. Me quedé como Viola,[2] le prometieron un premio y no le pagaron... Le prometieron 20.000 dólares para que fuera el goleador del Campeonato Paulista y no se los pagaron... [ríe].

Después me vine a San Pablo, hice el tercer y el cuarto grados en el grupo escolar de Vila Carioca. No había quinto grado en ese tiempo, era "admisión". Entonces hice "admisión" en el colegio Visconde de Itaúna, en Vila Anchieta. "Admisión" era para que nos preparemos para hacer el "ginásio".[*] Yo dejé por ahí ya que entré al Senai, el Servicio Nacional de Aprendizaje Industrial, que tenía más o menos una equivalencia con el "ginásio". Entrando al Senai yo ya aprendía una profesión. Aprendí la profesión de tornero mecánico y listo: ahí cambió mi vida. De allí me fui a la fábrica.

Cuando todavía estaba en Santos... algunas cosas son importantes de recordar. La diferencia de infancia de una persona que en el Nordeste no tenía vecinos y en Santos ya había niños para jugar a la pelota, ya había niños para las guerras de hondas, de frutos de ricino, de piedras... Hacíamos juegos violentos, guerras de verdad.

En Santos hubo un episodio muy gracioso. Después de que mi mamá se separó de mi papá, nos fuimos a vivir a otra casa. Y Vavá encontró 5.900 cruzeiros en un lugar donde él trabajaba. Ese dinero nos ayudó a salir de la miseria. Sirvió para pagar todas las deudas y además sobró dinero para todos los gastos de la casa. Eso fue más o menos en 1954 ó 1955.

La pobreza, el trabajo infantil

Yo nunca tuve vergüenza de ser pobre, de compararme con otros niños. En Vila Carioca, en 1956, las cosas fueron mejores, yo ya tenía diez años de edad, iba a cumplir once. Yo jugaba a la pelota, a

---

[2] Lula se refiere aquí a un famoso jugador de fútbol que él admiraba mucho.
[*] Ginásio: así se nombraba en aquella época en Brasil a la escuela media.

veces trabajaba lustrando zapatos. Recuerdo que el primer regalo que me dieron en mi vida fue en Santos. En esa época, para Navidad la municipalidad distribuía regalos para los niños pobres. Mi madre tuvo que enfrentar una fila inmensa para conseguir regalos para sus hijos. Yo recibí un autito a cuerda. Era un autito azul, tipo Chevrolet 1950 ó 1948. Fue el mejor regalo que me hicieron. Yo tenía, creo, unos nueve años, o algo así. Fue mi primer juguete. Después, nunca más recibí regalos. Recién me dieron regalos a los 18 años de edad. Cuando compré mi pelota.

En Vila Carioca fue una época de mucha miseria. Vivíamos en una casa con muchas personas. Vivía mi madre, mis hermanos y primos que pagaban una cantidad para vivir en casa. Ella tenía que lavarle la ropa a todo el mundo. En Vila Carioca viví en la calle Albino de Morais. Era una calle de mucha gente pobre, quedaba en un barrio que no tenía asfalto, no tenía cordón, no tenía alcantarillas, todo lleno de barro. Y nosotros vivíamos al fondo de un bar que era algo melancólico. El bar era de mi tío.

En ese período de Vila Carioca yo empecé a lustrar zapatos. Yo lustraba los sábados y domingos por la mañana, para ir al cine por la tarde. ¿Ya te conté del horno de kerosene de mi hermana; del médico que pidió una silla y no había silla para que se sentara y que mi hermana y yo salimos corriendo de vergüenza?[3]

¿Yo te conté también del compañero que me prestaba el traje, no? Creo que se llamaba Cláudio. Era medio parapléjico; caminaba, pero con dificultad. Y en aquella época había que ir al cine de traje. Yo iba al Cine Anchieta o al Cine Samarone, aquí en Vila Bueno. En ese tiempo yo lustraba zapatos, juntaba dinero e iba al cine. De regreso, comprábamos pan; comprábamos cuatro o cinco pancitos y veníamos comiendo. Era lejos. De Vila Carioca hasta el cine era un buen trecho. Una cosa que me marcó mucho es que un día fui al cine y discutí con Cláudio, y él me pidió que le devolviera el traje. Él me lo había prestado, y yo me vi obligado a darle de vuelta el traje y no fui al cine.

No creo yo tuviera "conciencia de clase", que me preocupara con

---

[3] Lula se refiere aquí a dos historias que había contado en la entrevista anterior, en la que hubo problemas técnicos de grabación.

las diferencias sociales. Pero era triste no tener un traje. Después hice mi primera comunión y entonces mi madre me regaló un traje. Era un trajecito usado, pero yo ya podía ir al cine con mi propio traje.

Yo recuerdo que cuando iba a la escuela tenía un pantalón con un tirador que de un lado era de un color y de otro lado de otro. No tenía tela para hacer un tirador del mismo color, entonces mi madre me hizo un lado de cada color. Fue ese el período en que tenía un solo pantalón y un solo pantalón corto.

Muchas veces llegué a pasar hambre. No pasar hambre al punto de no tener nada para comer. Tener para comer, uno tiene. Pero no siempre lo que uno tiene es lo que tenemos ganas de comer. Cuando nos mudamos a San Pablo la situación era muy difícil, nosotros no comíamos carne nunca. La carne que comíamos era mortadela que mi hermano robaba de la panadería donde trabajaba. Comíamos sopa de caldo de frijol con fideos.

En esa época el chicle-globo estaba de moda. Le llamábamos "chicle americano". A veces teníamos ganas de mascar un chicle y no podíamos, a veces un chico iba a tirar el chicle y se lo pedíamos. Es muy triste cuando un niño ve pasar algo dulce por la calle, alguien que vende helados... y el niño no tiene dinero para comprarlo, y la madre no tiene dinero para comprarlo. Eso es algo muy triste. Es por eso que hoy tengo un conflicto. Todo lo que me piden mis chicos tengo ganas de dárselo. Pienso que eso es el síndrome del que nunca tuvo nada.

Marisa es más controlada; les da un pedacito de chocolate de mañana, un pedacito de noche, o a veces no les da, porque ya comieron. Y si de mí dependiera, los dejaría comer a gusto. Muchas veces les digo así: "Ve al bar de Abel, toma una merienda, siéntate a la mesa". Ellos van, toman la merienda y piden que lo anoten en mi cuenta. Creo que hago eso porque era algo que yo tenía ganas de hacer y no podía.

Placeres de una infancia pobre

Después me mudé de esa casa muy pobre que estaba en el fondo del bar y me fui a vivir al comienzo de la calle Auriverde, cerca de donde hoy está la Shell. Y fuimos mejorando. La primera vez que nos mudamos mi madre llevó una tina, un cuchillo y un lata de leche Mococa. En la segunda mudanza ya teníamos una cocina, una cocina a gas, de esas de dos bocas. Entonces la mudanza era un montón de camas viejas y esa cocina a gas. Recuerdo que mi hermano y yo colocábamos la cocina bien en lo alto e íbamos con mucho orgullo arriba del camión. Al final de cuentas, ya teníamos una cocina.

Vivimos un año allá, un poco más de un año en esa nueva casa y después nos mudamos a otra casa. Nos fuimos a la mitad de la calle Auriverde, esquina con la calle Vemag. Cerca del Almacén del IBC [Instituto Brasileño del Café], que hoy en día está cerrado, cerca de la Vemag. Todo era en la misma Vila Carioca. Allí yo ya tenía una infancia buena, porque ya tenía muchas amistades. Jugaba a la pelota, tenía muchos amigos. Hacíamos cosas que los chicos no hacen actualmente: cometas, balones de fuego, trompo, bolitas de vidrio, tapadita, figuritas. En ese momento yo ya trabajaba de tintorero. Ya era un período mejor.

Yo entregaba ropa, ganaba propinas. Entonces me daba el gusto: de vez en cuando llegaba al bar y pedía media flauta de pan, pedía cien gramos de mortadela, pedía una Tubaína. Yo me sentaba y comía como quería. Después de trabajar de tintorero pasé a trabajar en los Almacenes Generales Columbia, en la calle Presidente Wilson. Allí trabajé seis meses. Yo era una especie de ayudante de oficina, atendía el teléfono, iba a llamar a los gerentes, al jefe. Después surgió esa oportunidad de que la Fábrica de Tornillos Marte mandara a alguien a estudiar al Senai.

Fui al Senai a hacer una prueba. Ya tenía quince años de edad. Mi infancia en Vila Carioca fue buena. Fue la infancia de un niño pobre, pero un niño que tiene el mundo a sus pies. Jugaba a la pelota todo el santo día, sábados de mañana, domingos a la tarde. Íbamos a nadar. Íbamos a una plaza que hay en Sacomã, en el cruce de rutas que hay en Sacomã para quien va a tomar la Via Anchieta. Allí, del lado derecho, hay una plaza toda arbolada. En ese lugar había una laguna llamada Agujero de la Onza. Allí morían muchos chicos. Íbamos de Vila Carioca hasta allí para nadar.

Otras veces íbamos a nadar en las "Tres Torres", en la calle Vemag, pasando la vía del tren. Era una laguna. En ese lugar también morían muchos niños. Se morían ahogados, en el barro, atrapados en la basura del fondo. A nosotros no nos preocupaba si la laguna era limpia o si era sucia. Un niño no ve esas cosas.

Más tarde tuvimos un equipo de fútbol. Era una vida más feliz que la de los niños de hoy. Aunque tengan más cosas que lo que yo tenía, no tienen la libertad que yo tenía. Tienen video, tienen pelota, tienen autitos, tienen bicicleta. Todo lo que no tuve ellos lo tienen. Pero no tienen la libertad que yo tuve, inclusive porque la situación es otra, tenemos que tener más cuidado con los niños.

Cuando vine para acá en el *pau-de-arara*, yo todavía no había visto el mar. Yo veía el río San Francisco. Nosotros lo atravesamos en chata —aquellas barcazas pequeñas—. Yo imaginaba el San Francisco como un río sin fin. Era muy ancho, era mucha agua. Para nosotros era muy bonito ver esos barcos monstruosamente grandes, yo no tenía ni noción de lo que era aquello. Yo no tenía la menor noción.

Cuando llegué a Santos, empecé a ir a la playa de Guarujá. ¿Chic, no? En esos tiempos había un trencito con locomotora a vapor que hacía el trayecto Vicente de Carvalho-Guarujá. Y algunos domingos íbamos a Guarujá. No había casas allá, era una playa prácticamente desierta, eso en 1953, 1954. Nosotros frecuentábamos "Guarujá". ¡Era todo muy bonito!

El contrato con el "Progreso", la profesionalización

Yo vendía tapioca, naranja, maní... Ya dije eso, ¿no? Cuando vine del Nordeste para acá, sentí muchos cambios. Son cambios como de quien sale del infierno y va al cielo... El progreso de la ciudad es una cosa... Allá en el Nordeste ni agua de pozo había, porque aquí viví en muchos lugares con agua de pozo, en Vila Carioca había agua de pozo. Aquí había un pozo en la puerta de la cocina. Nosotros sacábamos agua del balde y listo. Aquí había progreso de verdad. Yo me bañaba con palangana y jarro. Era otra cosa. Había mucho agua, había agua en abundancia.

Cuando vendía naranjas, maní y tapioca en el puerto de Santos, Frei Chico era menos tímido que yo. Él gritaba más, yo gritaba menos. Él quería que yo gritara tanto como él gritaba, pero yo no podía. No gritaba, creo que era timidez. Él un día me "zarandeó" para que gritara. No funcionó. Creo que, de verdad, era vergüenza. Yo no servía para eso, nunca iba a ser un vendedor. No tenía coraje para gritar. Ese fue mi primer trabajo, yo no tenía ni ocho años.

Cuando fui a hacer la primera prueba para entrar al Senai, ya en San Pablo, sólo había vacante para fundidor. No lo quise hacer. Entonces hice otra prueba en la misma época para tornero mecánico. Aprobé y empecé a estudiar en el Senai. Ese fue el período en que mi vida mejoró. Recuerdo el primer sueldo que cobré. En esa época era un salario equivalente a 2.500 cruzeiros, algo así. Equivalía a medio salario mínimo. Tienes que ver cuál era el salario mínimo de 1960, y te darás cuenta que yo ganaba medio salario mínimo.

Recuerdo algo que me marcó mucho. Cuando fui a mi casa para entregarle mi primer sueldo a mi mamá, ¡llegué con un orgullo! Era como si yo fuese "el mejor". Yo me sentía el dueño del mundo.

Recuerdo también la primera borrachera que tuve en mi vida. Era Navidad. Recibimos el aguinaldo y nos fuimos a un bar. La empresa también nos había dado un botellón de vino de regalo. Nos fuimos a una panadería que había cerca, éramos 30, 40 compañeros de la fábrica. Y allí me agarré la primera borrachera. Bebí hasta casi morir… Pero la panadería estaba al lado de mi casa. Fue una borrachera de vino y cerveza.

Ese período del Senai fue el mejor de mi infancia. Teníamos alimentación, jugábamos pelota al cesto, jugábamos fútbol de salón, hacíamos cursos profesionales. Además, teníamos clases normales, de ciencias humanas y exactas. Participábamos de *shows*. Para un chico pobre como yo, el Senai era todo lo que yo soñaba en la vida. ¡Aprender una profesión!… Yo recuerdo el orgullo de mi mamá. Mi madre, cuando surgió la posibilidad de hacer un examen en el Senai y aprender una profesión, ella fue conmigo. Iba de Vila Carioca hasta el Senai de Ipiranga, que era bastante lejos. Íbamos a pie, rendía la prueba y volvíamos. Yo muchas veces iba a pie y volvía, no tenía dinero para el ómnibus.

Yo creo que el orgullo de mi madre es el mismo orgullo que voy a tener cuando un hijo mío entre en la facultad. Va a ser el mismo orgullo, sí. Mi madre se sentía toda orgullosa, fui el primer hijo de mi madre en tener una profesión. Empecé a ganar un poco más que un salario mínimo. Pasé a ser el orgullo de la familia. Yo era el científico. Ellos sentían orgullo del tornero mecánico de la familia.

Estuve en esa fábrica hasta 1964.[4] En esa época eran cinco meses de clases, un mes de vacaciones y seis meses en la fábrica. En la Fábrica de Tornillos Marte yo tenía muchos amigos. Hasta había peleas por mi causa. Los otros días justamente me encontré con un compañero en la Via Anchieta, era un "sãopaulino". Como era bueno para el fútbol, todo el mundo quería que yo jugara a su lado: había una cancha de fútbol al lado de la fábrica. Un día un tipo me dio un puntapié. Este "sãopaulino" se agarró con el tipo y hubo una pelea enorme. Y como en esa época yo ya era un jovencito despierto, ese tipo de chico medio desinhibido, me llevaba bien. Había mucha gente del Nordeste. Me trataban como si fuese el benjamín de la fábrica. El único menor allí era yo.

El Viejo Barbosa fue mi gran padre profesional. Guardo un recuerdo muy cariñoso de él. Era un compañero negro, excelente tornero mecánico. Después de que me transformé en profesional me di cuenta hasta qué punto él era un buen tornero mecánico. Era un profesional de primerísima calidad. Pero tenía dos defectos como ser humano: bebía demasiado y se gastaba todo el dinero apostando a los caballos, riña de canarios, riña de gallos. Él jugaba a todo lo que era posible. Pero era una figura noble, era una figura buena.

Siempre estaba preocupado con las cosas que yo iba a hacer, siempre trataba de enseñarme, de orientarme. Era una figura que yo tenía como padre. Fueron tres años y medio dentro de la Fábrica de Tornillos Marte y ese hombre fue un verdadero padre para mí. Si él llevaba una vianda, me daba un pedazo a mí, si tomaba guaraná, me daba un trago. Me cuidaba como si yo fuese un hijo que está en la fábrica con él. Después que me mudé a otra fábrica, perdí el contacto con él.

Cuando me fui de la Fábrica de Tornillos Marte pasé a trabajar en la Fábrica Independencia. De esa empresa salí once meses más tarde. Fue allí donde perdí el dedo. Esa metalúrgica me gustaba, yo trabajaba de noche, había poca gente. Yo dormía un poco allá y me despertaba antes de que el dueño llegara.

4 Aquí Lula se refiere a la Fábrica de Tornillos Marte, la primera industria donde se empleó y en la cual cumplió los seis meses de pasantía exigidos por el Senai.

Accidentes de trabajo y el dedo perdido

Yo trabajaba como tornero mecánico a la noche. Un día se quebró el tornillo del resorte y se soltó el brazo de la prensa. La prensa se cerró y me aplastó el dedo. Me quedé esperando horas, de madrugada, hasta las 6 de la mañana, para que llegara el dueño y me llevara al médico. Al llegar al hospital, el médico me miró el dedo y cortó el resto. Me quedé preocupado con la mano. Pasé meses y hasta algunos años acomplejado por estar sin un dedo. Tenía vergüenza. Pero eso era común entre los metalúrgicos, mucha gente se quedaba sin un dedo o sin un pedazo de dedo.

En esa época la seguridad en el trabajo era casi inexistente. La gente se lastimaba mucho. Con ese accidente recibí una indemnización. Fueron 350.000 cruzeiros de la época. Con ese dinero pude comprar muebles para mi madre y también un terrenito.

Después me fui de allí para trabajar en Frismolducar. De esa empresa me fui porque un día el tipo vino a decirme que quería que yo trabajase los sábados. Salí para almorzar y todos se estaban yendo a Santos, para hacer un picnic. En vez de volver a la fábrica, me fui con mis hermanos a hacer el picnic. Entonces, el dueño me despidió.

Inesperados cambios de ruta
- LULA -

"Yo no era un chico extrovertido. Creo que era inhibido. No era peleador; es más, no recuerdo ningún día de mi vida en que yo me haya peleado. Cuando uno tiene ascendiente sobre un grupo de personas no es necesario pelearse."

"Lo único que yo quería era ser un buen profesional, ganar mi sueldo, vivir mi vida. Tener hijos. No se me pasaba por la cabeza ser líder sindical."

"Frei Chico insistía, diciéndome: 'Vamos al sindicato…'. Yo le decía: '¿Voy a ir para no decir nada?'."

Huelgas: desde la primera hasta las últimas experiencias

Mi primera experiencia en huelgas fue a los 15 años.[1] Yo salía de casa para trabajar. Cuando salí a la calle, estaba toda pintada, el asfalto estaba lleno de pintadas, ellos escribían en el asfalto. Cuando llegué a la fábrica allá estaba el jefe, que era un tal don José. Estaba en la puerta de entrada, y dijo que lo mejor era que nadie trabajara porque tenía informaciones de que había muchos piquetes. Tuvo miedo de esa situación y decidió dejar libre al personal.

Entonces tomamos el camioncito de la empresa y nos fuimos a ver cómo estaba la situación en las otras regiones. Creo que habíamos negociado con la empresa el préstamo del camión. Subimos a la caja del camión y fuimos a ver qué estaba ocurriendo en la Presidente Wilson, en las otras fábricas. Fuimos a Vila Carioca… Noso-

---

[1] Esta tercera entrevista con Lula fue realizada el 19 de julio de 1993, en su gabinete en el Gobierno Paralelo.

tros hacíamos lo que los de mayor edad nos ordenaban: pasábamos frente a una fábrica que estaba trabajando y le tirábamos piedras a los vidrios.

De esa época recuerdo una experiencia de huelga. Mi hermana Maria trabajaba en una fábrica de yute. Creo que en el Justifício São Francisco. Un día había unas 2.000 personas haciendo un piquete en esa fábrica. La gente de la fábrica hacía una paseata parando en las fábricas. Como los dueños no querían que se paralizara la producción, entonces la gente derribó el muro de la fábrica. Era un muro alto. Todo el mundo puso las manos en el muro y empezó a empujar, empujar, empujar… Fue empujando… y cayó una parte grande del muro. Ante eso, dejaron salir a los operarios. La gente entonces hizo un "pasillo" con sus cuerpos y manos, y los que estaban rompiendo la huelga pasaban y recibían un coscorrón en la cabeza, en la cola… se quedaron allí bufando de vergüenza. Mi hermana pasó por el "pasillo", pero no se lastimó, nadie se lastimó. Yo había ido a buscarla, no quería que ella fuese rompe-huelgas, me daba miedo la confusión que se había generado.

Otra experiencia de huelga fue, si no me engaño, en 1962. Había una fábrica en la calle Vemag, una pequeña tejeduría, una fábrica de medias. Allí presencié la escena más violenta de una huelga. La gente venía haciendo una paseata y trató de parar la fábrica, que era pequeña. Deberían trabajar unas ocho o nueve personas como máximo. Quedaba en una casa de altos. La gente entró y fue subiendo las escaleras. Entonces, el dueño de la fábrica disparó. Disparó y el tiro fue a dar a la vejiga de un compañero que estaba adelante. La gente se enardeció y tiró al dueño de la fábrica por la ventana; cayó desde el segundo piso. El hombre cayó al suelo y abajo la gente comenzó a patearlo, a agredirlo. Fue la escena más violenta que vi en mi vida. Pero él también había dado motivos, porque había disparado. El sano juicio indica que un revólver no sirve de nada en esos momentos. Otros huelguistas lo separaron. Lo llevaron al hospital, pero creo que murió, la impresión que tengo es de que no sobrevivió… El daño ya estaba hecho, tanto para nuestro lado como para el lado de los empresarios. Me quedé muy asustado, me pareció que era mucha violencia a causa de una huelga, pero al mismo tiempo habíamos sido víctimas de un disparo. Ahí pensé que la gente estaba haciendo justicia.

De esa época también recuerdo una escena de una huelga. Fue al comienzo de la Via Anchieta, al inicio de la ruta, donde hay Soldados de la Fuerza Pública. No puedo precisar qué año, pero fue la primera vez que vi a la gente arrojando bolitas de vidrio para hacer caer a los caballos. La caballería avanzaba y la gente tiraba bolitas, los caballos las pisaban y caían. Hasta entonces yo no sabía que existía esa táctica de hacer huelga.

Pero todo eso en la cabeza de un adolescente de 16, 17 años, que no tenía conciencia política, parecía mucho más una diversión. Todo era novedad, todo eran cosas que yo sólo conocía de oír los relatos de los más viejos. Nunca había ido a una asamblea del sindicato. Yo no iba en esa época. El único que iba era mi hermano Frei Chico, y luego nos contaba lo que estaba ocurriendo. Yo no le tenía rabia a los patrones, lo único que pensaba era que pagaban poco, que podían pagar más. No llegaba a tenerles rabia a los patrones.

Yo no soñaba con ser patrón. Soñaba con ser un buen profesional. Ese era mi gran sueño. Las experiencias de las huelgas no me influenciaron más tarde, cuando me hice dirigente. Las huelgas son más o menos violentas de acuerdo al grado de organización que uno tiene en el lugar de trabajo. Yo tengo conciencia de eso y sé que es así. Cuando se tiene mucha organización no hay violencia, uno no necesita exponer a ningún trabajador. Uno decide que nadie va a trabajar y nadie trabaja y listo. Ahora bien, cuando uno no tiene organización, va a una asamblea de un gremio que tiene 50.000 personas, y 500 tipos deciden hacer una huelga, la tendencia natural es que esa huelga sea violenta. ¿Por qué? Porque se trata de una minoría que está allá en la asamblea tratando de que el gremio pare. Como la mayoría no participó de la decisión, es normal que uno tenga mucha resistencia, y entonces es necesario hacer piquetes.

Yo siempre decía que la huelga que necesita piquetes no tiene organización. Porque si tuviera organización no precisaría de piquetes. Uno coloca uno o dos tipos vigilando, cuando se necesitan piquetes es muy difícil mantener una huelga, cualquiera que sean las circunstancias. Si no existe el problema del huelguista exponiéndose ante los empresarios, exponiéndose ante la policía, existe el problema de la relación entre los propios huelguistas.

Cada vez que se hace un piquete se tiende a ser agresivo, a insultar, a decir malas palabras. Y eso va creando una animosidad entre los propios trabajadores. Durante mucho tiempo en el Sindicato de

São Bernardo do Campo yo trabajé, con los compañeros más conscientes, la idea de que no debíamos ir a la puerta de las fábricas a crear animosidad con el rompe-huelgas; lo que necesitábamos era hacerlo nuestro compañero en esa lucha.

Era necesario tener cuidado con las palabras que se usaban. Por ejemplo, uno va a la puerta de una fábrica –como muchas veces íbamos para evitar que los tipos hicieran horas extras– y uno suelta un "cornudo", larga un montón de insultos. Yo constaté que eso no ayudaba: el tipo quedaba ofendido con el sindicato, ofendido con los compañeros, y eso se transformaba en una cuestión de honor. El tipo no tenía que obedecer a nadie, porque había sido basureado. Entonces, yo siempre utilizaba como método dar palabras de aliento.

Recuerdo un día que fui a la Mercedes Benz a evitar que el personal entrara a hacer horas extras. No me acuerdo bien la fecha, fue en 1980 y tantos, y en la puerta de la fábrica había unos 5.000 trabajadores queriendo entrar para hacer horas extras. Había una gente agrediendo a esos trabajadores que querían entrar, diciéndoles alcahuetes y cosas por el estilo. Yo les dije que estábamos allí sólo para decirles lo siguiente: "A nosotros no nos gustaría que ustedes entraran a hacer horas extras. Juro que nadie, nadie, va a ponerles una mano encima, nadie va a ofenderlos. Vamos a respetarlos igual si entran o si no entran; ustedes son trabajadores como nosotros. Yo sé que la situación económica a veces implica que el compañero quiera hacer unas horas extras para mejorar su presupuesto, sé que muchos compañeros utilizan las horas extras para comprarse unos cigarrillos, para tomarse su cervecita o para pagar las cuotas de algo que compró. Yo lo comprendo. El problema es que estamos en una guerra contra la empresa. Y si ustedes hacen horas extras ahora en marzo, le van a dar a la empresa las piezas que esta necesita en abril. Ahí va a hacer lo que quiere. Por eso yo les pediría que no entraran, pero si ustedes quieren entrar, nuestra amistad va a ser la misma, el respeto por ustedes de parte de nuestro sindicato va a ser el mismo".

Y fue increíble, porque no entró nadie.

Ese tipo de cosas no existía en 1962, las huelgas eran violentas porque no había organización. Imagina, si yo estoy en una huelga general o si estoy en una gran huelga, no voy a preocuparme por una fábrica de diez trabajadores. A veces los trabajadores me decían lo siguiente: "Lula, debes ir a mi fábrica para hacerla parar". Y yo les decía: "Si es necesario ir a hacerla parar es porque ustedes no están en condiciones de parar. Es mejor no parar ahora. Lo mejor es que se organicen y cuando estén preparados, paran. Porque yo no puedo quedarme en la puerta de la fábrica todo el día, desde las 5 de mañana hasta las 5 de la tarde. Cuando diste la espalda, la gente vuelve a trabajar; así es ridículo hacer una huelga".

En esa época [1962] no había ese tipo de organización. La gente hacía mucho barullo, las huelgas eran importantes, pero estaban necesitando una dosis de paseatas y de piquetes, incluso con una cierta violencia, porque la gente no tenía organización. En esa época el "Partidón"[2] tenía una fuerza, una influencia muy grande en el movimiento sindical. El "Partidón" siempre dijo ser más de lo que era de verdad. Había un miembro del "Partidón" siempre en la mesa directiva y ya creían que el sindicato estaba ligado al "Partidón". Yo recuerdo que el "Partidón" en esos años tenía una gran influencia en la clase trabajadora organizada.

Nunca se me pasó por la cabeza organizar huelgas. Todo lo que yo quería era lo que todo el mundo quiere: tener una vida tranquila, ganar mi salario. Quería casarme y constituir mi familia sin ninguna ilusión.

Privaciones del desempleo sumadas a la pobreza

Después de eso, pedí lo que me adeudaba la Fábrica de Tornillos Marte y de ahí me fui a la Metalúrgica Independencia, en donde hubo otra huelga. Después me fui a Frismolducar, y allí también hubo huelga. Cuando trabajaba en esas dos fábricas el sindicato organizó huelgas y yo, como empleado de la fábrica, paré. Después de la huelga, inclusive las empresas pequeñas empezaron a cumplir lo que se había acordado con el sindicato.

En 1965 estuve un buen tiempo sin trabajar. Era una situación muy difícil, había mucha miseria en mi casa. Pasábamos muchas privaciones. Mis hermanos estaban desempleados y me acuerdo de las

---

2 "Partidón": apodo del Partido Comunista Brasileño.

largas caminatas que yo hacía. Nosotros vivíamos en Ponte Preta, allí en la Vila São José, que queda en el límite entre São Caetano y San Pablo. Y yo caminaba, caminaba, salía a las 6 de la mañana, tomaba a pie la Via Anchieta y andaba. Yo iba a todas las fábricas.

Creo que lo más deplorable que existe es ir a una fábrica, quedarse allí esperando un montón de tiempo y que el tipo tome tu libreta de trabajo y diga: "Lamentablemente no hay más vacantes, lamentablemente la vacante ya fue cubierta, lamentablemente no estamos necesitando...". Uno comienza a caminar a las 6 de la mañana, la empresa abre a las 8, uno va de empresa en empresa, llega al final del día y uno está destruido. La libreta de trabajo, que uno tiene en la mano, ya está en un estado deplorable. Yo recuerdo que caminaba más de diez kilómetros, iba de fábrica en fábrica. Llegaba a la fábrica, entregaba la libreta, el tipo la miraba y decía que no necesitaban gente, que las vacantes estaban cubiertas... A veces el jefe de personal tomaba la libreta, se la llevaba adentro para ver si interesaba y volvía diciendo que no había nada.

Recuerdo un día que me marcó mucho, mucho. Llegué a casa y me peleé con Frei Chico porque me llamó "vago". Me acuerdo que en la Mercedes Benz eran las 9 de la mañana cuando el tipo nos pidió la libreta, se la entregamos y tardó mucho en devolverla. Y estaba llegando la hora del almuerzo, el personal ya estaba saliendo y yo tenía un zapato duro, apretado. Me saqué el zapato que me estaba lastimando el pie y después ya no entraba más en el zapato. La gente pasaba fumando, arrojaba las colillas de cigarrillo, yo estaba loco, a punto de recogerlas de suelo... o de pedir un cigarrillo... [pero no podía porque estaba sin zapato]. Estar desempleado, sin dinero, sin cigarrillos, sin poder tomarse una cervecita es una situación realmente de mucha tristeza para un trabajador.

Y cuando uno queda desempleado lo primero que pierde son los amigos. Si cuando uno está trabajando es alguien agradable, cuando uno está desempleado pasa a ser un estorbo. Uno llega y alguien dice: "¡Uf, allá viene Fulano de Tal a pedir un cigarrillo, allá viene Fulano de Tal a pedir dinero prestado!".

Eso ocurrió en la crisis de 1965, fue una época muy difícil. Hubo una crisis de desempleo en 1965 muy, muy pesada. Yo sobrevivía haciendo "changas" para ganar algún dinero. Yo comía el pan que el diablo amasó. Recuerdo que llegaba la hora de comer y no había qué comer; si había, era arroz y papas. No había carne, no había pollo. Fue un período muy feo de nuestras vidas.

Teníamos una casa que sufría muchas inundaciones. En esa época sufrimos unas cinco inundaciones. Hubo inundaciones en que el agua entraba por la ventana. Y cada inundación que venía arruinaba todo; arruinaba el ropero, arruinaba la cama. Si estábamos en casa, había tiempo de levantar las cosas. Eso ocurrió primero en Ponte Preta, en el Río dos Meninos, en el camino marginal que une São Caetano con Rudge Ramos. En Ponte Preta comenzamos a vivir en 1964 y sufrimos tres inundaciones.

Yo me despertaba de noche con el agua llegando al colchón. El agua sucia, que salía del water-closet… Y uno tenía que despertarse y salir levantando las cosas. Después me fui de Ponte Preta a São Caetano, que era al lado, sólo había que cruzar. En São Caetano no había inundaciones. Pero como comenzaron a colocar mucha tierra del lado de Ponte Preta a causa de las inundaciones, llegamos a São Caetano y hubo una lluvia, un domingo, que dio un metro y medio de agua dentro de casa…

El agua destruye todo, destruye todo. Pero cuando uno es joven hasta es simpático porque todo eso es una diversión. A mí me encantaba porque yo salía con una cámara de neumático, e iba a salvar personas. Entraba en las casas para ver si había alguien en dificultades, miraba si alguien precisaba ayuda para levantar las cosas. A veces había que sacar afuera a alguna persona más vieja. Para el que tiene 18 ó 19 años esas cosas terminan siendo un divertimento. Pero fue una época muy, pero muy mala, muy mala.

En esos tiempos vivíamos en casa yo, Frei Chico, Maria, Tiana, que es la más joven, vivía también mi hermano mayor, Zé, un primo mío, Zé Graxa, y mi mamá. Vavá y Jaime estaban casados. Vivíamos en una casita en Ponte Preta.

Experiencias sexuales, juegos de infancia, formación de un líder

Una vez Frei Chico y mi primo fueron a hacer una visita a Pernambuco; ellos ya eran grandes.

Yo no sé cuál fue el contexto en que yo le respondí a *Playboy* en referencia al hecho de que en mi época, en el sertón, algunas personas tenían su primera experiencia sexual con gallinas. Creo que eso fue en 1978 ó 1979. Lo que yo le dije al muchacho de *Playboy* era que en esos tiempos los chicos tenían mucha experiencia con los animales. Era muy común que llegaran noticias de que en el interior hay niños que fornican con vacas, niños que fornican con yeguas, niños que lo hacen con perras, cerdas, gallinas. Entonces yo le contaba a él que las personas pobres del interior empiezan una vida sexual diferente de aquí. Pero después supe que me lo había atribuido a mí, y no es verdad. Lo que le dije a *Playboy* es que yo tenía varios amigos que hacían eso. Yo no tenía por qué decir que no si también lo hubiese hecho. Nunca fue mi pasión tener relaciones con animales... [ríe].

Como iba diciendo, cuando mi primo y Frei Chico llegaron a Pernambuco compraron un billete de lotería. Terminaron ganando un jeep. Vendieron el jeep y compraron una casita en Vila São José, en la calle Padre Mororó, la calle de la Iglesia de São Caetano. Era una casita vieja. Nosotros entonces nos mudamos de casa, pero aún así sufríamos las inundaciones. No había inundaciones, pero cuando nosotros compramos comenzó a haber.

En el período en que nos mudamos de Vila Carioca, cuando vivimos en la calle Auriverde, yo ya jugaba a la pelota, ya tenía un equipo de fútbol, ya tenía amigos. Yo era un chico que era referencia para los chicos de mi edad que iban a jugar a la pelota. Mis compañeros me respetaban y me querían mucho. Tenía muchos amigos, ellos me prestaban mucha atención. Yo era una especie de dueño del equipo. No es que fuera líder, yo trataba a todo el mundo bien y ellos gustaban de mí.

Yo jugaba bien a las bolitas, jugaba a la pelota razonablemente bien, y me respetaban. Era un chico que en medio de los otros chicos pasó a ser referencia para las cosas. ¿Sabes, cuando hacen juegos te llaman, cuando hacen cualquier cosa te llaman? Eso pasaba a ser casi una cosa obligatoria. Vamos a jugar a la pelota, vamos a llamar a Lula... vamos a jugar tapadita, vamos a llamar a Lula... Yo tenía muchos amigos, pero de verdad muchos amigos. Además, no sólo tenía amigos de mi generación sino también de mayor edad gracias a Frei Chico, a Vavá. Teníamos una gama de amigos que iba mucho más allá de los chicos de mi edad.

Yo no era un chico extrovertido. Me parece que era un chico inhibido. Yo era… o, como dice mi madre, yo no era de los que más se hacían notar. Era una persona muy, muy cerrada. Sólo me ponía más extrovertido dentro del campo de juego. Allí gritaba, me peleaba, insultaba. Pero normalmente yo era una persona que se guardaba mucho los problemas, no era gritón ni peleador. No era peleador; es más, no recuerdo ningún día de mi vida en que yo me haya peleado. Cuando uno tiene ascendiente sobre un grupo de personas no es necesario pelearse.

A mí me trataban con cariño hasta los adversarios. Había grupos de chicos con los que hacíamos guerras de pedradas, había equipos de fútbol, en fin, yo tenía adversarios. Siempre me di bien con todo el mundo, no tenía motivos para pelearme. Yo sinceramente no sé de quién saqué todo esto, no sé de dónde viene. Ese fue un período bueno de mi vida. Fue la mejor época. Estudiaba en el Senai, el Senai era muy agradable. Jugaba a la pelota todos los días, tenía educación física en el Senai, y también los fines de semana, los sábados por la mañana y los domingos a la tarde. Fue un período muy bueno de mi vida. En la fábrica yo jugaba a la pelota a la hora del almuerzo. Nunca soñé con hacer la carrera de jugador de fútbol, pero nosotros teníamos buenos equipos.

Huyendo del camino de las lágrimas, Lula optó por otros senderos

Después me mudé a Vila São José y empecé a sentir que era humanamente imposible acostumbrarnos a vivir fuera de Vila Carioca, porque allí estaban todas mis amistades. Y yo andaba en bicicleta. Todos los sábados o domingos me iba en bicicleta a pasar el día en Ponte Preta, en Vila Carioca. Es lejos: una queda en São Caetano, casi el límite con Rudge Ramos, y la otra en Ponte Preta. Para que te sitúes dónde es, ¿sabes el camino de las Lágrimas, donde está la favela de Heliópolis? Tomando ese camino derecho, este se cruza con Ponte Preta y llega a la Vila São José. De allí yo venía en bicicleta hasta más abajo del Hospital de Heliópolis.

Yo no iba por el camino de las Lágrimas, yo iba por el marginal. Allí subía esa avenida que iba de Sacomã al centro de São Caetano, llegaba al Hospital de Heliópolis y bajaba a Vila Carioca. Era muy lejos, pero yo iba. Como no tenía amigos allí, yo era nuevo, me iba a Vila Carioca.

Fuimos a vivir a una linda casita, agradable. Una casita con dos habitaciones, sala de estar y cocina. Era lo mejor que habíamos tenido. Pero no tuvimos en cuenta las inundaciones. Enseguida empezó a haber inundaciones.

La bicicleta que yo usaba era mía, yo la había comprado. Como estaba en la Metalúrgica Independencia, realicé el gran sueño de mi vida: me compré una bicicleta. Yo tenía 17, 18 años. Pude comprarme una bicicleta vieja. Estaba demasiado usada, pero era todo lo que yo quería en la vida. En esa época me volví moderno… [ríe]. Ya iba a trabajar en bicicleta. Trabajé un tiempo de las 6 a las 14 horas, luego trabajé de las 2 a las 10 horas, trabajé de noche, pero yo ya iba en bicicleta. Era mucho mejor, era más chic. Me sentía como ese tipo que vi, por primera vez en mi vida, andar en bicicleta cuando yo salía de Vargem Comprida para venir a San Pablo.

Cuando yo vivía en Vila Carioca, una cosa que me fascinaba –y me fascinaba ser metalúrgico– era que cerca de mi casa estaba la Vemag, una fábrica de autos. En esa época, cuando nosotros los trabajadores brasileños peleábamos por la conquista del aguinaldo, las empresas multinacionales, como era el caso de la Vemag, ya lo pagaban. Los trabajadores de la Vemag tenían una vida fantástica. Las mujeres de los trabajadores de la Vemag eran las que iban a la feria y traían las bolsas más llenas. En la época de Navidad los hijos recibían regalos, les daban una canasta de Navidad. Llevaban una buena vida… Es por eso que me fascinaba ser metalúrgico.

Mi cabeza funcionaba como si todo metalúrgico tuviese el nivel de vida que tenía el personal de la Vemag. Todo el mundo con overol azul, era de verdad una buena vida. La mujer del trabajador metalúrgico era la que llevaba la bolsa más llena: ananás, papayas, sandías, naranjas… Todas las semanas tenía dinero para ir a la feria. El resto de la gente de la Vila no tenía dinero, porque ganaba poco. Entonces, la gran obsesión era trabajar en una empresa como esta, trabajar en la Vemag, en Willis, en Volkswagen, en Mercedes Benz, en Simca, en la antigua metalúrgica que hoy es la Ford, la Autolatina. Esa era la gran obsesión de todo el mundo, porque el tipo que trabajaba en esas empresas ganaba bien. Tenía ómnibus de la empresa, tenía comedor, tenía ropa de trabajo, tenía un nivel de vida que las otras empresas recién lo dieron a partir del '79, del '80. Durante mucho tiempo las otras empresas no daban un overol, no usaban sobres para pagar el sueldo, una serie de cosas.

Yo tenía en esa época quince años, cuando entré a la Fábrica de Tornillos Marte y mi sueño era efectivamente ganar lo que ganaba un obrero de la Vemag. Soñaba con recibir la canasta de Navidad. Pero descubrí que no era así, que no todas las empresas lo hacían. Yo ni sabía qué era ser mecánico, pero quería ser mecánico. Un mecánico para mí era el tipo que se ensuciaba con aceite industrial.

Entonces, el primer día que fui a trabajar sonó el timbre de la hora del almuerzo y yo estaba limpio. El tipo sólo me había mandado a buscar unos pedacitos de hierro del piso. Entonces fui a un tanque de aceite para piezas y me ensucié las manos, el overol. Lo hacía para llegar a casa sucio, y que mi madre percibiera que yo era mecánico. Para mí eso era un orgullo tremendo, algo fantástico. Para mí, cualquier máquina era un torno. Más tarde comprendí qué era un torno.

Yo no veía más a mi padre, no tenía contacto con mi padre. De mi padre, teníamos noticias esporádicamente por mis tíos, que iban a verlo. Él no fue una persona que cautivó a sus hijos. No fue de ese tipo de padres cuyos hijos lo extrañan.

El período del Senai fue muy rico en mi vida. El hijo de un pobre que llega al Senai es un orgullo. Es lo mismo que un hijo de un rico que llega a la universidad. ¿Sabes ese orgullo… pero ese orgullo que sienten los padres cuando un hijo llega a la universidad? ¡Ese orgullo mi madre lo sintió de mí cuando entré al Senai!

Todo padre quiere que el hijo llegue a la universidad, que tenga un diploma universitario. A veces ni sabe para qué. A veces el hijo obtiene el diploma de un determinado curso superior y nunca va a ejercer dicha profesión. Pero yo sueño que todos mis hijos tengan educación superior. Marcos tiene 22 años[3] y ya tiene casi el secundario completo, todavía es joven y puede hacerlo. Lo único que debe tener es un poco de voluntad, él tenía un beca pero dejó de estudiar.

Yo hice dos años del Senai aquí en Ipiranga y luego me fui a estudiar en la sede de Brás, en donde se hacía el tercer grado. Los otros

---

3 Lula se refiere a su hijo mayor.

días me encontré con un profesor mío de matemática, que ahora es de la Federación de Industrias del Estado de San Pablo [Fiesp]. Es el encargado del sector de enseñanza, se llama Amato. La vida en el Senai para un chico pobre es una vida buena, porque uno tiene acceso a cosas que uno no tiene en casa. Yo almorzaba allá.

El parásito más grande comiéndose al más chico

Cuando veo en los diarios esas noticias de inundaciones, sé de qué se trata eso. ¡Porque cuántos días me desperté dentro del agua! ¿Sabes?… es materia fecal dentro de tu casa, agua de las cloacas… Hay ratas muertas… ¡Esa sí que es una vida de perros! ¿Y para sacar el barro después? ¿Y luego que la inundación se va sacar tres palmos de lodo de adentro de la casa? ¡Es algo horrible!

En la crisis de 1965, cuando yo buscaba trabajo en las empresas, todo lo hacía a pie, no tenía dinero para el ómnibus. También cuando yo veo la cuestión del desempleo, cuando veo a alguien diciéndome que está desempleado hace seis, siete meses… ¿Hay algo más humillante que salir con una libreta de trabajo por la mañana y volver con esta por la tarde, toda transpirada, sin haber conseguido empleo, mes tras mes? La persona que tiene una gran profesión busca en los diarios, por teléfono, pero el peón tiene que caminar…

El peón debe caminar; yo a veces paraba en medio del camino y lloraba mucho… porque uno pierde la perspectiva. Yo no tenía muchas responsabilidades porque era soltero, a pesar de tener a mi madre y a mis hermanas, pero me imagino al tipo que es casado…

Yo trabajaba en Fris-moldu-car, que quedaba aquí en Ipiranga, y había ocasiones en que no tenía dinero y me iba a pie hasta mi casa. Yo iba por la favela de Heliópolis, que en esos tiempos no era una favela, era un campo de fútbol, y yo iba por el medio del campo, para que nadie me viera andando a pie. A veces los compañeros me decían: "¿No tomas el ómnibus?". Yo les contestaba: "No, voy a pasar por la casa de un amigo". No tenía dinero para tomar el ómnibus, ni tampoco coraje para pedir dinero a mis compañeros. Yo trabajaba y no tenía dinero, eso ocurre todavía hoy con mucha gente.

Después, cuando entré a Villares, también me ocurrió. Recuerdo que el primer día que entré a Villares no tenía un cruzeiro en el bolsillo. Sólo tenía una moneda de 50 centavos para tomar el ómnibus. Y a la hora del almuerzo, la empresa no tenía comedor en esa época, o sea, no había almuerzo. Como yo no tenía vale de refrigerio, la gente desayunó en la empresa y yo no. A la hora del almuerzo ellos comían pan con queso frente a mí... y yo decía que no quería. No es que no quisiera, sino que no tenía dinero. A la hora del almuerzo me fui al bar de Villares, todo el mundo comía, uno pedía un sándwich completo, otro pedía un sándwich tostado, otro pedía un churrasco. Y yo sentado a una mesa. Y ellos preguntándome: "¿No quieres nada, no quieres nada?". Y yo: "No, gracias, no tengo hambre". Ahí, el parásito más grande se comía al más chico...

Era un período difícil porque yo estaba mucho tiempo desempleado, tenía que pagar el alquiler. Yo entonces vivía en Jardín Patente, cerca de Ponte Preta, era otra casa, me había mudado de la Vila São José. Nos mudamos de esa casa antigua a causa de las inundaciones. Yo sospecho que esta casa de altos que alquilé es el mismo lugar en donde vive la mujer de Vicentinho.

Fue un tiempo difícil. Yo también iba a pie, a veces no tenía dinero para el transporte. Me iba a pie desde Villares hasta Paulicéia, en São Bernardo. Era lejos, era como una hora y media o dos horas a pie. A veces me iba a pie, de mañana, antes de trabajar, a veces volvía a pie después del trabajo.

El encuentro con la primera esposa

Yo viví en Jardín Patente, fue allí donde conocí a mi novia. Mi novia, Lurdes, en verdad, era vecina mía de esa casa en Ponte Preta. Estaba mi casa, una en el medio y luego la de ella. Hice amistad con ella, éramos muy amigos, pero muy amigos en serio. Luego, con la inundación, nos mudamos a la Vila São José, de allí nos mudamos a Jardín Patente. En Jardín Patente fue donde comencé a noviar con Lurdes.

Éramos muy amigos. Pero un día, no sé por qué, me dieron ganas de ofrecerle noviazgo, y comenzamos a noviar. Yo tenía 22 años, pero ya conocía a Lurdes hacía unos diez años. Ella era muy amiga mía, estábamos siempre juntos, yo noviaba con otras chicas, íbamos juntos a los bailes. Un buen día, en un baile, decidí hablarle. Yo to-

93

davía no estaba enamorado. No sé qué ocurrió, me quedé mirándola y me pareció que debíamos empezar a noviar.

Yo era muy amigo de sus hermanos, eso fue en 1967, 1969. En el baile le dije que quería salir con ella. No sé qué sintió ella, pero creo que se quedó sorprendida. Sólo sé que tuve que tomar tres coñac para poder hablarle. Cada vez que la sacaba a bailar, yo pensaba: "Voy a hablarle, voy a hablarle". Pero no decía nada. Y su hermano me alentaba: "¡Habla, habla!". Este hermano de ella, Jacinto, es uno de los mejores amigos que tuve en la vida. Tenemos amistad hasta hoy. Él trabaja vendiendo automóviles en São Bernardo.

Maria de Lurdes era morena, tenía cabellos largos, era muy bonita. Era del interior de San Pablo, cerca del límite con Minas Gerais, de Ipatinga. Era una persona agradable, una persona con quien me llevé muy bien en los dos años que estuve casado. Ella era obrera tejedora.

Cuando me invitaron a entrar al sindicato en 1968, los patrones de ella tenían una tejeduría muy pequeña. Ellos me pidieron que yo no entrara al sindicato. Me dijeron que eso era algo complicado, que yo iba a ser perseguido, que podría tener problemas con la policía. De cierta forma, ese argumento me convenció. Porque entrar al sindicato en 1968 no era algo fácil. Pero me convencieron los compañeros del sindicato de que debía entrar.

Lurdes no era conservadora, era una persona sin ninguna formación política. A ella le dijeron que el que entraba al sindicato terminaba con problemas con la policía, tuvo informaciones de que mucha gente había terminado presa, que la izquierda estaba siendo perseguida, que los sindicalistas ya habían sido perseguidos. Tenía toda esa paranoia creada en la sociedad. Y era verdad que estas cosas ocurrían. Pero, después de charlar mucho, llegamos a la conclusión de que no habría ningún problema. Ingresé al sindicato el día 24 de abril de 1969 y me casé el 25 de mayo de ese mismo año. Me casé un mes después de ingresar al sindicato.

Yo quería ser un buen profesional, ganar mi salario, vivir mi vida, tener hijos. No se me pasaba por la cabeza nada de eso de ser líder sindical. Tuve suerte, porque cuando me casé, en 1969, le dije a Lurdes lo siguiente: "Mira, vamos a pagar el alquiler durante un año y luego nos vamos a comprar una casa". Cuando me casé estaba dispuesto a hacer sacrificios para comprarme una casa, por eso pagué alquiler. Fuimos a vivir a un dos ambientes: habitación y cocina. Quedaba en Moinho Velho, ¡era un lugar con tanta humedad! Tanta que hasta había babosas andando por las paredes en épocas de frío.

¡Cuando uno se casa jovencito es todo tan fantasioso! Uno tiene sus cositas, el compromiso de llegar a casa a tal hora, uno cena con su mujer todas las noches, después le ayuda a lavar los platos.

Yo vivía en un dos ambientes, pero en 1971 quise comprarme una casa. Cerca de la casa de mi suegra había una casa en venta. La casa quedaba en una calle que cuando llovía uno no podía ni andar a pie. Pero para mí era una gran obsesión, era una gran utopía tener una casa propia. Era una pendiente, era algo loco. Todo era de barro, no tenía ni cordón ni alcantarillas, las cloacas pasaban a cielo abierto. ¡Pero la casa era mía!…

Entonces le pedí prestado al servicio social de Villares una cierta cantidad de dinero, y di el adelanto para la casa. El terrenito que compré con el dinero de la indemnización del accidente en que perdí el dedo allá estaba, sin tocar. Porque ese barrio en Vila Oliveiro era muy malo y no era posible vivir en un lugar que no tenía ómnibus, que no tenía nada. Allá quiere decir en el Parque Bristol, por lo menos caminaba unos 300 metros y había transporte.

¿Cuál era el sueño de todo el mundo? Vivir en un lugar cerca de una panadería, cerca de una parada de ómnibus, cerca de un lugar que tenga farmacia. Además de la feria, esas son tres cosas fundamentales para elegir una casa. Esta casita era vieja. Tenía dos habitaciones, sala de estar y cocina. Pero tenía también un dos ambientes en los fondos. Mi hermana mayor, Maria, fue a vivir allí con su marido, ellos estaban en una situación muy delicada.

Trágicas muertes de la primera esposa y del primer hijo

En esa casa fue donde quedé viudo. Lurdes había quedado embarazada, y en el séptimo mes de embarazo se contagió hepatitis. Nadie me saca de la cabeza que murió por negligencia de la red hospitalaria de Brasil, por inadecuada atención médica. Porque ella estaba con una anemia profunda y una hepatitis crónica. Podría haber sido mejor tratada. Murió sin contar con ninguna asistencia. Yo fui al hospital y lo vi. Ella gritaba, gritaba y gritaba. No había un médico para atenderla, no había nadie.

Sinceramente, tengo la peor de las sensaciones en relación a esos médicos que estaban en el hospital. Aunque tampoco uno puede quedarse la vida entera pensando en ellos. Recuerdo que fui a visitarla un domingo. Ella estaba en una estado deplorable en el hospital, con un montón de gente en la habitación. Gritaba, yo fui a llamar a la enfermera, la enfermera no quiso atenderla. Después terminó el tiempo de las visitas y me fui.

El lunes fui a llevar la ropita del bebé. Llegué allá y ella estaba muerta. Mi hijo estaba muerto. Esto marcó mucho mi vida.

Hoy tengo conciencia de todo lo que pasa un pobre desgraciado en los hospitales para ser atendido, para hacer una consulta. Hasta hacer un entierro para el que no tiene dinero es un castigo. Todo eso depende de la clase: quien tiene dinero puede todo, quien no tiene dinero no puede nada, no hay derechos establecidos. Como murió Lurdes mueren millones de personas en este país sin el menor tratamiento médico.

Ella murió en el Hospital Modelo, en San Pablo. Estuvo poco tiempo hospitalizada, yo la llevé un día y ya quedó internada. El médico no quería internarla. Recuerdo que le dije al médico: "Doctor, ella no está bien". Él respondió: "Aquí el médico soy yo". Era la famosa historia, él podía todo y yo no podía nada. Él debía estar haciendo la residencia, era un residente con poca experiencia. A ella finalmente la internaron porque yo me peleé mucho. Para mí, ella iba a tratarse, iba a tener el chico y volver a casa.

No sé por qué se contagió esa enfermedad, porque el agua era potable, teníamos agua corriente en casa. La casa era limpita. Yo sinceramente no sé dónde se agarró esa hepatitis. Nosotros habíamos planeado tener un hijo, queríamos tener un hijo. Nos casamos y en mayo de 1969 yo tuve la primera experiencia de separarme de mi madre. Lloré mucho el día que me fui de luna de miel. Lloraba como un niño. Mi madre también lloraba.

Llegué a pensar que aún era pronto para casarnos. Yo vivía cerca de Lurdes. Nosotros nos veíamos todos los días. Trabajaba de noche y antes pasaba por allá, "noviaba" una horita todos los días, noviaba sábados y domingos. Ella vivía con sus padres. Me llevaba muy bien con los padres de ella.

Yo vivía una situación económica difícil, porque lo que ganaba no alcanzaba. Estábamos comprando muebles en cuotas, entonces empezamos a pensar en comprar las cosas para casarnos. Al mismo tiempo yo tenía que pagar alquiler, tenía que comprar comida para mi casa, por lo cual el dinero terminaba por no alcanzar.

Llevaba una vida desgraciada, tenía que juntar colillas del suelo para poder fumar. Nunca tenía dinero para comprar los cigarrillos que me gustaba fumar, que eran los Continental. Compraba Kent. Entonces, cuando decidí casarme dije: "Mira, ya que estamos en esta vida dura, pagando casa, casémonos de una vez y ya nos arreglaremos".

Me mudé de Jardim Patente y me fui a vivir a Vila Oliveiro, y Lurdes se mudó de Jardim Patente para Parque Bristol. Entonces para noviar yo debía caminar de mi barrio hasta el barrio de ella, iba por la Via Anchieta.

Lurdes, antes de irse para Parque Bristol, de Jardim Patente se mudó a Ponte Preta, ellos se compraron una casita. Tomaron una actitud de locos: se mudaron a Ponte Preta y cada inundación que había se llenaba su casa. Pensaron que habían mejorado y no era así, de ninguna forma. Después compraron una casita en un terreno en Parque Bristol. El papá de ella no trabajaba. Su papá quedó muy enfermo, pero no cobraba ninguna jubilación. Su mamá trabajaba en la casa. Ella y tres hermanos ayudaban a sustentar la casa. Cuando ella se fue, quedaron los tres hermanos.

Cuando me mudé a Paulicéia, en 1968, me resultaba muy difícil noviar. Tenía que tomar ómnibus. Tomaba el ómnibus en Paulicéia e iba hasta la Via Anchieta, y tomaba otro ómnibus para verla a ella en Parque Bristol, era muy difícil. Yo le dije: "Entonces, casémonos". Y nos casamos.

Nosotros íbamos mucho a los bailes, a las fiestas. Teníamos un círculo de amistades muy grande. Íbamos al cine, a visitar a mi madre, a la madre de ella. ¡Era todo muy difícil, al no tener coche! ¡Hoy paso por la parada y veo el sacrificio que hay que hacer para ir a ver a la novia en ómnibus! Pero en 1971 ella murió.

En mi casamiento no hubo fiesta. Sólo vinieron algunos parientes a mi casa, compramos un guaraná e hicimos un asadito. Cosas de pobres, porque no podíamos gastar dinero. Fue en mi casa en Paulicéia. Pero nos fuimos a pasar la luna de miel a Poços de Caldas. En esa época era "lo máximo", ir a Poços de Caldas era chic. Nos quedamos en un hotel allá, creo que una semana. Anduve en carruaje, vi la Cascada del Velo de Novia. Era la primera vez que yo salía, para mí era todo bonito, todo estaba lleno de fantasía.

Lurdes, antes que nada, era una mujer muy batalladora. Ella trabajaba y no tenía eso de "los sábados no". Recuerdo que ella trabajaba los sábados y ellos le pagaban en el acto, entonces volvía con cinco contos en la mano, o sea 5.000 cruzeiros. Y nosotros íbamos juntando para comprarnos la casa, guardábamos en una caja de ahorro. El dinero que más maldecía era el que usábamos para pagar el alquiler. A mí me parecía imposible continuar pagando alquiler, porque es un dinero que se va y no vuelve. Entonces, en un año ya estaba comprando una casa.

Lo mismo ocurrió con Marisa. Cuando me casé con ella dije: vamos a pagar alquiler durante un año, después de un año nos vamos a comprar la casa. Pero no se pudo. Nos llevó un año y medio. Salimos de esa casa alquilada y nos fuimos a una casita. En esa casa Marcos vive hoy en día.

Yo tenía una obsesión por la casa propia porque, cuando uno tiene hijos, no puede ir cambiando de barrio en barrio, porque cambiar de barrio es cambiar de escuela. Los chicos cambian de compañeros, y no hacen nunca amistades, están un año en un barrio, un año en otro. Entonces, caray, el hecho de tener una casita propia es algo fantástico. Porque ahí uno está tranquilo con la escuela, uno está tranquilo con todo. Entonces, esta obsesión fue un sueño que logré realizar.

Después de que quedé viudo, anduve mucho tiempo medio sin rumbo. Iba al cementerio todos los domingos, llevaba flores para colocárselas en la tumba. Yo a veces iba a salir de noche a algún lugar, pero cuando escuchaba música… no aguantaba y volvía a casa. Ya no tenía más ganas de salir. Estuve tres años y medio deprimido. Estuve un largo tiempo sin fuerzas. Perdí el sentido de la vida. No tenía ganas de nada.

¿Sabes lo que ocurre? Uno pierde las referencias. Uno no tiene más a sus amigos, ellos ya están en otra. Uno estuvo dos años casado, y tus amigos de antes o están de novios, o están casados. Uno no tiene más ese círculo de amistades que antes tenía. Entonces todo se hace difícil. Yo iba a la casa de mi suegra, me quedaba conversando sobre Lurdes… Era mejor quedarme en casa.

En el hospital ni siquiera pudieron salvar a mi hijo, no pudieron hacer nada. Era un varoncito. La fábrica Villares me ayudó mucho. En esa época, Villares tenía un servicio social razonable. Tenía convenio con el hospital, ayudó a transportar los cuerpos para São Bernardo. Lo que sé es que fue una cosa difícil. Tuve que vender mi casa. Yo debía salir de allí. Era un ambiente muy pesado, era un ambiente en el cual los que circulaban a mi alrededor o eran mis parientes o eran parientes de Lurdes, entonces la conversación era siempre sobre ella. Todos los domingos compraba un ramo de flores y me iba al cementerio. Pero decidí cambiar de vida. Vendí mi casa y me fui a vivir a una casa alquilada en São Bernardo, con mi madre.

La casa en la que vivía con Lurdes era en Parque Bristol, en una ladera empinada. Tenía dos habitaciones, sala de estar y cocina. Y un dos ambientes en los fondos. Viví allí un año y medio más o menos. Después Lurdes murió. La última vez que fui al hospital Lurdes tenía tantos dolores, gritaba tanto, que ni pudo hablar conmigo. Yo fui a llamar a la enfermera, pero me dijo que no podía venir. Fui a llamar a la partera, y me dijo que tampoco podía venir. Me pidieron que esperara. Me dijeron que eso era normal. Me fui. Yo creo que el dolor era de parto. A esa altura, yo ya estaba en el sindicato, ya tenía un poco más de conciencia política, ya estaba un poco más maduro, ya tenía un poco más de noción. Ya hablaba con los médicos, los abogados, con los compañeros del sindicato. Entonces me fui a vivir a São Bernardo do Campo. Me fui a la calle Ernesto Augusto de Pietro. Era un dos ambientes y mi intención era estar solo. Quería vivir solo. Pero mi madre, que vivía con mi hermana, me dijo: "Ah, yo no voy a dejar que mi hijo viva solo". Ella dejó a mi hermana y se fue a vivir conmigo.

Marisa: nuevo casamiento

Después de que me quedé viudo, doy gracias a Dios de haber encontrado a Marisa.[4] Después de que me quedé viudo pasé tres años

---

[4] Lula se refiere a su actual esposa Marisa Letícia da Silva, con quien se casó algunos años después de quedar viudo de su primera mujer.

sin tener novia. Pero luego de ese período me volví enamoradizo, quería noviar con todo el mundo. Quería noviar todos los días y si era posible con personas diferentes. Entonces me volví medio... muy enamoradizo. Después, cuando encontré a Marisa, para mí fue un sosiego. Encontré a Marisa y al cabo de cinco meses me casé.

Yo estaba de novio con Miriam Cordeiro, que vivía en la calle Municipal. El sindicato quedaba en la calle Milton Prado, yo iba a pie hasta la casa de Miriam para estar con ella y me volvía a pie, a las 11 ó 12 de la noche. Iba hasta la única parada de taxi de São Bernardo do Campo que tenía "escarabajos",* las otras paradas sólo tenían coches de cuatro puertas, autos grandes. Los otros taxis eran más caros. Entonces, por coincidencia –o no– varias veces me tocó un chofer viejo, un señor. Él me llevaba e iba contándome de la muerte de su hijo, que había sido asesinado, y que también trabajaba en eso.

Su hijo, que había estado casado con Marisa, no era chofer, trabajaba allí para ganarse un dinero extra en el tiempo libre, y un día lo asesinaron. Hubo una pelea antes de morir. Pero sólo fue una sospecha. De cualquier forma, este señor viejo me contaba esta historia, hablaba bien de su hijo, hablaba de la nuera, hablaba del nieto. Decía que la nuera era muy bonita, siempre decía eso. Comencé a hacerme amigo del viejo y le fui contando mi vida.

Yo recuerdo –fue mucha coincidencia– que un día él me llevaba y me iba contando: "Ah, mi nuera está en casa hoy, mi nuera es muy bonita...". Y mi cabecita empezaba a maquinar, y yo pensaba así: un día de estos me gano a la nuera de él.

Y el tiempo pasó. Y un buen día, estando yo en el sindicato, llega esta tal señora doña Marisa, quería conseguir un certificado... Yo no tenía la menor idea de quién era. En la charla que mantuve con ella –porque era yo el que entrevistaba a las personas–, en esa charla ella dijo que era viuda, que tenía un hijito, que su marido había sido asesinado, y que ella vivía con su suegro, y no sé qué otras cosas. Y a partir de esa historia yo hice la ligazón. Entonces le pregunté si su suegro era don Cândido, y ella dijo que sí. Ahí pensé: ¡la nuera del viejo cayó en la red!...

---

* Automóvil Volkswagen con motor de 1.200 ó 1.300 cilindradas, popularmente conocido como "escarabajo".

Fue muy interesante porque fue un noviazgo muy rápido. Fuimos novios cinco meses y nos casamos. Marisa era muy bonita, era muy bonita. Y fue así, empezamos a noviar, ella no quería casarse, yo tampoco quería. Le propuse que viviéramos juntos, podíamos vivir juntos. Le dije: "Si todo va bien, nos casamos". Y ella contestó: "Yo sé muy bien cómo tratan ustedes a las viudas...". Ella pensaba que a las viudas se las veía como personas disponibles. Pero aún así ella no quería casarse, yo tampoco quería, entonces cada uno tenía su vida, ella deseaba trabajar.

Hubo una historia muy graciosa. Marisa tenía un novio. Después que la conocí, fui un día a su casa. Llegué y en el portón estaba la mamá. Yo tenía un coche, a esa altura tenía un coche, era un TL. Entonces, paré el coche, llegué allá y le pregunté a una viejita que estaba en el portón: "¿Dígame, usted es la madre de Marisa?". Ella dijo: "Sí". Le pregunté: "¿Ella está ahí?". Y me respondió: "Sí". Y subió, había un pasillo así...⁵ Yo esperé en el portón.

Marisa llegó. Eran las cinco y media de la tarde, y ella me dijo: "Mira, te tienes que ir porque mi novio está llegando". Y yo le contesté: "Mira, nada de que 'mi novio va a venir', va a venir y le vas a tener que decir que se vaya, porque yo me voy a quedar aquí. Yo vine aquí para que empecemos a ser novios". Ella me dijo: "Pero es que yo no puedo, estoy noviando con él...". Y yo agregué: "Yo me voy a quedar aquí".

Yo conocía a Marisa muy poco, creo que me había encontrado antes con ella sólo unas dos veces. Pero le dije: "Yo me voy a quedar aquí y tú vas a hablar con él". Y lo hizo. Él llegó y ella fue a hablar con él, a decirle que no podía seguir noviando. Era increíble porque yo fui novio de Marisa sólo cinco meses y el sujeto nos seguía a todo lugar adonde fuéramos. Incluso después de casada, ella ya estando embarazada, el tipo nos seguía. Íbamos a un bar, el tipo aparecía allá. Yo nunca me irrité con eso. Él era metalúrgico, trabajaba en la Volkswagen.

El noviazgo con Marisa fue una cosa muy rápida, decidimos casarnos y nos casamos. Nos casamos por civil. No nos casamos por iglesia porque yo ya estaba casado y ella también. Recién nos fuimos

---

⁵ Lula gesticula mostrando que había un pasillo bien largo.

a casar por iglesia unos cinco o seis años despúes, cuando ya teníamos creo que dos hijos. Nos fuimos a casar a una iglesia cerca de casa. Cuando me casé con Marisa, por civil, fue una cosa diferente, yo ya estaba más maduro, ya me había casado antes, ya era una de las autoridades del sindicato.

Al comienzo, Marisa y yo trabajábamos. Ella trabajó en la secretaría de una escuela más o menos un año, después quedó embarazada y dejó de trabajar. Yo asumí a Marcos como si fuese hijo mío cuando me casé con Marisa.[6] Tenía tres años, la misma edad que tendría mi primer hijo si hubiera vivido. Él nació en la misma época en que murieron mi hijo y Lurdes. No recuerdo el nombre que le iba a dar a mi hijo.

Cuando me casé, a los suegros de ella no les gustó, a aquel chofer de taxi. A don Cândido y a doña Marília no les gustó, se pusieron celosos. Es que en el fondo, en el fondo, ellos perdieron a la nuera y al nieto. Recuerdo cuando fui a hablar con ellos, que se quedaron medio molestos, enojados. Entonces, ¿cómo es que lo resolví? Cuando nació Fábio,[7] decidí que fueran sus padrinos. Con eso yo quería decir: "Miren, yo no les estoy quitando el nieto, yo les estoy dando un nieto más". Y ahí, listo, hubo una integración total. Ellos funcionaban como si fuesen nuestros padres, nos adoptaron. Ellos nos adoraban a nosotros dos. Y don Cândido murió. A él también lo asesinaron, como al hijo. En 1979 fue asesinado cuando estaba trabajando como chofer de taxi.

Preámbulos de una intensa vida sindical

Te voy a contar acerca de mi entrada al sindicato. En 1968, mi hermano Frei Chico había sido invitado a formar parte de la dirección del sindicato. No quiso aceptar porque en su fábrica había un

---

6 Aquí Lula se refiere al hecho de haber adoptado —afectiva y legalmente— al hijo que Marisa había tenido con su primer marido. Marcos, que pasó entonces a ser el hijo mayor del matrimonio, no llegó a conocer a su padre biológico, ya que este fue asesinado cuando Marisa aún estaba embarazada.

7 Fábio, el primer hijo —no adoptivo— que Lula tiene con su esposa Marisa. Después vinieron Sandro y Luiz Cláudio.

compañero que ya estaba en el sindicato. Dijo entonces Frei Chico: "Miren, yo tengo un compañero que trabaja en Villares, que por otra parte es una empresa importante; ustedes pueden invitar a Lula". Entonces, los compañeros fueron a invitarme. Fueron Paulo Vidal, Mário Ladeia, fue Afonso Monteiro da Cruz, que ya murió. Acepté, luego de varias reuniones, yo era consciente de mis limitaciones. Pero terminé aceptando participar de la dirección del sindicato.

Comencé a frecuentar algunas asambleas, me parecía que había peleas innecesarias. La gente discutía por cualquier cosa. Pero todo aquello me empezó a fascinar. ¿Sabes? Aquellas disputas empezaron a fascinarme. Entonces comencé a ir seguido al sindicato, a seguir más de cerca la vida del sindicato. Empecé a leer los boletines que el sindicato distribuía en la puerta de las fábricas. Antes de eso quería jugar a la pelota, no ir a una asamblea. Frei Chico insistía diciéndome: "Vamos al sindicato, vamos al sindicato a hacer no sé qué... Vamos, va a haber una conferencia; vamos, va a haber una asamblea". Yo le respondía: "¿Para no saber qué decir? Mejor me quedó aquí viendo una telenovela".

No sé por qué Frei Chico trabajó y se vinculó al "Partidón". No conozco esa historia. Frei Chico en esa época trabajaba en la empresa Carraço, que hacía carrocerías. Y tenía un compañero llamado Zé Ferreira, tenía el mismo nombre que él, que presidía la dirección del sindicato. Como Frei Chico no podía pertenecer a la dirección, me propuso a mí. Eso fue en 1968.

Expectativas y realidad del mundo sindical

Me eligieron delegado del sindicato. La dirección está dividida así: tenía 24 miembros, siete efectivos, tres en el Consejo Fiscal y el resto era suplente. Yo era suplente, estaba ligado a la producción. Entonces, de 1968 a 1972 estuve ligado a Villares aun siendo del sindicato. Yo trabajaba dentro de la fábrica. Nos imaginábamos que entrando al sindicato uno iba a tener estabilidad y que iba a poder cambiar las cosas. Pero uno no cambia las cosas. Tus poderes son limitados. Tu campo de acción es pequeño. Entonces, la frustración es que uno imaginaba que podía hacer más de lo que podía, ¿no? Fue un episodio bueno para mí porque pasamos a tener más respetabilidad dentro de la fábrica, nos llamaban para que interviniéramos en los movimientos, en las reivindicaciones de los trabajadores.

Nos procuraban mucho los compañeros que querían tener informaciones. Cuando yo no tenía las informaciones, anotaba el nombre, de noche iba al sindicato, le preguntaba al abogado y al día siguiente le respondía. Yo fui madurando, y en 1972 me llamaron para ir al departamento jurídico del sindicato. Yo era primer-secretario. Fue allí donde comencé de verdad a aprender. Comencé a hacer cursos de "previsión social", cursos de "fondo de garantía",* cursos de "sindicalismo". Fui aprendiendo, fui teniendo más conciencia política.

Cuando un sujeto tiene un subordinado, a veces le da una orden y el subordinado exagera en el cumplimiento de esa orden. Yo me irritaba cuando el jefe venía a controlar el tiempo en que hacía una pieza, el tiempo en que otro compañero hacía una pieza. Ellos se ponían a controlar el tiempo que estábamos en el baño. No hay cosa más irritante que estar en el baño y que un tipo controle tu tiempo. Era algo que me irritaba, me ponía nervioso. Me peleaba.

En esa época, la capacidad de actuación sindical era muy pequeña. Había muchas, muchas limitaciones a la actividad sindical. El sindicato tenía un papel muy limitado. Era una época en que nosotros, para convencer a alguien de que se afiliara, no decíamos: "Mira, entra al sindicato porque es un organismo de defensa de los intereses de la clase trabajadora, vamos a hacer huelga…". Nosotros decíamos: "Entra al sindicato, porque tiene colonia de vacaciones, tiene dentista, médico, etcétera." Esa era la propaganda que uno hacía para que entraran al sindicato.

Hoy en día ya no se hace más eso. En 1975, cuando yo estaba en el sindicato, ya no era más así, porque nosotros lo cambiamos. Terminamos con ese asunto de la asistencia médica y la colonia de vacaciones. Decíamos: "Mira, entra al sindicato porque es un organismo de defensa de los intereses de los trabajadores. Hay que entrar aquí como un guerrero, no como alguien que va a usufructuar la asistencia médica o alguna otra cosa que ofrece el sindicato".

---

* Fondo de Garantía por Tiempo de Servicio, tal su nombre completo, se trata de un depósito mensual hecho por el empleador en favor del empleado, en base a la remuneración del mes anterior, y del que el empleado dispondrá cuando fuere desvinculado "sin justa causa".

En esos tiempos yo era muy limitado. Pero aun siendo limitado hacía muchas cosas. En esa época comencé a conocer a mis compañeros, que son compañeros hasta hoy: Nelson Campanholo, Paulo Vidal, Rubão, Machadinho, Anacleto... Unos han muerto, otros están vivos. Pero era un período en que el sindicato era muy muy asistencialista. Porque yo creo que Paulo Vidal, aunque fuese conservador desde el punto de vista político, era un tipo avanzado desde el punto de vista de las realizaciones. Porque en 1974 nosotros tuvimos una situación muy delicada en el Primer Congreso de los Metalúrgicos. Para hacer un congreso en esa época, para discutir los problemas del gremio, uno sufría las injerencias del delegado regional del trabajo. Uno tenía injerencias del representante del DOPS, uno tenía injerencias de mucha gente. Pero logramos llevar a cabo el primer congreso.

Yo tenía una gran admiración por Paulo Vidal, me gustaba Paulo Vidal.[8] No creía en muchas de las cosas que las personas decían de él. Era un sujeto conservador, de posiciones muy conservadoras, pero a la vez era notable. Y la gente de la oposición inventaba muchas cosas. Él hacía muchas articulaciones, era muy inteligente, era muy capaz. Para la época, era un dirigente sindical enormemente moderno.

Ahora bien, Paulo Vidal era muy pretencioso, era tan pretencioso que terminó en nada. Daba pasos siempre más largos de los que sus piernas podían dar. Estaba siempre soñando a lo grande. Y le mentía mucho a todo el mundo, inventaba cosas. Él dirigió un sindicato creando resquemores entre los miembros de la dirección. Un día llamaba diciéndome que fulano hablaba mal de mí y me pedía que yo no le contara esto a fulano. Luego, él llamaba a fulano y le decía: "Lula habla mal de ti". Entonces, él reinaba en el sindicato creando intrigas entre las personas. Pero lo fueron descubriendo. Y decidimos cambiarlo. Y lo cambiamos. Eso ya era 1975.

Cuando llegó 1975 hubo un problema: Paulo Vidal no podía más candidatearse para la dirección del sindicato porque su empresa se iba a mudar [la planta] a Mauá. Y Paulo Vidal quería hacer lo que

---

8 Paulo Vidal era el presidente del Sindicato de los Metalúrgicos de São Bernardo do Campo y Diadema; dotado de una personalidad controvertida, tenía muchos amigos y, según consta, también muchos enemigos.

hacen muchos dirigentes sindicales tramposos. Quería conseguir un registro falso para continuar. Nosotros no lo dejamos. Pensamos que eso no era legal.

Paulo Vidal aceptó salir de la presidencia y pasó a ser secretario general. Cuando Paulo Vidal me colocó en la presidencia, en verdad él tenía en mente lo siguiente: yo tenía dificultades para hablar. Lo que le pasó por la cabeza es que me podía poner en la presidencia del sindicato, pero que quien lo presidiría sería él. Yo sólo iba a ser la fachada. Desde el comienzo yo tenía noción de que este era su objetivo. Paulo Vidal también pensaba colocar a Rubão en la presidencia. Pero justo fuimos a una reunión de la dirección y los compañeros pensaron que era yo quien debería ser el presidente.

Paulo Vidal aceptó la decisión de la dirección, porque sabía que yo iba a tener dificultades para hablar. Para que tengas una idea, en 1973 nosotros inauguramos la escuela del sindicato. Yo era el director responsable, por lo cual tenía que hacer un discurso. Y me pasé una semana entera preparando lo que iba a decir, haciendo borradores, esbozando algunas ideas…

Y llega el día de la inauguración de la escuela, Paulo Vidal comenzaba leyendo el acta, el orden del día, todas esas cosas oficiales. ¡Y en eso Paulo Vidal empieza a hablar!… ¡Dijo todo lo que yo iba a decir! Cuando me pasó la palabra yo ya no tenía nada para decir. ¡Todo lo que yo había escrito él ya lo había dicho! Tomé la palabra y dije: "Compañeros, después del discurso de Paulo queda inaugurada la escuela del sindicato". Me había arruinado la fiesta. Como director del departamento jurídico yo me ocupaba de orientar sobre el fondo de garantía, sobre la cuestión de la casa propia, de la previsión social y de la escuela del sindicato. Esta escuela llegó a tener 1.500 alumnos. Paulo Vidal me robó el discurso. Yo hice el papel de payaso.

Allí nadie tenía un proyecto personal. Yo conocí bien a las personas después. La dirección del sindicato tenía un poco de miedo de mí porque yo era hermano de Frei Chico. Y ellos sabían que el "Partidón" tenía una cierta fuerza en el gremio, medio en la clandestinidad, pero tenía. Me respetaban mucho por esa razón. En el fondo, en el fondo, me parece que Paulo nunca confió en mí. Creo que siempre tuvo algún tipo de reserva. Pero yo cautivaba mucho a las personas, hacía mucha amistad con las personas.

Por el departamento jurídico a mi cargo pasaba mucha gente. Pasaban los jubilados, las viudas, los que querían orientación sobre el fondo de garantía, sobre permiso previo de tenencia de casa propia. Entonces había mucha gente que pasaba para conversar conmigo. Y yo trataba bien a la gente, a todos los que pasaban por el sindicato los invitaba a entrar, se sentaban, conversábamos. Si tenía *cachaça* los invitaba con una copa, si no les daba un cafecito.

Surge un nuevo líder sindical

A partir de mi departamento jurídico fui ganando una gran respetabilidad. En esa época había directivos de sindicato muy malos, cualquier afiliada que llegara allá querían seducirla. ¿Sabes cómo actúa un peón que tiene una sola mujer y sale de la fábrica y empieza a tener más oportunidades? Yo actuaba con mucha seriedad en mi departamento. Trabajábamos yo, Hélio, que era abogado, y Luizinho, que era empleado. Ese trabajo serio terminaba por darnos respetabilidad. Yo no tenía ningún, pero ningún proyecto de ascender en el sindicato.

Cuando los compañeros de la oposición supieron que yo iba a encabezar la lista, y a pesar de haberse presentado, no fueron muy agresivos en la campaña porque teníamos una buena relación. Yo tenía una buena relación con toda la gente de la llamada "izquierda". La izquierda era la oposición vinculada al "Partidón", al PCdoB, a la AP [Acción Popular]. Yo tenía una buena relación con ellos, una relación de amistad. Y eso le intrigaba un poco a Paulo Vidal, que era muy enemigo de la oposición. Yo mantenía relaciones con esa gente, tomábamos *cachaça*, discutíamos.

Durante el período de 1971 a 1975 un compañero de la dirección se encargaba del departamento médico; otros dos, del departamento jurídico en la parte laboral; había otro compañero de la dirección y –es bueno recordar que el fondo de garantía era algo nuevo, es de 1967– entonces no había un departamento especializado en previsión social ni en fondo de garantía. Fui yo el que creó este departamento, era un departamento nuevo. Crearon un departamento porque yo pasaba de la fábrica al sindicato, necesitaba hacer alguna cosa, no me podía quedar "rascando"… Hasta tal punto este departamento no era una cosa cualquiera que tres años más tarde me convirtió en presidente del sindicato.

En esa época, la gente no tenía noción de la importancia que este departamento podría tener. Si a ellos se les pasó por la cabeza que ese era un departamento más y que yo podía corromperme con la maquinaria del sindicato, ¡se llevaron un fiasco! Nosotros armamos un departamento que funcionaba. Después pasé a ser una referencia. El personal de adentro de la fábrica que quería hacer huelga venía a conversar conmigo. No confiaba en Paulo Vidal. Era una época muy difícil para hacer huelgas.

En 1975, Paulo Vidal tuvo todavía mucha influencia en la conformación de la lista, porque él era presidente, fue él quien coordinó el proceso de formación de la lista. En 1978, tres años después de que me eligieron, yo saqué a catorce personas de la dirección. Saqué al presidente, al secretario general, al primer secretario, al segundo secretario, al tesorero, saqué a otros dos representantes... Yo no coloqué más a estos tipos en mi lista. Tenía fuerza para hacer eso.

En esa época ya había hecho la campaña de recomposición salarial de 1977, teníamos mucho empuje en el sindicato. A partir de que asumimos, en 1975, el sindicato apostó a otra dinámica de funcionamiento. Si tomas el boletín del sindicato de antes de 1975, verás que Paulo Vidal aparece en la primera página, la segunda, la tercera, la cuarta, la quinta... Si tomas los diaritos a partir de mi mandato, percibirás que salió la figura del presidente en los periódicos. Nosotros pasamos a creer en otro valor.

Paulo Vidal se mantenía en el sindicato trabajando con los jubilados y usando la beca de estudios que tenía el sindicato. Eso en nuestro tiempo prácticamente se acabó. Él hacía fiestas para los jubilados. Cada vez que daba una beca de estudios, que era una beca de mierda, no valía nada, convocaba al becario a una fiesta, sacaba fotos, tenía todo un ritual. Era un paternalismo innecesario. Nosotros cambiamos eso, pasamos a creer en los afiliados.

El fortalecimiento del "nuevo sindicalismo brasileño"

Comenzamos a abrir el sindicato a los debates que hasta entonces no existían. Ya había una escuela funcionando, que comenzaba a formar cada vez más peones, estos iban madurando. Íbamos mucho a la puerta de las fábricas, y los trabajadores venían a conversar los sábados, los días de semana a la noche. Comenzamos a crear una dinámica en el gremio de forma tal que el sindicato fuera un instrumento del propio trabajador. Fue un momento muy rico.

Quien me ayudó a escribir el discurso cuando asumí fue el doctor Maurício; yo no podía ni leer, temblaba tanto... El discurso que hice, que criticaba el capitalismo y el socialismo, formaba parte de la visión del doctor Maurício, algo cristiano. Uno hacía la crítica del capitalismo y del socialismo también, sin la noción que tenemos hoy de los efectos dañinos de todo régimen que no tenga libertad. Fue un discurso que yo no lograba leer porque temblaba mucho. Fue la primera vez que tomé un micrófono.

La primera vez que di una entrevista para la TV fue con la TV Cultura. Comencé a temblar, me empezaron a temblar las piernas. Me obligaron a sentarme para hacer la entrevista. Lo de Vox Populi fue recién en 1978; la primera entrevista fue para los periodistas de TV Cultura.

Yo le pedí al doctor Maurício que hiciera un discurso de asunción. Él lo hizo, yo lo leí y me gustó. Es bueno analizar el discurso para esa época, situándose en el momento político. Si uno toma un boletín del sindicato de la época y toma uno de ahora, va a comprobar que una cosa no tiene que ver con la otra. Pero hacer un boletín como ese en aquella época ya era un gran avance. Repartir un boletín en la puerta de las fábricas en 1970 diciendo que es necesario jugar duro con la clase patronal era motivo suficiente para que al día siguiente el DOPS te estuviera interrogando. Ellos iban a preguntarte qué querías decir con eso. Una vez el DOPS quiso prohibir a la dirección del sindicato porque queríamos hacer una noche de vigilia. Hoy es todo muy cómodo.

La verdad es que nosotros teníamos nuestras duras críticas al socialismo real existente. Nuestra pelea dentro del PT –después de la caída del Muro de Berlín esto cambió mucho, y cambió también porque hay otras corrientes dentro del PT– era porque nunca aceptamos el modelo soviético como un modelo alternativo de sociedad, nunca lo aceptamos. Hacíamos críticas al socialismo porque no admitíamos una sociedad socialista sin libertad de expresión, sin derecho de huelga, sin partidos políticos de oposición. Yo ya tenía todas estas informaciones. No era posible hablar de democracia con un solo partido, con sindicatos que no podían hacer huelga, con la gente no pudiendo criticar al partido que estaba en el poder. En esa época ya hacíamos estas críticas.

Es por eso que hoy en día me siento tranquilo. Hoy es muy fácil criticar al socialismo real. Pero nosotros lo criticábamos ya en aquella época. Los sectores de izquierda que leían las cartillas de Moscú pensaban que nosotros éramos de la CIA. Hoy ellos tienen el discurso que nosotros teníamos 20 años atrás, aunque no hacen una autocrítica.

Entonces nosotros teníamos mucho ese tipo de pensamiento, el doctor Maurício era muy cristiano, y él era un abogado considerado de izquierda para la época, hasta estuvo preso en 1970. Nosotros teníamos este discurso, que era "ni tanto a la tierra, ni tanto al mar", sólo que nosotros no teníamos esa Tercera Vía. Incluso hasta hoy no la tenemos. ¿Qué es una Tercera Vía? No hay.

¿Sabes cuándo comencé a pelearme con Paulo Vidal? Una vez tuve un problema en la Ford. Era un problema de asistencia médica. En la Ford, cada trabajador creo que paga un 2% o un 2,5% mensual para la fábrica. Una parte va al seguro de vida, otra parte va a la asistencia médica a través de Sul América.

Nosotros terminamos peléandonos con la Ford a causa de eso. La Ford quería que hiciésemos una asamblea dentro de la empresa para decidir sobre el asunto. Y a mí me pareció que no era posible hacer una asamblea dentro de la empresa porque íbamos a someter a los trabajadores a las presiones de la jefatura. Y fui a la prensa a decir que el sindicato no iba a convocar a asamblea. Di una declaración aquí en San Pablo, para el diario *O Estado de São Paulo*, y Paulo dio una declaración en São Bernardo para el *Diário do Grande ABC*. Cuando llegué al sindicato estaban esas dos declaraciones. Entonces, reuní a la dirección y tomamos la siguiente decisión: "A partir de hoy sólo Lula habla para la prensa; si Lula no está, quien habla es Rubão, que es vicepresidente; si Rubão no está, habla Paulo Vidal, que es secretario general. Tiene que haber jerarquías aquí, porque esto no es posible. Y nosotros no vamos a convocar a asamblea". Ahí hubo un corte.

En ese mismo período Paulo Vidal se alejó del sindicato para hacerse una intervención quirúrgica. Y comenzó la campaña de recomposición salarial. Él pensaba que el sindicato no debía hacer la campaña de recomposición salarial, que era algo malo, y no sé qué otras cosas más. Pero nosotros tuvimos un éxito tremendo. El sindicato se llenaba en todas las asambleas. Cuando Paulo volvió, no había más espacio para él. Eso ya era en 1977, no había más espacio para él. Cuando llegó en 1978 yo empecé a armar la lista, ahí sacamos a todo el mundo y yo armé mi propia dirección. Quedó Nelsão, quedó Rubão de la otra dirección. Luego comienza un período del sindicato en que este es más efervescente, más luchador, es un sindicato más peleador.

Cuando asumí la presidencia del sindicato por primera vez, había otro tipo de oposición. Había un elemento más joven, que no era muy conocido en el sindicato. Había un tal Vladimir, que siempre fue un tipo extraño, había una tal Mariana, que hoy es de derecha, está ligada al PRN [Partido de la Reconstrucción Nacional] de Diadema. Eso fue en 1975. Paulo Vidal era bueno porque era un gran orador. Yo tenía dificultad para hablar. Entonces Paulo Vidal iba a la confrontación con esos tipos. Después otros compañeros de la dirección comenzaron a hablar, llegando a crearse una gama de opciones para la lucha. Pero esa oposición muy pronto dejó de ser oposición. Nosotros pasamos a ser lo más de izquierda que había en el gremio. Nadie era más de izquierda que nosotros.

Éramos nosotros quienes hacíamos los discursos más escarnecedores contra el gobierno. Ya no se necesitaba de una oposición que dijera que la dirección era entreguista, porque nosotros hacíamos de todo. Íbamos a las fábricas con coches con altavoces y convocábamos a asamblea. Éramos imbatibles en el izquierdismo. Entonces la oposición empezó a tener una política correcta con nosotros, una política de convivencia. Yo los respetaba mucho. En el tiempo de Paulo Vidal ellos quedaban marginados en el zaguán del sindicato.

Yo era un tipo que me acercaba a la oposición y conversaba con ellos, los llevaba a mi despacho, yo siempre tenía guardado un botellón de aguardiente, les daba *cachaça*, conversaba. Los trataba muy bien. Ahí comenzó a surgir otro tipo de oposición. Comenzó a surgir el Alemancito, la Nanci, otro tipo de gente. En 1976, 1977, en mi opinión, ya había gente que era estudiante y comenzaba a entrar a las fábricas para ganar el aparato sindical. Pero a esa gente… la "comíamos" en las asambleas. Nosotros éramos más de izquierda que ellos. Hasta en nuestra inocencia éramos más izquierdistas. Esa gente también terminó teniendo una política de relación con nosotros que era de amistad. Pasamos a ser amigos.

A los operarios les encantaba que le pegásemos duro al gobierno. Ahí hay todo un período que tenemos que grabar separado.

Desafiando lo desconocido
- LULA -

"No sé si tuvimos más coraje. Lo que ocurre es que teníamos una ventaja: éramos una dirección sindical más nueva y todavía no habíamos pasado por la masacre que los compañeros pasaron en 1964 y 1968. Muchas veces las personas me sugerían que estudiara la Ley de Prensa. Y yo decía: 'No. Si yo sólo hiciera lo que dice la ley, no haría nada, quedaría con las manos atadas'."

"Ellos decían que era necesario conocer la Ley de Huelga. Yo prefería no conocerla. Porque, si uno comenzaba a conocer y a hacer sólo lo que estaba permitido, terminaba haciendo un sindicato común. Uno no hacía nada."

"La verdad es la siguiente: la política es como una buena *cachaça:* uno toma la primera medida y ya no tiene cómo parar, sólo cuando termina la botella."

El comienzo de un aprendizaje político

Me invitaron para formar parte de la dirección del sindicato.[1] Me invitaron para ir a una reunión con el entonces presidente del sindicato, Afonso Monteiro da Cruz, con Mário Ladeia, que era el secretario general, y con Paulo Vidal, que era el segundo secretario. Frei Chico me llamó para esa charla porque ellos querían invitarme a formar parte de la dirección del sindicato. Eso fue en 1968.

En esa época, la dirección del sindicato debía estar formada por 24 miembros… En la otra entrevista ya expliqué cómo era la compo-

---

[1] Esta entrevista, realizada el 6 de octubre de 1993, en su gabinete en el Gobierno Paralelo, tiene una duración de dos hora y media.

113

sición de la dirección. Todos tenían el estatus de "director" del sindicato, siete de los cuales eran administrativos, y los otros estaban en la producción. Estos trabajaban normalmente, estaban dentro de la fábrica e iban al sindicato de noche.

Yo me afilié en septiembre de 1968, mi matrícula es la 25.968. Nunca me olvido de mi matrícula del sindicato. Puedo no recordar el número de mi documento de identidad, pero no me olvido de la matrícula. Yo no quería ser miembro de la dirección del sindicato porque tenía el casamiento marcado para mayo de 1969 y mi primera mujer no quería que yo entrara a la dirección del sindicato, ella pensaba que no debía meterme en eso, que no era algo bueno, que políticamente tendría grandes problemas. Ella trabajaba en una tejeduría y oía a los compañeros de más edad contar lo que había sido el movimiento sindical en 1962, lo que había sido después del golpe, y entonces ella pensaba que era peligroso dirigir el sindicato. Lo que sé es que a mí me convencieron, y convencí a Lurdes, de la importancia de formar parte de la dirección de un sindicato.

Las elecciones se realizaron en febrero de 1969. Nuestra lista se denominaba "lista verde", o sea, Paulo Vidal era el candidato a presidente del sindicato, y nosotros ganamos con el 75% de los votos. Asumimos el día 24 de abril de 1969. Yo asumí y un mes después me casaba. Fue exactamente en ese momento que comencé a tener un mínimo de conciencia política, porque hasta entonces no tenía conciencia política. Hasta entonces a mí no me interesaban ni las noticias de la política ni tampoco la actividad política.

Fue a partir de entrar en el sindicato, en 1969, que comencé a tomarle un cierto gusto, que comencé a ver los debates, a presenciar las discusiones, que empecé a presenciar los arreglos existentes dentro del sindicato, las disputas internas, las divergencias… y fue ahí que comenzó mi aprendizaje político.

En esa época no respetaban al sindicato dentro de la fábrica. Los peones no mostraban interés por el sindicato. O era por miedo, o era porque el sindicato no cumplía con las expectativas de los trabajadores. El sindicato no tenía una dinámica de puerta de fábrica, no tenía una dinámica de formación de cuadros. En ese tiempo, el sindicato aparecía de cuando en cuando en la puerta de la fábrica, entregaba boletines. Entregaba un boletín que a veces era muy complicado de leer. Nunca nos dimos cuenta de que los trabajadores son gente a la que no le gusta mucho la lectura, ¿no? Y en esa época debería gustarle menos. Porque hoy en día ya tenemos más juventud dentro de la fábrica. El sindicato hacía aquel boletín, y a las personas no les importaba.

Los trabajadores se enojaban mucho cuando llegaba el descuento de la contribución asistencial. Era una época en que para afiliar a alguien uno tenía que decir que el sindicato ofrecía dentista, colonia de vacaciones, asistencia médica, que había departamento jurídico. Era la propaganda que uno utilizaba para convencer a la gente a afiliarse al sindicato. Era un momento muy complicado, un momento muy difícil. Y yo entré en Villares, que era una empresa de poca tradición sindical. Era una empresa que pagaba un salario que para la época era razonable, con una razonable mano de obra calificada. Era una empresa en la cual las personas no tenían mucha vinculación con el sindicato. Tenía una buena asistencia médica, una asistencia social que daba un montón de cosas. Si se la comparaba con las otras empresas, nosotros teníamos un montón de regalías. Era casi el nivel de las multinacionales.

Lula y su sindicato crecen juntos

En esos tiempos las personas no tenían al sindicato como referencia, de ninguna manera. A partir del momento en que entré al sindicato y empecé a trabajar con la gente, a sindicalizar gente... el tiempo nos ayudó a efectuar algunos movimientos. Hicimos, por ejemplo, un movimiento en Villares para discutir la cuestión de nuestra contribución del 2% para la Mutual. Era una mutual para la cual pagábamos el 2% del salario y esta daba un complemento por enfermedad. Cuando uno se quedaba más de seis meses sin trabajar, la empresa complementaba el salario, y uno tenía una asistencia médica fuera del sistema de Previsión Social. Entonces hicimos un movimiento para terminar con eso. La empresa no quería terminar con ese tipo de asistencia.

A nosotros nos parecía... A mí me parecía que ya pagábamos este tipo de asistencia al INPS [Instituto Nacional de Previsión Social], entonces había que pelear para mejorar el INPS. No teníamos por qué pagar por afuera para tener algo mejor. Después hicimos un movimiento para tener un restaurante, que en esa época la empresa no tenía. Todo esto es cuando yo estaba ligado a la producción.

Y entonces el sindicato fue creciendo, fue madurando políticamente. Era una época en que la situación económica del país, a causa del milagro brasileño, o sea, a causa de los petrodólares y de los eurodólares, estaba a todo vapor, Brasil tenía mucho dinero. Era una época en que había mucha facilidad para conseguir empleo, las personas cambiaban de empleo, por eso uno tenía reajustes mensuales o bimestrales.

En esa época el sindicato de São Bernardo do Campo ya era un poco el baluarte del movimiento sindical brasileño. Incluso Paulo Vidal, no siendo una persona con un discurso de izquierda, con un discurso que contemplara la llamada "vanguardia gremial", era un dirigente sindical muy ambicioso desde el punto de vista de las elaboraciones políticas. Era muy creativo. Y nosotros, junto con Barelli, a través del Dieese [Departamento Intersindical de Estadística y Estudios Socioeconómicos], ya en esa época comenzábamos a innovar.

En 1972 nosotros ya comenzábamos a reivindicar la necesidad de hacer acuerdos por rama de actividad. En vez de hacer un acuerdo único, con todas las empresas en un solo paquete, tratábamos de separarlas: hacer acuerdos con la rama de maquinarias, con la rama automovilística, con la rama del hierro. Nosotros entendíamos que era más fácil discutir a partir de la realidad concreta de cada rama que beneficiar a las grandes industrias haciendo un solo paquete, porque en ese caso normalmente la Volkswagen trataba de nivelar para abajo, cuando sola hubiera podido atender mejor la reivindicación de los trabajadores. Además, por el hecho de que para unos, nosotros teníamos que pedir ómnibus, la Volkswagen ya lo daba, para otros, teníamos que pedir restaurante, y la Volkswagen también ya lo daba. Pensábamos, por lo tanto, que las reivindicaciones tenían que ser diferenciadas.

Y todo eso ocurrió hasta 1974, un momento en que hubo un proceso de modernización, según mi opinión, de la acción sindical. En abril de 1972 yo abandoné la producción, y asumí mi cargo en la dirección del sindicato. Me hice cargo de la parte de previsión social del departamento jurídico. El sindicato hasta entonces no tenía departamento de previsión, me encargué de eso, y también del Fondo de Garantía del Tiempo de Servicio [FGTS]. Dábamos orientación sobre todas las cuestiones previsionales para todos los trabajadores.

No es verdad que no bien Lurdes murió Paulo Vidal me introdujo al sindicato.[2] Lo que ocurre es que Lurdes murió en 1971, y en 1972 nosotros tuvimos nuevas elecciones. Cuando ella murió yo seguí trabajando en la producción en Villares. Recién fui al sindicato a partir de abril de 1972. Yo no sé de esa historia que contó Frei Chico sobre el entierro de Lurdes, cuando alguien dijo que Paulo Vidal quería que yo ingresara al sindicato para que no me acercase al "Partidón". También puede haber mucho folklore. Lo que sé es que nosotros éramos de una dirección en la que yo estaba por encima de la media de los otros miembros. Porque yo tenía 23 años de edad, había terminado de hacer un curso profesional, hacía muchos cursitos de perfeccionamiento. Yo era el más joven o uno de los más jóvenes de la dirección. Es lógico que tuviese ganas de aprender, entonces participaba de muchos cursos en el sindicato. Cursos de previsión, de derecho, de no sé qué. Yo normalmente participaba de todos los cursos que hacía el sindicato. Fui alcanzando un nivel de entendimiento superior a la media de la gente del sindicato.

Entonces era normal que cuando fueran a constituir una nueva lista me llamasen para asumir algún cargo en el sindicato. Creo que no tuve un cargo mejor, esto ya en 1972, porque era hermano de Frei Chico. Y por el hecho de ser hermano de Frei Chico yo cargaba con el estigma de estar ligado al "Partidón". De ser "área de influencia" del "Partidón". Paulo Vidal siempre tenía una antena parada, creyendo que yo estaba vinculado a esa gente. Y yo mantenía una gran relación con la gente del "Partidón": ni sabía quién era o no era del "Partidón".

Mantenía una buena relación con la gente que pertenecía a la oposición en el sindicato. Y cuando llegó la hora de formar la lista,

2 Aquí Lula responde a la siguiente pregunta: "Tu hermano, Frei Chico, cree que Paulo Vidal utilizó tu estado de fragilidad emocional causado por la muerte de Lurdes para tratar de introducirte en la estructura del sindicato, haciéndote abandonar la producción. El objetivo de Paulo Vidal sería atraerte hacia su 'campo', dificultando una relación más cercana que pudieses llegar a tener con el 'Partidón', ya que él percibía que podrías llegar a ser un gran líder. ¿Concuerdas con eso?".

conversé con los compañeros y les dije: "Miren, yo no voy a salir en la lista de la oposición, creo que no tiene ninguna chance. Voy a salir en la lista de la 'situación'". Donde tenía grandes amigos, tenía varios compañeros que participaron de mi lista.

El hecho de ser hermano de Frei Chico no me benefició, como dicen algunos analistas políticos. Fue exactamente lo contrario. Tampoco sirve seguir tocando esos asuntos... Yo sé que hubo charlas en las que Paulo Vidal, cuando fue a discutir quién iba a ser el presidente del sindicato en 1975, uno de los argumentos que utilizaba para que yo no lo fuese era mi proximidad con la gente del "Partidón". Vinculación que yo no tenía.

La verdad es que mi ligazón con Frei Chico es una ligazón biológica. O sea, es algo evidentemente de hermano a hermano. No había ninguna afinidad política con Frei Chico. Él no me influenciaba. Incluso por el hecho de que él era muy "avanzado" para mi cabeza.

Cuando llegó 1972, me llaman para integrar la dirección del sindicato. Obviamente que puede haber existido una articulación de parte de Paulo Vidal, algo que se le pasó por la cabeza: "Voy a mantener a Lula cerca, así anulamos un poco al personal de la otra lista". Puede haber sido eso también. Pero lo que sé es que el otro lado también es verdadero: yo podría haber ocupado un cargo mejor si yo no tuviese, si no cargase, el fardo de ser hermano de Frei Chico, del "Partidón". Lo que sé es que fue una elección muy especial, porque yo tenía amistad con las dos listas. Era algo muy loco. Yo era un candidato para la dirección efectiva.

Paulo Vidal generaba muchos celos. Porque él era muy inteligente y poco humilde. Era un tipo que, si escribiese un libro, el título ciertamente sería *Yo me amo*. Porque él no era un tipo de hablar en igualdad de condiciones. Él estudiaba mucho, era una persona competente, pero generaba desconfianza de que era de la policía, de que era un "soplón". Muchos compañeros que terminaron presos dijeron que Paulo Vidal era el que los había denunciado. Yo sinceramente no lo creo, no lo creo. Pero estas dudas persisten, nadie nunca lo probó, pero las dudas persisten en la cabeza de la vieja guardia del movimiento sindical.

El propio Afonso Monteiro da Cruz, que ya murió y fue presidente del sindicato antes de Paulo Vidal y presidente también después de la intervención, y que colocó él mismo a Paulo en el sector previsional, también tenía mucha desconfianza. Había personas que se alejaban del sindicato por miedo a ser denunciadas por Paulo. Es evidente que esto existía. Durante la campaña la gente acusaba mucho a Paulo Vidal y a mí no me atacaba.

Entonces vinieron las elecciones y otra vez ganamos nosotros. Fue por un 70 y tanto por ciento de los votos, y yo pasé a ser del departamento jurídico del sindicato y este cargo para mí fue muy importante. Primero, porque creamos un departamento nuevo dentro del sindicato. Segundo, porque el fondo de garantía por tiempo de servicio era algo todavía incipiente, había comenzado en 1967. Después, porque hasta entonces el sindicato no se ocupaba de la cuestión jubilatoria y nosotros pasamos a ocuparnos. Entonces hubo una actividad que me dio credibilidad dentro del sindicato.

Yo contraté un abogado para trabajar conmigo, el doctor Hélio Manso. Luego contraté a otro compañero para trabajar junto, Luizinho, que hoy debe ser abogado. Y entonces nosotros atendíamos al afiliado, lo orientábamos, le explicábamos lo del permiso previo de tenencia de casa propia, la previsión social –todo lo relativo a la asistencia social–, le hacíamos los trámites legales para la jubilación, le hacíamos las cuentas de la libreta de trabajo, a veces le tramitábamos documentos personales.

La seducción de la actividad política

Yo no tenía ningún proyecto de hacer una carrera sindical.[3] La verdad es la siguiente: la política es como una buena *cachaça:* uno toma la primera medida y ya no tiene cómo parar, sólo cuando termina la botella.

La política es así, yo no tenía pretensiones, después pasé a actuar en la base, después me encargué del departamento jurídico y después me incorporé a la presidencia, y así...

El dato concreto es que yo me proyecté porque algunos compa-

---

[3] Esta frase de Lula es una respuesta a nuestra pregunta: "¿En esa época ya tenías deseos de transformarte en un gran líder sindical? ¿Toda esta dedicación tuya tenía ya por detrás un deseo claro y definido de ascender en el sindicato?".

ñeros míos de la dirección tenían muy poco interés. Ellos sólo demostraban interés en épocas de elecciones. Ahí entra en juego mi manera de ser, yo tenía un trato muy especial con mis compañeros. Cada compañero que llegaba yo lo atendía, cada compañero merecía una charla, no dejaba a nadie sin atender. Entonces automáticamente fui sobresaliendo en relación a los demás compañeros de la dirección.

Cuando fuimos a discutir la nueva dirección del sindicato, la fábrica de Paulo Vidal se había mudado a Mauá, por lo cual él no podía continuar más en la dirección del sindicato porque ya no tenía "planta industrial". Entonces discutimos quién iría a reemplazar a Paulo Vidal. Él, en esa época, hasta quería conseguirse un empleo ficticio para poder continuar en la dirección, en la presidencia. Pero no estuvimos de acuerdo. Y entonces tuvimos que elegir. Paulo Vidal en verdad quería a Rubens [Rubão]… Ah, justamente una persona que podrías entrevistar es Rubão, y también a Nelson Campanholo, a Djalma, a Devanir, a Janjão… Como Rubão fue vicepresidente mío, podría ser entrevistado.[4]

Eso fue algo importante. Una decisión en la que Paulo Vidal quería a Rubão y una parte de la dirección me quería a mí. Después Paulo Vidal aceptó que fuese yo. Y cuando aceptó, me vino a la cabeza la siguiente idea: quiere que yo sea presidente sólo porque él va a seguir siendo el secretario general y está pensando que va a continuar mandando en el sindicato. Creo que es esto lo que le pasó por la cabeza. ¿Sabes a qué me refiero?: "Voy a salir de la presidencia, voy a colocar a Lula, pero voy a seguir mandando en el sindicato".

Nosotros teníamos algunos departamentos dentro de las empresas, principalmente automovilísticas, en que entre la gente ya empezaba a haber un clima de incipiente agitación. Los trabajadores, en realidad, todavía no tenían fuerza política y a veces hasta coraje po-

---

[4] Estas personas que cita Lula no han sido entrevistadas porque, como explicamos en la introducción de este libro, nuestro objetivo residió en privilegiar la comprensión de otros aspectos, y no en "construir" una historia del movimiento sindical del cual Lula participó en São Bernardo do Campo. Si atendiéramos al pedido de Lula y entrevistáramos a las personas que él citó, tendríamos obligatoriamente que sumar a estos un mayor número de entrevistados, ampliando, de esta forma, enormemente el espectro de entrevistados y modificando, así, el objetivo de este libro.

lítico para tener una actitud más seria, pero ya comenzaban a discutir la posibilidad de hacer huelga, sin que el sindicato fomentara nada. Es importante recordar que en esa época vivíamos un momento político interesante. En esa época el MDB [Movimiento Democrático Brasileño], que en 1970 había hecho una reunión para extinguirse porque la Arena había obtenido casi el 100% de los diputados, ese mismo MDB resurgía en 1973. Tanto es que en 1974 obtuvieron 16 senadores. Había pues un clima político en la sociedad que iba fomentando las huelgas independientemente del sindicato. En realidad, el sindicato no ayudaba. El sindicato no tenía una política al respecto.

Recuerdo un episodio hacia fines de 1973, en que un grupo de trabajadores de la Ford me buscó porque quería hacer huelga. Yo fui a conversar con ellos… Yo no sé cuál era la ley, creo que la 4.930 era la ley que prohibía hacer huelga, lo digo sin seguridad ninguna. Pero conversé con ellos y llamé a Paulo Vidal para conversar también. Eran unos diez trabajadores del sector de herramientas de la Ford los que querían hacer huelga. Y por miedo no venían al sindicato a quejarse contra las empresas. Tenían miedo de ser denunciados. Y había buena gente de la oposición sindical dentro de la Ford, había una oposición razonable dentro de la fábrica. Personas con las cuales uno podía hasta no concordar con el método, pero que eran personas combativas. La Ford tenía un núcleo de resistencia muy grande desde los tiempos de la Willis Overland de Brasil. Yo llamé a Paulo Vidal –me acuerdo como si fuese hoy, era un sábado, a eso de las once y media de la mañana, más o menos–, llamé a Paulo para que conversáramos con esos compañeros. Y ahí Paulo Vidal comenzó a darles una clase de tortura.

Paulo Vidal empezó a decir que la ley prohibía, que la ley no permitía hacer huelga y que era importante conocer sobre el encuadramiento en la Ley de Seguridad Nacional… Que torturaban, que introducían un ratón en el ano… que colocaban una vela en el ano con el fin de quemar… ¡Yo miraba la cara de las personas y veía cómo transpiraban! Los tipos habían ido al sindicato para saber si deberían o no hacer huelga y estaban recibiendo una clase de tortura… Esos tipos volverían a su casa y dirían: "¡yo no voy a hacer nada, voy quedarme en la mía!". El sindicato no tenía esa experiencia, de ninguna manera.

Pienso que mi hermano Frei Chico y otro sector de la dirección le tenían envidia a Paulo Vidal. No es que tuvieran envidia, la palabra correcta no es envidia... Ellos tenían siempre algo contra Paulo Vidal. No servía que él hiciera alguna cosa bien, que ellos iban a decir que el problema era que el cabello de Paulo estaba despeinado...

Sus enemigos tenían una obsesión contra Paulo Vidal. Le criticaban desde su comportamiento político hasta la ropa que usaba. Les molestaba los zapatos que usaba. Él generaba una situación de celos ante la oposición, y me parece que eran exagerados.

Después de 1972 disminuyó mucho el ímpetu de los llamados grupos organizados, de la AP en las fábricas, de los grupos dentro de las fábricas. Eso más o menos terminó. Tenían una línea de actuación ya más dentro del sindicato.

Además de las divergencias ideológicas con Paulo Vidal, lo que había era una situación de celos enorme. Había algo personal. Paulo Vidal no era una persona de hacer grandes amigos. Hacía grandes enemigos. Paulo Vidal era adepto de la teoría de que es necesario dividir para reinar. Él creaba el mayor número posible de intrigas entre las personas, para que todo el mundo desconfiara de todo el mundo y él poder mandar sobre todos. Era un poco eso.

En 1974 hubo un movimiento importante para nuestro sindicato. Hicimos el Primer Congreso de los Metalúrgicos. Fue un congreso simple, pero importante para el momento político que vivíamos. En 1974, lo recuerdo como si fuese hoy, también participé de una reunión en la que Carvalho Pinto fue al sindicato a pedir votos. Hicimos una reunión de la dirección con Carvalho Pinto. Nadie conocía a Quércia. Uno de los miembros de nuestra dirección era Antenor Bioucatti, que era concejal por el PMDB. En esa época no había otros partidos, era sólo el MDB y la Arena. Y ese Antenor fue a una convención del PMDB y volvió impresionado con Quércia. Decía que Quércia era un joven, y no sé cuántas cosas más, que había sido alcalde de Campinas y que iba a ser candidato a senador contra Carvalho Pinto. Y nadie creía que Quércia iba a ganar. Nosotros no lo creíamos.

Carvalho Pinto fue al sindicato a pedir votos y en esa ocasión casi debe salir volando de allá. Los compañeros del sindicato le empezaron a cuestionar lo que había hecho en los últimos años en el Senado. Él no tenía muchas explicaciones para dar. Le dijimos: "De aquí usted no va sacar votos". Fue la primera acción colectiva de la dirección del sindicato haciendo que un tipo –que en esa época era un político importante– tuviera que irse casi corriendo. Salió del sindicato casi desconsolado. Y Quércia fue electo senador. El MDB tuvo una gran participación, se recuperó electoralmente, obtuvo 16 senadores. Y dio un paso importante para 1978 y 1982.

Llegó la elección de 1975 en el sindicato. Otra vez se armó una lista de oposición contra Paulo Vidal. Yo tuve una reunión con la gente de la oposición, y les dije que yo iba a ser el presidente del sindicato; ellos no lo podían creer, pensaban que Paulo Vidal no lo iba a permitir. Esto ocurría también porque el nombre de Paulo Vidal aparecía como la figura más importante de la disputa electoral. Constituyeron una lista de oposición, si bien presentando una lista un poco más tranquila, o sea, que realizaba menos ataques, porque durante el proceso fueron se fueron dando cuenta de que yo realmente podría ser el presidente del sindicato.

La presidencia del sindicato en manos de Lula

Otra vez ganamos las elecciones por el 92% [Lula dice que es equivocada la información de que el sindicato tenía 100.000 afiliados en esa época]. Yo ahora no recuerdo muy bien si hubo lista de oposición. Si hubo, fue algo casi insignificante. El dato concreto es que tuvimos más del 90% de los votos. Entonces, hicimos una reunión de la dirección y yo asumí la presidencia del sindicato.

Era muy difícil ser presidente del sindicato con Paulo Vidal en la secretaría general. Era como si uno fuese a usar la camiseta, entrara en lugar de Pelé, y Pelé, estando en buena forma física y técnica, estuviese en el banco de los suplentes. Paulo Vidal estaba mucho más preparado. Entonces tuvimos un primer año de relaciones muy difíciles. No relaciones personales, sino relaciones políticas. A veces él hacía declaraciones diciendo una cosa y yo hacía declaraciones diciendo otra. Hicimos algunos movimientos... En la Ford, por ejemplo, hicimos un movimiento para discutir la cuestión de la compañía Sul América, que fue muy importante en Ford.

Hay algo que creo que todavía no conté y es lo siguiente: en esa asamblea en la que habló Frei Chico, en la campaña salarial de

1975... Nosotros siempre comenzábamos la campaña salarial entre enero y febrero y en esa campaña de 1975 solíamos decirle al trabajador lo siguiente: "El día que la casa esté llena conseguiremos lo que queremos. El día que la casa esté llena, el día que el trabajador venga... y no sé qué otras cosas más". Es porque ahí había quórum, había quórum legal para que hiciéramos una huelga, había quórum legal para que... Había un número de personas que debían estar presentes, que no me acuerdo ahora.

Entonces nosotros hacíamos propaganda diciendo: "El día que la casa esté completa... blablablá, blablablá". Y en esa asamblea específicamente amenazamos al afiliado de que le cortaríamos la asistencia médica a aquel que faltara. No teníamos ningún interés político en cortar el servicio, pero era una amenaza a los trabajadores para que concurrieran a la asamblea. Entonces se creó un "miniclima de guerra" en la asamblea: "¡Vamos, vamos, vamos a [hacer] pagar, vamos a pelear!". Y ese día el sindicato recibió un público como jamás imaginó recibir. Once mil personas pasaron por el sindicato.

Eso fue antes de las elecciones. Paulo Vidal todavía era el presidente. Almir Pazzianotto había sido contratado para ser el abogado de la campaña de ese año. Y cuando llega el momento de que Paulo Vidal hiciera el discurso que todo el mundo esperaba, que dijera: "¡Porque ahora nosotros vamos a decretar huelga, blablablá, blablablá!". Cuando todos esperaban esto, Paulo Vidal toma el micrófono y hace un discurso muy "estilo vaselina", diciendo lo siguiente: "Ahora vamos a entregar en manos de nuestro abogado Almir Pazzianotto Pinto... tal, tal, tal... para resolver nuestro problema". Entonces Almir Pazzianotto tomó el micrófono y dijo: "¡Miren, no es el abogado el que tiene que resolver esto, quienes tienen que resolver esto son ustedes. La dirección del sindicato tiene que tomar una posición!".

Se creó todo un clima... La gente salió del sindicato frustrada. Varios compañeros de la dirección del sindicato me buscaban y me decían: "Ese Paulo Vidal nos jodió. Pucha, ese tipo...". Había generado una frustración, una decepción muy grande.

Pazzianotto era un abogado muy respetado por los sectores de izquierda. Era muy competente como abogado y muy respetado. Era un tipo por el que teníamos una gran consideración. Y Pazzianotto dijo al terminar la asamblea y la gente se fue con mucha rabia:

"Compañeros, ¡no es posible cargar [todo] en mis espaldas! ¿Qué es lo que yo puedo hacer? ¿Apelar al Tribunal? El Tribunal nos va a derrotar. ¡Esta pelea no es nada buena, es una pelea política! No es posible endosársela al abogado". Pero de cualquier manera fue algo importante. Muy importante para el gremio, hubo mucha bambolla.

Muy pronto fueron las elecciones del sindicato y yo gané con una gran votación. Yo tenía la certeza de que íbamos a ganar, no podía perder de ninguna manera. A mí no me rechazaban como a Paulo Vidal. El sindicato estaba empezando a tener una penetración dentro de las fábricas. Ya habíamos hecho el congreso [de los metalúrgicos], habíamos hecho una muy buena campaña salarial, aunque el resultado político no haya sido siempre el mejor. Pero lo logramos, no sólo esa votación; nosotros logramos durante todo el '75 hacer otras actividades: mucha puerta de fábrica y, como la dirección estaba más motivada, mucha conversación, mucha reunión con los trabajadores, peleas individuales con las empresas.

Has visto mi discurso al asumir, en que puse "una de cal y una de arena", no había una definición concreta de las cosas que deseaba...[5] Pero esta vez fue una asunción con millares de personas. Estaba presente Paulo Egydio Martins, gobernador, estaba presente el secretario de Trabajo, había alcaldes. Fue algo un poco más pomposo, para 10.000 ó 15.000 personas, con chopp y una gran fiesta, creo que fue en Elvin.

Yo no estaba preparado hacer un discurso, no tenía condiciones

---

[5] Diez mil personas concurrieron a la ceremonia de asunción de Lula en la presidencia del Sindicato de los Metalúrgicos, entre ellas autoridades públicas como el comandante del II Ejército y representantes de los gobiernos federal, estadual y municipal. En esta transcripción de parte de su discurso queda claro lo que Lula quiso expresar cuando dijo que todavía no había definición de lo que deseaba y que había puesto "una de cal y una de arena": "El momento de la historia que estamos viviendo se presenta, a pesar de los desmentidos en contrario, como uno de los más negros para los destinos individuales y colectivos del ser humano. Por un lado vemos al hombre sojuzgado por el Estado, esclavizado por la ideología marxista, inhibido en sus más elementales ideales de libertad, limitado en su capacidad de pensar y manifestarse. Y en el reverso de la situación encontramos a un hombre esclavizado por el poder económico, explotado por otros hombres, privado de la dignidad que el trabajo proporciona, seducido por la fiebre de la ganancia, sometido al ritmo loco de la producción, condicionado por leyes bonitas pero inaplicables, equiparado a las máquinas y a las herramientas". (cf. RAINHO e BARGAS, 1983, pág. 187).

125

de improvisar un discurso. Le pedí al doctor Maurício que hiciera él un discurso. Era él quien hacía la mayoría de los discursos que nosotros utilizábamos en el sindicato. Él lo preparaba, después lo leíamos juntos. Si nos gustaba, quedaba como él lo había escrito, si no nos gustaba, se cambiaba. Sé que él preparó ese discurso. Y ahí fue la primera entrevista que yo di para la televisión. El día en que asumí yo temblaba tanto que tuve que sentarme. Me temblaban las piernas muchísimo.

Mi madre estaba allí el día de la asunción, estaba Marisa, que estaba embarazada de Fábio. No recuerdo qué me dijo mi madre aquel día. No sé si ella estaba orgullosa. Creo que en el fondo, en el fondo, ella tenía miedo. Le tenía miedo a todas esas cosas.

El año 1976 fue un año más promisorio. Un año en el que tuvimos varias disputas gremiales. Las más diferentes disputas. Desde luchas por persecuciones contra los trabajadores... Decidimos cambiar la calidad de la *Tribuna Metalúrgica*. Como ya te dije la vez anterior. Si observas la calidad [del periódico], te vas a dar cuenta de que cuando asumí dejó de salir mi fotografía. O sea, no salía más el presidente en todas las *Tribunas*.

Tribuna pasó a servir al sindicato. El periódico ganó un discurso más progresista, un discurso más de izquierda, que contemplaba más los intereses del sector más preparado del gremio, más exigente. Y nosotros comenzamos a imprimirle otra dinámica al sindicato. El sindicato empezó a ir a las puertas de las fábricas: en el año 1976 hubo un crecimiento de nuestra actuación en la puerta de las fábricas.

Llegó 1977, que fue un año muy importante: el año de la recomposición salarial del famoso 34,1%. Fue un año muy bueno, un año muy fértil para la actividad sindical.

Paulo Vidal, Marcílio de Santo André y otros dijeron que yo estaba loco por llevar adelante la campaña, que eso era un "señuelo", que podría ser visto como demagogia, que no había que hacerlo, y otras cosas más. Fue increíble porque cada asamblea que hacíamos era más grande que la otra. Es obvio que no teníamos muchos recursos y que teníamos que tratar de ver si jurídicamente podíamos ganar con una acción en la Justicia o cualquier otra cosa. Desde el punto de vista político, no había mucho que hacer. De cualquier forma, fue algo que caló hondo, hondo, hondo... Caló muy hondo dentro de las fábricas, caló hondo entre los trabajadores.

No sé si tuvimos más coraje. Lo que ocurre es que teníamos una ventaja: éramos una dirección sindical más nueva y todavía no habíamos pasado por la masacre que los compañeros pasaron en 1964 y 1968. Muchas veces las personas me sugerían que estudiara la ley de prensa. Y yo decía: "No. Si yo sólo hiciera lo que dice la ley, no haría nada, quedaría con las manos atadas. Ante eso, prefiero no conocerla. Si metemos la pata contratamos un abogado para que lo resuelva". Ellos me pedían que conociera la ley de prensa no sólo a causa del periódico sino por lo que hacíamos en el sindicato, por los discursos y por las entrevistas que dábamos.

Ellos decían que era necesario conocer la Ley de Huelga. Yo prefería no conocerla. Porque, si uno comenzaba a conocer y a hacer sólo lo que estaba permitido, terminaba haciendo un sindicato común. Uno no hacía nada.

Archivo de la familia de Lula

Lula, a los tres años, al lado de su hermana Maria, todavía en el sertón pernambucano. La primera vez que lo fotografían, Luiz Inácio aparece con ropa y zapatos prestados por el fotógrafo.

Archivo de la familia de Lula

Reunidos en la playa de Santos, doña Lindu, Tiana (sosteniendo un pez de madera), Lula, Jaime, Zé Graxa (en la motoneta) y Maria.

Lula a los diez años, al lado de su "medio hermano" Rubens (con la mano sobre la rodilla) y dos primos.

Archivo de la familia de Lula

Archivo de la familia de Lula

Lula a los 15 años, el tercero (de izquierda a derecha) de la fila de abajo. El fútbol siempre fue su pasión.

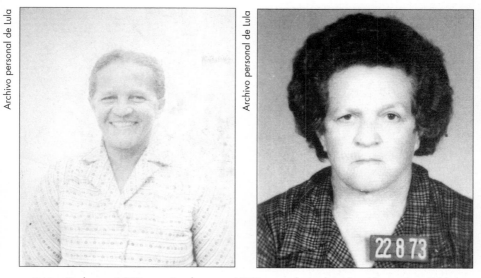

Doña Lindu, en 1959, sonriendo, y en 1973, ya adaptada a la vida en San Pablo.

Aristides, padre de Lula. En la foto más envejecida, a los 30 años, cuando acababa de llegar a San Pablo; al lado, su última foto antes de morir, en 1978, en Vicente de Carvalho.

Archivo personal de Lula

Archivo personal de Lula

Archivo personal de Lula

Archivo personal de Lula

Archivo de la familia de Lula

Lula con su hermana Maria y su amiga Ermínia.

Archivo de la familia de Lula

Doña Lindu y su hija mayor, Marinete, en San Pablo en los años setenta.

Archivo de la familia de Lula

Vavá, hermano de Lula, en los primeros años en San Pablo.

Archivo personal de Lula

Lula y su hermano Frei Chico, en San Pablo, cuando ya eran operarios.

Archivo de la familia de Lula

El hermano mayor de los Silva, "Zé Cuia", en 1960. Fue el único hermano que no pudo ser entrevistado: murió enfermo de mal de Chagas.

Archivo de la familia de Lula

Lula y otros egresados frente al Senai Ipiranga, en 1964.

Archivo personal de Lula

El día que se recibió en el Senai, usando corbata por primera vez.

Archivo personal de Lula

A los 18 años, Lula es fotografiado con sus amigos Lambari (a su lado), Zé Graxa (arriba, a la izquierda), Toninho, Zé Eron y Frei Chico (arriba a la derecha). Aunque todos posaran con cigarrillos, ninguno de ellos fumaba. Lula, a pesar de estar también con un cigarrillo, no consiguió un par de zapatos. Es el único que posa con sandalias.

Archivo personal de Lula

Cerca de los 20 años, Lula y sus amigos más cercanos, Lambari y Olavo en San Pablo.

Archivo personal de Lula

Lula, en Aparecida do Norte, con Jaime, Frei Chico, Lambari y amigos (fotos sin fecha).

Archivo personal de Lula

Lula junto a compañeros de la dirección del Sindicato de los Metalúrgicos en las Industrias Metalúrgicas, Mecánicas y de Material Eléctrico de São Bernardo do Campo y Diadema en 1969. Con micrófono, el presidente Paulo Vidal.

Archivo personal de Lula

En el casamiento con Lurdes, en 1969, cortando la torta de las ceremonias civil y religiosa. Dos años más tarde enviudaría.

Archivo personal de Lula

Lula en 1974, en la ceremonia civil, al casarse con Marisa Letícia da Silva. La sonrisa feliz ya indicaba una relación duradera.

Archivo personal de Lula

Saluda a Lula el ex gobernador de San Pablo, Paulo Egydio Martins, en la ceremonia en que asumió como presidente del Sindicato de los Trabajadores de las Industrias Metalúrgicas, Mecánicas y de Material Eléctrico de São Bernardo do Campo y Diadema, en 1975.

Archivo de la familia de Lula

En 1975, Lula hace su primer viaje internacional, para el Congreso de Toyota, en Japón. En ese momento, en Brasil, su hermano Frei Chico va preso y sufre torturas.

Archivo personal de Lula

Frei Chico y el chofer de Prestes en una plaza de Kiev en 1981.
Frei Chico, ya "recompuesto" de la experiencia de la tortura y aún
militante del Partido Comunista Brasileño, visita Kiev, en 1982,
por invitación del Partido Comunista ruso. A su lado, el compañero
Dedé, ex chofer del Luis Carlos Prestes y Giocondo Dias.

Cortesía João Bittar

El matrimonio Silva y sus hijos
Marcos (adelante), Sandro
(con Marisa) y Fábio
(en brazos de Lula)
en abril de 1979.

Cortesía Irmo Celso

Primera asamblea en el estadio de Vila Euclides el 13 de marzo de 1979. Como relata en su declaración, Lula hablaba sobre un estrado improvisado con mesas de bar. Sin instalación de sonido, los obreros que estaban cerca de él repetían a coro sus frases, y así, sucesivamente, los demás iban repitiendo para los que estaban atrás.

Archivo personal de Lula

Lula es llevado en andas por los trabajadores durante una asamblea en el estadio de Vila Euclides, en São Bernardo do Campo, en 1979.

Cortesía Archivo Iconographia

Vinícius de Moraes, al lado de Lula, declama el poema "El operario en construcción" en una misa de conmemoración del día del trabajador el 1° de mayo de 1979, en São Bernardo do Campo.

Archivo personal de Lula

Lula habla en la asamblea de Vila Euclides durante la huelga de 1980. Tratando de intimidar a los trabajadores, helicópteros de la policía, con hombres armados, sobrevolaban el estadio.

Cortesía Silvestre Silva

Misa realizada en la Catedral de São Bernardo do Campo a favor de los trabajadores huelguistas, en 1980. Marisa, esposa de Lula, que en ese momento se hallaba preso, es llamada al púlpito al lado de monseñor Cláudio Hummes y de monseñor Paulo Evaristo Arns.

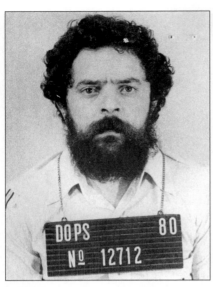

Archivo personal de Lula

Lula, fichado
en el DOPS en
1980.

Cortesía Hélio Campos Mello

Junto con otros dirigentes sindicales, Lula es liberado el 20 de mayo de 1980.

Y Luiz Inácio se transformó en Lula
- LULA -

"Y una cuestión me venía a la cabeza: ¿cuál era la lógica de meter preso a un tipo como Frei Chico? ¿Cuál era la lógica de meter preso a un trabajador por el simple hecho de oponerse a las injusticias sociales del país? Luego, cuando supe que Frei Chico había sido torturado, que había sido duramente golpeado, ¡sentí por dentro una gran indignación! Un padre de familia, un tipo que trabajó desde los diez años, con una vida entera jodida, un tipo que no tenía nada a no ser su familia y sus ideas, ¿de repente llega un milico troglodita cualquiera y ordena que lo metan preso? ¿En nombre de qué? ¿En nombre de qué orden? Eso me produjo una rebelión interior."

"Y empecé a no tener más miedo. Porque si yo tenía que ir preso por lo que pensaba, entonces que lo fuera."

"Cuando comenzamos a crear el PT se produjo la divisoria de aguas en este país."

En este capítulo pasamos a realizar preguntas específicas sobre algunos puntos importantes de la historia de Lula. Por haber formulado preguntas dirigidas, al revés del procedimiento adoptado en los capítulos anteriores, reproducimos también las preguntas tal como fueron formuladas:[1]

---

[1] Esta entrevista fue realizada el 10 de diciembre de 1993, en el Gobierno Paralelo.

En tu trayectoria sindical y político-partidaria, ¿cómo actuabas: generalmente en forma intuitiva o con una idea más definida de a dónde deberías llegar, con un proyecto relativamente claro de lo que querías?

Existe una dinámica entre los compañeros del gremio. A medida que la gente lo iba exigiendo, uno iba... Como optamos por que el sindicato no sería el tutor de los compañeros, sino una especie de caja de resonancia de ellos, cada vez que los trabajadores exigían, en vez de frenarlos, nosotros los dejábamos libres. Entonces ellos querían más boletines, y tenían más boletines; más actividad, y tenían más actividad; más cursos de formación política, y tenían más cursos de formación política. Ellos querían que nos radicalizáramos más, nos radicalizábamos más. Pasamos a vivir en gran medida a partir del propio crecimiento de los compañeros. Ni más ni menos. A medida que ellos avanzaban, yo avanzaba, en la medida en que ellos no avanzaban, yo tampoco lo hacía. Yo no era representante de mí mismo, era representante de ellos. Como mínimo, yo tenía que ser fiel a lo que ellos querían.

Esa campaña de la recomposición salarial fue vista como una campaña absurda, loca, no sé. Pero fue una campaña que caló hondo entre la gente. Era una campaña política que culminó después con la huelga de mayo de 1978.

Hicimos un gran 1° de Mayo. En 1976 ya comenzamos a hacer los primeros 1° de Mayo de protesta. Porque antes los 1° de Mayo eran casi de fiesta. En 1977 la gente trotskista ligada a Libelu, o no sé si a la propia Convergencia, nos llamaba "neocarneros". Ese término "neocarnero" quería decir que éramos un nuevo tipo de entreguistas, que éramos entreguistas pero no los tradicionales. Pero igualmente nunca nos preocupamos por este tipo de comportamientos.

Nosotros teníamos oposición dentro de las fábricas. En esa época, en 1976, 1977, comenzaron a entrar al gremio grupos de izquierda: eran estudiantes que se disfrazaban de trabajadores. Eran de la Universidad de São Carlos, de la Universidad de Paraná... fue un momento en que los estudiantes comenzaron a imaginar que, entrando en un gremio importante como el nuestro, podrían liderar a la clase obrera brasileña.

Y los estudiantes encontraron un gremio dispuesto a pelear, inclusive con ellos. Por ejemplo, cuando metieron preso a Celso Brambilla, de Convergencia, él trabajaba en la Mercedes Benz. Estaba haciendo una actividad de Convergencia, no una actividad del sindicato. Obviamente que nosotros no estábamos de acuerdo con que estuviera preso. Pero no estábamos de acuerdo con el discurso de Convergencia de esa época en relación a Celso Brambilla. Era el siguiente: "Un operario preso en la estación de tren de Mauá convocando al 1° de Mayo...". Pero él no estaba convocando al 1° de Mayo del sindicato. Yo llamé al personal del sector de herramientas de la Mercedes Benz para preguntar cuál era la actividad de Celso Brambilla, si era un metalúrgico de verdad o un infiltrado en el gremio. Ellos creían que era un infiltrado, porque no tenía ninguna participación entre ellos. Era un miembro de Convergencia dentro de la fábrica. Él era de São Carlos, era de la Universidad de São Carlos. Y ese muchacho fue muy maltratado, incluso lo golpearon, y hasta tuvo problemas de audición más adelante.

La gente de Convergencia vino a conversar conmigo para hacer una nota de solidaridad. Yo les dije: "Está bien, nosotros hacemos la nota de solidaridad. Pero es importante destacar en la nota que no estaba cumpliendo actividad sindical. Es importante para no confundir. No voy a pasar por mentiroso".

Él fue preso porque en esos tiempos, 1975, 1976, 1977, cualquier cosa era motivo de prisión. A uno lo llamaban para prestar declaración en el DOPS sobre cualquier cosa que uno hacía. Y en esa época Convergencia comenzó a aparecer muy fuertemente en el gremio, con gente en varias fábricas para tratar de tener una actuación en el sindicato. La gente del MR-8, la gente del "Partidón" empezó a llevar gente para São Bernardo. Y otras pequeñas organizaciones de izquierda, como la Fracción Roja, estaba todo el mundo allá. Se transformó en una "minifederación de izquierda".

Y lo gracioso es que la dirección nunca perdió el control. Nos relacionábamos bien con todos ellos, pero nunca perdimos el control, todos ellos acataban las decisiones del gremio, de la dirección. Nosotros a veces íbamos al enfrentamiento con ellos en las asambleas porque ellos radicalizaban y sectarizaban, y nosotros les caíamos duro encima. Pero siempre mantuvimos una relación política respetuosa.

Ellos tuvieron un papel importante en todo ese proceso. Creo que no podemos decir que no lo tuvieron. Tuvieron un papel importante en el crecimiento del nivel de conciencia de la gente, de los operarios. Creo que varias personas de Convergencia tuvieron esa

131

participación. Todo eso ayudó a mejorar mi cabeza política. Creo que el doctor Maurício tuvo un papel importante. Pienso que alguien también importante fue una persona que el "Partidón" había colocado en São Bernardo y que fingía no conocer a Frei Chico.

Había un tipo del "Partidón" que había montado un aparato en São Bernardo. Trabajaba en São Bernardo do Campo, vivía allí, pero a nosotros nos decía que vivía en San Pablo. A veces le pedía a Devanir Ribeiro que lo trajera hasta aquí al Parque Dom Pedro y luego volvía a São Bernardo. Y Frei Chico lo sabía, era mi hermano y no me lo contaba, y yo convivía con él. Un día lo descubrí porque me encontré con el padre del tipo, que me habló de su hijo. El tipo nos decía que no tenía padre ni madre, que vivía con la abuela. Luego supe también la historia política de otros compañeros.

Recuerdo una militante que había venido del estado de Paraná. Era una mujer que trabajaba en la Volkswagen. ¿Cómo fue que sospechamos que no era una obrera común? Primero porque un día yo estaba en el mostrador del bar y ella llegó y pidió una *cachaça*. Una obrera no pide *cachaça*. Las mujeres humildes no hacen eso, lo puede hacer quien viene de la universidad. Hoy en día tal vez lo pueda hacer, pero en esa época no lo hacía. Lo puede hacer si está en un grupo, ¿no? Pero que una mujer llegue al mostrador de un bar y diga: "Me da una 51…",* ¡es muy de vanguardia! Y un día yo estaba en un bar y ella llegó y pidió esa *cachaça*. Yo entonces pensé: "Hay gato encerrado". Y me quedé… le comenté a los compañeros lo siguiente: "Sería bueno que vieran a esa compañera…". Es que teníamos mucho miedo a la infiltración de derecha. Entonces había que cuidarse, porque no era normal.

Otra cosa que ella hacía era tratar de corregir al doctor Maurício. Corregir los errores de portugués del doctor Maurício. Y mira, si algo hacía bien el doctor Maurício era escribir. ¡Y ahí, pucha, fue mucho para mi cabeza! ¡Era universitaria!

Pero también hubo otros casos. Hubo un caso de un compañero japonés que trabajaba en una empresa en São Bernardo do Campo en la cual era ayudante. Y un día un grupo de trabajadores me buscó diciendo: "Lula, hay un japonesito allá en la fábrica llamado Ola-

---

* Marca de *cachaça* muy popular y de precio accesible en Brasil.

vo, que nos parece que es de la policía, porque habla tan bien, que no parece un obrero que carga barras de hierro dentro de la fábrica, de ninguna manera". Entonces lo llamé y le dije: "Tú quieres ser izquierdista y la peonada cree que perteneces a la policía. Cambia de comportamiento. ¡Si eres ingeniero electrónico, deberías ser jefe en la fábrica, muchacho! ¡Así vas a contribuir con los compañeros, dando aumento de salarios!". Ocurrían cosas por el estilo que eran fantásticas. Y la peonada enseguida se daba cuenta e iba madurando, iba percibiendo el comportamiento de las personas.

En el Congreso de la Mujer Metalúrgica, creo que fue en enero de 1978, las feministas estaban muy irritadas, era gente muy sectaria. Las personas se peleaban por entrar al congreso, falsificaban documentos y se hacían pasar por periodistas, querían ser periodistas para entrar. Entraban, y no paraban de cuestionar por qué en la mesa del congreso no había mujeres, por qué sólo había hombres. Algunas incluso estaban muy mal vestidas... Este es el primer contraste entre las feministas más radicales y las mujeres trabajadoras. Porque para las mujeres trabajadoras ir al congreso, el hecho mismo de salir de su casa, para ellas era la ocasión de ponerse los mejores zapatos, el mejor vestido, perfumarse... Al final de cuentas era un día fuera de la casa, un día en el sindicato. Era lo contrario de las feministas: las feministas mal vestidas y las obreras bien vestidas, con los labios pintados, todas bonitas.

Esa gente era muy radical, muy radical. Y ese fue un congreso muy importante. Es una pena no haberle dado continuación al trabajo en lo que respecta a la mujer, como lo merecía. A veces "aflojábamos" y no comprendíamos las dificultades [de la mujer]. No basta con aprobar un documento que dice que la mujer es igual a no sé qué... Es necesario saber si uno crea condiciones para que la diversidad del mundo de la mujer pueda ser asimilada. Cuando uno dice: "Deben participar de una asamblea hombres y mujeres...", si se trata de un matrimonio con tres o cuatro hijos y alguien tiene que hacer de cenar para los chicos y [la pareja] no puede tener empleada, alguien va a tener que quedarse en casa. Entonces los dos no pueden ir. Es necesario saber cómo se compatibiliza eso. En el PT, por ejemplo, yo he dicho: "De nada sirve decir que la mujer tiene que participar. Cuando hacemos encuentros y pasamos el domingo entero juntos, ¿hemos hecho lo posible para contar con guardería para que

133

los padres dejen a sus niños? ¿Alguien se va a encargar de hacerle el almuerzo a estos niños? Porque es así como brindaremos las condiciones".

Y en ese sentido creo que fallamos. Esa es una de las cosas en las que fallamos: no dar continuidad a ese trabajo con las compañeras mujeres, que en esa época llegaban a ser un veintitanto por ciento del gremio. No supimos trabajar correctamente con eso. Es un dato concreto, asumo mi responsabilidad. A pesar de que ese congreso fue un gran éxito, no tuvimos continuidad desde el punto de vista de traer a la mujer hacia dentro del propio sindicato. Ahora bien, es obvio que mejoró mucho la participación [de las mujeres] en las asambleas. Pero no logramos el nivel de militancia que imaginábamos que podríamos alcanzar.

En 1977, en la Plaza da Sé, en San Pablo, se realizó una reunión de estudiantes que se movilizaban contra el gobierno militar. Algunos dicen que este encuentro tuvo influencia en la dirección de tu sindicato, en el sentido de adoptar una postura semejante, participando más activamente de la vida política nacional, no restringiéndose tan sólo a las actividades estrictamente sindicales. Me gustaría que me dijeras si la movilización de otros gremios influenció en los trabajadores.

Hubo una charla con Marcelo Gato y con Arnaldo Gonçalves en la que discutimos que los intelectuales ya estaban en la lucha, los empresarios ya hablaban de democratización, los estudiantes estaban en la calle, o sea, que faltaba la clase trabajadora. Y que la clase trabajadora podía ser decisiva. Y ahí entramos en el juego político. Y pienso que nuestra participación fue realmente decisiva.

¿Los encuentros de los trabajadores, llamados Enclates, que surgieron como forma de hacer frente a las Conclap, encuentro de las clases patronales, llegaron a tener alguna importancia?

Los empresarios hicieron un encuentro. Entonces nosotros, con la propuesta del compañero del gremio de electricidad Hugo Perez, que era "Ya que los empresarios hicieron la Conclap, nosotros vamos a hacer las Enclat", hicimos una reunión. Pero no fue algo destacable.

Antes de eso, en 1975, que fue el año en que conocí a Olívio Dutra, conocí a Jacó Bittar. Olívio Dutra era un dirigente del Sindicato de los Bancarios de Porto Alegre y Barelli tenía un gran respeto por él. La primera vez que me confronté con Olívio Dutra hice la primera lista de oposición. En 25 años de Dieese fui yo el que hizo [la primera lista] y nos ganó un compañero de los químicos: perdimos a causa de los votos de Rio Grande do Sul, ellos votaron contra nosotros. Esta lista era para disputar la dirección del Dieese.

Después, en 1977, ganamos con Hugo Perez. Yo hacía la lista, pero no podía ser de la dirección. Yo era visto por el movimiento sindical como muy izquierdista, y si yo entraba en la dirección ellos dejaban de contribuir con el Dieese. Este no tendría, por lo tanto, cómo sobrevivir. De la primera lista yo tampoco participé; organicé, pero participaban los otros compañeros.

Tanto la prisión como la tortura sufrida por tu hermano Frei Chico, en 1975, produjeron, como tú mismo lo dijiste, una fuerte repercusión en tu vida personal y en tu carrera política. ¿Cómo fue eso?

Hay historias curiosas en ese episodio. Yo no estaba en Brasil, estaba en Japón cuando a Frei Chico lo metieron preso. Y yo recibí un llamado telefónico en Japón de un abogado que incluso ya murió, llamado Sebastião de Paula Coelho, que fue [más tarde] secretario de Maluf y que era abogado de la Federación de los Metalúrgicos. Fue secretario de Trabajo de Maluf en la huelga de 1980. Pero en 1975 era abogado de la federación. Ese abogado me llamó por teléfono diciendo que era importante que yo no volviera a Brasil porque habían detenido a Frei Chico y podían detenerme si volvía. Pero yo no tenía nada que hacer en Japón. ¿Hacer qué allá? Decidí volver. Dije: "Voy a volver para ver qué ocurre".

Llegué al aeropuerto, los abogados y algunos compañeros del sindicato estaban esperándome aquí. No ocurrió nada. Me fui a mi casa, de tarde fui padrino de casamiento de mi cuñada, no pasó nada. Al día siguiente, que era lunes, fui a visitar a Frei Chico. Fui a charlar con mis hermanas para saber lo que había ocurrido. Conversé con mi cuñada. Y ahí supe la historia de la detención de Frei Chico y de Osvaldinho, Osvaldo Rodrigues Cavinato, del Dieese, que trabajaba en el sindicato de São Bernardo do Campo.

Con Osvaldinho fue así: llegaron al sindicato y le dijeron: "Osvaldo, tu papá no se está sintiendo bien. Nosotros estamos con él en el coche para llevarlo al hospital". Entonces Osvaldo bajó. Cuando él bajó lo empujaron dentro del coche. Y nadie del sindicato se dio cuenta. Él trabajaba a mi lado, en una sala vecina. Yo incluso pensé que él había ido al Dieese, ni me di cuenta. Yo estaba en Japón cuando ellos cayeron presos. Osvaldinho trabaja en el sindicato hasta hoy, como economista.

Yo fui a la cárcel para saber cómo estaban. En esa época era muy delicado ir a la cárcel para tener informaciones sobre los presos políticos. Fui a saber lo que estaba pasando y me encontré con un tal doctor Campanella, que soltó varias provocaciones, dijo que Frei Chico era un hijo de puta… Dijo: "¿Está viendo, Lula, qué país democrático es este? ¡Un comunista está preso y su hermano viene aquí a pedir informaciones!", Y no me dio ninguna información. Yo había ido con Rubão, no con Pazzianotto (que era abogado). Fuimos a saber de Frei Chico y de Osvaldo.

Después fui al Hipódromo a visitar a Frei Chico. Y comencé a hacerme la siguiente pregunta: ¿cuál era la lógica de meter preso a un tipo como Frei Chico? ¿Cuál era la lógica de meter preso a un trabajador por el simple hecho de oponerse a las injusticias sociales del país? Luego, cuando supe que Frei Chico había sido torturado, que había sido duramente golpeado, ¡sentí por dentro una gran indignación! Un padre de familia, un tipo que trabajó desde los diez años, con una vida entera jodida, un tipo que no tenía nada a no ser su familia y sus ideas, ¿de repente llega un milico troglodita cualquiera y ordena que lo metan preso? ¿En nombre de qué? ¿En nombre de qué orden? Eso me produjo una rebelión interior.

¿Cuál era el mal que Osvaldo Rodrigues Cavinato deseaba para Brasil? Él quería que los trabajadores tuvieran empleo, comieran y tuvieran donde vivir. Eso fue generándome una rebelión interior muy grande, fue muy, pero muy bueno para mi cabeza. Si fue malo para el cuerpo de ellos, por los golpes que recibieron, para mi cabeza fue un salto cualitativo extraordinario en mi actividad política…

A partir de eso empecé a no tener más miedo. Porque si yo tenía que ir preso por lo que pensaba, entonces que lo fuera. Y eso fue muy importante porque comencé a no medir más mis palabras en las asambleas. No me preocupaba más el régimen militar, no me preocupaba más si me iban a meter preso o no. Empecé a desbocarme en las asambleas, decía lo que tenía que decir, ¿sabes?, sin ninguna preocupación.

¿Supiste detalles de las torturas que sufrió Frei Chico?

Él me contó. Aunque también me enojé con Frei Chico. Porque él era vicepresidente de un sindicato, todo lo que yo hacía en São Bernardo él lo podía llegar a hacer en São Caetano, por ejemplo, en una asamblea, ¡y decir las cosas frente a 500 personas, frente a 1.000, frente a 2.000! Él no, él prefería hacer mini-reuniones en su casa, con dos personas y, preferentemente, en una sala oscura para que nadie viera. ¿Sabes esa típica manía de ser perseguido políticamente? Yo le decía: "¡Hay que hacer las cosas abiertamente, Frei Chico! ¡Haz la cosa abierta: abre el salón del sindicato, convoca a mil trabajadores y 'quema' a quien tengas que 'quemar'! Por lo menos, si pasa algo, todo el mundo estará viendo por qué te están metiendo preso". Yo disentía con él a causa de eso. A ellos les gustaban las reuniones a escondidas. A mí no.

Un día, la gente de la oposición de São Bernardo me invitó a una reunión en la casa de un compañero. Era la casa de Mário Ladeia, que más tarde fue vice-alcalde de São Bernardo. Estábamos reunidos de noche, todos asustados. De repente aparece un coche y se detiene cerca del portón. Siempre hay algunos enfermos mentales que comienzan a decir: "¡Es la policía! Y que esto y que lo otro...". ¡Nos quedamos todos tirados en el piso... y sin respirar! ¿Sabes? Decían que era la policía... Y era un taxista que estaba dejando un pasajero y no paraba el motor de su coche, obviamente. A partir de ese día yo dije: "¿Qué es lo que estoy haciendo para someterme a esto? ¿Voy a continuar con esa psicosis, con ese miedo? ¡Así no se puede vivir, discúlpenme!". Andaban por la calle asustados. Yo les decía: "No, si me tienen que meter preso será por lo que hago públicamente, abiertamente. Los tipos me van a agarrar directamente en el sindicato". Esas cosas ayudaron mucho a mi formación.

Cuando en esa reunión de 1974, en la casa del compañero Mário Ladeia, en la que estaba toda la lista de la oposición –yo era de la "situación" y estaba en la reunión de la oposición [ríe]–, vi toda esa historia de estar tirado en el piso, y que alguno ya sacaba un revólver para ver qué pasaba... ¡Ahí pensé que todo eso de ninguna manera iba conmigo!

Frei Chico me invitaba para que asistiera a reuniones. Me decía: "Vamos a un departamento en San Pablo, va a ir un compañero de Río de Janeiro a dar una charla para nosotros... Vamos a tal lugar...".

Y yo le respondía: "Frei Chico, ¿yo ir a una reunión en un departamento escondido? ¿Para ir preso sin saber por qué? ¡No, Frei Chico! Si tu amigo quiere conversar conmigo, que venga al sindicato. Yo soy presidente del sindicato y atiendo a quien desee hablar conmigo, no hay ningún secreto".

Una vez, en 1974, fui a la Plaza de la Matriz a encontrarme con un tipo llamado Emílio Bonfante, cuyo apodo era Ivo. Era el momento de las elecciones de 1974. Entonces llego a la plaza y me siento en una punta de un banco y el tipo se sienta en la otra. Cada uno con un diario en la cara... [ríe]. Ahí el tipo me pregunta: "¿Cómo ves la situación del país?". Y yo le respondo: "La veo así, así y así". Y él: "¿Qué piensas de Marcelo Gato?". Y yo: "Creo que Marcelo Gato es un buen tipo". Y así seguíamos hablando, y yo le decía que el otro también era un buen tipo. Luego de casi media hora, el tipo se levanta y se va. Yo esperé un poco y después me fui. Entonces le dije a Frei Chico: "¡Frei Chico, mi madre no trabaja en un burdel, ni mi padre es cornudo!... ¿Te parece que puedo seguir haciendo reuniones así? De ninguna manera, Frei Chico. A partir de ahora el que quiera hacer una reunión conmigo, va a ser una reunión pública y sin secretos".

Todo eso cambió mi vida. Esas cosas y la prisión de Frei Chico cambiaron mi cabeza, para mejor. Incluso por el hecho de que yo conocía a algunos de los compañeros que cayeron presos. Aunque, desde el punto de vista de la agitación, ellos no hacían mucho. Tal vez lo hubiesen hecho en el pasado, pero en ese momento no lo hacían. Entonces yo pensaba: "¿Qué hicieron estas personas para que las metieran presas?". Eso para mí fue muy bueno, fue muy bueno.

Las elecciones de 1978 fueron muy importantes porque teníamos un entusiasmo muy interesante en el sindicato. Ya no esperábamos más que los trabajadores vinieran al sindicato para hacer una asamblea. Íbamos a la puerta de las fábricas por la mañana, por la tarde y por la noche a hacer asamblea. En vez de hacer esos boletines aburridos, hacíamos historietas, para que leyeran los trabajadores.

Yo un día fui a una puerta de fábrica y descubrí... Uno tomaba el boletín y se lo dábamos al trabajador y este lo tiraba. No lo tiraba en ese mismo momento, caminaba un poco con el boletín en la mano y después lo tiraba. Entonces, yo tomé el boletín y fui caminando y leyendo para ver si alcanzaba el tiempo para terminar de leer hasta donde él llegaba (cargando el boletín, antes de tirarlo). Y no alcanzaba. El trabajador sólo esperaba estar un poco lejos de nosotros para tirar el boletín. O sea: el boletín no traía ninguna esperanza para él, no le aportaba ninguna motivación.

¿Qué empezamos a percibir? Primero, que hacíamos un boletín de esta forma [y preguntábamos]: "¿Qué queríamos? Queríamos convocar a una asamblea para el día 24, por ejemplo. ¿A qué hora? A las 19. Pero eso no lo decíamos al comienzo, lo decíamos al final. Entonces, para que los trabajadores supieran a qué hora era la asamblea, el día y el lugar, debían leer el boletín entero. Como no estaban habituados a leer, no lo leían. Lo tiraban. Se quedaban sin saber el día, ni la hora, ni el lugar, ni el objetivo del boletín.

Yo fui andando atrás y me di cuenta de que no daba el tiempo para leer. Los obreros lo tiraban. Entonces decidimos: primero, ¿qué le queremos decir al trabajador? No queremos entregar un boletín por entregar. Nosotros queremos decirle que habrá una asamblea. Entonces eso tiene que estar en primer lugar en el boletín. Segundo lugar: para que vaya a la asamblea tiene que saber el día y el lugar, entonces debemos colocar: "Día tal, asamblea en el sindicato a las 19 horas". Y abajo colocamos el asunto, porque si él está interesado en la asamblea va a interesarse por el asunto.

Tu sindicato tenía periodistas contratados para hacer el boletín oficial de la entidad. Eran profesionales. Descubriendo los "agujeros" de comunicación existentes, ¿crees que les diste una lección a los periodistas?

[Riéndose.] No. Sólo fue una cuestión de constatación. El periodista puede estar dentro del sindicato... No sé si por falta de hábito, a veces no sale a ver si leen lo que él escribe. Lo que sé es que eso era una equivocación nuestra. Hasta el día de hoy se dan cosas así. Uno toma el boletín del sindicato y el objetivo está colocado bien al final. Lo principal se dice recién cuando el que lee ya está harto de leer.

Fue entonces que decidimos hacer la historieta. ¡Vamos a ver si logramos despertar en la gente interés por leer algo! João Ferrador* ya existía. Pero no existía como historieta, como comic, sino sólo co-

---

* João Ferrador es un nombre de fantasía que alude a la profesión de herrero [literalmente, Juan Herrero].

mo personaje. Se transformó, pues, en una especie de "Mônica" de los metalúrgicos. Todo lo que queríamos hacer giraba en torno de João Ferrador. Artículos, editoriales... Comenzamos a imaginar una especie de revistita de historietas, una historia hecha comic, para contar las cosas. Contamos con la participación de Laerte, de Henfil, fue muy importante. Hay hasta un buen material –que quiero que veas– que fue la cartilla que produjimos para el Tercer Congreso de los Metalúrgicos. Fue algo fantástico, revolucionó la forma de ser de los compañeros.

También creamos algo, que fue una sugerencia, una idea, del compañero Gilson Meneses, en 1976. Nosotros sabíamos que el trabajador no podía leer diarios porque no tenía dinero para comprarlos. Lo máximo que hacía era leer los titulares de los diarios colgados en los quioscos. A pedido de Gilson, creamos algo llamado *Boletim Diário* en el que hacíamos en una o dos páginas una fotocopia de los artículos más importantes, lo imprimíamos y los dirigentes lo llevaban a las fábricas. De esta forma, estábamos reproduciendo por millares las noticias de los diarios que nos interesaban...

En esa época las empresas no dejaban entrar material, por lo que los trabajadores se lo ataban a las medias, a la panza, para entrar a la fábrica. Y distribuían miles de materiales. Fue una cosa muy importante también, fue una cosa que... En verdad, estábamos haciendo que los trabajadores leyeran los diarios, pero también dábamos una cierta orientación. Era algo bien hecho, que caló hondo en el gremio.

En esa época hacíamos muchos cursos de formación política, cursos de preparación sindical. Había una escuela muy activa en el sindicato, una escuela para adultos con 1.500 alumnos. Era muy activa. Dábamos clases de sindicalismo en la escuela, una vez por mes yo iba al aula a hablarles del sindicato a los alumnos. Era algo muy, pero muy activo, dinámico. Y todo eso culminó en 1978.

En 1978, antes de la elección, estábamos en un proceso de discusión. Creíamos que era necesario dar un paso adelante. No podíamos continuar creyendo en la Justicia, depositando nuestras esperanzas en la Justicia, ni depositando nuestras esperanzas tan sólo en la actuación de los dirigentes sindicales. Era necesario que el gremio diera un salto cualitativo en su actuación.

Fue entonces que llegó la campaña salarial de 1978. Fue una campaña muy importante porque no reivindicamos un determinado porcentaje. ¿Qué queríamos probarle al trabajador? Queríamos probarle que si no había una lucha más intensa dentro de las fábricas, podríamos pedir lo que quisiéramos, porque existía una ley y esa ley ordenaba un reajuste de acuerdo con los criterios adoptados por el gobierno. Entonces, de nada valía hacer una asamblea de 1.000 o de 10.000. Llegaba la ley y se la cumplía. El presidente de la República determinaba que en ese período la inflación había sido de tanto, y eso era lo que uno tenía como reajuste.

Y cuando llegó la campaña salarial nosotros decíamos: "Miren, si quieren más, van a tener que pelear más. Van a tener que tener coraje político, van a tener que enfrentarse". Y ahí ocurrió lo que tenía que ocurrir: Scania paró. Scania paró el día 12 de mayo. [A principio de mes] hicimos un gran 1° de Mayo mostrando exactamente eso: que habíamos probado que de nada servía hacer una asamblea con 20.000 personas, que no servía pedir 500%. Ahora era necesario que los trabajadores de la fábrica se dieran cuenta de que sólo con su acción iba a parar. La verdad es que nosotros todavía no hablábamos de huelga. Lo que hacíamos era una especie de propaganda subliminal. No era que no tuviéramos certeza sobre la huelga, lo que sucedía era que desde el punto de vista político hablar era peligroso. No era algo tranquilo. En nuestra dirección nadie había pasado por una huelga todavía. El hecho concreto es que Scania paró.

Yo supe que la Scania había parado creo que a las 7 de la mañana, y a las 8:15 recibí la noticia de que mi padre se había muerto. Aunque mi padre había muerto algunos días atrás y yo recibí por carta [la información], de ahí el atraso de la noticia. Después de que paró Scania otras fábricas fueron parando, fueron parando, fueron parando... Y ya no dejaron de parar más.

Tuvimos huelga hasta el 23 de diciembre. Ese año, después de la Scania, todos los días tuvimos una huelga: paraba una, entraba otra, paraba otra, entraba otra, paraba otra, entraba otra. ¡Era una alucinación! La gente le había tomado el gusto a la huelga. Cada vez que conseguíamos un acuerdo en una empresa... ¡era una fiebre en el gremio! Me parece que fue uno de los años más ricos, más ricos del movimiento sindical brasileño. Aquellas huelgas realmente eran algo así... El gremio vivía en una intensa movilización.

La represión patronal no fue en verdad tanta en 1978. Nuestra gran frustración es que no logramos hacer huelga en la Volkswagen en 1978. ¡Esa era una frustración enorme porque se trataba de la mayor empresa! Pero hicimos acuerdos. Acuerdos que me parece que fueron razonables para el nivel de organización que teníamos en la época. Nuestro nivel de organización no era de los mejores, era mucha emoción. Y muchas ganas de pelear. Había mucho de coraje, mucha garra, muchas ganas de luchar de verdad. Fue entonces un año fantástico. Creo que fue el año de mayor aprendizaje de mi vida. Y no sólo yo, sino varios compañeros crecieron mucho. Creo que Gilson, Severino, Djalma, Expedito, Mané fueron personas que crecieron mucho en todo ese proceso.

Leyendo boletines producidos por tu sindicato durante las huelgas de 1978, encontré textos que alegan que las huelgas no eran fomentadas por la dirección del sindicato y que las paralizaciones no tenían ningún tipo de pretensión política. ¿Esa fue una táctica adoptada por tu dirección para eludir la represión del movimiento?

Esa fue una gran decisión que tomamos: o asumimos la huelga y todo el aparato represivo se nos viene encima para intervenir en el sindicato y todo lo demás, o asumimos que es algo espontáneo y lo que el sindicato hace es correr atrás de cada huelga que hay... En verdad, no existe movimiento espontáneo. Eso de decir que hubo un movimiento espontáneo es algo de seudo-intelectuales de izquierda. Es imaginar que, como en un milagro, toda una masa puede pensar igual y decidir hacer lo mismo. Es un absurdo. En Scania hubo huelga porque Gilson y Severino la organizaron. Una vez que uno organiza la primera, el resto va ocurriendo.

¿En ese momento las organizaciones de izquierda clandestinas estaban movilizando a los trabajadores dentro de las fábricas?

No ocurría eso, no. En algunas fábricas había, pero sin mucha influencia. Ahora bien, a mí me procuraban, de repente aparecían 20 ó 30 trabajadores de Brastemp y decían: "Queremos que el sindicato discuta con nosotros para paralizar Brastemp", u otras cosas por el estilo. Lo importante es que el sindicato tenía una tranquilidad tan grande que lo primero que las personas hacían cuando la fábrica paraba era comunicarle al sindicato que este debía negociar.

¿Podrías explicar mejor cómo se organizaban las huelgas dentro de las fábricas en un período tan conflictivo?

Primero estaba la cosa de la organización, de la maduración; eso venía creciendo desde 1976. No era un proceso que ocurría por milagro. Segundo, el sindicato ya tenía una credibilidad muy grande entre los trabajadores. Puedes ver el resultado de las elecciones: me eligieron con un 98% de los votos en 1978. Yo tenía una credibilidad muy grande. En esa elección del sindicato de 1978 logramos sacar a catorce integrantes de la dirección. Sacamos a Paulo Vidal, a Anacleto, a Machado, a Antenor, sacamos a casi todos los viejos miembros que había. Te imaginas la credibilidad que teníamos... La gente paraba y enseguida iba al sindicato a pedir que negociara.

Cuando en 1978 comenzamos la huelga, Vidigal [Luís Eulálio] fue a buscar al comandante del II Ejército para hablar de la huelga. Entonces yo tomé el teléfono, llamé a Dilermando y le dije: "Yo también quiero conversar". Y fui a hablar con él, porque él había oído la versión del empresariado y yo le fui a mostrar la versión de los trabajadores. Me trató bien, fueron casi tres horas de charla. Fue algo muy interesante para mí, muy interesante.

En 1979 declaraste en relación a las huelgas de 1978: "Yo no sabía si saltar de alegría o morirme de miedo, nunca antes había participado de una huelga". ¿Cómo fue esta experiencia de estar frente a un proceso tan amplio, serio y lleno de riesgos, y al mismo tiempo tan desconocido?

Una huelga es un juego en el que se pierde o se gana. Uno tanto puede hacer una huelga reivindicando un 100% y ganar un 80%, como hacer una huelga reivindicando un 100% y no ganar nada. En ese momento yo estaba preocupado por saber lo siguiente: "Perfecto, todo está muy bien mientras la huelga transcurre. ¿Pero el resultado de esto va a ser favorable o no a los trabajadores?". Hubo un buen acuerdo en la industria automovilística, hubo acuerdos importantes con las industrias de maquinarias, hubo acuerdo importantes en Villares... El sindicato tenía una credibilidad muy grande, y una credibilidad sobre todo de mi persona. Había un enorme respeto. Creo que eso contribuyó a que tuviésemos el éxito que tuvimos. Creo que fue un año *sui generis* en la vida del movimiento sindical.

143

En esa época de las primeras huelgas de fines del régimen militar, ¿cómo fueron los episodios en que los empresarios cerraron acuerdos con el sindicato y luego se echaron atrás, desgastando la imagen de las dirigencias sindicales ante los trabajadores? ¿Hubo ingenuidad de parte de los sindicalistas?

En el episodio de la Mercedes Benz yo no fui a negociar, fueron Maurício y Djalma. Pero con Scania hubo una propuesta, la empresa aceptó la propuesta. Llevamos esa propuesta a los trabajadores de la fábrica y en esa asamblea yo hablé, habló Gilson, habló un compañero llamado Augusto, habló el doctor Maurício. Los trabajadores aceptaron la propuesta, la aceptaron incluso con aplausos. Y de Scania nos fuimos a la Delegación Regional del Trabajo para firmar el acuerdo. Fue entonces cuando los canallas de los directivos de Scania, aceptando las presiones del Sindicato de la Industria Automovilística, dijeron que no podían firmar ese acuerdo. Nosotros ya le habíamos pedido a la gente que volviera a trabajar.

Aquello fue algo muy feo, porque al día siguiente Scania montó en la fábrica un muy jodido dispositivo de seguridad de persecución a los trabajadores. Cada sector tenía dos o tres guardias mirando a los trabajadores. Se transformó en un campo de concentración. Y era lógico encontrar trabajadores que pensaban que había habido traición, que el sindicato los había "vendido", o algo parecido.

Cuando hicimos el acuerdo con la industria automovilística fui a Scania a hacer una asamblea. El acuerdo que hicimos fue una conquista: un 15% de aumento real... Fue bien interesante. Y en esa huelga descubrí... Nosotros tuvimos una pelea con los pasantes, no me acuerdo si de la Facultad de Ingeniería Industrial, que era una gente que estaba haciendo una pasantía en Scania y quería romper la huelga. Yo les dije: "¿Mientras la peonada está haciendo huelga, ustedes la quieren romper, justo ustedes que son estudiantes?".

Este fue un momento de tu vida en que pasaste repentinamente a tener que conversar con muchas autoridades, ministros, etcétera. También con los mayores empresarios de Brasil. ¿Te fue difícil tener que lidiar con estos nuevos y tan poderosos interlocutores?

Nunca había conversado con personas de ese nivel. Sólo en 1975 ó 1976 estuve con Geisel en la inauguración de una fábrica de tractores de la Ford de São Bernardo. Pero en 1978 yo ya era famoso, mucha gente ya me conocía, ya tenía mucha [repercusión en la] prensa en esa época, ya estaba en una situación muy buena. Yo me sentía bien conversando con esas personas, conversaba con la mayor naturalidad, sin ningún problema. El año 1978 fue excelente a ese nivel.

¿La utilización del eslógan "Cadena hacia adelante" durante las movilizaciones y huelgas obreras, el episodio de la expulsión del militante de Convergencia Socialista que quería participar de la huelga de la empresa Resil, en 1978, significaban que había algún tipo de identidad entre la dirección del sindicato y los ideales del régimen militar, o eso era una táctica más?

Esa huelga, recuerdo, fue el primer piquete que hicimos después de 1968, y nosotros no queríamos usar el nombre piquete porque era una cosa desgastada, ya estaba quemado. Entonces decidimos hacer una cadena. Brasil había salido campeón del mundo en 1970 y la gente decía que había que hacer una "cadena hacia delante". Entonces los compañeros rodearon la fábrica, todo el mundo se dio la mano.

Ese día se dio algo simpático, porque había muchas chicas trabajando en la fábrica. Fue el primer piquete en que vi cómo el pueblo reacciona en forma... en forma, así, instintiva y a veces hasta agresiva. Por ejemplo, las chicas no le tuvieron miedo a la policía. En vez, el tipo politizado sí tiene miedo. Pero la gente, en su inconsciencia política y con ganas de pelear, no tiene miedo. Entonces la policía llegaba y decía: "Nosotros somos del DOPS". Y las chicas de quince años respondían: "¡Qué *drops** ni *drops*! ¡Aquí nadie está preocupado con los *drops*! ¡No van a entrar y se acabó!" [ríe]. ¡Las chicas hablaban así! [ríe].

Recuerdo que llegó el dueño y quiso entrar en la fábrica, y la gente se subió encima de su coche y no lo dejó entrar. En ese momento, una mujer que quería romper la huelga se desmayó. Y como la mujer empezó con un ataque de histeria la tomamos y la colocamos dentro de la fábrica para que se desmayara adentro, y no siguiera jodiendo del lado de afuera [ríe]. Fue un escena interesante: allá nos quedamos, tomados de las manos, sin entrar ni salir nadie.

La empresa finalmente decidió negociar. Allá fuimos a pedirle al personal que dejara entrar al dueño. El dueño de la empresa entró. Ya estábamos negociando y yo pedí un café [ríe]. El tipo dijo: "No

---

* Drop, en inglés, un tipo de caramelo.

hay café, no hay nadie que lo haga…". Yo le dije: "Entonces mande a llamar a la persona que hace café". Ellos fueron a buscar a la persona que hacía café. Ahí cerramos el acuerdo, pero antes de hacerlo él debía pagar los salarios del personal. Él decía: "Pero la oficina está cerrada…". Y yo le contestaba: ¡"Entonces pida que entre el personal que hace los pagos!". Firmamos el acuerdo; fue interesante esa huelga, ese piquete de Resií.

El gobierno empezó a limitar esta forma de organización de trabajadores a través de un decreto-ley que prohibía que hicieran huelga los gremios esenciales. En esa ocasión, a pesar de sufrir amenazas, decidiste ir a Brasilia a pedir apoyo a los trabajadores por parte de los diputados [votando contra la ley gubernamental], pero recibiste un sonoro "no". ¿Qué significó para ti esta derrota?

En realidad, eso es algo que la gente debe comprender: no existía relación entre la sociedad y el Congreso Nacional. Aquello era una cosa muy distante, principalmente después de que fui a Brasilia. Algo muy distante del pueblo. Sobre 482 diputados, nosotros teníamos dos obreros, dos sindicalistas: Marcílio, de Santo André, y Aurélio Peres, de aquí de San Pablo, que era del PCdoB. Aparte de ellos no había nadie.

Llegamos a Brasilia a pedir que no aprobaran una ley que limitaba la acción del derecho de huelga. Ahí constatamos que no había nadie nuestro, sólo había dos compañeros. Necesitábamos al menos 241 votos, y sólo teníamos dos, ¡nos faltaban 239!

¿Cómo fueron recibidos? ¿Cuál fue la reacción del MDB, que, por lo menos en principio, debería estar más preocupado por los trabajadores?

Fuimos muy mal recibidos por Brossard. Quien nos recibió bien fue el "viejo" Teotônio Vilela, que era de Arena. Quércia no entendía nada de nada. Ya no me acuerdo más con qué otra persona conversé. Pero no nos impidieron ir a Brasilia: el ministro de Trabajo hizo un pronunciamiento en la televisión, diciendo que quien fuera a Brasilia corría el riesgo de perder su cargo. Entonces fui yo, fueron también Henos Amorina, Jacó Bittar, Arnaldo de Santos y no sé si fue Joaquinzão.

Bien, fue en medio de todo eso que surgió la idea de crear un partido, en mi cabeza, al menos. No estoy diciendo que no haya surgido en otras cabezas. En mi cabeza fue ese día, por una razón muy simple: si conseguimos un diputado para hacer leyes para nosotros y no hay diputados comprometidos con nosotros, entonces...

El día 15 de julio de 1978, en el Congreso de los Petroleros, yo lancé la idea de crear un partido de los trabajadores. Fue la primera vez que me vino la idea de la necesidad de crear un partido de los trabajadores. Los grupos de izquierda, el "Partidón", el PCdoB, el MR-8, estaban en contra de la creación de un partido de los trabajadores porque ya tenían el "partido" de ellos. [Pero] Convergencia era un grupo muy inquieto; tanto que para el día 1° de mayo de 1979 habíamos hecho un diarito, y ellos querían distribuir una publicación en la que ya proponían la creación del partido. Yo no permití que eso saliera porque creía que era anticiparse. Era necesario que hubiese más discusión con los compañeros.

En 1978 hubo también algo importante, que fue el Congreso de la CNTI, Confederación Nacional de los Trabajadores de la Industria, del famoso entreguista Ari Campista. Fue en Río de Janeiro, y hubo riña. Por primera vez logramos crear un gran movimiento de oposición a los entreguistas de este país. Realmente pudimos producir un "ruido" razonable. Fueron unos días de lucha memorables, en los que conseguimos contrabalancear un poco la estructura del sindicalismo entreguista de este país. Fue un congreso muy importante.

En 1980 concediste una entrevista en la que declarabas que en 1978 hubo como una fiebre de izquierda. Te pregunto si tu visión sobre este período sigue siendo la misma, o si cambiaste de opinión.

La burguesía brasileña es un poco hipócrita. Puede llegar a admitir que el trabajador sepa ejercer sus reivindicaciones, pero no admite que la clase trabajadora se organice políticamente. Entonces, cuando yo era sindicalista, el trato era muy bueno. Yo tenía poco espacio en la prensa, el JB [*Jornal do Brasil*] me trataba muy bien. Porque es importante recordar que en esa época existía un movimiento creciente en favor de las libertades democráticas en el país, la censura todavía existía... Entonces la prensa cubría muchas cosas que yo hacía. Y lo hacía en forma más o menos destacada. Fui tapa de *IstoÉ* en 1978, el JB ponía bastante de relieve lo que nosotros hacíamos en São Bernardo, el *Estado de São Paulo* hablaba de un "nuevo sindicalismo", tuve una entrevista hecha por Itaboraí Martins, tuve una larga entrevista con Rui Mesquita para la revista *Senhor Vogue*. La prensa nos trataba bien. Yo era casi una "unanimidad" nacional.

Cuando comenzamos a crear el PT empezó a existir la divisoria de aguas en este país.

En otra entrevista de 1980, alegas "haber llegado adonde llegaste gracias a la prensa". Me gustaría que comentaras un poco más acerca del papel de la prensa en tu carrera de sindicalista y, más tarde, en tu carrera de político vinculado a un partido de izquierda.

La prensa me ayudó mucho hasta esa época, hasta 1980. Porque veía en Lula un cierto instrumento incluso para un objetivo que no era tan sólo nuestro: era de la clase empresarial brasileña, que también quería las libertades democráticas. Hubo manifestaciones de varios empresarios [por la democracia], hubo manifestaciones de varios intelectuales. En esa época, yo era "apolítico". Lo que más le gusta a un diario conservador es un dirigente apolítico.

¿El gobierno y los empresarios no necesitaban un interlocutor con tus características de "sindicalista apolítico", como a ti mismo te gustaba presentarte? Recuerdo que había rumores, años atrás, de que el Jornal da República, editado por el periodista Mino Carta, habría sido financiado por el general Golbery do Couto e Silva, el cual, según algunos periodistas, quería transformarte en un ejemplar líder nacional, símbolo del "progreso brasileño".

Respecto a los empresarios y al gobierno, no sé qué es lo que pensaban en relación a mí. Tampoco sé qué pensaba Golbery de mí. Sobre ese asunto del diario, no tengo información. Pero si todo eso fuese verdad, el diario no habría cerrado. No se crea un diario en tan poco espacio de tiempo. Y el *Jornal da República* no era algo que tuviese proyección nacional. Era un diario de tirada pequeña y hecho en San Pablo. Imagínate... Si el 90% del pueblo brasileño no sabe que existe la *Folha de São Paulo,* te puedes imaginar el *Jornal da República*. No sé cuál es la información de la persona que te dijo eso, no sé si es verdad o no. Nunca le pregunté a Mino: "¿Mino, de dónde sale el dinero para hacer *IstoÉ, Estado de São Paulo, Folha de São Paulo?* Quién sabe se haya tratado de una acusación de los propios diarios que le tenían miedo a la competencia del *Jornal da República*. Por otra parte, es un proyecto que podría, que debería haber tenido éxito.

148

¿Cómo fueron tus primeros encuentros con autoridades internacionales? ¿Cómo fue con Helmut Schmidt?

Fue mi primer encuentro con una autoridad internacional. En el mismo año se dieron los encuentros con él y con el canciller de España. Ellos venían a Brasil, y pedían una entrevista. Todo eso fue muy bueno hasta 1980. A partir de ahí, cuando empezamos a construir el PT, ya teníamos al PMDB en contra, ya teníamos al PC en contra, ya teníamos al PC do B en contra, ya teníamos al MR-8 en contra, ya teníamos al PDT en contra. Uno ya tenía en contra a un montón de gente. Entonces uno deja de ser una unanimidad, uno vuelve a ser un "ser normal". Fue un período en el que teníamos mucho, pero mucho espacio en la prensa. Pero no en la Red Globo, por ejemplo. En la Globo el espacio era muy poco. En la televisión el espacio siempre fue muy poco.

La huelga de 1979 fue importante porque la de 1978 nos dejó frustraciones a todos. Aunque haya sido una huelga en la que pienso que ganamos mucho en cada fábrica, de lo que teníamos ganas era de hacer una huelga general. Creíamos que el día que paralizásemos todo, los empresarios no aguantarían. Trabajamos como unos condenados para hacer la huelga de 1979. Hicimos muchas asambleas. La cantidad de asambleas que hicimos era algo impresionante. Fueron muchas asambleas. De mañana, de tarde y de noche. Eran 10, 12, 15, 20 miembros de la dirección haciendo asambleas. Había reuniones de comisiones de fábrica... Era, ¿cómo decirlo? ¡alucinante!

Convocamos a una asamblea en el estadio de Vila Euclides... ¡Yo no tenía noción! Fue llegando la tardecita y uno sólo veía gente caminando por la calle... ¡São Bernardo parecía un hormiguero! Cuando llegamos al estadio de Vila Euclides no había ni sonido, ni estrado. Tuvimos que colocar cuatro mesas y hacer la asamblea con una corneta. Yo hablaba y la gente repetía. Yo decía: "¡Compañeros!". Y la gente repetía... ¡La dirección de mi sindicato era fantástica, de una capacidad increíble! Entonces esa huelga de 1979 fue muy significativa, muy significativa.

¿Podrías contar esa historia del "sueño" que tuviste durante el partido en el Morumbí –entre Guaraní y Corinthians– al que concurriste con tus amigos sindicalistas?

149

Estábamos yo y algunos compañeros más. Al ver aquel Morumbí repleto, dije: "El día que hagamos una asamblea con tanta gente como ahora vamos a colocar a este país 'patas arriba'". ¡Y a la semana siguiente lo logramos! [Ríe.] Había gente a más no poder. ¡En las fotos de las asambleas se puede ver que no entraba un alfiler!

Nadie de la dirección esperaba tanta gente. Yo me subí a una pequeña tarima de madera. Pusimos una mesa de bar, me subí encima con una corneta, yo hablaba y la gente repetía. ¿Qué sentí? Ni sé lo que sentí… Yo estaba nervioso. Las patas de la mesa se hundían en la tierra, el campo de juego estaba lleno de agua. Ellos no querían historias. Para la peonada, todo lo que hiciéramos estaba bien. Me decían: "Cálmate, nadie tiene prisa. Ve despacio, Lula, no te pongas nervioso". Fue más o menos así… yo no sé cómo nos la arreglamos. Era algo muy fuerte para nuestra cabeza.

Había mucha confianza. Había mucha fe. Esta fue una mala huelga, porque fue demasiado agitada. Luego de quince días de huelga decidí dar una tregua. La negociación estaba difícil. Y yo, para evitar que la huelga entrara en un desgaste, decidí proponerle al gremio una tregua de 45 días. El gremio la aprobó. Una vez aprobada, permanecimos 45 días en la puerta de las fábricas casi haciendo una guerra. Casi haciendo una guerra.

Trabajamos entre los trabajadores como nunca lo habíamos hecho. Centenares o miles de reuniones todos los días. Cuando llegó el día, ¡cuando llegó el 1° de mayo hicimos un gran 1° de Mayo! Otra vez millares de personas en el estadio. Y todo el mundo preparado para la guerra de la huelga del día 13 –creo que esa era la fecha–, que era el día que terminaba la tregua. Cuando llegó el día 13 hicimos un acuerdo con la industria automovilística. Un acuerdo que yo consideraba, si no extraordinario, al menos un buen acuerdo. Ganamos los días de huelga, no perdimos las vacaciones, tuvimos un 15% de aumento… Pero habíamos radicalizado tanto a la base durante los 45 días que la base estaba preparada para una guerra dura y prolongada, y no una guerra suave.

Toda la vanguardia quería el fin de la huelga, todo el mundo lo deseaba. Entonces hicimos una reunión con la llamada vanguardia, unos 300 compañeros, y decidimos que la propuesta era buena y que debíamos asumirla. No debería haber huelga.

Los compañeros salieron al estadio de Vila Euclides [ríe], salieron al medio de la cancha, tratando de convencer a la peonada de que no debíamos ir a la huelga, de que debíamos aceptar el acuerdo.

¡Dios mío… la multitud no quería! La multitud estaba radicalizada. Fue un día muy difícil en mi vida.

Muy difícil porque cuando uno tiene conciencia… Bueno, había un acuerdo que económica y políticamente era interesante. Entonces, uno tenía la obligación de decirle a esa multitud: "Tenemos que aceptar este acuerdo". Y enfrente estaba esa multitud radicalizada que uno podría, por "instinto", permitirle que hiciera la huelga y al cabo de diez días descubrir que habíamos perdido. Entonces vacilé.

Pero de cualquier modo fuimos armando un esquema de discurso. Primero Alemãozinho hablaba defendiendo la propuesta, luego el doctor Maurício hablaba también a favor. Nadie habla en contra. Después hablaba yo. Había un clima tan tenso. Las personas iban hablando y uno percibía que en la cara de la gente había una contrariedad… No había clima, el doctor Maurício estaba tan nervioso… Alemãozinho terminó de hablar y nadie reaccionó… Había un clima realmente pesado.

En mi discurso, yo no propongo la aceptación del acuerdo, propongo un voto de confianza para la dirección del sindicato. Aquel día volví a mi casa arrasado, mortificado… Porque salí del estadio como un traidor. Amigos míos, tipos que solían llevarme en andas, personas para las cuales en la asamblea anterior yo era su héroe, me decían: "¡Ah, te vendiste! ¡Traicionaste a los trabajadores!".

Yo sé que Jacó Bittar estaba atrás del estrado queriendo que la huelga continuara. Yo le decía: "¡Ve a tu fábrica a hacer huelga, Jacó! ¡No jodas más aquí!". Henos Amorina también estaba a favor de la huelga y yo le decía: ¡Ve a tu empresa a hacer huelga! Es muy fácil venir a comer del plato que yo estoy cocinando. ¡Vayan a hacer sus propias comidas!". Las peleas eran violentas.

Lo que sé es que la huelga terminó. ¿Sabes cuál es la impresión que yo tenía? El Maracanã en 1950, cuando Brasil perdió con Uruguay. Un silencio… La gente salía llorando del estadio, se fue a la casa… Y nos quedamos sin saber qué hacer. Por primera vez yo pasaba al lado de mis amigos y ni me saludaban. ¡Era un clima tan pesado!

151

¿Entendiste la manifestación favorable a tu pedido de un voto de confianza como una demostración de tu fuerza política, ya que en esa asamblea había 150.000 obreros?

Ellos me dieron un voto de confianza. Pero me lo dieron por respeto a mi persona, a lo que yo estaba pidiendo. Pero ellos no estaban de acuerdo [con el fin de la huelga]. Muchos pensaban que yo me había acobardado. Yo sé que fue muy difícil. La dirección quedó devastada. No teníamos ni ganas de volver a ir a la puerta de las fábricas.

Eso fue en mayo. Después de un mes y medio, el Ministerio de Trabajo nos devuelve el sindicato. La prensa –creo que fue la *Folha de São Paulo*– publica que, a causa del final de la huelga, la Fiesp está de acuerdo con la devolución del sindicato. Sucedió más o menos así. Eso me causó mucha rabia, porque daba la impresión de que yo había hecho el acuerdo para tener de vuelta el sindicato.

Entonces, cuando el Ministerio de Trabajo nos entregó la llave del sindicato, nosotros, en vez de aceptar el sindicato de vuelta, convocamos a una asamblea. Convocamos a una asamblea en aquel salón que había estado repleto. Fue un llanto vivo. Lloré mucho, mucho. No sé por qué, pero sé que lloré mucho. Yo le dije a la gente: "Miren, la dirección y yo no tenemos ningún interés en volver, si queda algún tipo de desconfianza de parte de ustedes, si creen que no somos confiables. No tenemos ningún interés. Sé que yo les dije en la asamblea que sólo tendríamos interés en ser dirigentes si ustedes nos aceptan. Por lo tanto, podemos convocar a una elección de inmediato. Vamos a ponerlo a votación aquí. Pero antes voy a ceder la palabra para que los compañeros hablen".

En la mesa estaba la dirección entera. Yo decía: "Aquí nadie va a volver al sindicato. Nadie tiene interés en ser dirigente de sí mismo. Por lo tanto, queremos hacer un juego limpio con ustedes. Si a ustedes les parece que somos traidores, entonces lo mejor es no volver al sindicato. Se convoca a una elección, y ustedes eligen una nueva dirección".

Abrimos el debate, no sé cuántos hablaron en contra de una nueva elección. Y, por unanimidad, la gente empezó a gritar el nombre de la dirección. Fue un llanto generalizado. Nos quedamos en el sindicato y volvimos a ir a la puerta de las fábricas para recuperar la moral y el prestigio.

Escuché hablar de un episodio gracioso en los momentos previos a la intervención de tu sindicato por parte de la policía: habría habido una cena –horas antes de la intervención– en la que Fernando Henrique Cardoso habría hecho un profundo análisis político y, al final, concluyó que no había posibilidad concreta de que ocurriera una intervención... ¿Esto es real?

Yo había ido a cenar de madrugada con Fernando Henrique Cardoso y Fernando de Morais. Y Cardoso hizo un análisis y dijo que era imposible que la policía interviniera en el sindicato. Dijo que tenía informaciones de que eso no era posible. Él era suplente de senador en esa época. Luego volvimos al sindicato, pasadas las 3 de la madrugada. Yo junté unos almohadones en el sofá y me acosté. Cuando me estaba durmiendo llegaron los compañeros gritando: "¡La policía rodeó el sindicato!". Yo miro y veo el sindicato todo rodeado: coche de bomberos, policía, perros, un montón de cosas. Fernando Henrique ya se había ido. Había unos 500 trabajadores dentro del sindicato queriendo resistir. Nosotros no lo permitimos. Estábamos aislados allá dentro. Lo mejor era irnos a casa. Y nos fuimos.

Es importante recordar que 1978 fue un año en el que yo, por primera vez, asumí una posición política pública. Fue el año en el conformamos un grupo de sindicalistas y fuimos a buscar a Fernando Henrique Cardoso diciendo que queríamos apoyarlo para que fuera senador. Y fuimos a la puerta de las fábricas a defender su nombre.

Y de verdad fuimos a la puerta de las fábricas. Trabajamos como unos condenados. Era algo muy feo porque nosotros íbamos a entregar el diarito en las fábricas y la peonada estaba realmente... Aquello fue en mayo de 1979, comenzamos entonces a ir sistemáticamente a la puerta de las fábricas y era difícil porque la peonada no se detenía, no agarraba el diario. Había un clima muy feo. Eso fue durante todo el año 1979. Varios estudiosos del movimiento sindical creían que nunca más lograríamos movilizar a los trabajadores...

A comienzos de 1980 intensificamos el trabajo en la puerta de las fábricas. Íbamos a la puerta de los establecimientos continuamente, de mañana, de tarde y de noche. Y al llegar 1980 hicimos una huelga aún mayor que la de 1979.

Me gustaría volver sobre el asunto de la intervención en el sindicato. Durante la ocupación de la sede de la entidad por la policía, algunos líderes decían que te habías "refugiado" en la casa de tu suegro. ¿Es verdad?

Sí, fui a la casa de mi suegro. No tenía miedo de que me metieran preso. Fui a la casa de mi suegro, primero, porque no tenía mucha experiencia. No quería quedarme en casa. Fui a la casa de mi suegra que vivía en Rudge Ramos. La dirección del sindicato decidió que yo no debía ir a la asamblea, que me parece que iba a ser un sábado o un domingo. Y no fui a la asamblea. Pero allí la gente se la pasó gritando mi nombre todo el tiempo. Los compañeros de la dirección trataban de hablar y la gente no los dejaba.

El domingo, Lélia Abramo, Arnaldo Gonçalves y algunos compañeros más fueron a la casa de mi suegro, donde yo estaba, a decirme: "Tienes un papel importante que cumplir, no puedes dejar de participar de las asambleas". Al día siguiente hubo una asamblea en la iglesia matriz y yo volví y asumí la huelga de nuevo.

¿No tenías miedo de ir preso y que te torturaran, como a Frei Chico?
No, en ese momento eso ya no ocurría más. Esa no era mi preocupación. Entonces, en 1980, hicimos la mayor huelga. Y en 1980 yo tenía en mi cabeza una profesión de fe: ningún peón me va a llamar traidor. O sea, si ellos desean que esta huelga dure 500 días, durará 500 días. Pero no van a hacer conmigo lo que hicieron en 1989, perdón, en 1979.[2]

Fue super interesante, porque me metieron preso a los 17 días de huelga. La huelga continuó otros 25 días y la gente volvió a trabajar. Volvieron a trabajar. Porque lo que pasaba por la cabeza del peón, por la cabeza del compañero, era lo siguiente: "Nosotros aguantamos 500 días de huelga…". ¡No tenían noción de que para un trabajador es muy difícil estar 40 días sin cobrar el sueldo! Únicamente cuando está desempleado. Tiene compromisos, la cuenta de la luz, la cuenta del agua, los gastos. Fue importante que ellos hicieran los 41 días de huelga. Muy importante. ¿Por qué? Porque descubrieron que yo tenía razón en 1979.

Más adelante, me cansaba de encontrarme con compañeros que venían a pedirme disculpas. Algo así: "Discúlpame, en 1979 yo pen-

---

[2] Aquí Lula comete un acto fallido, que corrige enseguida: cambia el año 1989 por 1979. No carece de sentido. En 1989 Lula también sufrió un proceso de difamación durante la campaña electoral para la Presidencia de la República.

sé que eras un hijo de puta, ahora sé que tenías razón". Había personas que me mandaban "recados" para mí…

¿Lograbas controlar la huelga desde la cárcel?
Yo dije: "A esa huelga yo no la voy a levantar. No es posible, a esa huelga yo no la voy a levantar". Era posible dar orientación desde la cárcel. Y yo tenía mis abogados. Algo gracioso de esa huelga de 1979 es que fuimos a una reunión en la casa de Murilo Macedo a hacer un acuerdo. Primero fuimos a la casa de él, por primera vez, y en helicóptero. No pasó nada, yo no acepté la propuesta que hico Murilo Macedo y continuamos la huelga. Después fuimos a la casa de él aquí en San Pablo. Llegando a la casa de él, Marcílio se puso borracho, hubo un lío enorme. A eso de las 3 de la madrugada surgió la posibilidad de un acuerdo. Todo el mundo empezó a decir que había que firmar el acuerdo. Y yo dije: "No, compañeros. Yo lo voy a llevar a una asamblea. Yo sólo les puedo decir que en principio estoy a favor del acuerdo. Pero voy a llevar el acuerdo para que sea votado en un asamblea".

Ellos fueron a festejar el acuerdo. Hicieron un almuerzo para festejar el acuerdo. Y cuando llego a Vila Euclides les propongo a los trabajadores que no acepten el acuerdo. Ellos estaban comiendo… ¡Y yo propuse la no aceptación! Se querían morir… [ríe]. Se querían morir. Yo estuve en contra del acuerdo porque no se podía aceptar, no era bueno. ¿Servía de algo que yo dijera en aquella reunión que eso no servía? Ya habíamos estado horas y horas, pasamos toda la noche. Ellos se morían de rabia. Hubo uno de ellos que me contó que estaban almorzando, que había varios a la mesa, almorzando, festejando, llegaron hasta a hacer un brindis… Y ahí llegó la noticia. ¡Entonces decidieron suspenderme! Fue después de eso. Y me suspendieron [ríe]. Intervinieron el sindicato.

Después yo estaba en casa. En 1979 yo estaba en casa y Marcílio y João Lins van a la casa de Murilo Macedo a negociar a mis espaldas. Hubo allí una escena fantástica. Un periodista me llama por teléfono y dice así: "Lula, estoy aquí en la chacra de Murilo Macedo, escondido. Lins y Marcílio vinieron aquí a tratar de hacer un acuerdo a tus espaldas. Ellos no saben que estoy aquí. Ellos pasaron escondidos dentro del coche. Enciende dentro de un rato la televisión, Lula". Al rato encendí la televisión y Murilo Macedo estaba diciendo: "Yo estaba en un casamiento y los dos aparecieron diciendo que Lula se estaba radicalizando demasiado, que ellos querían hacer un acuerdo, y me llevaron. Fui a mi casa a discutir el acuerdo con ellos".

Entonces llamé por teléfono a la casa de João Lins, llamé a la casa de Marcílio. Primero hablé con João Lins: "¿Ustedes fueron a hacer un acuerdo y ni siquiera hablaron conmigo?". El contestó: "¡No, no es verdad!". Yo le dije: "¡Enciende la televisión, allí está tu cara! ¡Enciende!". Y él: "La televisión está lejos…". Y yo: "¡Por favor, enciéndela. Manda a tu mujer a encenderla!". Él no había hecho declaraciones, era Murilo Macedo el que estaba diciendo… Ellos querían el acuerdo porque no estaban en huelga. Los sectores de ellos no estaban haciendo huelga, sólo estaban en huelga por nosotros. Entonces éramos nosotros los que sosteníamos todo.

En otra de tus famosas entrevistas de 1980, dices textualmente que tus mayores enemigos no fueron ni el gobierno ni los empresarios, sino los otros sindicalistas. ¿Qué es lo que ocurría?

El entreguista es una raza… Los entreguistas… El odio que ellos me tenían… No sé si era sólo odio o si era envidia. Sé que me tenían odio.

¿Cómo explicas el hecho de que otros dirigentes también importantes del "nuevo sindicalismo" se destaquen tan poco a nivel nacional, al revés de lo que ocurrió contigo?

José Ibrahim no era nada. Era una ficción de 1968 creada por los estudiantes. En qué se equivocaron estos sindicalistas, no lo sé; habría que preguntarles a ellos mismos. Henos Amorina era director del PT en Osasco, ahora ya no lo es. Zé Ibrahim está en Fuerza Sindical. El problema de él es que llegó a Brasil, después de haber estado exiliado, y creyó que era el gran Ibrahim de 1968. Pero nosotros no estábamos en 1968, ya estábamos en 1979, aquello ya no podía repetirse. Olívio Dutra también creció. Vitor Buaiz creció. Buaiz también era de mi época de sindicalista. Jacó Bittar también creció. Algunos no crecieron, Paulo Skromov está tal como estaba, Henos Amorina… Hugo Perez desapareció. Marcílio está jubilado, Joaquinzinho es un ultraentreguista. Pero los que siguieron nuestra línea en general crecieron.

Wagner Benevides se hundió porque era un hombre totalmente

loco, no transmitía credibilidad política. Henos Amorina perdió las elecciones de Osasco. Hugo Perez desapareció. Arnaldo se fue al "Partidón". Otros se fueron al PCdoB. Creo que logré sobrevivir porque adoptaba las posiciones más justas y tenía más seguidores. Es esa la explicación.

No sueles elogiarte a ti mismo explícitamente...
Se debe a que pienso que no tengo muchas cualidades personales. Bueno, si no tuviese algunas no hubiera llegado a donde llegué. ¿Por qué otros no llegaron? Yo no soy ningún bobo, pero creo que yo sólo llegué a donde llegué por la fidelidad a los propósitos que no son míos, sino de centenares, de millares de personas...
Hay gente que no construye nada a su alrededor, ni amistades. Yo mantengo mis amistades. Todavía me encuentro con mis compañeros de 1979. No voy al sindicato de São Bernardo hace seis meses y me tratan como si fuera miembro de la dirección. Cada vez que hay un pelea en el sindicato, me llaman para ayudarles a resolverla. Porque yo mantengo una relación estrecha con la gente, y me gusta hacerlo. Y hay compañeros que pasan por el movimiento sindical como un meteoro, como un cometa, hasta la vista. No vuelven nunca más. Creo que son estilos, son formas de ser. Vicentinho es uno que va a perdurar. Porque su estilo es de mucho corazón, mucha emoción. Creo que eso cuenta en la política.
Habría que preguntarse lo siguiente: Jacó Bittar es abogado. ¿Por qué no se proyectó más que yo? El problema no es de cultura académica. Hay otros que tienen educación superior. Entonces el problema no es de nivel de escolaridad. Es de ser políticamente competente, de saber hacer, de saber lidiar con esa cosa llamada política, que es algo complicado.

¿Qué importancia crees que tuvo el momento histórico en el que surge la figura de "Lula"?
Lógicamente que el momento político fue importante. Yo nací en el momento en que la sociedad estaba en un proceso de evolución muy grande para conquistar la democracia.

¿Crees tener algún tipo de "intuición" o "inteligencia especial"?
En especial, no. No me considero burro. Sé claramente que no

soy un burro. Ahora, en cuanto a algo especial, creo que no lo tengo. No tengo, no tengo ninguna inteligencia especial. Apenas sé utilizar la mía.[3]

No tiene ningún sentido hablar bien de uno mismo. Yo creo lo siguiente: que de los defectos se encarguen los adversarios, que para las cualidades están los amigos. Yo ya llegué a donde nunca esperé llegar, lo que ocurra de ahora en adelante es de regalo [ríe].

[3] Todo el círculo de personas cercanas a Lula tiene la opinión unánime de que este posee una inteligencia brillante, absolutamente fuera de lo que sería un nivel normal.

Caminos y descaminos políticos
- FREI CHICO -

"Yo dije: 'Miren, hay una persona en Villares, y nosotros no tenemos a nadie. Sería importante una persona'. Ellos querían saber: '¿Pero quién es esa persona?'. Yo les conté: 'Es un hermano mío'.

"Entonces preguntaron: '¿Pero él cómo es?'. Yo les respondí: 'Es joven, no le gusta el sindicato, no sabe nada… ¡Pero quién sabe acepta participar!'. Entonces Lula fue conmigo al sindicato para charlar con los compañeros. Inicialmente se resistió bastante: 'No es posible, nada de eso me gusta'. Lula pensaba que en los sindicatos sólo había hijos de puta."

"La explicación del ascenso de Lula está en el momento político correcto y en su coraje."

El inicio de la vida sindical y política

¿Sabías que mi padre era un "getulista", no?[1] Mi padre admiraba a Getúlio. Por ser obrero embolsador, vivía en el puerto… Y lo oíamos hablar un poco de Getúlio… Yo traté de conocer, de interesarme un poco en esos temas, porque oía las cosas. Fue también una necesidad de supervivencia. Yo vivía en Vila Carioca, ya tenía unos 16, 17 años, y ya oía hablar de la gente del PCB [Partido Comunista Brasileño]. Los comunistas… hacían muchas huelgas. Huelgas, agitación, campañas contra el hambre, contra la miseria, ya existían esos movimientos en esa época y eran los comunistas quienes los encabezaban, junto con los socialistas. Más tarde empezamos a conocer a las personas.

Terminé comprometiéndome en política un poco antes del golpe de 1964. En 1964 yo ya tenía 22 años. Pero eso fue un poco an-

---

[1] Esta entrevista con Frei Chico se realizó el 10 de septiembre de 1993.

159

tes, porque yo trabajaba en una empresa llamada Metalac, aquí en el barrio de Ipiranga. Yo era jovencito, tenía unos 18 años, y esta empresa adoptó un nuevo sistema de trabajo, por turnos. Antes nosotros trabajábamos un período solo, de las 7 de la mañana hasta las 5 y media de la tarde. Y yo como joven, como muchacho (no me gustó ese nuevo sistema), no quería trabajar hasta las 10 y media de la noche los sábados, que era el día que teníamos para pasear. Fue ahí que empezamos a recurrir al Sindicato de los Metalúrgicos de San Pablo.

Empezamos a frecuentar el sindicato y a conocer de qué se trataba, cómo funcionaba, las personas que lo dirigían. Había un tal Cássio que era muy agitador, él nos orientaba. Y el sindicato analizaba el contrato de trabajo para ver si había alguna cosa escrita de que pudiéramos trabajar en turnos. Sé que en esa época nosotros nos negábamos a trabajar los sábados y no íbamos, y también lo hacían algunas personas más. ¿Qué es lo que eso produjo? Fui eximido de la obligación. Y enseguida me echaron.

El turno era de las 6 a las 14, de las 14 a las 22, y de las 22 a las 6 de la mañana. Como yo me había acostumbrado a trabajar de las 7 a las 5 y media, no quería trabajar en turnos. Cada semana era un horario diferente. Con ese tipo de movimiento, nos fuimos al sindicato, y empezamos a conocerlo. Eso fue más o menos en 1960, 1961. No recuerdo quién me llevó, alguien de la empresa dijo: "Vamos al sindicato". Y fuimos.

Después de que me echaron, pasé a trabajar en Bom Retiro, en una empresa en la que estuve un buen tiempo. De allí me vine para la empresa Pontal, en Vila Carioca. Es una empresa metalúrgica que produce implementos agrícolas. En esa época, en Pontal se ganaba muy bien. Tenía un sistema de pagos que hasta hoy no sé descifrar, pero que era algo como la participación en los resultados de la producción de la empresa. Yo ya estaba afiliado al Sindicato de los Metalúrgicos de San Pablo. Y como vino el golpe de 1964, el sector al que pertenecía la empresa entró en una tremenda recesión, que a su vez llevó a la parálisis de la producción. Entonces en 1964, 1965, no se produjo nada o casi nada, y nuestro salario se fue abajo. La empresa redujo los salarios a casi un tercio de lo que ganábamos antes.

Fue ahí cuando entré al sindicato. Comenzamos a organizar a la gente para que fuera al sindicato a reclamar que estábamos perdiendo dinero. Me refiero al Sindicato de Metalúrgicos, entre 1964 y 1965. Y allí la orientación que nos dieron era que iniciáramos un proceso contra la empresa. Eso fue a inicios de 1965. En la empresa yo era soldador, estaba aprendiendo a soldar.

Antes había aprendido a ser tornero-mecánico. Pero por vanidad –yo era un muchachón que practicaba pesas– decidí abandonar aquello para ser ayudante de camionero, me parecía que era mejor, y además estaba en la calle… –mirando mujeres–. Después aprendí a ser rectificador, que es otra función dentro de la metalurgia; está todo registrado en mi libreta de trabajo, pero largué todo eso y decidí ser soldador. Es un profesión peor que la de tornero, pero en esa época era mejor para mí, en mi caso. Es una profesión muy ingrata, muy dura con el trabajador. Yo era un soldador especializado. Fui a aprendiendo a soldar de a poco, practicando.

Entonces iniciamos un proceso contra la empresa Pontal. Nosotros íbamos al sindicato, llegaba el fin de semana, el viernes, lográbamos llevar unos 200 compañeros al sindicato. La firma tenía poco más de 300… Nosotros hacíamos asambleas. Allí fue cuando tomé por primera vez un micrófono para hablar. Yo ya tenía 22 años, era en 1965. Tomé el micrófono y… en fin…

En el proceso que iniciamos –fue una causa colectiva– tenía que haber alguien que lo encabezara. Ejemplo: Fulano de tal… y otros. Me pusieron encabezando la causa. Volvimos a la empresa y empezamos a negociar. Había una comisión para negociar con la empresa, el sindicato iba a la fábrica, era una actividad interesante. Hasta el momento en que la empresa me echa sin derecho a indemnización. Me echó primero a mí, después a otro. Mi suerte es que la gente hizo un petitorio por mí, cubrió mi salario, me dieron un dinero que me ayudó bastante. Me echaron por justa causa como "cabecilla de la huelga".

Después hubo un acuerdo en el sindicato y terminaron pagándome. Porque no hubo huelga, no hubo nada. Me "dieron" como si yo fuese un agitador. Todavía no era 1968, la cosa era menos dura, pero aun así era peligroso. Fue poco después del golpe.

De la fábrica Pontal me fui a trabajar a la fábrica Massari, una empresa que había en la Via Dutra, en donde me quedé tres meses. Era una empresa que fabricaba carrocerías de camiones. De allí me fui a Villares, en São Bernardo, que era donde Lula trabajaba hacía más de un año. Allí no podían trabajar hermanos, pero como mi apellido era diferente del suyo, no hubo problema.

En Villares trabajé poco tiempo, unos nueve, diez meses. Fue en la época del gran fracaso de 1966. Yo ya estaba también afiliado al Sindicato de São Bernardo, ya estaba acostumbrado a la vida sindical. De San Pablo fui a São Bernardo do Campo. El presidente del sindicato en São Bernardo, en esa época, era Afonso Monteiro da Cruz.

En el sindicato de San Pablo no ocupé ningún cargo, pero hice cursos. Hice un curso de capacitación sindical, empecé a descubrir qué era el sindicato. Era algo muy lindo. Ese curso era para formar líderes. Daban nociones mínimas de qué era un sindicato: se veían muchas leyes laborales, muchas nociones básicas de derecho del trabajo y también una formación para liderar personas, para ayudar al sindicato. Era para formar un delegado sindical.

Cuando me echaron de Villares –echaron a mucha gente en esa ocasión– me fui a trabajar a otra empresa llamada Carraço, también en São Bernardo. En Villares Lula trabajaba en el primer turno, de noche. En ese momento, Lula todavía era muy jovencito. Como comencé a frecuentar el sindicato, conocí a la gente que lo integraba. Llegaron las elecciones de febrero de 1969. Antes de eso, de 1968 a 1969, hubo movimientos reivindicatorios, y nosotros actuábamos en todos ellos. Yo ya me había casado. Cuando se armó la lista del sindicato, los compañeros me invitaron a participar de la dirección.

Hay un detalle aparentemente simple, pero que cuesta entender: en la empresa donde yo trabajaba, que contaba con unos 200 empleados más o menos, había un operario que se llamaba José Ferreira de Souza. Si yo participaba en esa lista del sindicato, a Zé Ferreira lo obligaban a quedar al margen porque no podían entrar dos tipos de la misma fábrica en una lista de 24 personas. En esa empresa, por ser muy pequeña, no podían entrar dos personas; entonces era él o yo. Todo eso ocurría en la empresa Carraço. Como yo todavía era joven y Ferreira ya era una persona de edad, yo desistí para que él participara y pudiera continuar en la dirección del sindicato.

Sólo que, al desistir de integrar la lista, la empresa podía ciertamente echarme, ¿no? Porque yo ya participaba mucho de la actividad sindical. Y de hecho terminaron echándome.

162

Frei Chico lo convence a Lula de entrar al sindicato

La gente del sindicato, Afonso y Paulo Vidal Neto, pensaban que Afonso ya no debía participar más en las elecciones, el presidente sería Paulo Vidal.

Ellos me dijeron: "No vas a participar, pero indica a una persona".

Yo dije: "Miren, hay una persona en Villares, y nosotros no tenemos a nadie. Sería importante tener a alguien".

Ellos querían saber: "¿Pero quién es esa persona?". Yo les conté: "Es un hermano mío".

Entonces preguntaron: "¿Pero él cómo es?".

Yo les respondí: "Es joven, no le gusta el sindicato, no sabe nada... ¡Pero quién sabe acepta participar!".

Entonces Lula fue conmigo al sindicato para charlar con los compañeros. Inicialmente se resistió mucho: "No va, no va, nada de eso me gusta". Lula pensaba que en los sindicatos sólo había hijos de puta. Ese era el concepto que se tenía, y todavía se tiene... Pensaba que los sindicalistas no valían nada. Pero conoció a la gente, y de tanto conversar con Mário Ladeia, que era el secretario general de ese momento, con Paulo Vidal, que era el segundo secretario y que pasó a ser el presidente de la próxima lista, y Afonso Monteiro da Cruz, que era el presidente, Lula cambió de idea.

Afonso Monteiro da Cruz era un tipo de izquierda, pero muy independiente. Tenía una postura de izquierda muy seria, muy honesta. Tanto que murió pobre, qué tristeza. Él, Paulo Vidal y Mário Ladeia fueron las personas más importantes que conocí en esa época en el movimiento sindical.

Entonces fuimos conversando con Lula. Conversábamos hoy, conversábamos mañana. Hasta convencerlo de entrar en el sindicato. Él no era ni afiliado. Pero Lula no quería entrar de ninguna manera, pensaba que era una pérdida de tiempo. Yo, por ejemplo, estudiaba en el sindicato. Le decía: "¡Ah, Lula, vamos a estudiar, vamos a participar!". Él respondía: "Qué tontería, perder tiempo en eso. Yo me voy a ocupar de mi vida". Es cierto que él decía todas esas tonterías. No quería participar. Se resistía: "Eso es una estupidez, una pavada".

Lula no tenía ninguna noción de lo que era un sindicato, a pesar de ya tener características de líder de grupo. Tanto en el trabajo como cuando jugaba fútbol, ejercía un liderazgo. Pero en lo que respecta al sindicato no tenía el mínimo conocimiento. Se negaba a ir al sindicato, se negaba a hacer cursos. Pero de tanto charlar, lo convencimos de que entrara en la lista. Paulo, Afonso y otro miembro de dirección participaron de la última charla con Lula, convenciéndolo de que entrara.

Lo llevaron, le confeccionaron el carnet de afiliado y registraron la lista. Lula quedó entre los suplentes del sindicato. Ahora viene un detalle interesante. En ese período Lula, no bien termina de entrar al sindicato, se casa. Luego de un año y tanto, estando en su mandato como suplente, Lurdes queda embarazada y fallece. Ese es un momento trágico de su vida. La gente que estuvo a su lado lo sabe. Había un amigo de Lula, muy ligado a él, que se llamaba Nelson Campanholo. Más tarde, años más tarde, llegó a ser edil por el PT. Cuando murió Lurdes, estábamos todavía en el velorio, y Afonso Monteiro da Cruz ya estaba distanciado de Paulo Vidal, porque este, cuando asumió en el sindicato, trató de dar una línea diferente de la que Afonso venía dando.

Paulo Vidal terminó aliado a la clase empresarial, al gobierno; terminó un poco aliado al poder. Yo no diría que fue un entreguista. Diría que fue un tipo que tuvo una visión modernizadora del sindicato, muy interesante. Cambió la máquina, la dinámica del sindicato. Pero él tenía una política de no confrontación con el sistema, era muy cercana al sistema. Él modernizó los engranajes administrativos del sindicato. Creó nuevos departamentos, comenzó a crear la escuela del sindicato, cursos profesionalizantes. Tenía ideas nuevas; contrató al Dieese para que diera asesoramiento técnico, hacía cursos para los trabajadores. Construyó el edificio actual del sindicato. Tenía en mente la colonia de vacaciones, etcétera.

Afonso Monteiro da Cruz tenía una actividad más política. En el movimiento de lucha en contra de la contención salarial de 1967, 1968, fue una de las grandes figuras. Era una figura muy conocida, el "poder" quería agarrarlo de cualquier manera. Fue bastante perseguido. Maurício Soares trató de esconderlo y terminó sufriendo también represalias, acabó preso a raíz de eso.

La represión oficialmente la ejercía el DOPS, pero el DOI-CODI también participaba. El Ministerio de Trabajo presionaba al DOPS y el DOPS ejecutaba.

Pero el mismo día del velorio de la mujer de Lula, Afonso me dijo algo feo. Él estaba peleado con Paulo Vidal, ya no iba más al sindicato. Lula comenzaba a tener un cierto liderazgo, teníamos una cierta influencia también en São Bernardo. Me dijo lo siguiente: "Frei Chico, Paulo Vidal piensa incorporar a Lula al sindicato para ponerlo de su lado. Presta atención a lo que te digo…". Sin agregar nada más. Pasada una o dos semanas después del entierro, Paulo Vidal hace una carta para la empresa diciendo que Lula se incorpora al sindicato.

Paulo Vidal convenció a Lula de incorporarse al sindicato diciéndole que era algo importante, que además él necesitaba descansar un poco… y realmente Lula entró en crisis. ¿Paulo Vidal había incorporado a Lula para qué? Para tratar de ganarlo para su grupo. El grupo que él deseaba marginar, en este caso, era yo, Afonso, etcétera. Lula era uno más que él ganaba para su sector.

Lula se incorporó al sindicato. Un tiempo después, un año más tarde, hubo elecciones en el sindicato. Había dos listas. Yo hice un esfuerzo tremendo, Afonso y yo hicimos un esfuerzo tremendo. Yo gasté muchos días tratando de convencer a Lula de que se distanciara de Paulo Vidal. Y Lula tenía un visión política y sindical todavía muy poco desarrollada, pero que a su vez era inteligente. Él y otros tres compañeros importantes –el que era tesorero, el que fue vicepresidente, Rubão…– querían tratar de ganar el sindicato desde adentro; quedarse con Paulo Vidal y se acabó.

Llegaron las elecciones y nosotros ayudamos. Pero en ese período surgió una lista de oposición que participó [del proceso electoral]. Y el PCB era un poco fuerte en Volkswagen, donde estaba Lúcio Belantani, que era dirigente del "Partidón" y que hoy está en el Sindicato de los Metalúrgicos de San Pablo. Toda la base del partido cayó antes de las elecciones; cayó porque Paulo Vidal entregó a todo el mundo. Dicen que él entregó a todos en 1972. Cayó toda la base del "Partidón" en el Sindicato de los Metalúrgicos. Luego llegaron las elecciones, nosotros tratamos de convencer a Lula y a los otros jóvenes de que estuvieran en la otra lista contra Paulo, pero ellos no quisieron. Y nosotros terminamos, indirectamente, apoyando a la otra lista. Esta fue la primera experiencia de Lula realmente como sindicalista. Porque ahí enfrentó una oposición trabajando de madrugada, los sábados… Los tipos de la oposición arrojaban boletines y ellos salían de madrugada con un pincho, que era un palo de escoba con un clavo en la punta, pinchando boletines para evitar que la gente lo leyera. Era algo muy loco. Fue ahí que él pasó realmente a la actuación sindical. Eso fue en 1972.

En 1972, Lula asumió ya como miembro efectivo de la dirección del sindicato. Él se instaló allí. Entonces empezamos a estar un poco distantes. Porque hasta allí yo vivía en su casa. Lurdes murió y fui a vivir con él y con mi madre. Yo ya estaba casado, pero de esa forma no pagaba alquiler. Nos quedamos viviendo allí unos dos años.

Frei Chico se vincula a los comunistas, Lula quiere mantener distancia

En 1969 yo todavía no estaba vinculado al "Partidón". Me vinculé entre 1970 y 1971, pasando a formar parte de la organización del partido, era militante, frecuentaba las reuniones. Eran reuniones pequeñas, porque el partido era muy clandestino, iban pocas personas a las reuniones. En esa época, nunca tratamos de captar a Lula para el "Partidón", nunca hicimos eso.

Hicimos contacto con Lula una vez. No fui yo, fue un tipo llamado Emílio Confante de Maria, que era un comandante de la Marina, era nuestro asistente. Él una vez conversó con Lula en la plaza de la Matriz de São Bernardo. Fue una conversación típicamente de plaza, para ver... Y era interesante, porque Emílio Bonfante era un estudioso de la cuestión obrera y tenía muchas informaciones. Eran informaciones que Lula no tenía, que no le llegaban. Eso fue en 1973. Intercambiaron ideas sobre el movimiento sindical. Pero Lula nunca estuvo vinculado al PCB.

Lula escuchaba con mucha atención. En verdad, él siempre escuchó a todo el mundo. Él tiene esa percepción, que realmente es muy inteligenté. Porque en esa época, si se vinculaba, le iba a ir muy mal. Pero él no tenía noción de eso. Inocentemente no tenía esta noción, pero al mismo tiempo "tenía" noción, no sé cómo explicar eso, es confuso...

El grupo con el que Lula estaba vinculado era Paulo Vidal, Maurício Soares. Este hombre era un cristiano, lo llevaba a Lula a hacer cursos para matrimonios. A pesar de ser un tipo de izquierda, era

166

muy cristiano, y Lula estaba muy ligado a él en este período. Era muy cercano a Maurício, que era abogado del sindicato y que tenía una visión general (de las cosas).

En esa época hubo un congreso en Presidente Prudente; Lula ya era miembro de la dirección del sindicato. Recuerdo que Lula pertenecía a una comisión de trabajo. Paulo Vidal insistía en aconsejarlo a Lula, para que aprendiera. Lula tenía mucho asesoramiento de parte de Paulo Vidal y del propio Barelli, que no tenía ninguna actuación política, pero que conversaba mucho con él.

Lula, en esa época, trató de llevar a Miguel Horta para que diera un curso en São Bernardo. Este era coordinador del sindicato de San Pablo hacía muchos años, y estaba ligado a la FITIM [Federación Internacional de Sindicatos Metalúrgicos]... Pero no logró convencerlo.

En 1969, cuando salió la lista del sindicato en la que participó Lula, me echaron del trabajo. Me fui a trabajar a São Caetano do Sul. En 1972, en el momento en que Lula ya estaba asumiendo el papel de director ejecutivo en São Bernardo, yo entraba también como director en el Sindicato de los Metalúrgicos de São Caetano. La lista se forma a fines de 1971 para asumir en 1972. Yo ya tenía un mandato sindical, por eso nos veíamos poco. Yo me había mudado de casa.

Paulo Vidal pensaba que los que rodeaban a Lula antes, ¿eran quiénes? Los del "Partidón". Era yo, era Afonso... Paulo pensaba: "Ese tipo es un líder y los tipos del 'Partidón' le van a dar formación sindical; entonces, antes que él se forme, voy a llevarlo de mi lado". Fue exactamente eso lo que hizo Paulo Vidal. Y en parte acertó, incluso ganó un cierto tiempo. Hasta que llegaron las elecciones de 1975 y Paulo Vidal perdió.

Aun viviendo con Lula yo no conversaba con él sobre el partido. Yo mantuve esa clandestinidad. Cambiábamos ideas, pareceres, pero nunca le dije que yo era esto o aquello. Yo tenía un compromiso con el partido de no contarle a nadie, ni a mi hermano, ni a mi mujer. Era algo difícil de llevar. Quienes sabían que yo era del "Partidón" era los propios elementos del "Partidón".

Ahora, en la práctica sindical, uno pasaba... Conforme las propuestas del congreso que hubo, por ejemplo, en Presidente Prudente en 1972, ó 1973. Allí había sectores. Lula normalmente estaba del lado de Argeu, que era de la Federación de Metalúrgicos, que era una gente más conservadora. Nosotros estábamos en la oposición: éramos Santo André, São Caetano, Campinas, Araraquara, São Carlos –que tenía al líder– y Santos, con Marcelo Gato. Eran unos cinco, seis sindicatos que estaban en oposición contra el resto. Y Lula y Paulo Vidal siempre se ponían del lado de la federación, ese era el grupo al que llamábamos entreguista.

Afonso Monteiro da Cruz dejó el sindicato a raíz de la presión del "izquierdismo" de la AP, la Acción Popular Católica. Paulo Vidal era muy valiente, tenía coraje para enfrentar a los adversarios en un debate, ganaba los debates. Y en esta ocasión yo estaba del lado contrario, eso antes de que Paulo fuera presidente. Nos enfrentábamos con los "izquierdistas". Había todo un "izquierdismo", era algo casi infantil.

Confrontación de verdad se dio el 1° de mayo de 1968. Hubo un movimiento anticontención salarial, que agrupaba a un montón de sindicatos. Los metalúrgicos de San Pablo, Joaquinzão… se juntó todo el mundo. Invitaron al gobernador Abreu Sodré para participar, él se acercó, quería participar. Y los "izquierdistas" no querían dejar que él participara. Para nosotros era importante que él estuviera, porque se trataba del gobierno del estado apoyando al movimiento obrero contra la contención salarial. Pero esa "izquierda" no quería, porque ellos tenían la visión de que la revolución iba ocurrir el día siguiente.

Alquilaron muchos ómnibus para ir a la Plaza da Sé. Fueron llegando y rompiendo todo: incendiaron el estrado, le tiraron piedras a Sodré. Y nosotros, los que estábamos del otro lado, no tuvimos fuerza, no estábamos organizados para resistir a aquello. Dejamos que ocurriera… Nosotros enfrentábamos mucho a esa gente en las discusiones. El más fuerte de todos era el grupo AP, en São Bernardo y Santo André. Hoy esa gente está toda en el PT, en el PCdoB, en el PSDB, pero muchos no están en nada. En esa época eran muy "pesados", muy duros. Había un fuerte sector de la Iglesia que apoyaba a ese movimiento de la AP, eran curas. No creían en las elecciones, no creían en nada, la cosa era tomar el poder por las armas, hacer la revolución.

Afonso se desgastó mucho con esa gente, por eso quiso irse del sindicato, él no debía haber salido. Paulo Vidal también se enfrentó mucho con ellos. El "Partidón" apoyaba a Afonso. Cuando Afonso dejó de ser presidente, el "Partidón" trató de formar una lista, pero sin éxito.

La AP era más agitadora que el "Partidón". Tenían un grupo de mayor agitación, pero se trataba de algo infantil. El que más agita más se lo ve, es siempre así. Había asambleas en el sindicato en que terminábamos a las trompadas.

Cuando había un tipo dentro del sindicato que era del "Partidón", todo el mundo pensaba que el sindicato era del "Partidón". Y entonces lo "quemaban"; se trataba de algo complicado.

El primer libro político que Lula leyó: un regalo de Frei Chico

Recuerdo que hubo una época en la que Lula no leía casi nada. Y yo iba a una librería de libros usados aquí en San Pablo. En esos tiempos uno no podía andar con un libro bajo el brazo: uno no podía ni pensar en leer libros que hablaran de Lenin y Marx. Imagina tener eso en la casa... Sé que una vez compré un libro muy interesante: *Qué es la Constitución*, de Duarte Pereira, que un libro de la serie *Cuadernos del Pueblo Brasileño*, que fue publicado entre 1963 y 1964. Le regalé el libro a Lula, que por otra parte todavía lo tiene. Anotó unas cosas atrás. Era muy importante que Lula lo leyera; yo se lo regalé y fue la primera cosa política que yo recuerde que él leyó... Ese libro tenía una visión crítica de la Constitución, mostrando qué son los monopolios, los oligopolios, cómo se domina, cómo se hacen las leyes. Es un libro muy interesante, muy actual, ¿no? No cambió nada.

En ese período también hicimos un curso de oratoria. Yo hice un curso de oratoria en el Centro de Oratoria Rui Barbosa, ligado a la Facultad de Largo São Francisco. Fue un trabajo convencer a Lula de que lo hiciera, hasta que se decidió y fue. Fue Lula, Rubão... era un sábado por la tarde. Eso fue entre 1972 y 1973.

Cambios de ruta: nuevo casamiento, nueva vida sindical

En esa época Lula ya estaba en el sindicato, en la maquinaria sindical, ya estaba con Marisa, se casó. En ese período conoció a Miriam. Miriam era una noviecita más que se consiguió. Como era un tipo joven, con cierta presencia, tenía muchas mujeres. Conoció a

Miriam, fue una historia pasajera; después conoció a Marisa y se casó con ella. El casamiento le cambió la vida por completo, le cambió para mejor.

Entre 1972 y 1974 Lula y yo conversábamos muy poco, nos veíamos muy poco. Lula tenía actividad dentro de la maquinaria sindical, y yo trabajaba, nos veíamos muy poco. Nunca nos peleamos. Algunos asuntos discutíamos, pero nunca llegamos a pelearnos.

Mi padre nunca llegó a enseñarnos nada de política, nada sobre Getúlio, porque nunca dio el tiempo, estuvimos muy poco tiempo con mi padre. Pero él era getulista, sí. Y convencido. Tenía la visión de la gente de esa época. Lo que se escuchaba a nivel político era a mi padre hablar de Getúlio. Yo me quedaba con ganas de conocer quién era ese sujeto. Getúlio murió en 1954. Uno escucha hablar y es allí que empieza a tener interés en saber las cosas.

Yo conversaba con Lula una que otra vez. Íbamos a congresos juntos. Yo era dirigente sindical. En 1975 se realizó el Congreso de los Metalúrgicos en Porto Alegre, al que fuimos Lula y yo. Marcelo Dávila había sido electo diputado federal e hizo un bello discurso. Barelli tenía una historia interesante. Barelli es un monstruo para comer y beber, es un monstruo. Cuando el congreso iba a terminar... había un almuerzo y luego una conferencia por la tarde, y ahí terminaba el congreso. Fuimos a almorzar juntos a la "churrasquería" de un amigo nuestro que era de Santo André, en un barrio de Porto Alegre. Barelli bebió tanto... que yo me quedé preocupado, pensando que Barelli se iba a dormir. ¡Qué dormir! ¡Habló todo el tiempo!

Con las elecciones de 1975 en São Bernardo, Lula fue electo presidente del sindicato. Paulo Vidal ya estaba alejado. Hubo unas cuestiones dentro del sindicato, unas cosas particulares... que no son para contar porque las personas están vivas y en el mismo lugar. Paulo Vidal quedó con las manos atadas. Rubão y Lula lo acorralaron y lo dejaron fuera. No fue una cuestión de dinero. Paulo Vidal quedó muy abatido. Fue en ese momento que los compañeros, de forma inteligente, no le permitieron actuar. Entonces Lula asumió la presidencia.

Paulo Vidal cometió un crimen en 1974: su gran crimen fue haber movilizado a la masa de trabajadores del gremio. Él movilizó de tal forma que se volcaron masivamente al sindicato. Llegó a haber una asamblea con 10.000 personas. Él promovía la huelga contra la pérdida salarial de 1973. Pero cuando llegó a la asamblea, Paulo Vidal tuvo que inventar excusas para evitar la huelga. ¿Te imaginas hacer huelga en Brasil en 1974? Iba a ser un suicidio, iba a salir muy mal parado. Muchísima gente había ido al sindicato, por lo que tuvo inventar cosas, cambiar el discurso y terminar estando en contra de la huelga. Allí también se desgastó. Movilizó a la gente, pero cuando esta acudió masivamente, tuvo miedo y se echó atrás. Flaqueó de verdad.

En lo que respecta a la política, el desgaste fue ese. Rubão te puede contar mejor esta historia. En cuanto a lo ético, la cosa quedó muy cerrada.

Cuando Lula asumió en el sindicato, le dio continuidad al trabajo de Paulo Vidal y amplió los cursos profesionalizantes: electricista, mecánico, dibujante, etcétera. Y empezó a llevar gente al sindicato.

La dirección del sindicato –hoy cambió el estatuto– estaba compuesta por 24 dirigentes. Tenía siete directores ejecutivos y siete suplentes. Después tenía tres en la Sindicatura y tres suplentes, y dos en el Consejo de la Federación y dos suplentes. En su primer mandato, Lula estaba entre los siete suplentes de la dirección. Pero como el presidente puede pedir que alguien de la producción entre al sindicato, Paulo Vidal lo hizo. Lula se incorporó al sindicato para actuar como director ejecutivo. La función que le dieron fue trabajar con los jubilados.

En la otra gestión, de 1972 a 1975, el ya era director ejecutivo, era primer secretario. Él se ocupaba de la previsión social, de los jubilados. Comenzó a crecer dentro del sindicato: él ya venía hablando en las asambleas, ya participaba de los congresos: Paulo Vidal le daba todas las coordenadas, él participaba de las comisiones, fue apareciendo y desarrollándose.

Paulo Vidal es una persona muy inteligente, pero muy presumida. Veía a las personas así: el único que sabía era él, el resto no servía para nada. Creía que Lula iba a servirle de felpudo. Él pensaba eso. Pero no fue así.

Cuando Lula pasó a la presidencia del sindicato, el acto de asunción fue muy lindo, muy interesante, con mucha gente. Le fue muy difícil hacer aquel discurso para tanta gente. Pero igual lo hizo. Fue un discurso desafiando… No hizo un discurso de izquierda, porque en esa época, primero no era propicio hacer un discurso de izquierda y segundo que... es necesario tener una visión de la realidad de ese momento para entender el discurso. Criticar el comunismo y el capitalismo frente a las autoridades, en esa época, ya era algo muy progresista.

La prisión

A partir de esos momentos Paulo Vidal se fue aislando, Lula fue ocupando espacio. Tuvo lugar el Congreso de Toyota, en que Lula fue a representar a los trabajadores, y en esa época me metieron preso, en 1975. Caí preso. La prisión es una cosa complicada. Y Lula estaba en Japón. Cuando llegó a los Estados Unidos recibió una llamada del secretario de Trabajo de San Pablo, llamado Coelho, que ya falleció. Era abogado de la Federación de los Metalúrgicos de San Pablo y más tarde pasó a ser secretario de Trabajo de Maluf. Él le dijo a Lula que se quedara allá, que no viniera para acá, que lo estaban acusando de ser del "Partidón".

Coelho era muy amigo de Paulo Vidal e insistió para que Lula se quedara allá. Le dijo que no viniera acá porque estaban metiendo preso a todo el mundo, que su hermano estaba preso. Como Lula no tenía ninguna vinculación, dijo: "¡No tengo nada que hacer aquí! ¡No le debo nada a nadie, me voy!". Lula tuvo mucho coraje, otra persona se hubiese quedado allá. Como Lula no tenía vínculos con el "Partidón", se vino.

Cuando llegó aquí, Almir Pazzianotto, que era abogado del sindicato, fue con Lula hasta el II Ejército a tratar de localizarme. Permanecieron un largo rato allí, se comieron una espera de cuatro o cinco horas. Lula hasta hoy se irrita con eso. Porque de repente pasaba a ser acusado.

En el DOI-CODI, durante el interrogatorio, trataron de arrancarme la confesión de que Lula había llevado una carta para Luís Carlos Prestes en ese viaje a Japón. Eso sólo podía haber salido de la estúpida cabeza de algunos militares. Yo decía que no, que él no tenía nada que ver con eso, que él no sabía nada de eso.

Prestes o estaba exiliado en Moscú, o estaba en Francia. ¿Cómo iba a hacer Lula para llevarle una carta a Prestes? Pensaban que yo estaba vinculado a Lula, que Lula estaba vinculado al "Partidón". Eso duró varios días. Trataron de "armar una cama", pero no lo lograron.

Cuando Lula llegó, lo primero que hizo fue buscarme. No logró localizarme porque los tipos no abrían la boca de ninguna manera. Después, cuando ya estaba en el Hipódromo, me fue a visitar a la cárcel una o dos veces. El Hipódromo era una prisión civil que quedaba en Mooca; allí había un sector que tenía reservadas ocho celdas para presos políticos. Llegaba a haber hasta 45 personas, las celdas eran abiertas. Sólo era cerrado el pabellón de ocho celdas, pero nosotros teníamos libre tránsito adentro. Es porque éramos presos políticos. Aunque ahí el trato era otro, yo ya podía recibir visitas.

Mi familia tardó casi 30 días en encontrarme. Y Lula sufrió mucho con eso. Él sintió mucho todo eso: "¿Cómo un padre de familia, un trabajador, puede caer preso como un bandido?". Eso lo rebeló mucho a Lula. Fue a partir de eso que Lula empezó a entender la coyuntura política. Aun así no se vinculó a nada de izquierda, a ningún grupo de izquierda organizado, nada.

A mí me parece que Lula cambió mucho a partir de que me metieron preso. Un día conversamos sobre eso y él confesó que sí. Fue ahí que se despertó en él eso de descubrir qué era el régimen. Porque hasta ese momento para él el régimen era algo normal. Fue allí cuando lo descubrió y se rebeló contra ese estado de cosas. Cambió mucho, comenzó a avanzar. Leía mucho, participaba mucho.

La gente que acompañaba a Lula en la dirección también era muy buena. Había uno, que falleció más tarde, un tal Lulinha. Todo el mundo tenía mucha fe en él, y terminó muriendo en un accidente de coche totalmente estúpido. Estaba conduciendo el coche y le dio el volante a una mujer, una mujer que había conocido, para que ella manejara. La mujer chocó con un poste y él murió. La mujer no murió. Hasta hoy no se sabe bien por qué ocurrió eso.

Lula cambia después de que Frei Chico cae preso

A partir de ese momento Lula armó realmente su equipo, y la gente lo seguía. Él no se quedó solo. Tenía un grupo muy idealista en ese sindicato. Era gente joven. Como lo más moderno del país era el movimiento de los trabajadores del sector de herramientas, él tenía un carisma para incorporar a esa gente al sindicato. De ahí en adelante... él realmente fue descubriendo las cosas. Y luego estuvieron las huelgas de 1979, la de 1980.

Huelgas, disputas políticas

Yo participé de las huelgas. Estaba en São Caetano. No era más miembro de la dirección del sindicato. Cuando caí preso me apartaron del sindicato, aunque no perdí mis derechos como sindicalista. Hicieron que me separara del sindicato porque si me quitaban los derechos iba a perder el empleo. Entonces, para que eso no ocurriera, Almir Pazzianotto imaginó esto: yo debía hacer una carta renunciando al mandato efectivo [electivo], por lo cual tendrían que separarme del sindicato, pero continuaba empleado. Permanecí en la fábrica hasta 1980 gracias a esa carta que hice. La empresa, la Confab, no podía echarme porque yo tenía inmunidad sindical.

Después de 1980 me echaron. Y empecé a actuar nuevamente en el sindicato. Pero participé de las huelgas de 1978, 1979 y 1980. En 1978 y 1979 empecé a actuar en las huelgas, pero con muchas reservas, porque después de estar preso los del DOI-CODI seguían visitándonos constantemente. Uno estaba en la puerta de la fábrica y ellos pasaban, miraban. Normalmente en una camioneta Veraneio, con cuatro tipos dentro, o un Volkswagen "escarabajo" con tres personas. Generalmente era así. Nos seguían muy de cerca y permanentemente, a mí y a otras personas, durante mucho tiempo. Vivíamos aterrorizados.

En 1978 hubo una huelga en Confab y el personal de producción y mis amigos me obligaron a quedarme quieto en un rincón. Todo el mundo había parado en la fábrica, más de 3.000 trabajadores, y yo me quedé en un rincón, en un sector, charlando. Yo no debía aparecer mucho para que no me metieran preso. Eso no ocurrió sólo conmigo, también con dos chilenos que habían venido aquí y que trabajaron con nosotros. Eso era para evitar que nos identificaran como cabecillas de la huelga. Nos mantuvieron al margen.

Después volví al sindicato, e hice claro mi discurso. Que obviamente desembocó en todo esto. En 1984, cuando hicimos una lista, por primera vez en la historia de este país la Policía Federal incautó las urnas. Las urnas se abrieron cuatro meses después. Nuestra lista fue prohibida, y le otorgaron el triunfo a la otra. La Justicia ordenó aprehender las urnas porque los tipos no lograron "robar", no pudieron hacer fraude en las elecciones. El fraude lo hicieron en el segundo escrutinio, anularon siete urnas. Nuestra fiscalización era muy dura, la gente trabajaba mucho para no permitir que alguien hiciera algo malo. Cuando llegó el tercer escrutinio, ellos le pidieron al juez que ordenara aprehender las urnas y las guardara hasta que se evaluaran las medidas cautelares que estaban en curso.

Las urnas quedaron en poder de la Policía Federal, con Romeu Tuma. No se cambiaron los votos allí, se cambiaron en la sede del sindicato. Pero eso en Brasil no es algo especial… La gente que lo hizo luego nos contó. Contaron todo como lo habían hecho. Cambiaron todo después de que llegó la policía, antes no se pudo porque nosotros controlábamos. En ese período de cuatro meses armaron todo bien armado, hicieron prohibir a nuestra lista, le dieron la victoria a la lista 1. Llevaron las urnas al sindicato a las 7 de la noche, cerraron el edificio y efectuaron el recuento. Sólo estaban ellos y un oficial de Justicia al lado para legalizar la elección y se acabó.

Nuestro grupo tenía al "Partidón", la Iglesia, Convergencia, había un grupo fuerte del PT. Era una lista muy bien armada, una composición excelente. Yo no era del PT, no lo soy hasta hoy. Eso fue en 1984. La lista era un frente. Yo era la cabeza, luego venía el vicepresidente que era Luiz Carlos del PT, después estaba un muchacho que era del MEP [Movimiento de Emancipación del Proletariado], había un tipo de Convergencia un poco más abajo, luego había un tipo de la Iglesia, que le daba un carácter cristiano a la mesa ejecutiva. Era una lista muy buena.

Después de esas elecciones vino la frustración. En esa época yo ya vivía con salarios prácticamente de miseria. Porque cuando perdí el empleo en Confab en 1980 pasé un tiempo desempleado y conseguí un empleo para legalizar mi actuación en el sindicato. Pero no tenía salario. Tenía un compañero ligado al "Partidón", que era el que pagaba las cargas sociales. Cuando yo estaba en la primera empresa, era esta misma la que pagaba. Pero en la otra empresa, ese compañero era el que pagaba las cargas sociales.

Luego conseguí un empleo en Dalanesi, que es una metalúrgica vinculada al actual alcalde de São Caetano. Él me dio empleo. Yo estuve trabajando allí, hasta que un día hubo un movimiento para elegir delegado gremial, era un acuerdo que ellos hicieron con la empresa, y el elegido fui yo. El dueño de la empresa me pidió que yo me mantuviera afuera de la empresa, que él me pagaba igual. Estuve así algún tiempo. Él me pagaba para no trabajar en la empresa, era mejor para él. Eso fue algo interesante. Eso era común, se dio mucho eso, es más, aún se da en algunos lugares. Era imposible no aceptar: o uno aceptaba, o se iba. No había alternativa.

Desde el punto de vista político-sindical eso era excelente, uno militaba y cobraba sueldo. Eso sí, se quemaba ante la gente. Tiene que ser algo generado por la empresa, uno no puede proponérselo a esta. En mi caso, fue la empresa la que lo impuso. El dueño era muy amigo mío, hasta hoy lo es. Yo estaba desempleado. Estaba en un bar del Club Tamoio de São Bernardo, y vivía cerca. Y el tipo me vio, me preguntó cómo estaba y yo le conté. Él me dijo: "Yo te voy a dar empleo. Puedes ir por allá que te doy empleo". Y me lo dio. Él no era de izquierda. Era un tipo del PMDB, era una persona muy simple, sin maldad, pero a la que no le gustaba el PT. Y tenía razones para que no le gustara, los tipos lo insultaban todo el tiempo, de hijo de puta para arriba.

Después de perder el sindicato, después de toda esa locura, uno comienza a ver la traición de los compañeros. Tenemos unos compañeros que militan en la izquierda que son muy infantiles. Uno de ellos, director ejecutivo de mi propia lista, comenzó a hacer correr el rumor dentro del propio PT de que yo me había llevado dinero para perder el sindicato, de que yo me había llevado algunos millones. Dentro de la izquierda ocurren muchas cosas así: uno quema al otro. A mí me dio mucha bronca eso.

Más tarde, en 1985, me dio un infarto en una asamblea del sindicato. La dirección del sindicato armó una tramoya con el gremio, convocando a asamblea un sábado por la mañana, para que no fuese nadie. Y João Lins tuvo la idea de llevar al personal de fábricas pequeñas. Ese tipo nunca fue elegido para el sindicato por medio del voto, siempre con artimañas, con fraude. Cuando salió del sindicato se transformó en delegado obrero en la Justicia del Trabajo, hasta hoy está en ese cargo. Y allí colocó a otro que se fue con él. Hoy está alejado del sindicato. La asamblea era para decir la campaña salarial.

Nosotros teníamos un grupo grande en el sindicato. Eso fue no bien terminaron las elecciones de 1984, comienzos de 1985. Ellos citaron a asamblea un sábado porque la gente tenía que ir a trabajar y no iba a poder participar: la General Motors trabajaba normalmente. Él [João] llevó sólo al personal de las fábricas chicas. Entonces nosotros movilizamos a los compañeros para adentro del sindicato. Mi diálogo con los trabajadores era el siguiente: "No vayamos a una confrontación dentro del sindicato, porque la asamblea es pequeña y él va a ganar. Vamos a tratar de ganar la comisión encargada del problema salarial, que es la que va a negociar con los patrones". Pero ahí la gente más vinculada al PT decidió enfrentarlo en serio. Que se armara un lío de verdad, terminar con la asamblea. Y lo hicieron. Resumen: hubo confrontación y el tipo ganó la asamblea. Él terminó con la asamblea y los revoltosos fuimos nosotros, no él. Le dieron unos coscorrones, pero él también los dio. Como era él el que hacía el acta, ganó la propuesta de él.

Fue allí que comenzó mi infarto. Cuando salí del sindicato empecé a sentir algo raro. Yo era el encargado de dar a la prensa las informaciones sobre la asamblea. Comencé a caminar y a sentir que me iba a caer. Sentí una especie de sofocación y las piernas flojas. Entonces el compañero Zé Pereira, que estaba tomando una *caipirinha* en el bar, me llevó al hospital. No me quería llevar, creyó que se trataba de un chiste. Yo le dije: "No es un chiste, me está dando un infarto". Yo me di cuenta de qué se trataba.

Fui al hospital, estuve internado unos ocho días y luego salí y continué bajo tratamiento un mes más. Después hice un cateterismo y me dio otro infarto dentro del hospital, me hicieron un *by-pass*. Tengo dos *by-pass* de la vena safena y tres de la arteria mamaria. A partir de eso me alejé de la vida sindical. Hoy en día frecuento el sindicato, pero no quiero más compromisos. La gente de nuestro movimiento sindical es muy mala, hay mucha estupidez. No valoran a los cuadros que tienen, te pagan muy mal, quieren que uno trabaje gratis. Todo eso es una mierda. Entonces, no sirve de nada sacrificarte toda la vida y que ellos piensen que uno ganando un salario mínimo está ganando bien.

Lula asciende

La explicación del ascenso de Lula está en el momento político correcto y en su coraje. Lula estuvo al frente de un sindicato importante, uno de los más modernos de todos los sectores de Brasil, eso fue lo primero. Lo segundo: supo hacer un trabajo con la gente más especializada, que no tenía miedo a perder el empleo. Esa era la gente que iba a la lucha. Porque había empleos en abundancia, uno salía de un lugar y pasaba a otro. Eso ocurría inclusive en épocas de crisis, con la gente mejor preparada. Además, Lula tuvo coraje, tuvo mucho coraje. Como él no mantenía ninguna ligazón con nada, tuvo coraje, tuvo osadía. Surgió en un buen momento político. La clase dominante necesitaba también que surgiera otra cosa, diferente, para cambiar ese sindicalismo atrasado, partidario. Lula surgió con toda esa historia atrás.

Había todo un proyecto de apertura política en curso. El que leyó la *Trilateral*, escrita en 1973, me parece, sabe muy bien cuál era el proyecto de ellos para América Latina. Y no sólo Brasil, todo el mundo. Y Lula surgió en medio de ese cuadro. Lula aprovechó mucho ese momento. No tenía noción de lo que estaba ocurriendo, fue haciendo las cosas naturalmente.

El gobierno se había desgastado mucho, y estaba el proyecto de terminar con la dictadura militar. Lula surgió en ese momento y tuvo la suerte de enfrentar un poder militar desgastado y de contar con el gran apoyo de la sociedad. Hubo mucho apoyo de la sociedad al movimiento de los metalúrgicos. Hubo mucho apoyo político. Los políticos estaban presentes en los actos, Mário Covas, Ulisses Guimarães... ¿Era oportunismo político aquello? No lo era. No era oportunismo, era un acto de coraje. En esos momentos era un acto de coraje.

Se funda el Partido de los Trabajadores

Después fundaron el PT, y pienso que ese fue un momento histórico. Nosotros, el PCB, estábamos en contra de la fundación del PT. Nosotros pensábamos que el PT iba quitarle espacio a los comunistas. Lula opinaba lo contrario: "Con el nombre comunistas no vamos a ningún lugar". Decía que estábamos desgastados, que era necesario cambiar el movimiento obrero independientemente de eso.

Lula nunca fue un comunista. Era un socialista; como máximo tenía una visión de una sociedad justa, que puede ser socialista u otra cosa. Pero comunista nunca fue. Es un tipo que cree en Dios, al contrario de mí, que a pesar de tener como apodo "Frei"...* [ríe].

Creo que Lula surgió también gracias al apoyo de personas importantes en su vida. El movimiento sindical por entero apoyó a Lula en esa ocasión. Las personas importantes fueron Maurício Soares, que ayudó mucho; algunos sindicalistas ayudaron también, incluso unos que eran del PCB, que apoyaron a Lula, le dieron fuerza en los críticos momentos de 1979 y 1980. Marcelo Gato fue una persona importante en ese sentido, Arnaldo Gonçalves, que luego se transformó en una persona muy ligada al "aparato" y terminó perdiendo el sindicato, la gente de Río vinculada al PCB, como Ivan Pinheiro. También estaba Jacó Bittar, que fue una pieza fundamental en esto, Olívio Dutra, de Rio Grande do Sul, João Paulo Pires, João Molevarde. Fue un conjunto de personas que ayudaron a fundar el PT. El cuadro cambia a partir de ahí. Algunas personas comienzan a ver a Lula como competidor natural...

El trabajo que Lula tuvo de fundar el PT... Lula es muy valiente. Además de ser valiente, fue muy osado al fundar el PT. Y fundó el PT. Quiérase o no, ahí está el PT a nivel nacional.

Es cierto que hay cada dirección oportunista del PT, gente que entró al PT para usar la sigla, para promoverse, para salir electo. Hay esas cosas en el PT. Hoy se lo trata de frenar, pero aun así todavía hay. Él trajinó mucho para fundar el PT en este país. Si uno toma la historia de Lula recorriendo este país, parece algo loco. Iba en coche, de madrugada, viajaba sin parar... y fundó el PT.

Nuestro argumento, el del PCB, era que Lula fundando el PT iba a crearse un obstáculo a sí mismo. Yo le decía: "Ahora todo el mundo te apoya —después van a surgir obstáculos—". Nuestra idea era que Lula era importante dentro del movimiento sindical. Pero él comenzó a darse cuenta, según su visión —y en el fondo tenía razón, ahora sé que tenía razón—, de que solamente dentro del sindicato él no iba

* Frei significa fray, fraile.

179

a ningún lado. Entonces, el objetivo era transformar la sociedad a través de un partido político, tomando el poder. Él empezó a sostener ese punto de vista y terminó fundando el PT por esa causa.

La gente del PCB pensaba que si Lula salía del sindicato terminaría debilitando el movimiento sindical. Porque no iba a surgir un líder como él. Iba a ser difícil que surgiera otro líder que aglutinara tanta gente como la que él tenía a su alrededor. (Por un lado, él debilitaba el movimiento sindical, y por el otro, debilitaba a la izquierda organizada, porque fragmentaba todo.)

El PCB no iba a entrar en el PT. Yo traté de entrar y me "cortaron los pies". Los que trataron de hacerlo no fueron los del PT sino los del propio PCB. Terminé no entrando y perdí un momento histórico también. Si yo hubiese entrado en 1980, 1981, como yo deseaba, iba a ser candidato a concejal, me hubiesen elegido, podría ser diputado, etcétera. En aquel momento sí. Luego acabé no entrando y terminé fuera de la política. Y Lula hasta hoy se queja de eso.

Yo quise entrar recientemente al PT y la gente del partido pensó que yo era un "maharajá"* de Fleury. Yo había apoyado a Fleury y a cambio me dieron un empleo, contratado por el Baneser. Hacía un año que trabajaba para Fleury. En esos momentos salió una denuncia contra el Baneser y descubrieron que era "maharajá" de Fleury. Yo trabajaba con el personal del Palacio, con los subordinados de la secretaría que se encarga de los asuntos del Gran San Pablo, que era de Moacir Rodrigues. Bien, ellos se enteran y me atacan con todo. Hubo una reunión de dirección, dijeron que me tenía que ir, que no sé qué… Abandoné el empleo, pero nadie me dio una alternativa a nivel de salario. Uno consigue un empleo, ellos son duros contigo diciendo que eres un "maharajá"… No les interesa tu historia personal.

Yo trabajé 37 años en fábricas. Y hasta hoy no me jubilé, porque mi salario fue siempre muy bajo. Estuve preso y prohibido de actuar gremialmente, etcétera, etcétera… pero ellos creyeron que yo era un "maharajá" porque había conseguido un empleo en el Estado, sin concurso público. Ese empleo era un cargo de confianza, pero un cargo muy estúpido. Yo asesoraba a los compañeros de la Secretaría

---

* Maharajá designa irónicamente a una persona que ejerce o ejerció un cargo público, y que cobra un salario considerable.

de Asuntos del Gran San Pablo. Era un empleo de verdad. Yo no era un fantasma, tenía un vínculo laboral, tenía un lugar de trabajo, tenía todo. Pero la gente del PT fue muy dura. Y jugó duro también porque siendo yo hermano de Lula y apareciendo al lado de Fleury no iba a caer bien. Pero no fue sólo por eso, no. En la dirección del sindicato de São Caetano también hicieron eso porque yo iba a surgir como concejal y podía ocupar el espacio de los tipos del grupo de allí dentro. Que se trata de la gente medio enloquecida que hay allí, gente medio suelta, vinculada al ex trabajo, y algunos otros. Esa gente vio en mí un peligro para ellos, me iban a elegir concejal. Tanto, que el que más me acusó hoy en día hizo un acuerdo en la Legislatura municipal, lo nombraron director y gana un salario muy alto. Él perdió el mandato de concejal y tiene un cargo medio fantasma. ¡También hay esas cosas en el PT, unos oportunistas!

Yo entré al PT en 1991. Estuve sólo tres meses. Pedí una licencia y hasta hoy no volví más. Puedo volver. Mi perspectiva política es hacer campaña para que Lula sea presidente.

Creo que cuando crearon el PT no se fracturó la izquierda. El PT surgió; yo en ese momento estaba en contra porque pensaba que Lula, al vincularse a un partido político, pasaba a disputar un espacio político. En tanto que si Lula estaba sólo en el sindicato, no tenía adversarios. No había cómo criticarlo. Y tenía todas las condiciones para tener una importante central sindical nacional, con su grupo a la cabeza, con hegemonía total. Lula tenía condiciones de ser eso, era imbatible en el movimiento sindical.

Surge la Centra Única de los Trabajadores

Yo estaba a favor de la CUT. Personalmente, creía que era correcto fundar la CUT, librándose de lo más atrasado del movimiento sindical. La gente del PCB tenía la idea de que, fundándose la CUT, no podíamos perder a los atrasados del movimiento sindical, que serían ganados por los del otro lado. ¡Pero eso no es cierto! Los atrasados que tenemos por ahí son atrasados entre comillas, son todos oportunistas. La cosa es que no podemos aislarnos de los atrasados, para no perder a esa gente. Gracias a no sé quién, existió la reforma constitucional de 1988, que terminó con ese tipo de cosas, aunque dejando

181

algunas brechas para fundar sindicatos de mierda. Está ocurriendo mucho eso.

La visión que teníamos era que fundar la CUT, solos, ¿qué significaba? Que íbamos a dejar de lado a un montón de sindicatos que no podíamos dejar de lado, porque eran importantes. Y hubo una precipitación de los compañeros en fundar la CUT en aquel momento. Porque lo que debíamos era comprometer a más gente para fundar la CUT. Era necesario ganar más tiempo. Pero nuestra concepción estuvo equivocada en esos momentos. Era, de verdad, necesario fundar la CUT. El que quiere venir, viene, el que no quiere, queda afuera. Pero nunca... "era importante no aislarse del resto"... Pucha, en Brasil no es posible hacer una cosa hegemónica en el movimiento sindical.

Hoy, no sé cómo está el "Partidón", no he venido participando. El PPS [Partido Popular Socialista] está en crisis. Tiene gente muy seria y está en crisis, perdió mucho espacio. Y ahora mismo acabaron de fundar, de legalizar al PCB, la antigua sigla que el PPS dejó.

El PCB de la época de la fundación de la CUT tenía una visión muy estúpida, muy estúpida, atrasada. Había unos tipos que dirigían el partido, llegados del exilio, y que había perdido el tren de la historia en ese período. El PCB llegó a emitir documentos criticando a Lula. Criticando la huelga de 1980, la postura de Lula... Yo recuerdo que en 1980 me llamó, en San Pablo, el responsable sindical del PCB. Ellos creían que la lista de Alemãozinho iba a ganar en el sindicato. Yo les aposté lo siguiente: "Va a ser 9 a 1". Y me parece que fue 10 a 0, o aún más. Querían que yo apoyara [a la otra lista], que firmara los documentos... ¡Que se vayan al infierno!

La máquina del PCB

Pero me quedé en el aparato del partido. ¿Por qué permanecí en el aparato? Porque tenía muchos amigos, eso es algo muy serio. Recibí ayuda financiera, porque no tenía empleo, o porque mi sueldo era muy bajo. Y eso hace que uno vaya muriendo dentro del aparato, uno va desapareciendo. Yo milité en el PCB más de 20 años. Pertenecía a la Ejecutiva y a la Dirección Nacional durante un buen tiempo, estuve a cargo de los sindicatos.

Me invitaron a hacer cursos en Moscú, pero terminé no yendo. Fue una cuestión de *saudosismo*: seis meses me parecieron mucho tiempo. Eso fue en 1989 más o menos, yo todavía estaba en el aparato, aún se podían hacer cursos dentro. Pero no quise ir. Haber ido me hubiera ayudado bastante desde el punto de vista teórico. Mi teoría es muy poca. En términos de lectura intelectual, yo tengo muy poco. Nunca hice un curso dentro del partido. El único curso que hice en el PCB fue en 1971, sobre plusvalía. Fueron dos horas de clase durante dos o tres noches, eso fue todo lo que hice. Otras personas hacían cursos, pero yo nunca tuve esa oportunidad. Estaba casado, no iba a salir del país y quedarme un año afuera.

Durante los momentos importantes de la carrera de Lula, durante las huelgas, yo charlaba con él, pero no era sólo yo el que conversaba. Yo trataba de mostrarle el peligro de la huelga. Porque el que vino de la represión militar y lo sufrió en la propia piel, ve las cosas de una manera. Quien nunca pasó por eso no las ve igual, hasta puede imaginarlas, pero no las ve igual.

Yo, por ejemplo, recuerdo que en 1980 fui a São Bernardo do Campo durante los días de la huelga, Lula estaba preso. En un predio cercano a la Iglesia Matriz había una 40 camionetas Veraneio, todas del DOI-CODI, aquellos que nos reprimieron y nos metieron presos. Estaban todos allí. ¡Uno se moría de miedo! Esos tipos no iban a matar a todos los trabajadores, pero podían secuestrar a los líderes y se acabó. No lo hicieron porque no lo pudieron hacer, pero intentar, lo intentaron. Cuando nos encarcelaron en 1980, metieron presas a cuarenta y tantas personas… Si deseaban terminar con el movimiento, lo hacían con la mayor facilidad. Es fácil acabar con el movimiento. Sólo se necesita identificar a los líderes y agarrarlos a todos de una vez: se acabó. ¿Qué es lo que puede surgir? Pueden surgir otros líderes más tarde, pero va a demorar hasta que sean reconocidos.

Esas 40 personas fueron detenidas así. Un sábado de mañana fuimos presos yo, Lula, Cicote, Dalari, José Carlos Dias, Djalma Bom… fueron unos 15 ó 20. Todos un sábado de mañana temprano, de las 6 a las 7. Eso ocurrió cuando Lula fue preso por primera vez, en 1980.

Opción por la izquierda

¿Qué me llevó a ser de izquierda? En primer lugar, la injusticia social. Uno trabaja, trabaja, trabaja. ¿Y el resultado? ¡Nada! ¿El sistema que uno vive cómo es? Me acuerdo de algunos patrones que tuve en mi vida. Los patrones tenían un pequeño patrimonio, casi nada, fábricas pequeñas, por ejemplo. Era aparentemente nada, tres, cinco, diez tornos, pero el patrimonio del tipo... ¡iba creciendo muchísimo! Y uno sólo trabaja y nunca tiene nada de nada. Entonces empecé a ver que la sociedad es injusta. El peón, el trabajador, no gana nada. Sólo produce, alguien gana con su trabajo. Es eso lo que comencé a ver.

Mi interés por el PCB es que preconizaba la igualdad social: terminar con la pobreza, la miseria, dar condiciones para estudiar, todas estas cosas. El objetivo del socialismo es eso. Entonces, uno comienza a tener admiración por ello. ¿Qué hace nuestro sistema? Uno trabaja, trabaja, llega a fin de mes, ¿y nuestro pago? El dueño se atrasa en el pago, no tiene ni la más mínima consideración.

Una de las cosas que me llevó a ser de izquierda es que uno trabaja como un desgraciado y no lo consideran nunca. Uno piensa que tiene un empleo, y te echan nada más que porque el jefe te miró feo, o tú miraste feo al jefe. Te echan. Eso hace que uno se rebele contra el sistema. La mayoría de los jefes que uno tiene te generan rebeldía. Uno comienza a tener odio al patrón. Odio. Si uno lo pudiera matar, lo mataría.

Recuerdo que había un español con quien conversaba mucho. Él decía: "Si hay gobierno, yo estoy en contra". Uno comienza a tener mucho odio de la clase dominante justamente por eso: te maltrata, te desprecia. No recibes el mínimo de consideración, tú eres peón, tú eres peón. Lula nunca le tuvo odio al patrón. Pero le daba rabia la manera como lo maltrataban. Siempre le tuvo bronca a las injusticias dentro de la fábrica.

A veces uno se lastimaba en la fábrica, tenía que irse a la casa, pero tu jefe no quería te fueras. ¿Quién va a trabajar en tu lugar? El trabajador está enfermo pero tiene que trabajar. Uno tiene fiebre, pero si no superó los 39 ó 40 grados, no te vas a tu casa. Suceden muchas cosas así.

La izquierda quiere que todo eso cambie. Todavía estoy en duda de que sea sólo la izquierda. Pero actualmente no le veo solución al mundo que no sea la implantación de un sistema político en que esté garantizada la supervivencia de las personas. No lo veo. Eso no existe en el capitalismo, y no va a existir nunca. Y uno dice: "¿Entonces uno va a propugnar la extinción del capitalismo?". No voy a propugnar nada. Creo que nosotros tenemos que crear condiciones para que el pueblo se eduque de tal forma que tenga que existir un cambio en el sistema de mando. Ahí viene la cuestión del poder, quién manda y quién no manda. Yo creo que estamos muy atrasados en eso. Yo veo, incluso con cierto pesimismo, el discurso de gente que sencillamente quiere llegar al poder para transformar todo. No va a transformar nada. Eso va a llevar muchos años.

Nosotros tampoco podemos dejar de intentar hacer algo. Nuestro problema en Brasil es que hay una visión muy atrasada, muy individualista. Es una cultura muy estrecha, hay mucho oportunismo. A veces uno conoce a un obrero y pasa a odiarlo. No son todos, pero existe un grupo grande de obreros que si pueden joder a otros para lograr crecer dentro de la empresa, lo hacen. Pero tampoco es culpa de ellos. Es su formación, fueron criados así.

Yo siempre fui de izquierda moderada, nunca fui muy sectario. Nunca pude ser muy radical.

La experiencia de la tortura
- FREI CHICO -

"Ellos trataban de destruirte como ser humano. Este era el objetivo."

"La tortura deja lesiones morales. Y lesiones físicas."

"Cuando te están torturando, tienes ganas de matarte. Si uno tiene la oportunidad, uno se mata."

El secuestro en el DOI-CODI

Fue un asunto hijo de puta.[1] Teníamos información, muy confusa, de que habían metido presos a uno tipos del PCB. Porque la prensa no lo publicaba, pero uno tenía algunas informaciones. Constantemente visitaba el Sindicato de São Caetano un tipo que se decía coronel retirado del Ejército. No sé su nombre. Estaba en el sindicato constantemente. Se quedaba allá, se sentaba, conversaba, etcétera. Y Manezinho –Manoel José Constantino–, que era nuestro presidente, le daba mucha confianza. Eso fue en 1975.

El tipo había sido metalúrgico, no era verdad, pero iba allá, se sentaba, conversaba, llamaba a Manezinho para charlar, para almorzar. Había otro tipo que visitaba el sindicato, se quedaba sentado allí y le pedía favores a Manezinho. Por ejemplo, le pedía consultas médicas para su familia y otras cosas. Y ese tipo era del DOI-CODI. Inclusive, ese fue uno de los tipos que más tarde metieron preso a Manezinho. No conozco su nombre. El nombre que él decía era ficticio, no era verdadero.

Comenzamos a percibir que empezaban a cercarnos. Yo no tenía ninguna noción de cómo sería estar preso. Yo era muy puro en eso. ¿Cómo es que sería? Yo sólo escuchaba lo que contaban. Era

---

[1] Esta entrevista se realizó el 5 de octubre de 1993.

uno de los directores del sindicato, ocupaba la función de vicepresidente. Asumí un lunes y el sábado me metieron preso. Yo había pertenecido a la dirección antes, de 1972 a 1975. Pero en esa lista, cuando fui electo vicepresidente, sólo estuve una semana en el sindicato.

Nosotros teníamos noción de que estaban metiendo gente presa. Supimos, ese mismo sábado, que habían encarcelado, ya en julio, a un montón de oficiales de la Policía Militar de San Pablo. Todos vinculados al "Partidón". Mucha gente fue presa, alrededor de 45 personas. Eran todos de la PM. Había una base muy grande en la Policía Militar que estaba presa. Supimos de eso porque decían que había salido una nota en la *Folha da Tarde*. Alguien me lo contó, no recuerdo bien.

Yo estaba conversando con Afonso Monteiro da Cruz en un bar, ese sábado que me metieron preso. Afonso ya estaba alejado del sindicato, y nos quedamos en el bar hasta eso de las 2, dos horas y tanto. Almorzamos juntos y nos quedamos charlando sobre las detenciones, sobre cómo la cosa estaba difícil, hasta qué punto nuestro trabajo era arriesgado. Afonso no participaba más del sindicato, pero él sabía.

Salí de allí y me fui a casa. Mi suegra vivía muy cerca de mí, unos quince minutos a pie. Y yo tenía a mi chico menor, que iba a cumplir dos años, y al mayor que ya tenía cinco. Mi mujer había salido con el mayor para buscar al menor que estaba en casa de mi suegra. Cuando llegué a mi casa, mi mujer me dijo: "Pasó por aquí una camioneta Veraneio, con cuatro hombres dentro. Preguntaron por una foto de Antônio Bernardino". Ese era el antiguo vicepresidente del sindicato, yo ocupaba el lugar de él. Mi mujer me contó que los tipos dijeron que Bernardino había tenido un accidente. Ella me preguntó si yo sabía algo sobre él. Le dije que no sabía nada. Eso fue un sábado, el 3 o el 4 de octubre de 1975.

Cuando sospeché de qué se podría tratar, le dije: "Me voy a bañar, vete a la casa de tu madre, que después te voy a buscar". Entré a mi casa, tomé todos los documentos que tenía y los escondí bajo el fregadero. Escondí todo bajo unas latas que había. No enteré nada, todo lo escondí allí. Y tenía un documento que era un historial del movimiento obrero en Francia, en Europa en general. Ese documento era comprometedor. Era un análisis hecho por el Partido Comunista francés o italiano. Salí de casa con el documento, para arrojarlo a un terreno baldío. Lo pensaba romper y tirar.

Pero cuando salí de casa, caminé unos diez metros por una subidita, y ahí se detiene una camioneta Veraneio a mi lado. Un tipo me mira. Me doy cuenta de que atrás de mí ya están viniendo otros dos, con ametralladoras. Yo sólo tenía la cédula de identidad en el bolsillo. Estaba en chinelas, un pantalón y una camiseta. Yo nunca andaba sin cédula de identidad en el bolsillo. Estaba con el documento en la mano y a diez metros de mi casa...

Los tipos me empujaron para dentro de la camioneta. Dieron una vuelta, se detuvieron más adelante. Empezaron a hacerme muchas preguntas, me preguntaron quién era yo, etcétera. Yo les expliqué. El documento no lo podía negar. El documento decía todo bien claro. Ellos había ido allí a agarrarme. Fueron a buscarme a casa. Nadie los vio, nadie vio nada. Mi mujer no estaba en casa, los vecinos no habían visto nada. La camioneta no se mostró demasiado porque algo muy rápido. Si alguien quiere secuestrarte, es fácil hacerlo de forma tal que nadie lo note. Es muy rápido, demora como máximo 30 segundos. La persona no entiende qué ocurrió, incluso piensa que son amigos. Nadie lo vio.

De ahí me llevaron al DOI-CODI. En el camino los tipos ya me colocaron en la cara una máscara, algo en los ojos para que no viera adónde iba. Era una especie de toca, una capucha. Yo estaba en medio de dos policías dentro del coche, no me pidieron que agachara la cabeza. Llegué al DOI-CODI. La sensación que uno tiene es algo terrorífico, es muy duro no saber qué va a ocurrir. ¡Es horrible, es algo enloquecedor!

Rituales de tortura

Sé que cuando llegué al DOI-CODI me tiraron en un rincón. Me ordenaron que me sacara toda la ropa. Debía quedarme totalmente desnudo. Gente en el lugar había, pero allí no hay sexo, no hay nada. Me dieron un overol del Ejército para que me lo pusiera. Quitarse la ropa así era para quebrar, en verdad para quebrarte la moral.

Después pasó un tipo, pasó, se quedó mirándome. Era una situación deprimente, muy loca. Después me llevaron a una sala especial.

189

Era un cuartito pequeño, todo hermético, anti-ruido. Había una silla de dragón.* Entonces empezaron las descargas eléctricas, golpes, hasta contar lo que sabes. Como a veces ellos dicen muchas cosas que saben con certeza, tú sólo confirmas. Pero en determinado momento uno ni sabe lo que dice.

Ellos no paran de atormentarte. Te sacan y te llevan a un pasillo. Te atan en el pasillo, te atan las manos. Llevan a otro tipo a la sala hermética. Lo atormentan al otro tipo. Eso fue así, una semana sin parar.

Metieron preso a Manezinho al día siguiente que me metieron a mí. Luego apresaron a Pedro Daniel, el pobrecito era viejo, tenía sesenta y tantos años. Era militante comunista de São Caetano. Habían entregado a todo el mundo.

Después de las elecciones de 1974, en que el PCB ayudó a articular aquel frente que rompió masivamente con el gobierno... Esa es una historia complicada. Geisel estaba en un proceso de apertura, era parte de su proyecto. Pero dentro de las Fuerzas Armadas estaba el grupo de D'Avila Mello, de Frota, que estaba en contra. Si liquidaron a la izquierda armada, debían liquidar al otro enemigo, que era el PCB. Ahí se montó una gran estructura para caerle encima al PCB, que ocupaba algunos cargos en los medios de comunicación... De allí la muerte de Herzog. Ellos tenían que destruir nuestro aparato. Y D'Avila Mello mandaba más que el gobernador de San Pablo, Paulo Egydio Martins. El gobernador no mandaba de ninguna forma, llegó al punto de perder la autoridad en el estado de San Pablo.

A partir de nosotros fue cayendo todo el mundo. Todo el mundo. Si eras amigo de alguien, también ibas preso. Ocurrió mucho eso. Apresaban al tipo, lo llevaban al DOI-CODI, el tipo podía ser un puestero de feria que por coincidencia era vecino de un comunista. Eso nos fue desmoralizando, porque detenían a todo el mundo. Era el DOI-CODI de la calle Tutóia. Hasta hoy allí hay un cuartel de la Policía Militar.

Lo ridículo de todo eso es que torturaban de verdad. Torturaban mujeres, lo hacían delante de hombres. Recuerdo que torturaban a

---

* Se trata de una silla muy pesada, con asiento metálico, en cuya parte posterior se introducen cables para generar descargas eléctricas.

un matrimonio. Tomaban a la mujer y la torturaban frente a su marido. Le ordenaban a un tipo que viniera a meterle una escoba en la vagina de la mujer. Nosotros lo presenciamos. El tipo la violaba con objetos. Tenía un bastón eléctrico. Le metía el bastón a la mujer, frente al marido.

Desmoralizaban a la gente, el asunto era desmoralizar a la gente. No llegar al punto de matarla. La muerte de Herzog fue un accidente de trabajo de estos tipos. Le dieron un mal golpe y lo mataron. Ellos en verdad trataban de destruirte como ser humano. Ese era el objetivo.

La silla de dragón es una silla con esta forma, con brazos como esta donde estoy sentado. Ellos te atan los brazos a los brazos de la silla y tus piernas, a las patas de la silla, y colocan un palo en el medio, entre las patas de la silla. Te golpean las manos, te arruinan las manos con golpes. Usan cachiporras, férulas. Y un palo... Ellos golpean en las manos, de una manera tal que te queda toda hinchada. También golpean la suela de los pies. A veces te quiebran algún dedo, pero lo hacen sin querer. La cosa de ellos es muy científica. Quedas de tal forma que no puedes ni tomar una cajita de cigarrillos. No puedes doblar ni mover la mano, te queda completamente dura. Sólo puedes tomar las cosas juntando una mano con la otra. Con los pies no logras caminar. Tienes todo hinchado bajo los pies. Todo esto te deja inmovilizado por un buen tiempo. Hicieron eso con todos los que pasaron por allí. No se salvó nadie.

Vi algunos libros sobre torturas y me parecieron un poco estúpidos. Hacen libros hablando de personalidades, cada facción que cuenta lo que ocurrió lleva agua para su molino. Lo que se hacía allí era algo muy serio. Por ejemplo, había una chica que era arquitecta, era sobrina de D'Avila Mello. El PCB tenía mucha gente ligada a la clase media y media alta. Recuerdo a esa chica arquitecta –no sólo ella, también otras cayeron presas–, recuerdo que la torturaban sin piedad, a pesar de ser sobrina, pariente del militar. Parece que a él no le importó.

Ellos también apresaron a un matrimonio amigo nuestro, que era de Niterói. Eran Ana Maria y Guilherme –Guilherme era el nombre de guerra, el nombre de verdad era otro–. También metieron preso a un matrimonio que nos ayudaba. Esta gente ya estaba viviendo en San Pablo, eran del PCB y nos daban asistencia. Esa gente también cayó presa y tenían una bebita de pocos meses. ¿Qué es lo que hicieron con aquella bebita? No sabían qué hacer. A mitad de camino hacia el DOI-CODI dijeron que tenían parientes en San Pablo. El pariente estaba vinculado a las Fuerzas Armadas, era un tipo de la Marina, no sé. Se llevaron a la niñita para allí. Pero los torturadores se quedaron usando el coche del matrimonio como quisieron, mientras esta gente estaba presa… Era un "escarabajo" rojo. Ese matrimonio fue duramente torturado.

Me acuerdo de un caso "gracioso". Apresaron a dos abogadas de Santos. Había llegado allá por la mañana temprano, y una de ellas, muy inocentemente, dijo que tenía una audiencia a tal hora, que debía irse. Entonces ellos le ordenaron que se sacara la ropa… y le decían: "Vas a ir a la audiencia, sí señor, perfecto, pero ahora te quedas allí". Pobres. Una se llamaba Sandra, ahora no recuerdo el nombre de la otra. Sufrieron también. Fueron torturadas de verdad.

Médicos, impunidad y salarios extras

Y el vandalismo de los tipos… Un tipo te tortura y dos o tres observan. Viene un médico, te toma la presión para ver cómo estás. Si reaccionas o no reaccionas. Si puedes continuar. Todo el mundo habla de ese médico, pero nadie tiene coraje de identificar a ese canalla. Hoy en día, si lo viera creo que no lo reconocería más, no sé.

Pero los tipos están por ahí. El otro día fui al INPS aquí en el centro de San Pablo, y hay allá hay un tipo que es médico del INPS hasta hoy. No sé su nombre, pero hay gente que sabe. Hay un médico amigo nuestro, que era del PCB en esa época, y él lo sabe. Ese médico torturador era jefe de él en el INPS. En la época de Sarney lo echaron [del cargo de jefe]. Pero los sujetos están por ahí hasta hoy.

Los de la PM eran soldados todavía jóvenes. En esos momentos, a los 20, 22 años, aceptaron permanecer allí dentro maltratándonos a cambio de un sueldo extra de porquería, a cambio de alguna ayuda económica extra. Había un adicional. Yo recuerdo que en una ocasión estuvimos allá una noche la primera semana, la segunda semana… Ellos sacaban a todos los presos de la celda, no te permitían quedarte quieto. No lograbas ponerte cómodo. Nos agarraban a todos y nos llevaban a un aula, con asientos de escuela. Llegábamos allí, ¿y qué hacían? Te hacían poner una bolsa de plástico en la cara, con un calor insoportable –había un viejito de alrededor de 70 años, allí no había edad, no había nada– y allí te quedabas. Sentado y con una bolsa de plástico en la cara, sin dormir.

Además, había un negro joven que se pasaba la noche entera golpeándonos. No dejaba que nadie se durmiera. Dormitabas y él te daba un golpe. Lo hacía para no dejar dormir a nadie. ¡Era una guerra psicológica!

Declaraciones falsas

Había un japonés, que era coronel, capitán, teniente, no sé qué es lo que era, sólo sé que era del Ejército. Ese japonés hacía la parte escrita de la declaración. Había una declaración escrita. Yo todavía tengo otra declaración guardada en casa hasta hoy. Tengo la declaración que se hizo para la Justicia Militar. Hay una declaración que ellos hacían que era para justificar más tarde ante el DOPS que esa gente había sido encarcelada con motivo; era una declaración que uno hacía, pero con el sujeto diciéndote lo que debías escribir. Era ese japonés canalla. Ibas a decirle algo y te gritaba: "¡Está mal!". Luego, cuando llegaba a la Justicia Militar, tenías que desmentir aquello.

Pero yo entré bien. Llegué a la Justicia Militar y tuve que desmentir todo lo que les había dicho. Dije cosas diferentes. Pero reconocí a "Frei Chico" como apodo. El juez, un tal Nelsinho, que hasta hoy está por ahí, me decía que yo entonces reconocía que mi apodo de partido era Frei Chico. Él dijo que entonces mi declaración al DOI-CODI era verdadera. Tuve que juntar las firmas de Paulo Vidal, de Maurício Soares, de Mário Ladeia y algunas personas más diciendo que ese era mi apodo dentro del sindicato. Era un apodo que yo tenía a causa de mi calvicie. Pero ellos pensaban que mi apodo era el nombre de guerra, el nombre clandestino del partido.

Solidaridad en la tortura

José Roberto Melem, que hoy en día es secretario adjunto de la Secretaría de Administración del Estado de San Pablo del gobierno de Fleury, fue un tipo que me marcó mucho en la prisión. Recuerdo un día que me sacaron para llevarme a la tortura. Los tipos me sacaban de la celda, me dejaban en un patio e iban a cerrar la celda. Miré para un costado y allí estaba Melem. Estaba en las rejas, de pie, sujetando los barrotes, con un overol corto. Él era grandote, el overol le quedaba corto, le llegaba por aquí, a la mitad de la pantorrilla. Tenía una gran cabellera pelirroja, y me dijo: "¡Aguante firme, compañero!…". Eso me dejó un buen recuerdo. Pero tuve tanta mala suerte que salimos del DOI-CODI esposados juntos, fuimos al DOPS y luego al Hipódromo juntos.

Frei Chico: ¿vivo o muerto?

En ese período mi familia me buscaba y no me encontraba. Me buscaba por todos los rincones, los hospitales, las comisarías y no me encontraba. Pensaban que me podrían haber asesinado, que podría estar tirado en unos pajonales. Pensaban cualquier cosa. Me estuvieron buscando unos dos o tres días: no me encontraban en las salas de primeros auxilios, no me encontraban en los hospitales, hasta que les soplaron que podría estar preso. Entonces mi familia comenzó a hacer guardia directamente en el DOPS, aunque también iban al II Ejército, pero no me encontraban. Iban mi mujer y las mujeres de otras personas que estaban presas.

Mi mujer sólo pudo localizarme porque había un agente del DOPS que es pariente de ella. Él me había visto. También había visto a mi mujer en la entrada y la llamó a un costado. Eso luego de más de 25 días de estar buscándome. Él le preguntó: "¿Qué estás haciendo aquí?". Mi mujer le explicó. Entonces él le dijo: "Quédate por ahí en un rincón". Cuando los otros llegaban, él decía: "¡Váyanse, no hay nadie, aquí no está el que ustedes buscan!". Pero mi mujer, la hija de Manezinho y la mujer de Pedro Daniel se quedaron esperando en un rincón. Estaban las tres juntas. El tipo entonces bajó y me vio. Subió y le comunicó a mi mujer que yo estaba allí. Fue mi suerte. Esa información no podía saberse. Imagina si se supiera que él avisó que yo estaba abajo. Pero lo hizo.

En esa época, murió Herzog. Había muerto por esos días. Fue ahí que ellos aflojaron un poco las cosas. Aflojaron en el DOI-CODI, los que estaban allí fueron trasladados a Cambuci. Y nosotros en el DOPS estuvimos un poco mejor. Como no había lugar para todos, dividieron a los presos del "Partidón" entre Cambuci y el Hipódromo.

Cuando Lula trató de encontrarme, hacía unos quince días que mi mujer ya me estaba buscando. Pero ellos negaban todo, no informaban dónde estaba yo. Lula no pudo descubrir nada, no logró descubrir. Ellos ni siquiera le decían que yo estaba preso. Quien me encontró de verdad fue mi mujer. Fue gracias a ese pariente de mi mujer. Pero en ese medio todos los del PCB tenían gente de la masonería, tenían presos muy famosos, entonces algunos parientes de una u otra persona sabían que estábamos allí. Porque en la policía, en el DOPS, había mucha gente relacionada. Incluso algunos oficiales del Ejército. Es por eso que a algunos los descubrían enseguida. Otros no lo lograban. Porque realmente eran tipos arraigados en la sociedad.

DOI-CODI quería informaciones sobre Lula

No tiene sentido decir que a mí me torturaron menos porque era hermano de Lula, no tiene nada que ver. Durante dos días no pararon de interrogarme para conocer la vinculación de Lula con el "Partidón". Era una forma de tratar de incriminarlo. Pero no pudieron. Terminaron desistiendo. Quien hacía este trabajo era unos dos oficiales del Ejército, jóvenes aún, que estaban en una sala del piso de arriba. Hacían este trabajo muy delicadamente. Iba arriba y ellos te decían: "¡Pero lo que están haciendo es un crimen, es una barbaridad, eso no se hace! Toma un vaso de agua, toma un cafecito…". Hacían todo ese trabajo de "santitos" para que abrieras el juego. Hacían eso. Tenían un estilo "muy puro". Golpeaban la mesa, decían: "¡Pero qué mierda, eso es una porquería!". Luego iban conversando, tratando de desarmarte para arrancarte información. Qué asco. ¡Qué porquerías que hicieron en el DOI-CODI, muchas porquerías!

Marcas de la tortura

Detalles de tortura, por ejemplo. Además de arruinarte los pies y las manos, te daban descargas eléctricas. Te obligaban a bañarte y lue-

195

go te metían sal en la boca, te ataban, y te daban electricidad. ¿Y en el pene, entonces? Adoraban ponerte electricidad en el pene.

Había un tipo que cayó preso, que era nuestro, del PCB, un compañero llamado Zé Cabeludo, que era de São Caetano. Cuando el torturador comenzó a ponerle electricidad en el pene, él, que es muy "simplote", dijo esto: "Ahora esta mierda se me va a poner dura". ¡Le dieron una paliza feroz! Todo por hacer un chiste... Era un sujeto demasiado simple.

Había otros que sufrían mucho pero no decían nada, a pesar de que los torturadores ya sabían todo. Era una tontería continuar negando las cosas. Mi suerte es que del tercer día en adelante fui a parar a una celda enorme. Allí sólo estaba un tal Virgulino, que era un tipo del Comité Central del Partido de Minas Gerais. Pero yo no sabía quién era. Él me lo dijo, después de preguntarme el nombre: "Frei Chico, debes confirmar todo lo que saben. Es una tontería continuar recibiendo golpes gratuitamente. Entonces debes confirmar lo que ellos dicen. Lo que te parezca necesario, lo confirmas. Es una estupidez seguir negando, cuando ellos saben todo". Me lo dijo bien bajito. Esa fue mi suerte. Porque otros no lo hicieron, otros compañeros sufrieron tratando de negar cosas que los tipos tenían en la mano. Era una tontería hacer eso. Los tipos tenían en la mano los contactos, los cursos que hacíamos, todas esas cosas.

La tortura deja lesiones morales. Y lesiones físicas. En la suela de los pies, por ejemplo. Hay compañeros que hasta hoy sufren, caminan con dificultad. Porque quedan lastimadas, lastimadas por dentro. Aunque normalmente no dejaban ninguna marca en el cuerpo. La marca que queda es psicológica, ¿no? Hay un período en el que no puedes ver... ¡te quedas horrorizado! Te imaginas que eso puede ocurrirte de nuevo.

Cuando te están torturando, tienes ganas de matarte. Si uno tiene la oportunidad, uno se mata. Es por eso que te quitan el cinturón, te dejan sin nada. No se podían usar los cordones de los zapatos. Te dejaban sin zapatos, o con los zapatos sin cordones. No te dejaban nada que pudiese transformarse en una cuerda. Cosas cortantes, ni pensar, no podías quedarte con nada de eso. Ni con una camisa. Hubo más gente que murió allí. Pero no fueron suicidios. Era imposible suicidarse.

Cuando dicen que Herzog se mató es una hijaputez. No tenía cómo matarse. El overol que usábamos es imposible de romper. No se puede hacer una cuerda con el overol. Es un brin grueso, es una tela que no puedes romper. No hay nada con lo que se pueda hacer un hilo, una cuerda, nada. En un determinado momento uno piensa en suicidarse. Uno piensa, lógico. Porque entre la tortura física y desaparecer, es mejor desaparecer. Si uno tuviera condiciones uno se escaparía. Porque uno comienza a pensar en la familia, a pensar en los amigos si uno llegara a entregarlos... A pesar de que eso a mí no me ocurrió.

Después que no vengan a acusar a alguien que entregó allá dentro, a decir que un tipo es traidor: el que dice eso es un canalla. Porque el tipo resistió mucho, pero luego entregó a otro, si él lo entregó es porque realmente no aguantó. No es fácil. Y condenar a un tipo así es una hijaputez, porque no se tiene noción de lo que es la tortura. Si fuese matar, perfecto, es sólo un tiro. Pero el problema no es ese, era la tortura física, moral. Entonces aquello... para resistir... pocas personas resisten.

Hay un tipo nuestro, del PCB, que hoy vive en Minas Gerais, que era muy valiente. Su nombre es Raúl, era hojalatero, en esa época vivía en Santo André. ¡Ese tipo sí que sufrió! El no confirmó nada de lo que los sujetos querían. ¡Nada! Lo volvieron loco...

A la noche, por ejemplo... ¿Qué hacían ellos a la noche? Tomaban a un tal Cebolla, que era un gran camarada de Santos, y a otro joven más, que ya olvidé el nombre... Había unas cuatro celdas de un lado, unas cuatro celdas del otro, y un muro en el medio de un metro y tanto. ¿Entonces qué hacían? Los hacían nadar allí la madrugada entera. Tiraban baldes de agua para que nadaran. Ellos estaban todos ensangrentados. Les tiraban agua para que nadaran. Eso era también para no dejarnos dormir. Ellos torturaban a gusto, dejaban a la gente toda ensangrentada y luego continuaban torturando frente a nosotros. Dejaban a la gente ensangrentada de tanto torturar con golpes, con palazos, con trompadas en la nariz, en la boca. Otras veces ordenaban a un tipo a permanecer acostado desnudo en el suelo (no arriba del muro), y lo hacían "nadar" en el cemento. Eso se hacía mucho, mucho.

Sobre los torturadores

Lo triste de esta historia es que estos tipos existen y están por ahí. Había torturadores que perdían el control en el momento de la tortura. Había tres equipos de torturadores. Todo equipo tenía un jefe. Y había jefes más inteligentes y más hijos de puta, dependía del equipo. Hay una historia increíble. Uno de esos jefes de tortura… Cuando salí de la cárcel, fui a vivir con mi suegra. No podía pagar alquiler, me fui a lo de mi suegra. Estoy bajando de la casa de ella, con mi hijo Luciano en brazos, yendo para la casa de mi cuñado Rubens, era un sábado de tarde. Cuando voy bajando, paso por una acera –hasta hoy está allá la casa, la familia debe vivir allí todavía–, ¿a quien veo? Uno de esos jefes de equipo de tortura. Y yo pasé muy cínicamente, y lógicamente me dio un shock de odio. Pero igual pasé y lo saludé. El tipo se puso blanco. Sé que más tarde el tipo desapareció de allí. Inicialmente tuve ganas de matarlo. No es ganas de pegar, es ganas de matar. ¿Pero matar a una porquería de esas? Esas cosas son así: o lo matas o no haces nada. Lo dejas. La historia lo juzgará. Hoy sé que está separado de la familia. Vive en Campinas, yo lo vi, usa el pelo largo. No sé si aún está en el Ejército, ni qué puede hacer de su vida. A este tipo yo lo vi, vivía en São Bernardo do Campo.

Unos años atrás, tomé el tren y conmigo viajaba uno de los que nos identificaban en el DOI-CODI. Vivía en Santo André. Estos tipos está ahí. Son personas educadas y preparadas para eso. Quién preparó a estos tipos no lo sé. Nuestra PM actualmente tiene sectores a los educan así. Para torturar y matar. No hay corazón, no hay nada.

En el DOI-CODI estuve preso unos 16, 17 días. Dos o tres semanas. En el DOPS fueron otras dos semanas más o menos y luego me llevaron al Hipódromo. Fue en total 78 días, algo así. La tortura en serio fue en el DOI-CODI. Cuando llegué al DOPS tuve tortura psicológica. Fleury pasaba por allá y nos encaraba. Se quedaba encarándonos. Fleury no nos tocó, pero entraba en las celdas y se quedaba encarándonos con una expresión de "marihuanero"… parecía un bandido. Él era el titular del DOPS, era un comisario. En esa época el DOI-CODI había asumido la tarea de él. Terminó asesinado por tráfico de drogas.

Había un tal Sigilo, comisario del DOPS, uno bajito, que hasta hoy está por ahí, que pasaba, amenazaba torturar, amenazaba llevarnos de vuelta al DOI-CODI.

La comida

En el DOI-CODI, cuando aparecía un pedacito de pan con café era una maravilla. A veces no era posible porque la boca te quedaba muy lastimada con la sal y la electricidad. Entonces no podíamos comer. A veces ellos traían un cafecito y un pedazo de pan. Uno estaba en un calabozo. Cuando ibas a tomar el café, el tipo decía: "Déjalo ahí y ven aquí". Y te llevaba a la tortura de nuevo. Luego de unas horas, volvías.

La comida que había era muy mala, muy mala. Pero uno comía, lógico. No tenía hambre, pero comía. Comía cualquier porquería. El pan y el café llegaban a ser tan ricos... Un pedacito de pan y un poco de café, ¡y Dios mío! En el DOPS la cosa ya era algo mejor porque no comíamos la comida de los presos, a algunos la familia pasaba por allí y les dejaba comida. Y había una forma de soborno también: con un dinerillo uno le pedía al carcelero que comprara lo que uno quería. Estaba prohibido, pero el tipo lo hacía, secretamente. Y en el Hipódromo era diferente. Cocinábamos nuestra comida. Se armó un colectivo de presos. Estaba el presidente del colectivo que negociaba con el delegado de la cárcel. Él negociaba y nosotros hacíamos una comida buena, mejor. Teníamos una cocina para cocinar.

Secuelas de la tortura

Nunca conté bien a mi mujer esta historia de la prisión y de las torturas. Mi madre quedó medio traumatizada cuando lo supo, pero yo nunca le conté con detalles. Le tenía mucho miedo a todo eso. Tenía miedo de que le ocurriese a Lula también. Tenía mucho miedo. Y hay cosas que uno termina no contando, que no son para contar. ¿Uno va a contarle a la familia para qué? Es algo muy humillante, muy humillante.

Yo sé que esto no se resolvió todavía en Brasil. Esa cuestión del aparato militar que se montó no está resuelta. Es lógico que los militares no quieran que se toque ese asunto. Pero también hay militares serios. Conozco algunos militares del Ejército, que no son de esa época, que no estuvieron vinculados con eso. Ahora tenemos otros que… Se armó un aparato del Estado. El DOI-CODI es un aparato armado con dinero propio, con financiamiento propio. Mucha burguesía que está por ahí aportó dinero para mantener a esos tipos. Todo el mundo lo sabe. ¿Quién le dio dinero a Collor? Una parte de los que financiaron a esos tipos.

Yo dudé si iba a salir de allí vivo. Tenía dudas. No me imaginaba lo que podía ocurrir. Mi mujer quedó destrozada. Una vez tuve otra experiencia mala de este tipo. Estuve un buen tiempo en terapia intensiva, en el hospital. Cuando uno tiene una dificultad así, no piensa mucho en uno mismo, piensa en quien está afuera. Cuando la muerte está cerca, la dificultad no es más de uno: nuestra preocupación pasa a ser con los demás. Uno pasa a preocuparse por el que depende de uno, pasa a preocuparse por quien uno ama.

Hubo algunas personas que ayudaron financieramente a mi mujer. Algunos parientes me ayudaron, pero principalmente mi suegra y mi suegro. Pero una buena parte de mis parientes pensaba que no precisaba ayuda. Hay gente de la familia que es un poco complicada. Había un tipo vinculado al sindicato que me ayudó también hasta que volví a trabajar.

Una semana después de que salí de la prisión comencé a trabajar. Todo volvió a la normalidad. Yo tenía derechos en la fábrica, me pagaron lo que tenían que pagarme. No me pagaron el período que estuve preso, pero me pagaron los días que había trabajado antes de ir preso. Yo tenía dos hijos cuando me encarcelaron. Dênis tenía algo más de cuatro años y Luciano iba a cumplir dos.

De vuelta a la militancia política

A partir de 1978 volví a militar en el partido. Comenzaron a reorganizar el partido con David Capistrano –que hoy es alcalde de Santos–, con Careca, que es otro compañero. Empecé a juntarme con ellos de nuevo, pero medio lentamente. El partido todavía era muy clandestino. Como cayó prácticamente todo el mundo, hubo que reestructurar todo. Volví a militar. Luego surgió el PT, se dio esa historia que conté, el PCB no me dejó salir. El partido continuaba clandestino y yo también.

Sentimientos familiares

Desde el punto de vista financiero, Lula no me ayudó cuando salí de la cárcel, porque no tenía medios para ayudarme. Pero me dio apoyo moral. Esas cosas son fundamentales. Y Lula tiene un orgullo muy propio también. Tiene unas cosas a nivel familiar complicadas. Lula tiene una manera de ser... él siente pero no deja que se vea que siente. Nosotros tenemos eso, el orgullo del llamado nordestino. Es la cuestión de la cultura, parece un orgullo que uno tiene. El sentimiento no se muestra. Lula es un tipo de sentimientos muy, muy profundos. Lula llora con mucha facilidad. Se emociona con sus hijos. Pero el resto, no deja que se vea. Tenemos mucho de eso, del machismo nordestino. Uno siente las cosas, pero finge que no. Eso en parte es bueno y en parte, no. Puede perjudicarnos. Nos angustiamos mucho y no lo largamos. Cuando me pongo nervioso me muero de risa: tenía un infarto e iba para el hospital, y me reía sin parar. Llegué al mostrador, le dije que estaba infartado y me reía, la muchacha empezó a reírse también, pensaba que estaba loco. En los momentos difíciles, en las elecciones del Sindicato de Metalúrgicos, cuando vi que quitaron las siete urnas, empecé a reírme un montón. ¿Qué le voy a hacer?

Lula y su momento histórico

Creo que la historia de Lula es esa que conté. ¿Cuántos líderes capaces como Lula andan por ahí y uno ni los conoce? Lo que ocurrió con Lula fue que él tuvo mucha suerte de que el momento histórico fue ese; y también tuvo mucho coraje, lógicamente. ¿Pero cuántos Lulas podría haber por ahí si el país fuese otro?

Recuerdos del sertón y de la metrópolis
- FREI CHICO Y VAVÁ -

"Allá en el Norte había muchos picaflores, ¿sabías? Nosotros los comíamos. Los cazábamos y los comíamos. Pinchábamos unos 15 ó 20 juntos y los asábamos."

"Durante el viaje atravesamos un monstruo de río que no tenía fin. Era el río San Francisco. [...] ¡qué cosa increíble!"

"Yo nunca había visto un coche. Ni sabía que existían los coches. Nunca había visto aquel movimiento de gente. Era 1952... ¡Nos asombraba ver tanta gente!"

"Alguien tenía que ser algo en la vida. El gusto [de mi madre] era tener un hijo tornero-mecánico [...]. Lula lo fue. Sólo que Lula trabajaba y estudiaba. Los mayores no tenían condiciones de estudiar. ¿Cómo íbamos a estudiar?"

La casa de Garanhuns[1]

Vavá: Nuestra casa tenía un tejado a un agua. Tenía un cuarto, una salita pequeña y una cocina. Una casa de tejado a un agua hecha de barro y madera. Quienes la hicieron fueron mi padre y mi tío. Y no le hicieron las tejas, mi padre las compró, porque eran tejas francesas. El tejado era todo de vigas, de maderas. Hoy es raro que haya eso allá. Cuando nosotros dormíamos las víboras pasaban por el tejado. Había una que le llamaban víbora "come huevo", así le decían allá. Muchas veces, de noche, cuando nos despertábamos, esta-

[1] Estas entrevistas con Frei Chico y Vavá se realizaron los días 3 y 7 de septiembre de 1993.

ba la víbora en el tejado, en el techo, enrollada, y nos veíamos obligados a matarla.

Por el techo no entraba lluvia. No podía entrar... llovía una vez por año... [risas]. No había vinchucas ni bichos en las paredes. La casa estaba bien terminada. Creo que le habían pasado cal, no recuerdo qué, pero las paredes estaban lisas. No estaban llenas de agujeros, no.

El piso era de tierra apisonada. Creo que en la sala había piso de consolidado rojo. Creo que la sala era así. En cuanto a muebles, había unos tres taburetes, que eran los banquitos. Había un banco de madera, simple, como este en el que estamos sentados. Estaba la cama de mi madre. Era una cama de madera, tenía colchón, tenía todo. El colchón era de paja. Nosotros dormíamos en hamacas. Había unas cuatro o cinco hamacas. O dormía encima de la mesa. La mesa era medio alargada, y nosotros dormíamos en ella. Con el calor que hacía no se necesitaban cobijas...

Mi madre cocinaba en una cocina a leña. Y para lavar la ropa tenía que ir adonde había agua, en un riacho profundo. Quedaba lejos, a una hora y media, dos horas a pie. Eso sólo para lavar la ropa. Y todas las semanas mi madre salía para lavar ropa. En Bastião también había mucha agua, agua salobre, pero de la que se podía beber, nosotros y el ganado. En la naciente también había mucha agua, por eso mi madre iba a lavar la ropa a esos lugares.

Aristides parte sin llorar, buscaba otra vida

Vavá: Recuerdo el día en que se fue de Garanhuns. Estaba lloviendo. Nosotros nos quedamos en la puerta, despidiéndonos de él. Todos los niños en escalerita, en la puerta. Él salió de casa a eso de las 8 ó 9 de la mañana. El frasco de perfume que me regaló lo recuerdo hasta hoy. Se fue a pie. Fue para Garanhuns a pie, 18 kilómetros. No había salida... o se iba a pie o a caballo. Pero él ya había vendido el caballo para irse... Él tenía una valijita. Colocó en una valija la poca ropa que tenía, los zapatos.

Los hijos estaban todos en escalera en la puerta y mi madre lloraba. Lloraba. Ella no sabía que se iba con alguien. Después supo que él había huido con la otra mujer. Ella pensó que él se iba solo. Sólo más tarde supimos de la otra. Él no lloraba. Él ya conocía su destino. Procuró otra vida para él.

Nosotros éramos tan pequeños que no teníamos ni noción de lo que estaba ocurriendo. No teníamos noción de lo que sentíamos. Nosotros no sabíamos que mi madre decía que iba a ser mejor para nosotros porque íbamos a tener dinero para comprar las cosas. Porque necesidades de verdad nunca habíamos pasado en el Norte. Necesidades de verdad llegamos a pasar porque en 1950, 1951 y 1952 no llovió. En esos momentos, si no fuese por el dinero que mi padre mandaba, nos habríamos muerto todos.

Después, cuando llegó aquí él sufrió mucho. Mi padre sufrió mucho cuando llegó aquí. Los primeros tres meses él se fue a Río. Se hizo un corte con el hacha en el talón, que le llevó tres meses hasta curarse la pierna. Pasó unos cinco o seis meses, o más, sin mandarnos un centavo. Él no trabajaba. No tenía dónde trabajar. Cuando se fue a vivir a Santos, su vida comenzó a encaminarse. Él mandaba dinero un mes, y pasaban dos o tres meses sin mandar, luego mandaba. Después fue al Norte a pasear. Llevó a la mujer, llevó a sus dos hijos al Norte.

Frei Chico: Mi padre se fue de Vargem Comprida cuando yo tenía tres años. Recuerdo que él se fue y mi madre estaba embarazada de Lula. Tanto que, más o menos unos quince días más tarde, nació Lula. Fue en un lapso cortísimo. Él se fue huyendo con otra mujer, con una prima de mi madre que tenía catorce o quince años. Joven, joven de todo. Se vino a San Pablo y nosotros nos quedamos. Fue una historia complicada...

Vavá: ¿Mi recuerdo más antiguo de cuando mi padre vivía con nosotros en Vargem Comprida? Yo tengo recuerdos de cuando mi padre se vino de allá, en 1945. Yo tenía 4 ó 5 años de edad cuando él se vino. Recuerdo su salida. Sé que mi padre era un hombre excelente para nosotros allá en el Norte. No nos hacía faltar nada.

Cuando se vino, trajo a una prima de mi madre. Tomó a la prima de mi madre y se vino con ella para acá. Él no salió huyendo, nosotros sabíamos que él venía para acá. Cuando él salió nadie sabía, nadie sabía que él se llevaba a la prima de mi madre. Mi madre sólo sabía que él venía para San Pablo.

Mi padre tardó 28 ó 30 días para llegar aquí. En esa época, el viaje de Norte para acá era muy sacrificado. Él salió de allá y después de un mes nació Lula. Mi padre no esperó que Lula naciera, pero mi tío se quedó encargado de cuidarla. En 1950, cuando mi padre volvió por allá, se llevó de vuelta a mi tío y a mi hermano mayor, Jaime. Mi madre se quedó con todos los chicos trabajando el campo. Nosotros la ayudábamos.

No faltaba nada. Mi padre demoró en volver, pero siempre mandaba dinero. Nos íbamos arreglando. Plantábamos papas, mandioca, maíz, frijol. Nos íbamos arreglando. Nosotros teníamos que ayudarla porque no había de dónde conseguir comida.

En lo demás, la vida era muy buena en el Norte. Yo no tuve infancia porque no tuve a alguien atrás que me diera un apoyo. Si mi padre hubiese estado allá… Pero yo muchas veces les digo a mis hermanos que la mejor cosa del mundo, la mejor cosa que ocurrió en la vida fue que mi padre se hubiese llevado otra mujer para venirse a San Pablo. Eso siempre les digo.

Es verdad. Porque si él no hubiera hecho eso, estaríamos en el Norte hasta hoy. No nos habríamos venido para acá. Yo ya me habría muerto. Habrían muerto ya la mitad de los hermanos. Como él se vino para acá tuvimos que seguirlo. Lula llegó a donde llegó. Nosotros no tenemos nada, pero tenemos una casita para vivir. Vivimos bien, no nos falta para comer. Nos damos bien con todo el mundo. ¿Hay algo mejor que eso en la vida? Yo creo que es suficiente. ¿Crees que si Lula estuviese en el Norte iba a llegar a donde llegó? Nadie hubiera sabido quién era Lula. Imposible que supiera… Por todo lo que nosotros pasamos, por todo lo malo que pasamos, creo que fue lo mejor que podría haber ocurrido. Aquello tiene solución, pero para dentro de cinco, ocho, diez años. El día que alguien coloque agua para la gente de allá, nadie más se viene a San Pablo, no señor.

La sequía, un problema sin fin

Vavá: La vida en Vargem Comprida era muy sacrificada. Hoy está aún peor que cuando vivíamos allá. Hoy está peor. Yo fui con Lula en la Caravana de la Ciudadanía. Hoy ya no hay más los árboles que había. Las plantas se acabaron, uno no ve más nada. En nuestra época uno veía el ganado colgado, atado para no morir. Hoy no tienes ni agua, no sé cómo es que vive la gente del Norte. No vive, la gente del Norte vegeta.

No hay condiciones, no hay las mínimas condiciones para que la gente viva. No hay agua, el camión va cada cinco días a llevar agua para el pueblo. Nosotros estuvimos allí en abril y hasta hoy, septiembre, no llovió más. Esa gente, cuando se muera, se va al cielo. Es una gente de mucha fe, mucha fe. Es impresionante. Y allá en Pernambuco estaba seco, pero en Paraíba estaba mucho peor. Todo el mundo se estaba llevando el ganado para Valadares en Minas Gerais, porque no había ni condiciones de mantener el ganado.

Se llevan el ganado en camión. Cuando llegan, muchas veces hacen 50 y 50 con el dueño de la hacienda: si el tipo tiene 50 vacas, él se queda con 25 y el hacendado con 25. Los tipos se quedan con la mitad del ganado que antes tenían. Y eso ahora, hasta un cierto plazo. Porque pasado un cierto tiempo, los obligan a retirar el ganado y a venderlo. Porque si no llueve más en el Norte, este año los tipos ya no podrán llevar más el ganado.

Y sólo el hacendado, un tipo millonario, tiene dinero para comprar ganado en ese momento. Es el único que puede. Entonces compran por un precio bajísimo. El ganado de 16 arrobas lo compran por 7.000 u 8.000 cruzeiros, cuando vale 25.000 ó 30.000 cruzeiros.

El agua

Vavá: En nuestra época no había agua, pero uno tenía un lugar que nunca se secaba. Había unos estanques. Había unas nacientes de agua que nunca se secaban. Hoy se secó todo, porque terminaron con los árboles, no existen más. Está todo seco. Los únicos árboles que hay por allá son el embú, la jurema y el cajú. Esos son los árboles que no mueren en el Norte. El resto está arrasado. Allá hay agua para todas partes, pero al gobierno no le importa nada. Miguel Arraes hizo una represa, el agua debía durar diez años, pero nadie se ocupó de conectar una bomba, hacer algo para esa gente... Son 40, 50 kilómetros de agua, si funcionara... Es necesario llevar agua al menos para que beba el ganado cada cinco, seis días. Pero no hay de dónde sacar el agua. La gente hace represas. Pasa el río cuando llueve, pero nadie hace represas. Está todo seco allá.

En nuestra época era mejor. Porque llegabas a la ruta y era todo verde. Había verde a los costados. Hoy no hay más. Recuerdo que cuando mi padre se vino en 1945, un mes y pico más tarde nació Lula; en esos momentos nosotros teníamos agua cerca para sacar. Andábamos unos tres o cuatro kilómetros para tener agua. No era lejos. Sacábamos agua de una naciente. Hay varias por allá, hay lugares que tienen mucha agua, ¿sabías?

El lugar del suelo de donde sacábamos agua se llama *barreiro*. Era un agujero cavado en el suelo de tierra que hacíamos. Nosotros esperábamos, cuando llueve el agua se va hacia ese *barreiro*. Entonces uno tiene que tomar de esa agua. Aquello no mata a nadie, no. Nosotros incluso nos poníamos "gorditos", "bonitos"... ¿sabes? Y luego, con el tiempo, tratando, se cura la famosa "barriga de agua".*

Esa agua del *barreiro* tiene unos sapitos, ¿sabías? Tiene unos sapitos que nadan en el agua. La gente cuela eso y la toma. Nadie nunca murió. Eso no mata a nadie. Son los sapitos que hay en las lagunas. Pero era un agua amarilla, parecía barro. El ganado tomaba agua junto con nosotros, tomaba lo mismo. Luego fueron modernizando, hicieron represas más grandes. Ahí nosotros empezamos a conseguir agua de esas represas para beber.

Ahora bien, bañarse no era todos los días, de ninguna manera. Era una vez por semana, porque no había agua. Había que ir a la represa para bañarse.

Juegos en el sertón

Vavá: Yo nunca supe en mi vida qué era un cochecito de juguete. No lo sé hasta hoy. Me enojo mucho cuando veo que los chicos tienen todo y encima todo les parece mal.

Allá en el Norte no había tiempo para jugar. Uno jugaba con el *maracujá bravo*. Es un *maracujá* como este que compramos aquí. Yo hacía un cercado y jugaba con eso cuando tenía tiempo. Jugaba a

---

* Barriga de agua: esquistosomiasis, enfermedad parasitaria.

que tenía bueyes. Pero era muy raro que tuviéramos tiempo. Si no uno salía con la honda. Teníamos la goma de la honda, y con eso hacíamos la honda, pero no teníamos el cuero de zapato para ponerle. Uno no encontraba cuero de zapato, porque no existía.

Cochecitos uno no podía hacer de ningún tipo, porque uno no tenía dónde jugar, porque era todo de arena. Entonces, esos juegos no existían.

Recuerdo que yo hacía "dedo", autostop, a los camiones. Los camiones pasaban por la ruta de tierra y yo me colgaba de atrás. El chofer se daba cuenta, metía el pie, frenaba. Yo me reventaba en el piso. A los once, doce años.

La caza

Vavá: Nosotros cazábamos. Tomábamos una honda prestada. Nosotros cazábamos a veces de noche. Matabas un picaflor, matabas todo tipo de pajarito. Hoy uno siente que es un pecado matar un picaflor. Allá en el Norte había muchos picaflores, ¿sabías? Nosotros los comíamos. Los cazábamos y los comíamos. Pinchábamos unos 15 ó 20 juntos y los asábamos. Colocábamos uno atrás del otro, matábamos un montón. Con honda. En épocas de flores, allá en el Norte, era como una "epidemia" de picaflores. No sé si aún existe, pero era fantástico. Había unos pajaritos en especial que uno podía matar. No podíamos matar a la lavandera, al cardenal, al canario... La gente mayor decía que no se podía matar esos pajaritos, decían que no servían como comida. Al resto uno lo mataba, todo lo que venía, como las palomitas, por ejemplo.

Yo cazaba muchos cuises. Había demasiados cuises. Hacíamos una *arataca*. *Arataca* era una madera, con un "pasillo" y una "sala". Cavabas un agujero y colocabas la madera. Cuando el cuiz pisaba la punta de la madera, la "sala" se hundía y el bicho caía en el agujero. Uno podía ir a sacar el cuiz por la mañana. Muchas veces ibas a sacarlo y dentro del agujero había una víbora. Entonces había que ir allí y cerrarlo con clavos. No sacabas el cuiz. La víbora iba pasando y caía, quedaba allí dentro. Había que cerrarlo, era muy peligroso. No era fácil, no.

Aristides decide visitar a su primera familia

Frei Chico: Después, en 1949, mi padre volvió a Pernambuco con la mujer y dos hijos. La mujer se quedó en la casa de su madre y mi padre fue a nuestra casa. Él nos presentó a los dos hijos, fue algo humillante. Nosotros sabíamos que él había huido con alguien, no sabíamos que había tenido hijos. Mi madre lo aceptó en casa, mi madre era una persona maravillosa, pero también...

Cuando mi padre volvió a Pernambuco, Lula tenía cuatro años, yo tenía ocho. Nosotros nunca vivimos directamente con mi padre. Lula vivió con mi padre como mucho un año y tanto, dos años, en Santos.

Vavá: Mi padre, cuando volvió al Norte, llevó dos hijos más. Su otra mujer se quedó en Garanhuns, no en Vargem Comprida, en la casa de doña Filó. Era un lugar adonde iban todos lo que llegaban, era un tipo de hotel, todo el mundo se quedaba allí. Ella no fue a la casa de su madre, porque su madre vivía en una chacra.

Cuando mi padre llegó de San Pablo tenía un lindo aspecto. Traje, corbata... Cuando se fue, estaba en mangas de camisa. Creo que ni existía traje en esa época. Me pareció maravilloso que él llegara así. Era una corbata bonita, roja y negra. A mí me parecía lindo. Pensaba que algún día iba a usar una corbata así. Hoy quiero usar corbata y no puedo: mi cuello es pequeño... [ríe].

Él llevó los hijos para nuestra casa. Nosotros trabajábamos en el campo, él quería que fuésemos al campo y que los tratáramos bien, respetuosamente. Pero lo primero que hice fue llevarlos entre las ortigas... ¡Casi los maté a los chicos! Ellos nunca antes habían tenido contacto con la plantación. Nunca habían visto una plantación. Y otra cosa: nosotros no sabíamos qué era un zapato para ponerse en los pies; toda la ropa que usábamos estaba remendada.. No había dinero para comprar ropa. Uf, llegaron los chicos todos con la camisita blanca, zapatos, medias hasta mitad de la pantorrilla... ¡Ah, hay que tener paciencia! ¿Qué cariño les podías tener? Después, otra cosa: nosotros éramos niños, teníamos poca idea de lo que hacíamos.

Pero lo primero que él ordenó... Estábamos yo, mi hermano mayor, Zé, Jaime... Lo primero que él nos ordenó fue llevarlos al campo. Los pusimos en medio de las ortigas. Una vez que él se fue a Garanhuns, los chicos nunca más volvieron a la chacra. Se terminó.

Había una preferencia de parte de mi padre por los hijos de la otra mujer. Porque si él hubiese llevado a los chicos todos descalzos como nosotros, bueno. Tenías que ver la perfección de la ropa que usaban los chicos. Y nosotros con la ropa remendada la semana entera.

Yo hice la primera comunión y tuve que pedir prestada las sandalias a mi primo. Andar unos ocho o diez kilómetros para pedir unas alpargatas prestadas. Mi primo me dijo que no debía caminar con las alpargatas, debía llevarlas en la mano y sólo ponérmelas a la entrada de la iglesia. Tenía que tener cuidado para no romperlas. Si eran más grandes o más chicas que mis pies, no lo sé. Me puse las sandalias cuando entré a la iglesia, a la salida me las saqué y las guardé de nuevo. Y al otro día se las entregué. Eran de aquellas sandalias de cuero, con enorme suela de goma. Eran de una persona de mejor vida, ¿no? Tenía bienes, tenía zapatos, tenía todo. Nosotros no teníamos zapatos. Ni chinelas teníamos.

Mi padre volvió a Vargem Comprida en 1950, mi madre quedó embarazada y nació mi hermana Tiana, que es Ruth.

Lindu queda embarazada, su hijo le pide que se vaya a San Pablo

Frei Chico: Mi madre lo aceptó en casa y él dejó a mi madre embarazada de mi hermana Ruth. Inicialmente el nombre de ella era Sebastiana, pero cuando fueron a registrar su nombre aquí en Guarujá, a doña Ruth, la dueña de la escribanía, le pareció un nombre muy feo y decidió cambiárselo por "Ruth". Nuestros documentos fueron hechos todos aquí, en Guarujá. Sebastiana, como la llamamos, en verdad está registrada como Ruth, es la más joven.

Cuando mi padre volvió de Pernambuco a San Pablo por segunda vez, tuvo mala suerte, porque trajo con él a mi hermano mayor, Jaime. No es el mayor de todos, es el que le sigue. Una vez aquí en Vicente de Carvalho, que era Itapema, luego de más o menos un año, mi hermano escribió una carta diciendo que papá pedía que viniésemos para acá. Pero esa carta que escribió fue clandestina, mi padre no sabía nada.

211

Lindu vende todo y parte llevándose a sus hijos

Frei Chico: Mi madre vendió todo lo que había allá. Había una sequía desgraciada, hacía más de un año que no llovía, era todo muy difícil. Vendimos todo y nos vinimos. Tomamos un *pau-de-arara*. Nosotros vivíamos a unos diez o quince minutos a pie de donde íbamos a encontrar el *pau-de-arara*, en la puerta del almacén de Tozinho. Llegamos allí, pero el camión no pasó, y dormimos una noche allí. Recién al otro día pasó el camión. Estábamos a diez minutos de casa, ya habíamos vendido y llevado todo, y tuvimos que quedarnos en ese almacén hasta que el *pau-de-arara* pasara al otro día. Con ese camión fuimos hasta Garanhuns, y desde allá hicimos el otro trecho de ruta.

Hay una historia muy triste en ese período. Teníamos un perro llamado Lobo. Él nos extrañó tanto que murió tres meses después. Se quedó ladrando.

Vavá: En 1952 mi madre dijo: "Vámonos, para bien o para mal, para morirse de hambre, mejor morirse en San Pablo". Y nos vinimos en 1952. Tardamos trece días y trece noches para llegar aquí. Una noche dormimos en la Bodega de Tozinho. Yo tenía doce años. El almacén aún está allá. Había allí una gente que nos trataba muy bien. Si nos faltaba algo, esa gente se lo vendía a mi mamá. Ellos todavía hoy están vivos. Estuvimos en la casa de ellos ahora, cuando fuimos al Norte. Esa gente nos trataba muy bien, nosotros vivíamos solos, pero teníamos mucho apoyo de gente extraña.

Mi madre dijo: vendemos esto y nos vamos. Aquí no hay solución. O poco o mucho, en San Pablo nos arreglamos. Porque en la época en la que llegamos a San Pablo, uno no buscaba trabajo, el patrón te buscaba a ti para trabajar. Lula llegó aquí y fue a trabajar de tintorero, fue a trabajar de lustrabotas. Ziza trabajaba…

Salimos del Norte el día 10 de diciembre de 1952. Llegamos aquí a San Pablo, a Santos, el día 23 de diciembre de 1952. Tardamos trece días y trece noches.

El carácter de Lindu

Frei Chico: Mi madre era una persona muy humana, demasiado buena, demasiado. Mi madre nunca tuvo un enemigo en su vida. Nunca hubo una persona que la ofendiera, porque ella nunca ofendió a nadie. Era una persona muy afectuosa. Es complicado explicar esto. Era así: no le tenía rabia a nadie, no ofendía a nadie, y creo que todo el mundo gustaba de ella y la respetaba. Nunca le pegó a ningún hijo, nunca.

Recuerdo que sólo una vez me dio unos "coscorrones". Porque es obvio que todo chico se merece una "tiradita de pelo" de vez en cuando. Pero fue la única vez que hizo eso.

Mi madre supo que mi padre había huido con su prima, pero nunca hizo nada en relación a la prima. Luego, mucho más tarde, esta trató de conversar con mi mamá.

Vavá: Mi madre nunca le pegó a sus hijos. A veces amenazaba con pegar, lo hacía en chiste, amenazaba con pegar y nosotros corríamos... Ella era muy cariñosa. Mi madre era una persona dada. Si alguien hablaba mal de ella, de un hijo de ella, ella oía y no te contaba nada que alguien había hablado mal. Que hablase lo que quisiera. Si un hermano hablaba del otro, ella no se lo comentaba a su hijo. Hacía eso también con las nueras, con los cuñados. Nadie tenía quejas contra mi madre, nada, nada, nada.

Ella no protegía a ningún hijo. No podía hacerlo. Lula era el benjamín. Todos los otros trabajaban. Creo que quien tenía condiciones de estudiar de verdad era Lula. El único que logró hacer el Senai fue Lula. Fue él a quien mi madre logró poner en el Senai, porque no había manera de proteger a todo el mundo, de inscribir a todos en el Senai. Tiana estudió, la benjamina también estudió. Pero el resto no tuvo tiempo. Lula hizo el Senai trabajando también. Entonces es absurdo que alguien diga que mi madre protegió a uno o a otro, eso no existe.

Mi madre no se quejaba. Creo que mi madre nunca se quejó de nada en la vida. Mi madre nos explicaba las cosas. Ella tenía diálogo con nosotros y quería lo mejor para sus hijos. Para los hijos, para quien fuese a mi casa, ella nunca daba un mal consejo a una persona. Siempre el mejor consejo del mundo era para que la persona siguiera.

213

La llegada a Santos, San Pablo

Frei Chico: Cuando llegamos a Santos, mi padre no estaba esperándonos, entonces nos fuimos a la casa de un compadre de él. Cuando llegamos estábamos yo, Lula, Tiana, que era la pequeñita, Maria, Marinete, Vavá y Zé, y mi madre; ocho personas, más un tío con su mujer y un hijo, tres más, dan once personas.

Él amontonó a toda esa gente en la casa de un compadre. Nos quedamos allá unos días, hasta que mi padre alquiló otra casa para su mujer y nos fuimos a la casa que tenía de antes. Era una especie de "asistencia" maravillosa la que él daba, para ser un tipo irresponsable, ¿no? Él daba "asistencia" a dos familias. Un día se quedaba aquí, un día allá. A veces dormía en casa, a veces en la otra.

Una recepción nada cálida

Frei Chico: Pero como mi padre tenía mucha rabia de que nosotros hubiésemos venido para acá, y él era muy ignorante, muy atrasado, nos maltrataba mucho. Él nos pegaba, nadie podía salir de casa. Marinete ya trabajaba, Jaime y Zé también, entonces él tuvo unas salidas bastante ridículas. Por ejemplo: un día los hermanos mayores habían salido para tomar helado, porque ya trabajaban. Mi padre fingió que se iba a la casa de la otra, pero no fue. Volvió para darnos una paliza y para gritar. Él trataba a los otros hijos de la otra mujer muy bien, y hoy son unos pobrecitos. Yo le tenía odio, después comencé a sentir pena por él.

Vavá: Mi padre era una persona super ignorante cuando llegamos aquí. Casi todos los días quería darnos una paliza. Se volvió una persona perversa, ¿sabes? En eso no entra la cultura, no. Ahí la persona se vuelve perversa. Él con dos familias para cuidar, con un montón de hijos con la otra mujer y con mi madre, él sintió le iba a ser imposible. Entonces comenzó a insultar a mi mamá, a maltratar a mis hermanas. Las insultaba, les decía que no podía sustentarlas, que las iba a expulsar de la casa, que eso no era vida. Él quería golpear a mi madre. Pero no la golpeó.

Mi madre no aguantó mucho. No llegó a un año y nos fuimos

de la vida de él. Lo dejamos solo y nos fuimos a vivir nuestra vida. Creo que él se había quedado con rabia de que nos hubiéramos venido para aquí. Debe haberse quedado con rabia, porque no era fácil. En esa época, eran unas quince personas que él debía cuidar, no era fácil. Pero cuando llegamos aquí todos nos fuimos a trabajar.

Diferencias en el trato

Frei Chico: Había diferencias en el trato. Cuando mi padre compraba frutas para mi madre, las de ella eran siempre peores que las de la otra mujer.

Vavá: No creo que mi padre fuera la maldad en persona. Luego él comenzó a cambiar. Llegaba la Navidad y él compraba carne, frutas, todo de primera para la otra mujer y para nosotros era todo de segunda. Si compraba naranjas, la peor era para nosotros. Todo lo que era de primera era para los otros. En esa época él tenía unos perros. Y cuidaba a los perros mejor que a nosotros. Era una situación muy difícil, ¿sabes?

Hay una historia de que mi padre les dio comida a los perros y no a Tiana. Ah, sí. Él cambió mucho. Ahora, es cierto que no nos faltaba nada, a rigor de verdad no nos dejaba faltar nada. Pero todo para nosotros era de segunda.

Él iba a comprar helado, los otros hijos sabían tomar helado, nosotros no sabíamos porque habíamos venido del Norte… Nosotros no sabíamos tomar helado. Era una situación… Éramos niños, eso es algo que te amarga. Los chicos iban a jugar a la pelota y nos llamaban. Pero no podíamos ir. Si él nos sorprendía jugando a la pelota nos daba una paliza al llegar.

Su historia era con el manglar. El mosquito *borrachudo* te comía. Lula y Frei Chico casi no tenían color de tanto que los *borrachudos* los picaban. Es porque iba mucho al manglar. Todo los días, de la mañana a la tarde, debían ir al manglar a cortar leña para que mi padre la vendiera para hacer cercas. La madera más grande era para hacer cercas y la otra era para hacer fuego. Entonces, llegaba el sábado y el domingo y uno debía cargar la leña. Nosotros no tuvimos ninguna infancia.

Los Silva no conocieron la "infancia"

Vavá: Nosotros nunca tuvimos infancia, de ninguna manera. Infancia tienen nuestros hijos hoy. Nosotros nunca tuvimos un juguete en la vida para jugar. Uno no tenía zapatos, uno no podía jugar al fútbol, porque mi padre no nos dejaba... Uno quería ir a la escuela y mi padre no quería. Mi madre tuvo que inscribirnos a escondidas...

Mi madre no guardaba rencor por su prima, por increíble que parezca, no señor. La llamábamos doña Mocita. Los otros días incluso, yo, Lula y Frei Chico nos encontramos con ella en Santos. No le guardamos rencor. ¿Qué culpa tiene ella de haber venido con mi padre? Yo le agradezco. Ella tenía catorce, quince años. ¿Qué culpa tienen mis hermanos, mis hermanas de parte de padre de haber nacido? ¿Son culpables? ¿Por qué no habría de conversar con ellos? El error que mi padre cometió fue hasta beneficioso para nosotros.

A mí mi padre me pegó unas ocho o diez veces. Yo era uno de los hijos que a él más le gustaba. Yo hacía lío, jugaba con mi padre. Cuando él se emborrachaba... Yo no fumaba delante de él. Yo le tenía mucho respeto. Recibía bifes porque lo merecía... No sé si lo merecía o no. A mí me dio unas tres o cuatro palizas feas. El primer día que llegué del Norte hice caer a mi hermanita menor. Me la coloqué en el cuello, yo estaba bajando un barranco, había llovido, era un barro rojo. Fui a bajar y terminé tirándola adentro del río. Sin querer. Me dio una paliza muy muy fea. Él me pegaba con lo que tuviese en la mano. Lo que tuviese en la mano.

Frei Chico: Está la historia de la chata: cuando Lula no iba me obligaban a ir con alguien, pero tenía que ir. Éramos Lula y yo... Él supo por un amigo que su barquita había sido vista en tal lugar, la barca tenía nombre. Llegó a casa y no dijo nada. Dejó sus cosas y fue a ver la barquita: no estaba. Cuando volvió, me preguntó a mí y yo le dije que realmente había ido a ver. Me dio una tremenda paliza con una manguera. No una manguera común, no, una de esas de goma. Mi madre se puso en el medio, él trató de agredirla también. Fue muy feo. A raíz de eso terminamos separándonos de él.

Y también la paliza de Marinete: ella conoció a mi cuñado en la casa de al lado, que es de una familia muy tradicional de Itapema, una gente muy antigua. Él no quería dejar noviar a mi hermana, y la golpeó una vez. Ella era muy bonita, tenía unos quince años. Había cosas muy complicadas. Yo sé que no aguantamos mucho, en un año y tanto terminamos separándonos.

Vavá: Mi padre quería matar a Marinete y a mi cuñado todo el tiempo. Nosotros vivíamos al lado de la casa de mi cuñado. Vivíamos pared por medio. ¡Cuando mi hermana comenzó a noviar se armó tremendo lío! Él quería matar a todo el mundo. Decía que no iba a permitir un casamiento. Ella se casó en 1956, nosotros llegamos en 1952. Ella tenía unos 18 años. Ella trabajaba mucho como empleada doméstica, tenía por lo tanto poca convivencia con mi padre. Él quería matarla de verdad, se transformó en un animal. No sé si él no quería que ninguna hija se casara. Creo que era por su ignorancia.

Si estábamos jugando a la pelota, él llegaba y nos daba una paliza. Si no cuidabas al perro, si cortabas una caña… No había diálogo. Mi padre no nos dejaba jugar, no nos dejaba jugar a la pelota. Los sábados y domingos había que ir al manglar a cortar madera y traer madera para vender. O si no, ir a los bosques con él a cazar. No tenías libertad para nada, no tenías libertad para hacer lo que querías.

Lindu abandona a Aristides

Frei Chico: Mi madre consiguió una casita unas tres calles más adelante, y nos fuimos para allá. Él llegó del trabajo a nuestra casa y allí estaba mi hermana Marinete, esperándolo para contarle. En ese momento él ya respetaba a Marinete, porque el noviazgo de ella con mi cuñado ya había sido oficializado. Él no podía tratarla como la trataba antes. Ella se quedó esperando que él llegara y se lo comunicó.

Nos fuimos a vivir solos… ¡Qué locura! Lula tenía seis años, algo así.

Una vieja casita de madera, un nuevo hogar

Vavá: La casa en donde vivíamos en Santos, sólo con nuestra madre, era de madera. Siempre decimos que en esa casa de Santos te-

217

níamos piscina. Cuando la marea subía, todo alrededor se llenaba de agua. Cuando la marea bajaba, listo, adiós piscina. Era una piscina. Pero el agua no llegaba a entrar en la casa. Eso era un chiste. La casa no era frente al mar. Nosotros inventamos eso, era un chiste. Cuando no teníamos de qué hablar, comenzábamos a inventar que Lula tenía una casa en Santos que tenía playa.

Yo hasta me corté en un pie, en esa casa en donde vivíamos. Fue desde el dedo gordo del pie hasta el talón derecho, aquí. Porque era un barro negro. Cuando uno pisaba se te hundía el pie. Nosotros nos hundíamos. Y yo pisé un clavo, estuve tres meses fuera del trabajo, casi perdí la pierna a raíz de eso. Casi perdí la pierna. Se me puso toda negra la pierna. Fue un clavo que me cortó de aquí a aquí. Y otra cosa: no había cómo ir a la Santa Casa,* como mínimo quedaba a una hora y media a dos horas.

Nuestra casa quedaba en el barrio de Itapema, no era un rancho, era una casa incluso bien hecha… Pero la cocina se caía a pedazos. Era algo muy antiguo. Como era muy antiguo, le empezaban a faltar las vigas… Lo remendábamos como podíamos. No podíamos pagar algo de lujo tampoco. Porque en esa época, en Itapema sólo había casas de madera, no había casas de ladrillo y cemento. La casa estaba en un terreno de 10 metros por 30. Era una casa muy antigua, muy antigua, de 40 ó 50 años atrás.

Yo no sé de quién era la casa, pero debía ser de una muy buena persona. Porque atrasarse en el alquiler como nos atrasábamos nosotros, y nunca nos hizo problemas… Debería ser una persona muy buena. Nos prestó la casa tanto tiempo sin exigir nada. Creo que esa persona comprendió nuestra situación.

Cuestiones de supervivencia

Frei Chico: Después estuvimos ese período en Santos, todo el mundo trabajaba. Vavá trabajaba en un bar, Jaime en un astillero, Zé Cuia, que falleció recientemente de mal de Chagas, el mayor, traba-

---

* Santa Casa de la Misericordia: institución pía para el tratamiento de enfermos pobres y otras obras de beneficencia.

jaba en una carbonería, porque en esa época se usaba mucho el carbón, no habían cocinas a gas. Marinete y Maria trabajaban en casas de familia. Maria comenzó a trabajar a los siete u ocho años. Ayudaba a una familia. Hay mucho de eso entre la gente pobre, los niños ayudan a lavar los platos, esas cosas.

Vavá: Nadie estuvo desempleado cuando llegamos del Norte. Yo mismo vendía agua. Tenía un barril de agua y una clientela a la que le vendía agua. Eran siempre los mismos. Luego fui a trabajar en Café Iriri, en Itapema. Se trataba de un establecimiento de torrefacción de café. El dueño era un *gaúcho*, el señor Nelson. Yo trabajaba con el café, hacía entregas, empaquetaba café. Comencé ahí.

Mi hermano mayor, Zé Cuia, trabajaba en una carbonería, Marinete trabajaba como empleada doméstica, Jaime trabajaba haciendo barcos de pesca, en un astillero.

Cuando me fui de Café Iriri pasé a trabajar en la calle Xavier da Silveira, en el Almacén 108, al borde del muelle. Trabajé con don Carlos, que era el dueño, una persona muy buena, que era amigo de mi padre. Trabajé dos años allí. Era un restaurante. Él tenía mucha "mala fama", ¿sabes? Era un lugar de prostitutas, de juego. Pero la gente de ahí me respetaba mucho, yo era un chico, un muchacho.

El personal me respetaba mucho, yo tenía trece años. Me trataban muy bien. Allí empecé a fumar porque no paraban de regalarme cigarrillos americanos. Fui yo el que le enseñó a todo el mundo a fumar, porque yo los llevaba a casa. Había un montón de cigarrillos en casa y yo les decía: "Fuma, que es gratis". Las mujeres me regalaban muchos cigarrillos. Yo me relacionaba muy bien con ellas.

Después salí de allí y me fui a trabajar en el mercado. Eso fue en 1954, 1955. Estábamos en una situación difícil en esa época. Porque Lula y Frei Chico vendían *cocadas*, maní, cuidaban el barco que tenía mi padre, y todo eso era muy complicado…

Maria y Marinete trabajaron como empleadas domésticas. Maria Baixinha se hizo enfermera. Ella no tenía diploma de enfermera, pero conocía mucho. En la práctica, conocía mucho. Marinete llegó a Santos a los trece años y comenzó a trabajar como empleada doméstica. Luego fue Maria, que tenía once, doce años. Maria también se ocupaba de las cosas de la casa. Y Tiana tuvo más tiempo para estudiar.

Mi madre también trabajó para afuera en Santos. Trabajó en la separación de café, separaba el café. Después también lavaba ropa para afuera.

Viento a favor: Vavá encuentra dinero

Vavá: En esa época, en 1955, fuimos a vivir a una casa, luego de que nuestra madre se separó, y estábamos cuatro o cinco meses atrasados en el alquiler. Hay un caso simpático, que nadie tenía casi ropa para vestirse. Estábamos en una situación crítica. Zapatos, ni pensar. Nadie tenía zapatos para ponerse. No había dinero para comprar zapatos. Apenas si podíamos comer.

Yo trabajaba en el mercado, eso en 1955. Fui a tomar el carrito para cargar unas cajas... ¡Aquello, cómo nos ayudó! Creo que ciertos males llegan para bien. ¡Mala suerte del que lo perdió! ¡Levanté el carrito y había un periódico en el piso con 5 *contos* con 855! ¡Aquello era una locura! Era una cantidad enorme de dinero. Sentí un miedo tremendo. Porque no podía mostrárselo a mi madre ya que iba a pensar lo había robado. Tenía que contarle a alguien que había encontrado ese dinero. O dárselo al dueño del lugar en donde trabajaba.

Entonces, conversé con un muchacho que trabajaba junto conmigo, y él me dijo: "No señor, tú estás en una situación difícil, guárdate ese dinero. Espera una semana, si el dueño no aparece me das 500 cruzeiros y el resto llévaselo a tu madre". Era un muchacho que trabajaba conmigo en el mercado, ya me olvidé del nombre. Nosotros ganábamos treinta y tantos cruzeiros. ¡El salario mínimo eran 169 cruzeiros, 169.000 réis! ¡Y yo encontré 5 *contos* con 855! ¿Cuántos salarios mínimos daban?[2]

Me quedé con ese dinero durante una semana. Cuando pasó la semana me acerqué a mi colega y él me dijo: "Mira, Vavá, hoy te llevas el dinero para tu madre". Y yo le di a él los 500 cruzeiros. Tomé los 5 *contos* con 300 que quedaban, lo llevé a mi casa, expliqué la situación, se lo conté a mi mamá.

¡Le pagamos a todo el mundo! Todos nos compramos ropa, za-

---

2 El valor del dinero encontrado representaba 34,64 salarios mínimos.

patos… Yo no me compré zapatos, yo prefería una pelota, que no tenía. Mi madre dijo: "Vámonos para San Pablo". Fue con ese dinero que ella salió de allí. Pagamos todo lo que debíamos y nos vinimos. Se quedaron Marinete, Maria, Lula y Frei Chico. Nos vinimos yo, mi madre y Tiana, la menor.

El dinero estaba debajo de un diario, en una carrito manual. ¿Viste esos carritos de mercado? Estaba debajo de uno de esos carritos. Los carritos quedaban depositados allí, para por la mañana cargar las cajas y abastecer el mercado. Entonces, yo fui a tomar el carrito y allí estaba. Todo el mundo se compró ropa, se compró todo lo que debía, liquidamos todo lo que había que pagar, gracias a Dios no quedamos debiendo nada a nadie. Pasamos también a comer mejor de lo que comíamos.

Mi madre le prestó 500 *contos* a un tío mío. Él ya falleció, nunca devolvió el dinero. Pero es que él vino con nosotros desde el Norte, merecía incluso más que eso. Fue tanta la mala suerte del pobre que, cuando logró comprar una casa aquí, cuatro meses después murió su hijo. Y dos meses más tarde murió él. Sólo quedó una hija, que vive aquí en Planalto.

Aventuras en las cacerías con el padre

Frei Chico: Estoy hablando de mi padre, pero en el fondo él era una persona maravillosa para los demás. Todo el mundo gustaba de él. En Santos lo llamaban "Aristides, el cazador". Tenía varias escopetas en casa, perro, etcétera. En esa época que estuvimos con él, yo, particularmente, no sabía qué era un fin de semana. Llegaba el viernes y me iba a con él al medio del bosque y volvía el domingo por la noche. A veces iba Lula, pero constantemente el Cristo era yo, porque yo sabía hacer arroz, me quedaba cuidando la casa que había en medio del bosque. Esa fue una parte interesante.

Había víboras. Lula era un chiquito muy pequeño. Hay una historia interesante. De madrugada, una onza comenzó a rondar la casa. Nosotros estábamos allí esperando a la gente que iba a llegar al día siguiente, era más gente que iba a cazar. Los perros iban y volvían para atrás, no avanzaban. Lo único que podía ser era una onza, lógicamente. Los perros le tienen miedo. Lo que sé es que por la mañana bien temprano salimos para ver a esa maldita onza. El día clareó y fuimos atrás de ella. Encontramos sus rastros y fuimos subiendo la ladera. Ahí hay una historia interesante, porque aquello era bosque de verdad. Hoy hasta lo recuerdo con nostalgias, porque era muy lindo, pasábamos mucho tiempo en esa vida en medio del bosque. Sólo sé que mi padre iba adelante, yo iba después y atrás iba Lula, que era un niñito. Y en la Sierra del Mar hay muchas piedras redondas, es un lugar conocido, cerca del río Diana. Lula de repente pisa sobre una de las piedras y se patina... ¡La piedra era un armadillo! Creo que Lula hasta hoy corre por miedo al armadillo... [ríe].

Y nosotros encontramos realmente los animales que la onza había matado. Porque esta mata, come y cubre lo que sobró para comer más tarde. La onza tiene esta tradición. No come todo, pero coloca hojas encima y luego vuelve y come el resto: o cuando se le termina el hambre o cuando corre por miedo a alguien. Encontramos eso y volvimos. Vimos el rastro de la onza toda alrededor de la casa. Los perros iban a buscarla y volvía con miedo horrible.

Yo me quedé solo en esa casa muchas veces. La gente salía a cazar... Hay detalles que uno cuenta, y las personas que no lo vivieron no lo creen para nada. La gente entraba para cazar a eso de las 9 ó 10 de la mañana y desaparecía. Y yo me quedaba: hacía el arroz, cocinaba la carne y me quedaba allí. Yo tenía once años. Muchas veces ellos retornaban –a veces yo estaba con Lula o con Vavá– a eso de las 9 ó 10 de la noche, se perdían en medio del bosque. Y había un bosque de bambúes. El bambú, según sopla el viento, ese bambú amarillo, ¡es algo increíble! Hace unos ruidos que parece un niño llorando, gente conversando... Luego uno se acostumbra. El miedo quien lo hace es uno. Luego uno se acostumbra, no me quejo de eso, no señor.

Buscar agua y otras dificultades

Frei Chico: Nosotros, los hijos, no teníamos ningún derecho, no podíamos jugar. Y había otra cuestión allá en Santos, que era la falta de agua corriente. Debíamos transportar agua del pie del morro hasta nuestra casa. Había una duna cerca del morro de la Base Aérea, y allí hacíamos cola para llenar los barriles. Uno llenaba el barril, lo

222

volteaba y luego todo el proceso, atarlo con cuerdas, jalarlo y llevarlo. Yo tenía que hacer eso para la otra mujer de mi padre. Todo los
días tenía que llevar uno o dos barriles, según el día. También hacía
eso para vender agua. Si alguna mujer quería, hacíamos eso para cobrar unos dineros.

Cuando nos fuimos a vivir solos, debíamos inventar alguna forma de ganar dinero, ¿no? ¡A veces me quedo recordando cuántas dificultades que pasábamos! Veo en mi propia casa, los chicos toman
un bife, comen un pedacito y tiran el resto.

Vavá: Nadie tenía tiempo para estudiar. De verdad que no teníamos tiempo para estudiar. O trabajabas, o te morías de hambre. Mi
madre con sus ocho hijos. Estaba obligada a pagar el alquiler, darnos
comida. Nadie vendía en cuotas aquí en esa época. No existían las
cuotas. Todo se compraba con dinero.

En Santos era igual al Norte: nadie tenía zapatos.

Frei Chico: Y no había mucho para comer: había arroz, papitas
y, a veces, huevo. Entonces a veces nos tentábamos de vender algo.

Lula y Frei Chico se transforman en vendedores del puerto

Frei Chico: Mi madre empezó a hacer tapioca. La tapioca es el *bidu,** ¿no? Entonces, yo me iba a venderla. A veces vendía maní. A veces tomaba la canasta de maní y entraba al cine para ver la matiné. Los
domingos hacía eso. No vendía maní adentro del cine porque no se
podía. Yo vendía en la estación de salida de las barcas. A veces Lula
iba conmigo. No iba siempre, no. Cuando podía, lo llevaba conmigo.

Un día fuimos a vender naranjas. Llenamos un carrito de naranjas y salimos a vender. Era muy complicado ser vendedor ambulante.
Lula era tímido. Él tenía… no sé… unos siete u ocho años, por ahí.
Y si uno no gritaba "naranjas", las personas no podían saber qué era
lo que vendías. Y Lula, tímido, no hablaba, no gritaba. Además de la
vergüenza de tener que vender, que es natural, tenía la timidez de la

---

* Torta de masa de tapioca o de mandioca.

edad. Yo me enojaba mucho con él. Íbamos a vender tapioca en la estación de las barcas, y Lula no hablaba, no gritaba nada de nada. Yo me irritaba con él.

El maní era más fácil de vender, porque la gente salía de la barca y compraba maní. Una vez, no recuerdo cómo fue eso, pero sé que le dí un coscorrón: "¡Tú no gritas!".

Eso de vender maní y tapioca fue un período corto en nuestra vida, pero que ayudó en nuestra formación, ¿no? Teníamos que saber lidiar con la gente. Lula no hablaba nada, era muy tímido.

Viviendo con Aristides

Frei Chico: Yo viví con mi padre en Santos, con su segunda mujer, durante algunos meses. El trato que recibía de su parte era diferente. Él nos veía de manera diferente. Ya no era más el mismo, no. Estaba más educado. Nosotros tampoco le teníamos más miedo, ¿no es verdad? Le perdimos el miedo, mi madre se había separado, no teníamos más nada que ver con él. Cualquier cosa, yo me iba. La libertad es algo increíble, ¿no?

La segunda mujer de Aristides

Frei Chico: Esa prima de mi madre es una pobre mujer, yo ni sé el nombre de ella. Yo sé que le llamaban "Mocita". Uno no puede decir que ella fue malvada, que fue una maldita. Fue una persona que salió al mundo todavía jovencita, tenía catorce o quince años, y luego tuvo que aguantar a mi padre. Después de que nosotros nos separamos, los otros permanecieron algunos años más con él, pero después también se separaron de él. No lo aguantaron. Él golpeaba, maltrataba, jodía a los otros hermanos.

Borracheras y cuchillada

Vavá: Mi padre bebía siempre. En el Norte no bebía. Comenzó a beber en Santos. Tomaba *cachaça*. Luego pasó al coñac, que era me-

224

jor. Luego pasó a la cerveza, que era mejor. Si él hubiese podido beber 50 *cachaças*, las bebía. No tenía control. Llegaba a casa borracho. Pero mientras vivimos junto con él en Santos, lo hizo pocas veces.

Frei Chico: En el período en que yo vivía allá, le dieron una cuchillada, una vez. Fue a causa de la *cachaça*, él estaba bebiendo con otro en el bar y el tipo le cortó la barriga. Casi se va al cielo. Tuvo que sacarse un riñón. Lo encontraron enfrente de su casa. Fue un vecino suyo. Ellos estaban bebiendo y terminó ocurriendo eso. Casi muere, pero no murió. Bebía mucho, bebía mucho. Cuando nos pegaba normalmente estaba borracho. Pero era una persona interesante.

Aristides también es un héroe

Frei Chico: Recuerdo que, una vez, ese tío que vino con nosotros, hermano de mi madre… Fuimos una vez a cazar y era todo boscoso en esa región que hoy tiene la Piaçagüera. Era todo bosque, que ya no existe. Nosotros salíamos a cazar por la mañana temprano. Cazábamos venados, cazábamos tatúes, cazábamos otras cosas. Entonces yo, mi padre, Jaime, Zé, tío Dorico, y Lula parece que fue también, fuimos entrando en el bosque y había un sendero. Había un pastizal, lleno de agua por debajo. Lo que sé es que iba esa fila de gente. Y el último de la fila era mi tío. Una víbora lo picó a mi tío. Gritó: "¡Me picó!". Mi padre tomó al viejo y lo trajo de vuelta, andado a pie horas, dos, tres horas, hasta llegar a la barca. No había primeros auxilios en Itapema, no había nada. Había que cruzar a Santos. Mi padre tomó al tío, se lo puso en las espaldas y lo salvó. El sujeto, diez minutos después que lo picó la víbora, ya no podía ver nada, la pierna se le había hinchado. Era una víbora venenosa.

Frei Chico: Mi padre era una persona fuerte, razonablemente fuerte. No era un monstruo, un tipo grandote. Era más o menos de la altura de Lula, pero musculoso. Trabajaba de embolsador. Los embolsadores necesitan ser fuertes. Lo que acabó con él fue la *cachaça*. La *cachaça* fue un infierno.

De mis hermanos, el que más se parecía a él era Zé. Era moreno. Marinete se parece un poquito a él. Él tenía los ojos bien castaños,

225

no tenía casi barba. Era un tipo bonito. Cuando se arreglaba bien, era un tipo muy bonito. A mi madre le parecía eso, a todo el mundo le parecía eso. Era una persona que para los demás era muy agradable, el problema era con la familia. Dejó muchas heridas.

Problemas en la escuela

Frei Chico: Recuerdo muy bien que en Santos había un Carnaval que era una belleza. Yo estudiaba de día, pero mi padre terminó haciéndome estudiar de noche. Cuando me dio aquella paliza de la manguera yo ya estaba estudiando de noche. Mi padre pensaba que las mujeres que sabían escribir era para mandar cartas a los novios. Tenía esa idea idiota en la cabeza. Después de adulto estuve muchos años sin querer verlo, me quedé con rabia, luego me dio pena. Cuando comencé a tener conciencia política, empecé a sentir pena de ese tipo de comportamiento. Porque la persona no es culpable de eso.

Vavá: Hoy en día, nosotros, los hijos, no somos personas con estudios porque no hubo condiciones para eso, pero si dependiese de mi madre todos estábamos doctorados. Si dependiese de mi madre, si hubiésemos tenido que trabajar, todo el mundo habría estado en la escuela.

Cuando llegamos aquí a Santos no había escuela. La escuela más cercana que había era en Vila Carioca, quedaba a unos cuatro o cinco kilómetros, era en la Silva Bueno y avenida Nazaré. Y no había clases de noche, era imposible. En Santos había una sola escuela en Itapema, sólo de día. Nosotros trabajábamos y no podíamos ir a la escuela de día. Los que iba a la escuela de día eran Tiana, mi hermana menor, Lula y Ziza [Frei Chico]. Ellos aprendieron cosas en la escuela. Yo aprendí un poco allá y luego obtuve el diploma de la primaria aquí. Yo tengo la primaria, el *colegial* no. Pero la primaria para mí es lo mismo que si yo supiera como un doctor. Porque lo que la vida nos enseñó vale más que cualquier diploma.

Todos los hermanos tienen la primaria. Tiana y Lula fueron los que más estudiaron. Los dos tienen la secundaria. Pero Tiana fue la más estudió. Ella es una persona muy culta, tiene una visión más...

Ella era la benjamina y tuvo más tiempo para estudiar. Porque ahí las cosas empezaron a mejorar. Nos vinimos a vivir aquí, había escuela, estaba todo cerca. Ella aprendió corte y confección... Las otras hermanas no tuvieron tiempo para eso.

Analfabetismo disfrazado

Frei Chico: Cuando la persona es muy ignorante, no lo quiere reconocer. Mi padre no quería reconocer que no sabía leer ni escribir... [risas]. Compraba el diario e iba leyendo en la barca y en el tranvía. A veces estaba cabeza abajo y él ni se daba cuenta. Después de viejo, Vavá contaba estas historias riéndose de la cara de él, imagina si antes iba a poder hacer eso...

Vavá: Mi padre era analfabeto. Hay una historia graciosísima... [ríe]. Compraba el diario y lo leía al revés [ríe]. No sabía leer. ¿Y qué es lo que hacía? Compraba el diario, subía a la barca, tomaba el diario... Muchas veces estaba cabeza para abajo. Y todo el mundo mirándole la cara y riéndose. No sabía leer. Fingía que sabía leer, pero no sabía.

Última visita a Aristides y la muerte como indigente

Frei Chico: Recuerdo que un día –Lula ya estaba casado con Marisa, Fábio tenía unos tres años, yo ya tenía a mis dos hijos mayores– fuimos hasta la casa de mi padre allá en Santos, fuimos a descubrir a mi padre. Lula tenía un coche pequeño, a esta altura ya estaba en el sindicato. Fuimos a ver a mi padre, ya teníamos informaciones de que estaba enfermo, que podía morir en cualquier momento, estaba solo. Llegamos al bar, fuimos preguntando por él. Los tipos que vivían por ahí nos miraron desconfiados, pensando que éramos de la policía o algo parecido. En uno de los bares el dueño me dice que mi padre siempre iba allí. En una de esas, lo llegábamos a encontrar. Dejamos la dirección y todo; en caso de que él falleciera o si pasaba algo grave, que alguien nos llamara por teléfono. Y fue muy feo, porque nos avisaron después de diez días que él había muerto.

Vavá: Cuando empezó a enfermarse, la otra familia lo acompañó. Rubens estaba con él en el hospital. Todos los días iba allá. Pero él tenía que trabajar, y recién volvía por la noche para cuidar a papá. En uno de esos momentos en que Rubens salió, mi padre murió. Una hija de perra que dijo ser la mujer de mi padre, les avisó a los médicos que: "¡No, él no tiene a nadie; pueden enterrarlo!…".

Frei Chico: Otra vez que fuimos a Santos a ver a mi padre, ya estaba medio loco por la *cachaça*. Hay una historia en la que él estaba realmente loco. La gente de allá nos mandó avisar. Vavá fue hasta allá con Lula y alguien más para ver si podían hacer algo.

Pero cuando mi padre estaba con el sueldo en el bolsillo, encontraba una vaga cualquiera y la mujer terminaba quedándose con toda su plata.

Vavá: Mi padre tenía unas cinco o seis mujeres. Cada vez que uno iba a su casa se encontraba con una mujer diferente. Ni la gente de Santos sabía que había muerto. Lo supimos recién diez días después. Llamamos a Santos. El tipo del cementerio Santo Amaro quería abrir la tumba para que lo viéramos. Lula dijo: "De nada vale, ya murió. Déjelo como está".

Había sido enterrado como indigente.

Su muerte no me trajo tristeza. Teníamos la idea de que si él no hubiese hecho todas esas cosas, podría estar vivo hasta hoy. A mí me gustaría que estuviera vivo hasta hoy. Pero tristeza no tengo, no, porque no convivía con mi padre. Conviví con mi padre cinco, seis años, Lula prácticamente un año. De mis otros hermanos, el que más convivió fue Jaime, el mayor, que vino para acá con él en 1950.

Cuando estaba en el Norte era muy buen padre. No permitía que nos faltara nada. Trabajaba en el campo, hacía las compras en la feria. Todo sábado o domingo era el único hombre que traía pan azucarado y ananás para toda la familia. Traía dulce, galletas de coco. Cuando iba a Garanhuns traía de todo. En esa época no faltaba nada en casa. Todas las semanas iba a la feria. Luego no sé qué pasó, pero se enloqueció. Pero mientras vivió con nosotros en el Norte era una persona muy buena. No torturaba a mi madre. Sólo después de 1950, cuando llegamos acá, él cambió por completo.

Frei Chico: Cuando Lula perdió a su primera mujer, Lurdes, nosotros trajimos a mi padre para acá. No sé qué les pasó por la cabeza, dijeron: "Vamos a buscar a papá...". La gente de nuestra familia es muy estúpida en ese sentido. Una hermana mía no quiso verlo, mi madre tampoco quería saber más de él. Tratamos de mantenerlo en la casa de un hermano de él que vivía en Vila Carioca, que vivía más o menos bien. Pero él no se quedó. Unos diez días después se fue. Ya no lograba vivir más entre la sociedad normal. Ya estaba consumido por el vicio. Estaba entregado. Se quedaba en esa vida, con las mujeres que le sacaban el dinero. Él tenía muchas escopetas. Se las robaron, terminó con todo.

Vavá: Cuando murió mi cuñada, la primera esposa de Lula, yo lo mandé a buscar a Santos, y él vino. Mi madre se puso como loca. Me dijo que yo jamás debería haber hecho eso. Mi padre se quedó unos diez días con mi tío en que se comportó maravillosamente. Después lo dejó a mi tío, se fue a Santos y allá murió. Acabó.

Mi padre gastaba dinero en prostitutas. El era embolsador, ganaba muy bien. El embolsador es el que carga y descarga las sacas de café. El café ya va embolsado, listo. El estibador trabaja al borde de los muelles, dentro del barco. Y el embolsador trabaja en los almacenes, fuera.

Pobreza en Vila Carioca

Frei Chico: Cuando nos separamos de él y comenzamos la vida, nos vinimos para Vila Carioca... Cuando hoy veo a la gente de los conventillos, de las pensiones, me pongo a pensar... Aquello era un conventillo, era un bar de un pariente. En el fondo tenía un baño que era para todo aquel que entrara al bar y para nosotros también. Tenía un cuarto y una cocina. Era algo terrible.

Vavá: La vida aquí en San Pablo fue muy sacrificada también. Aquí en San Pablo se trabajaba, se pagaba el alquiler de la casa. Había muchos parientes que llegaban del Norte e iban a vivir con nosotros. En mi casa, los sábados y domingos, como mínimo había quince personas.

Esa casa en el fondo del bar de mi tío está allí hasta hoy, no la tiraron abajo. Había un baño para todo el mundo. Había cuarto, sala y cocina. Dormían ocho o diez en un cuarto. No había manera de que no se mezclaran hombres y mujeres. Mi madre dormía junto con nosotros. Y mis primos también. Había esas camitas que se abren y cierran. Y teníamos que dormir juntos en la cama. Se armaba todo aquello en la cocina y todo el mundo dormía. Y había un baño para la gente del bar y para nosotros también. Así era todo…

Había cuatro primos que vivían con nosotros. Eran grandes, de nuestra edad. Estaban Zé Graxa, Luís Graxa y Fernando, eran tres hermanos. Había también otro primo que había venido del Norte, que se las daba de rico. Tenía un olor a pies que nadie aguantaba… [ríe]. Dormía conmigo en la cama. Cuando vinimos del Norte él vino con nosotros. Vivió, durmió, comió, bebió un año en nuestra casa. Nunca nos dio un céntimo y encima se fue hablando mal. Salió diciendo que mi madre no servía porque no se podía comer bien en mi casa, no había ropa lavada… ¡Pero si nadie tenía nada!

Hasta que mi madre lo echó de casa. Le dijo: "Mira, por qué no te arreglas por ahí, aquí no se puede más". Tenía unos 17 ó 18 años, pero era muy presumido. Está vivo, y todavía es amigo nuestro. Pero miente mucho, es muy mentiroso. Cuando me encuentro con él todavía me río. Le pregunto: "¿Te volviste viejo y hasta hoy no paras de mentir?".

Mi madre no les cobraba a las personas, casi. Varias vivieron con nosotros. Tengo un primo al que incluso le va bien… Está el compadre de Lula, Joaquim Barbeiro, que vivió mucho tiempo con nosotros también. Él vive en Vila Carioca y es el compadre de Lula, mi madre era muy buena también con él. Joaquim Barbeiro es una persona que se vino a San Pablo, no tenía ni padre ni madre. Luego apareció por ahí la madre y un hermano. Vivió mucho tiempo con nosotros. Se casó y Lula es padrino de su hijo.

Si llegaban cinco, almorzaban, si llegaban diez, almorzaban, si llegaban quince, almorzaban también. O cenaban. Y le lavaba la ropa a todo el mundo también, ¿eh? ¡Había abundancia en casa!… No faltaba para comer… [ríe].

¡Lo que sobraba era gente para comer en casa!… Mi madre hacía una olla para diez, quince. Hacía arroz, frijol. Carne cuando se podía. Y hacía para todo el mundo, no era para uno solo. Huevos, ensaladas… Pero eso no era todos los días, esa variedad.

Frei Chico: Un día, eso debe haber sido en 1954 ó 1955, hizo un frío tan horrible, tan espantoso, que nos quedamos amontonados. Era un sábado. Imagina, no estábamos acostumbrados a eso. Y nosotros tampoco teníamos ropa. Todos amontonados...

Primeras señales de ascenso social

Frei Chico: Pasado un tiempo ya estábamos trabajando, alquilamos otra casita en la calle Auriverde y de esta nos fuimos a otra casa mejor. Había más cuartos. Ya podíamos dormir separados. La cosa empezó a cambiar. Yo ya comencé a trabajar también, tenía unos trece años. Todos trabajaban.

Vavá: Cuando mandé a que me hicieran la primera ropa fue aquí en San Pablo, vivíamos en Vila Carioca. Yo tenía 16 ó 17 años cuando mandé a hacerme un pantalón. Comprar mis primeros zapatos fue un milagro. Nadie tenía zapatos. Yo debía darle mi dinero a mamá para que comprara comida o si no nadie comía.

Compramos un saco de vestir entre tres socios. Yo tenía quince años. Era un saco amarillo fuerte. Entonces yo tenía un día marcado para usar el saco. Los socios éramos dos primos míos y yo. Había que establecer un día para que lo usara cada uno. Aquel saco era conocido... El saco era conocido. Porque nadie vendía fiado, nadie vendía en cuotas.

Todo el dinero que ganaba trabajando se lo entregaba a mi madre. Lo que yo tenía era para los demás. Nunca me ponía un centavo en mi bolsillo. El último día antes de casarme mi madre tomó mi sueldo y me lo dio. No quiso quedarse con mi sueldo. Porque todo lo que yo cobraba lo colocaba en las manos de mi madre.

Después yo siempre le compraba la ropa usada a mi primo. Tenía un primo que usaba un traje de gabardina. Yo tenía obsesión por ese traje. Hasta que se lo compré y se lo pagué en tres cuotas.

Nosotros comprábamos las famosas "alpargatas rueda", que hoy la gente usa para pasear. En esa época eso se usaba para trabajar. Eran aquellas con trencitas de sisal en los bordes, ¿sabes? O si no usábamos zuecos. Los hombres usaban zuecos. Ni se podía usar zapatos, había tanto barro... Para usar zapatos había que ponerse galochas cubriéndolos. Sólo teníamos un pantalón para pasear el fin de semana y uno para ir al trabajo durante la semana. Nadie tenía ropa. Si alguien te dice que nosotros teníamos ropa, es todo mentira. Las cosas eran baratas, pero nosotros no teníamos dinero para comprarlas.

Viaje repleto de aventuras

Vavá: Cuando el camión paraba en un lugar, o si se pinchaba un neumático, íbamos a comprar bananas con ese tío mío que falleció, Dorico. Era gracioso. Comprábamos las cosas, pero encontrábamos manadas de bueyes en medio del camino. Los bueyes corrían atrás y nosotros perdíamos todo lo que habíamos comprado. Era imposible, no había para dónde correr, dónde esconderse.

Una vez encontramos a un boyero que nos dijo: este buey es bravo. No hubo cerco de alambre de púa que nos protegiera... corrimos y el buey se vino atrás. Casi morimos. Era un toro bravo. Todo viaje era una aventura.

Frei Chico: Recordaba los otros días que durante el viaje de *pau-de-arara* veía pasar por la ruta esos camiones que tenían bocinas con diferentes músicas. Los choferes tenían en su camión bocinas con cuatro tipos de sonidos, de melodías diferentes. Era fantástico. Lula realmente no conocía nada antes de viajar. Nunca había salida de Vargem Comprida. Pero yo llegué a ir a Garanhuns cuando vivía allá. Yo ya conocía los camiones. Mi madre hacía harina de mandioca e iba a vender en la ciudad. Sacaba batatas y las iba a vender. Pero Lula no conocía nada. Nunca había salido de allí.

Hay una historia especial de ese viaje en *pau-de-arara*. El camión iba andando y de repente cayó una lluvia torrencial. Todos tuvimos que descender para empujar el camión para que cruce un puente. Si no, el puente podía caerse. Eso fue por el sertón bravo de Pernambuco, tal vez de Bahía.

El camión a veces paraba para que hiciéramos nuestras necesidades. En esa época no había baños, no existía eso de detenerse en un parador lleno de baños para mujer, hombre, eso no existía. No había ni ómnibus en esa época. Pero todo era organizado. El camión paraba en la ruta y las mujeres se iban para un lado y los hombres para otro. La gente se organizaba. Un día el camión paró bien en medio del bosque, y ya estaba anocheciendo. Venía por la ruta y de repente le gritaron que parara. El tipo paró el camión.

Lula y yo veníamos sentados en el banco de atrás con las piernas hacia fuera. El camión paró y nosotros saltamos. Alguien descendió y le pareció que estaba muy oscuro. Que era muy peligroso parar allí, y subió. Y el camión empezó a arrancar. Y nosotros gritando atrás: "¡Paren!" [risas].

El *pau-de-arara* paraba para que durmiéramos. Nos amontonábamos todos. La familia es una cosa interesante. La familia se amontona toda. Cuando parábamos para dormir hacía un frío terrible de madrugada. Raramente el lugar donde parábamos para dormir era cubierto. Podía ser en una estación de servicio. Había un rinconcito por allí y nos amontonábamos en el rincón y dormíamos.

Bañarse, a veces había baño y podíamos bañarnos. No recuerdo si me bañé. Y era algo ridículo porque quedaba ese olor a ser humano, ese olor natural.

Vavá: Nos bañábamos cada tres o cuatro días. Cuando encontrábamos un lugar, un riacho, el chofer paraba. Se aprovechaba para lavar alguna ropa y para bañarse. Yo viajé del Norte para acá en trece días y llegué con la misma ropa con la que salí de allá.

El camión era de dos pisos. Había lugar abajo y arriba. Había un primer piso abajo y otro encima para guardar valijas, para guardar las cosas. Iban cinco o seis personas arriba también. Era tablas de madera rústica, no era madera bien terminada. Tenía astillas, no eran maderas lisas, planas, no. Era madera en bruto. El sujeto hacía los bancos y ahí íbamos nosotros. Un encerado que tapaba el frente y los costados. Cuando parábamos en una estación de servicio a medianoche y con lluvia, bajábamos… Muchas veces nos mojábamos por completo. A veces dormíamos debajo de la gasolinera. Otras veces dormíamos sentados dentro del camión. O si no debajo del camión. Pero igual te mojabas. Mira lo que te voy a decir… ¡No era fácil, no! Para nosotros que éramos chicos era una aventura maravillosa, pero para una persona adulta debería ser algo horroroso.

Mi madre no se quejaba, porque nunca se quejó de nada en la vida.

Frei Chico: En el *pau-de-arara* no hay respaldo, no hay nada. Es una tabla que va de un lado al otro, de punta a punta de la caja del camión. Normalmente ellos ponen un caballete en medio de la caja, para sostener la tabla, para que no se hunda. Hay cuantas tablas pueda haber. No hay donde apoyarse, no donde sostenerse, nada. Arriba ellos colocan una lona, unos palos en la caja. Hoy ya existe una armazón de hierro, en esa época era de palos. A eso le colocaban una lona encima, para que no lloviera adentro. Era sólo eso. Para agarrarse... Nosotros no sufrimos ningún accidente, pero normalmente había. La historia muestra que mucha gente murió en accidentes. Cualquier curva del camión la carga se va...

Vavá: El camión tenía sesenta y tantas personas. Iba abajo y arriba. Era de dos pisos el camión.

Frei Chico: Para el viaje, la comida que sugerían que había que llevar bastante era pollo cocido en medio de harina. Duraba algunos días sin ponerse ácido. Entonces había un pedazo de carne con harina. Raspadura también. Comprábamos en la carretera, cuando había, y comíamos raspadura con harina. Y bananas. Llegando a esa región de Bahía, de Minas, ha había muchas bananas. Comíamos eso. Cuando encontrábamos en algún lugar, comprábamos pan. Era más o menos eso.

Vavá: Mi madre hizo la comida antes de viajar. Traía todo listo. No había manera de hacer comida ahí arriba. Traía pollo, traía queso, traía galletas, traía raspadura, traía harina. Ella no hacía el queso, lo compró para llevar. Luego compraba alguna cosa en la ruta para comer, porque no había como cocinar. Había más de 60 personas en el camión.

Frei Chico: Yo no entendía bien eso, imagina entonces Lula. Yo sabía que íbamos a San Pablo. Era algo que daba esperanzas, algo diferente. Teníamos la perspectiva de nos iba a cambiar la vida, ¿no? Recuerdo que teníamos esa ilusión... Nosotros estábamos completamente desinformados viviendo en un lugar como el que vivíamos. Hoy no, ya hay radio, ya hay televisión. Esas cosas no existían para nosotros. Nosotros no teníamos información del planeta Tierra, de nada. A no ser cuando llegamos a la escuela. En la escuela explicaban algunas cosas, el himno brasileño, etcétera. Aparte de eso, no había nada. El mundo no existía. Hoy mi hijita, de dos años, tiene información que yo no tenía a los diez años. Es diferente, ¿no?

Ser "alguien en la vida"

Vavá: Yo tendría que haber ido a la Marina. Mi madre no me dejó ir. Yo era un chico "alocado", siempre hacía bromas con todo el mundo. Estando ya en Santos, había un capitán que fue a casa unas cuatro o cinco veces para pedirle a mi madre llevarme a la Marina, pero mi madre no me dejó. Ella tenías sus razones. ¿Cómo iba a dejar que se llevaran a su hijo? ¿Cómo iba a dejar de ganar dinero en la situación en que estábamos? A la Marina yo sólo iba a estudiar. No había salario. Cuando vinimos del Norte para acá y pasamos por Minas Gerais, un hacendado le pidió a mi madre que me dejara en Minas Gerais. El tipo hizo de todo para que me fuera allá. Mi madre no lo permitió.

Uno se pone a analizar... Uno se pone a pensar: "Yo podría ser alguien en la vida...". Uno comienza a pensar que podría ser alguien en la vida y empieza a emocionarse. Pero tiene que pensar lo contrario: "¿Y el problema de mi madre y de mis hermanos, qué podría haber sido de ellos también?". Entonces hay ciertos males que vienen por bien. No me arrepiento, no señor.

Fue en una parada del *pau-de-arara* en una estación de servicio. Paramos y el hacendado quería a toda costa que yo me quedara allá. Porque yo "no era correcto", yo era muy "pícaro"... Mientras el tipo pensaba en bajar yo ya estaba frente al camión... El tipo quería que yo me quedara. Cuando llegamos a Santos el otro quería que yo fuese a la Marina. Si yo fuese a la Marina... ¿Ya pensaste? Trece años... ¡Estudiar todo gratis! Pero creo que no se puede tener todo en la vida. Todo en la vida es estar en paz, con la familia bien. Tener estos hermanos que llegaron adonde llegaron, con conocimiento y honestidad.

235

Travesías antes inimaginables

Frei Chico: El *pau-de-arara* nos dejó en la estación del barrio Brás. El taxi que tomamos era un Chevrolet '49 ó '50. Sé que era un coche nuevo. Entramos todos en ese coche para ir a Santos. Fuimos once personas. Debía haber unos cinco o seis niños ahí, ¿no? Más el equipaje. Era impresionante. Fue la primera vez que Lula y yo anduvimos en coche. La primera vez. Todo era nuevo, todo era diferente.

Vavá: No había asfalto del Norte hasta aquí. Uno sólo tomaba la doble mano de la via Dutra a San Pablo. Paramos en Brás. Venían mi madre, mi tío, mi tía y siete niños. Ya había dos hijos aquí, así que vinimos siete niños para acá.

Al llegar a Brás tomamos un coche, un taxi. Éramos diez personas dentro del coche. Eran las 10 ó 10 y media de la mañana. Tomamos el taxi y nos fuimos a la orilla del muelle, allá en Santos. Fue la primera vez que anduve en coche. Antes sólo había viajado en camión, fue cuando hice ese viaje. Para nosotros que éramos muchachitos, andar en coche era una alegría. ¿Yo iba a imaginar que iba andar en automóvil?

La sensación que tuve al llegar aquí era una expectativa. Nunca había visto un coche. Ni sabía que había tantos automóviles. Entonces uno llega a Brás, toma un coche, llega a Santos. Nunca había visto ese movimiento de gente. Era 1952... ¡Nos asombraba ver tanta gente! ¡No habíamos visto tanta agua en nuestra vida! ¡Y encima pasar por adentro de un túnel!

Cuando uno iba al Norte y decía que pasaba por debajo de la tierra, lo tomaban por mentiroso. Lógico, ¿dónde se vio que alguien pase por debajo de la tierra? Y de hecho, cuando mi padre llevó esta historia... No le creí mucho. ¡Luego, al llegar aquí pasamos por el túnel de Santos debajo de la tierra!

Llegamos a Santos y mandaron a llamar a nuestro padre. Almorzamos. Mi padre ya se había quedado superpreocupado. Nos llevó a la casa de un amigo suyo. La otra mujer vivía con él, entonces tenía que llevarnos a la casa de un amigo. Llegamos allá, y todo el problema de mi padre con nosotros es que nos habíamos olvidado del perro en el Norte. Él quería que trajéramos a ese perro de cualquier manera. No había cómo traer al perro. ¿Mi madre traía siete niños y encima iba a traer al perro? No había un mínimo de razonamiento... ¡La ignorancia de mi padre!

Frei Chico: Mira, si en esa época hubiésemos tenido noción de lo que sería esta historia... Habría sido diferente. Yo tenía muchos documentos que terminé tirando. No podía imaginar que la historia iba a ser así. Los tiré de rabia. Algunos eran documentos políticos, algunas cosas que hemos escrito, documentos de fábrica que teníamos, de nuestra lucha...

Para que me ayudara, me molestara o cualquier cosa

Frei Chico: Recuerdo cuando vivíamos en Santos, mi padre tenía unas cabras. Yo tenía que atar las cabras para que comieran. Sé que Lula y yo fuimos muchas veces juntos. Nosotros hacíamos muchas cosas juntos, no es que quisiéramos, sino que nos obligaban. Si yo iba a algún lugar yo debía llevar a Lula; para que me ayudara, me molestara o cualquier cosa, pero lo tenía que llevar. Y lo llevaba. O ayudaba, o molestaba.

El cine

Frei Chico: Nosotros íbamos mucho al cine. Porque el cine era barato, Vavá trabajaba, ganaba dinero. Trabajaba de mozo y se ganaba buenas propinas. Íbamos al cine de noche, Vavá nos pagaba la entrada. Para él, el dinero que ganaba en el bar era mucho, para él y para nosotros también.

Aquí en San Pablo la cosa empieza a cambiar mucho, aquí ya era otro mundo. Había que usar saco no sólo para ir al cine, también para ir a los bailes.

Ascendencia materna

Vavá: El marido de mi abuela Otília murió de cáncer. Recuerdo cuando yo tenía cinco años de edad y fui con mi madre a ver a mi abuelo a Garanhuns. Él tenía una moneda de 400 réis guardada para darme. Estuvo en cama durante más de cinco o seis meses y luego murió. Tenía asistencia médica, iba al hospital. La profesión de él era labrador.

Mis familiares de parte de madre era todos altos, rubios, de ojos verdes, de parte de mi abuela. Medían 1,85, 1,90... Eran rubios de ojos azules. Mi madre tenía ojos claros, también...

Frei Chico: Mi abuela Otília era bajita. Mi hermana Maria tiene el tamaño de mi abuela, el tamaño de mi madre. Otília de vieja tenía la cara de mi madre. Era muy bonita, pero bebía como la peste.

El mundo para nosotros en el Norte era muy grande. Ahora, cuando volvimos allá, vimos que era de este tamañito... Las casas son pequeñas... En mis tiempos, aquello era un monstruo. Sé que un día mi abuela estaba en nuestra casa y salió para la casa de un hijo de ella, Dorico. Demoró en llegar a la casa de Dorico. Fuimos atrás de ella yo, Marinete, no recuerdo bien. Se había caído por la *cachaça* la vieja. Bebió tanto que se cayó. Y llovió mucho y allí estaba. ¡Podía haberse muerto, la viejita! Cuando falleció, ya estábamos aquí en San Pablo.

Su marido murió mucho antes. Cuando él murió mi madre todavía era joven. No conocí a mi abuelo.

Vavá: De mi familia de parte de madre siempre tuvimos apoyo. Todos los hermanos de mi madre vivían allá en el Norte. Vivían cerca. Tenían una buena vida. Esa gente tenía una buena vida, uno tenía hacienda, otro era lechero, siempre tuvieron alguna cosa. En la mala estábamos nosotros y el tío Sérgio. Este era el peor. Nosotros vivíamos a una distancia de más o menos unos 600 metros de mi tío. Él siempre estaba allá en casa, siempre mirando si faltaba algo.

Hasta hoy tenemos la mayor consideración por este tío nuestro. Está vivo y tiene 86 años. Vive allá en el Norte. Ahora, cuando viajamos para allá en la Caravana de la Ciudadanía tuvimos un almuerzo en su casa. Esa es una de las personas por la cual tenemos el mayor cariño. Él nos ayudó mucho. Es una persona sensacional.

Trabajaba en el campo. Trabajaba no, trabaja todavía hoy, a esa edad. En su casa no falta nada. Tiene muchos hijos. Pero todos ellos están más o menos "equilibrados" económicamente. Tampoco dejan que al viejo le falte nada.

La familia de mi madre eran cinco hermanos hombres y seis mujeres, eran once. Nosotros conocíamos a todos los tíos. Todos los tíos que vinieron a San Pablo ya murieron aquí. Se vinieron: Dorico, Zé Rádio, Estaquinho [Eustáquio]... Estos tres murieron. Murió mi madre. Murió otra hermana en el Norte, después murieron otras dos. Hay dos vivos allá en el Norte todavía. Y hay una hermana de mi madre viva que vive aquí cerca. Todo el mundo murió de la misma enfermedad. Todos murieron de cáncer. Mi madre tuvo cáncer de útero.

Allá en el Norte sólo hay dos hermanos de mi madre vivos. Y esta hermana aquí en San Pablo. El resto se transformó en polvo, murieron todos.

Ahora bien, en cuanto a parientes, tenemos muchos todavía. Si buscas por la familia... Nuestra familia tiene tres partes: la familia Broca, la familia Ferreira y la familia Inácio. Los Broca son todos de parte de mi madre. Es un mezcla, Broca y Ferreira. Si llegas al Norte y buscas en Garanhuns a la familia Broca, a los Ferreira y a los Inácio, la gente sabe quién es. Es muy grande la familia.

A mi abuela Otília la llamábamos Tília. Tomaba mucho la viejita. Era una buena costurera, de primera calidad. ¡Pero tomaba tanta *cachaça*!... Se caía en el estanque y gritaba para que la ayudáramos. Ni te cuento en la represa, entonces... Íbamos a ayudarla. Era bajita. Tenía más o menos 1,40. Era una persona muy buena, muy buena. Cuando nos fuimos de allá, quedó mi tío Sérgio cuidando de ella, junto con las otras hermanas. Mi abuela murió por la edad y un poco por el aguardiente también. Edad y *cachaça*.

Mi abuela era descendiente de italianos, de esa gente. Era muy cariñosa. La familia de mi madre era y aún es maravillosa. Es gente de una educación... ¡La gente del Norte tiene un cariño por nosotros! Como Lula se proyectó, entonces ellos nos tomaron más cariño. No creían que podíamos llegar a donde llegamos. Porque, criados sin padre, ocho hijos, ¿quién esperaba que saliera algo que valga la pena? Nadie. Gracias a Dios, ninguno salió ladrón, eso es muy bueno.

En mi familia todo el mundo puede caminar con la cabeza erguida, nadie le debe nada a nadie. Este es nuestro orgullo. Por eso somos muy respetados en el Norte. Hoy, cuando un tipo tiene dos o tres hijos y se queja de que sus hijos no sirven para nada, yo le digo: "No sirve porque ustedes no lo supieron criar". Yo tengo cuatro hijos que nunca me dieron un dolor de cabeza.

Ascendencia paterna

Frei Chico: Yo conocí a mi abuelo paterno. Mi abuelo paterno, João Grande, era un hombre alto, bien alto, y muy serio. Y mi abuela, me olvidé su nombre, era una viejita fantástica. Después que me vine a San Pablo, doce años más tarde, volví allá, 1964. Me quedé en la casa de mi tío, con mi abuelo, una semana. Él estaba bien de salud todavía. Me adoraba, andábamos a caballo, etcétera. Pero siempre con esa prepotencia. Y mi abuela todavía estaba viva. Mis tíos vivían todos cerca. Allá en el campo todos vivían a diez o quince minutos a pie.

Vavá: Mi padre era descendiente de indios. Pero el padre de mi padre también era claro. No era moreno, no. Mi padre parecía un bugre.* Tengo un tío, hermano de mi padre, que es padrino de Lula. Vive en la Vila Galvão, no parece brasileño: es un moreno con cabello lacio, es un moreno con la piel brillante… Mi abuelo, el padre de mi padre, si no me engaño era de Alagoas. Mi abuela en cambio era de Garanhuns.

Teníamos mucho miedo de pedirle cosas a mi abuelo. Cuando íbamos a su casa a almorzar, no se podía dejar ni poquito de comida en el plato. Podíamos repetir diez veces. Cuantas veces quisiese comer. Pero lo que no se podía era dejar comida en el plato. Teníamos un respeto hasta exagerado por las personas, ¿sabes? No sé decir si era miedo o era respeto. Porque a él no le costaba nada golpearnos a nosotros. Nadie podía llamar a nuestros primos muchachones o negritos, ni nadie podía soltar palabrotas, porque recibía una paliza. Había que tener mucho respeto con las personas.

---

* Bugre: individuo de los bugres, pueblo indígena del sur de Brasil, que cobró fama como aguerrido.

Mi abuela era una buena persona. Se llamaba Guilhermina. Tengo muy buenos recuerdos de la viejita. Ella trataba de ayudarnos. Pero no podía ayudarnos porque mi abuelo también controlaba. Con nosotros también estaba mi madrina que era muy buena. Era hermana de mi padre. De vez en cuando yo le robaba frutos de ricino, me daba unos coscorrones y ahí terminaba todo.

Frei Chico: Yo sé, una vez... Mi abuela plantaba sandías. Es una plantación interesante: da unas ramitas y abajo un montón de sandías. Una vez le robamos una sandía, estaba tan rica... Entramos en el medio de un terreno boscoso al borde de la ruta. Robamos y corrimos, no lo habíamos visto. Entramos debajo de una planta de mimosa. La mimosa es una planta espinosa que abunda en el *agreste*. Allá estábamos comiendo la sandía y aparece él con la escopeta. No llegó a tirar, pero se quedó mirándonos con la escopeta en la mano. Dijo: "¡Ustedes no tenían por qué robar, pídanme que les doy!". Pero nosotros le pedíamos y él no nos daba, ¿no? [risas]. Robábamos porque no nos daba.

Una vez fueron de noche a robar y él tiró, pero tampoco sabía quién era. No sé quién estaba en esa, tal vez Jaime. Jaime era muy atrevido. Jaime está vivo aún, pero anda bebiendo como un diablo. Entonces la historia es así: nosotros íbamos a robar, sabíamos que él seguro iba a tirar, pero él tampoco sabía quién era. Y si supiese también tiraría porque era un robo. La visión de ellos es esa. Si están robando...

Vavá: De mi familia de parte de padre nosotros tuvimos poco apoyo. Estaba mi abuelo, estaban mis tíos... Pero allá en el Norte siempre tuvimos apoyo de la parte de mi madre.

Ni mi abuelo, ni mis tíos nos daban nada. Ellos eran muy... En esa época, hasta mis tíos se vinieron a San Pablo también en 1950. Sólo se quedó allá alguien que plantaba repollos. Yo tenía unas ganas enormes de comer repollo y él no nos daba. No nos daba nunca. Vendía. Hoy él vive aquí atrás. Mi abuelo tenía sandías. El día que robamos sandía él nos sorprendió *in fraganti*... Yo pensé: "¡Sálvame Dios!". Pasamos por el medio de la campiña... Nadie volvió allá nunca más.

241

Frei Chico: Mi abuelo tenía bastante tierra. Tanto que los hijos de mi abuelo tomaron todo. Mi padre se quedó sin nada. Zé, el que está ahí, se quedó sin nada, otro que está ahí tampoco. Los que se continuaron allá son quienes se quedaron con todo. Todas las tierras que tenía mi abuelo quedaron a cargo de los hijos que están allá. Nadie se ocupó de ese tema. Hay una hermana de mi padre que todavía está allá, que tiene 19 hijos. Todos vivos.

Vavá: Mi abuelo dejó una barbaridad de tierra y nadie fue atrás de eso. ¡No se puede! Mi abuelo tenía mucha tierra. Todas aquellas tierras las tiene un tío. Un solo tío se quedó con todo. Nadie nunca se peleó por eso. ¿Por qué uno va a pelearse por algo que no tiene valor? No hay agua para nada. Ahora, en el viaje Caravana de la Ciudadanía vi un buey atado por abajo para que no se cayera. El gobierno debería hacer algo y no lo hace... ¡Y continúan votando siempre igual!

Frei Chico: Mi padre tiene un hermano que también hizo como él: abandonó a la familia y desapareció del mapa. Se llama Euclides. Hasta hoy nadie sabe de él. Eso fue hace mucho tiempo. Abandonó a la familia y también desapareció. La familia de él se vino toda para acá.

Hijos: legado de Aristides al mundo

Frei Chico: Mi padre tiene diez hijos de la otra mujer y ocho, que somos nosotros. Son 18. Mi madre perdió cuatro. Eso ya da 22 hijos. Y la otra mujer debe haber perdido también algunos. Entre Vavá y yo nació uno, entre Marinete y Vavá nació otro y murió siendo muy niñito. Un niñito pagano.

Cuando llegamos a Santos y mi padre dormía con las dos mujeres, él embarazó a mi madre. Mi madre tuvo mellizos y casi muere. Los dos niños murieron. Nacieron, fueron a casa, pero después murieron. No conozco la *causa mortis*, sólo sé que murieron. Eso fue en 1953. Nosotros éramos muy pequeños, no me acuerdo bien de eso. Sé que mi madre estuvo mucho tiempo en el hospital. Casi muere, pero sobrevivió. Quien lo puede contar bien es Marinete, que fue la que la cuidó.

Vavá: Después que murieron los bebés, pasaron unos tres meses y mi madre se separó de mi padre. Mi madre quedó muy enferma cuando los chicos murieron, luego se recuperó, gracias a Dios. Fue grave. Pensamos que ella se iba a morir también. Ella estuvo en la Santa Casa de Santos.

Los Silva y sus nombres

Vavá: El nombre de mi madre es Eurípedes Ferreira de Melo, el de mi padre es Aristides Inácio da Silva. Los hijos son:

José Inácio da Silva, Zé Cuia. Él murió de mal de Chagas en 1991. Nació en 1936.

Jaime Inácio da Silva. Él tiene problemas de alcoholismo. Nació en 1937.

Marinete, que hoy tiene el apellido del marido, Leite Cerqueira. Ella nació en 1938.

Genival Inácio da Silva, Vavá, nació en 1939.

En 1940 mi madre perdió un hijo.

También José Ferreira de Melo, que es Ziza o Frei Chico. El nombre es diferente de los demás –no es Inácio da Silva– para que no tuviera el mismo nombre del hermano mayor. Nació en 1941.

Maria, Maria Baixinha, que hoy es Ferreira Moreno, apellido del marido. Nació en 1942.

En esa época mi madre perdió otro hijo.

Ahí viene Luiz Inácio da Silva, Lula. Nació en 1945.

Después, por último, vino Tiana, que en San Pablo "se transformó" en Ruth y luego de casada pasó a ser Ruth Ferreira de Mendes. Ella nació en 1959.

Vivir en Garanhuns

Frei Chico: Cuando mi padre nos dejó, sufrimos muchas privaciones. Era algo muy loco. Yo recuerdo que una vez mi madre logró comprar *jabá*. *Jabá* es una mezcla, es carne seca. Pero estaba en mal estado. Mi madre insistió en comerla, pero esta mal.

Nuestro desayuno, por la mañana... Hay cosas que no puedo

creer. Me acuerdo muy bien de eso. Para los niños siempre había una lechita. Pero era un plato de frijol con harina y café negro. Eso cuando había, ¿eh? Nosotros entonces siempre teníamos problemas serios de estómago. Eructábamos esa cosa podrida, ¿entendiste? Me acuerdo bien de eso.

Cuando eran épocas de lluvia, que llovía bastante, había muchas frutas: embú, jurema, maíz. Era muy bueno. Uno tenía maíz en el café, en el almuerzo, en la cena. Era muy bueno. Pero cuando había sequía era muy triste, porque no había nada de eso. No había pan. La gente no tiene creatividad de hacer de la propia harina otro tipo de alimentación. Lo máximo que se hacía era una tapioca, o si no el *cuba*. El *cuba* era una torta que se hacía. El maíz, por ejemplo, nadie sabía hacer torta de maíz. De mañana también comíamos harina con café.

Vavá: En el Norte había gente que comía tatúes. Pero nosotros no teníamos, nunca comíamos. Comimos tatú aquí en Santos, cuando vinimos para acá. Había tatúes, venados, pacas, carpinchos. Todo eso terminamos comiéndolo en Santos. Mi padre los cazaba y mataba.

Frei Chico: Era fantástico cuando había comida, pero también cuando no había… Esas cosas… Uno no tiene noción de que es pobre. Los niños de hoy tienen esa noción, ven las cosas de manera diferente. Pero en nuestro tiempo nadie sabía qué era un pobre.

Vavá: Vivir allá no era fácil. Había un respeto. Uno no iba a la ciudad… Yo fui a Garanhuns unas dos veces. Uno no tenía libertad. Para ir a la ciudad había que ir a pie. Eran 18 kilómetros a pie desde donde vivíamos hasta Garanhuns. Para ir a Caetés eran unos cinco kilómetros, para ir a Capoeira eran más o menos unos ocho o diez kilómetros. Para ir a São Pedro eran unos doce, trece kilómetros también, era la ciudad más cercana. Todo el mundo iba a pie o a caballo; el que tenía, claro. Como nosotros no teníamos caballo, íbamos a pie. O si no en carreta de bueyes.

Nosotros teníamos un burro. Este burro también quedó allá. Parte de la pelea de mi padre con mi madre, cuando llegamos a Santos, fue a causa de ese burro. No sé si él quería que lo trajéramos. El burro quedó con mi tío. Nosotros teníamos ese burro y una vaca prestada de un tío mío. Nos prestó la vaca cuando la situación empezó a empeorar, para que tuviéramos leche.

Nosotros comíamos batatas, *bidu*, tapioca. Una vez por semana pasaba el hombre y si mi mamá tenía dinero compraba pan, si no no compraba. Mi madre conseguía dinero vendiendo harina, ricino. El ricino era para hacer aceite. Nosotros recogíamos ricino. En la época costaba mil réis cada kilo de ricino.

Si llovía, crecía de todo: ricino, batata, frijol. Si lloviera no habría lugar mejor para vivir que en el Norte. Habría abundancia de todo.

Frutas: había mucho cajú, imbú. Esas son las que más crecen allá. Había piñas, piñas de pino de verdad, no chirimoyas. Y ananás. Había mucho ananás. Mi madre iba a la feria y compraba. Lo mejor de Brasil es el ananá del Norte. Todo lo que cosechabas se podía vender.

Allá no había luz. No había luz de noche. Cuando salíamos, si había luna, perfecto. Si no, teníamos que pasar por esos caminos de noche en medio del bosque. Usando antorchas o en la oscuridad.

Había un árbol de ceibo al lado de nuestra casa. Hoy el dueño de todo eso dice que ese árbol no será cortado nunca en la vida. Dice que puede cambiar todo. Transformó la casa, pero no quiere ni tocar el ceibo. Está allí hasta hoy.

Cuando yo tenía once o doce años, yo cuidaba el ganado de don Tozinho. Llevaba su ganado, más o menos unas 70 cabezas, a unos ocho kilómetros para darle de beber. Iba solo y a caballo, azuzando a los animales, como un boyero. Don Tozinho me daba algo de dinero. Siempre nos daba algo a nosotros.

Estaba la fiesta del 7 de septiembre, el día de la independencia… Estaba Adalberto Damião, que fue mayor guitarrista que yo oí. El mejor guitarrista que yo oí hasta hoy. No había acordeonista, no había nadie que tocara mejor que aquel hombre. Entonces, estaba la fiesta del 7 de septiembre y nosotros íbamos a pie cinco o seis kilómetros. Toda la escuela iba a pie a la fiesta. Uno comía, bebía… Y en esa fiesta él tocaba. Y ahora, 42 años después, llego a Caetés, durante la Caravana, y encuentro al hombre tocando la guitarra. Fue una alegría. El día que nos volvimos él hizo un baile para nosotros, por la noche, en la casa de un primo nuestro. Se quedó hasta las 2 de mañana tocando para nosotros. Hoy tiene 66 años y no lo puedes creer.

Ese muchacho guitarrista fue con mi padre a Santos y comenzó a trabajar. Él sabía que tocando la guitarra podía ser rico en San

Pablo. Aquí hicieron una "vaquita" para que se comprara una guitarra. Pero él tomó el dinero, se compró la guitarra y se fue a vivir al Norte. Podría haber hecho un contrato con una radio en Guarujá. Pero se fue. No se quiso quedar.

La tierra que dejaron en el sertón

Vavá: El terreno mi madre se lo vendió a mi padrino y primo de mi padre. Él no pagó todo. Pero dejemos eso de lado. El terreno se vendió a 9 *contos* de réis, nosotros recibimos 5 *contos,* ó 6. Él se quedó debiéndonos el resto.

Bajo la luz del candil, las primeras letras

Vavá: A mí me gustaba mucho el Norte. En la escuela a la que íbamos en el Norte había una maestra para primero, segundo, tercero y cuarto grados. Era una sola maestra. Había una fila de sillas para cada grado. A mí me ponían de castigo. Había un colega que era sobrino de ella, pero ella trataba a todos igual. La maestra era una "diosa". Se llamaba doña Caçula, era una "diosa".

Nosotros estudiábamos allí mismo en el campo. Había una escuela. No necesitábamos ir hasta Garanhuns. Había una escuela cerca de la casa donde vivíamos, cerca de la Bodega de Tozinho. Aún hoy está allá la escuela, en el mismo lugar. Estudiamos yo, Marinete, Jaime y Zé. Luego quedamos yo, Marinete y Frei Chico. Era increíble que ella enseñara de primero a cuarto grados todos en la misma aula. Entonces tenías que saber de memoria todo lo que ella te enseñaba. Y quien se equivocaba se quedaba de castigo. De nada servía ser sobrino de ella, no señor. Te mandaba atrás de la puerta. Y tenía una palmeta.

De noche, en casa estudiábamos con el candil, y había que saber las cosas de memoria. Usábamos candil. Porque de día, cuando llegábamos de la escuela, teníamos que ir a trabajar. Si la profesora decía algo, yo tenía que saber eso de memoria. En la clase ella controlaba quién sabía la lección. Decía: "Fulano, tú…". Y cuando llegaba al que no sabía: "Fulano, ¿cuántas tortas?". Y el niño decía: "Media docena…". Pucha… ¡A veces nuestras manos parecían salir de un tomate! Pero era algo cariñoso, porque uno respetaba a todos, respetaba a la maestra. Era una "diosa" la maestra. Uno no pronunciaba ni una palabrota, no se admitía. Y ni pensar de llegar a la casa y decir que la maestra era mala. Si te quejabas era peor. A mí me gustaba ella.

Y las travesuras que hacíamos… Ella nos dejaba a mí y a su sobrino en penitencia, se iba a Garanhuns y se olvidaba de nosotros. Entonces, nosotros reventábamos las puertas, hacíamos pis en el aula y huíamos. Luego, nos quedábamos tres días sin aparecer. Al volver, te imaginas, ¿no? Venían los palos…

Bromas en el cementerio

Frei Chico: Allá en el Nordeste había un lugar para enterrar a los niños que llamaban los "paganitos". Había un lugar cerca de la casa de Luiz Custódio, un vecino nuestro, cerca de una represa y de una casa para hacer harina. E íbamos yo, Lula y Ruth, que era bien pequeñita. Maria Baixinha fue a la casa de ese Luiz Custódio a buscar algo para mi madre. A mi madre le pareció que Maria estaba tardando y nos mandó a llamarla. Eso era medio lejos. Cuando vimos que ella estaba viniendo, nos dimos cuenta de que ella tenía puesto lápiz labial. Ahí nos escondimos entre los matorrales y empezamos a llorar como bebitos. Maria Baixinha se volvió para atrás… ¡Hasta hoy está corriendo! La asustamos como si fuésemos un "paganito" que lloraba. Para nosotros los del Nordeste, eso era terrorífico.

Lula escapa por poco

Frei Chico: Una vez fuimos a buscar kerosene, que era el combustible que usábamos para las lámparas, para encender los candiles. Un día Lula, Maria Baixinha y yo fuimos a buscar kerosene. Lula tenía unos dos o tres años. Fuimos caminando y pasamos, a mitad de camino, por una chacra de un compadre nuestro. Un tal Antônio dos Santos. Su yegua había parido recientemente. El caballito era muy lindo. Y Lula, muy pequeñito, fue a hacerle caricias al potrillo. La yegua lo vio y se puso furiosa. Lo tomó a Lula por la barriga. Le mordió la barriga de tal forma que lo levantó del suelo y lo sacudió para un lado y para el otro. El compadre Antônio trataba de que la yegua soltara a Lula, pero ella no lo soltaba de ninguna manera. Él tuvo que hacer un gran corte de cuchillo en el pescuezo: sólo así lo largó a Lula. Pensó incluso que la yegua había muerto, pero no, no murió.

Trabajando en San Pablo

Vavá: Lula no era el predilecto. Mi madre cumplió con su obligación, Lula era el benjamín. Los mayores tenían que trabajar, él tenía que estudiar. Alguien tenía que ser algo en la vida. El gusto de ella era tener un hijo tornero-mecánico.

Frei Chico: Fue Lula el que estudió. Lo que sucede es que Lula trabajaba y estudiaba. Para nosotros no era lo mismo. Los mayores no tenían condiciones de estudiar. ¿Cómo íbamos a estudiar?

Vavá: Jaime era carpintero y ebanista. El mayor de todos, Zé Cuia, era carbonero y después se hizo mecánico, ya en San Pablo. Frei Chico era soldador. Después de que le hicieron los *by-pass* no pudo más trabajar como soldador.

Yo trabajé en la Algodonera Paulista, en algodón y tejeduría. Trabajé siete u ocho años allí. Luego trabajé dos años en Skoll, en Coca-Cola. Trabajé once años en la Ford, entré en 1965 y me fui en 1976. Y hace 17 años que estoy en la Municipalidad de São Bernardo. Fui metalúrgico. En la algodonera hice prensado de algodón, carga, descarga. Hacíamos de todo allí: trabajo pesado. No había cosas menores para nadie. Cada fardo pesaba un promedio de 250 a 300 kilos. Entonces nosotros descargábamos en un carrito, sacábamos muestras, pesábamos, hacíamos las pilas y luego cargábamos el carrito.

Lula, cuando entró en la metalúrgica, ya era obrero calificado, era tornero-mecánico. Cuando entré en la Ford, no sabía ni qué era una máquina. Luego de dos años, yo era preparador de máquina en Ford. Estuve hasta 1966, luego me enfermé. Estuve en tratamiento durante once o doce años.

Accidentes de trabajo para todos

Vavá: En 1966 me enfermé, hice un tratamiento de once, doce años. Me enfermé porque me quedé encerrado en el elevador. Estuve tres horas encerrado dentro del elevador. Durante un año y medio, dos años, lo que cobraba era para comprar remedios. Nunca me alejé de la fábrica, no cobraba de la seguridad social, cobraba de la fábrica. Yo iba a trabajar, pero mi cabeza estaba a mil por hora. Quedé emocionalmente devastado. Había días en que no podía levantarme. Quedé deprimido. Me agarraba de las paredes, veía cosas, tenía miedo a todo, miedo a todo. Pero gracias a Dios, se fue yendo, se fue yendo...

Encontré a un amigo médico que me dijo: "Vavá, no tienes nada. ¿Vamos a tomar unas *cachaças*?". Eso después de once años de tratamiento. Yo le dije: "¿Tomar *cachaça*? Estoy tomando remedios. ¿Estás loco?". Él insistió: "Vámonos a tomar unas *cachaças*". Lo que sé es que tomamos las *cachaças*, luego salí y nunca más tuve que ir al médico. Estuve once años en tratamiento...

Yo vivía yendo al hospital. Hubo días en que fui a cuatro hospitales. Los médicos querían tomar los libros de la biblioteca para descubrir qué enfermedad tenía. Yo les contaba las cosas a los médicos y no me creían. Cuando iba a un médico y él me decía que no tenía nada, yo desaparecía y no volvía más.

Pero al mismo tiempo podía trabajar. Me ocurría algo así, giraba el cuerpo... Después no sé qué pasó. El elevador estaba dentro de la Ford. Cuando la Ford tenía un director americano, era otra la mentalidad del personal. Teníamos más regalías, había más amor, el personal no te perseguía allá dentro. Estabas enfermo y trabajabas, el personal sabía que tenías un problema y te ayudaba a recuperarte. Hoy no sé cómo está, le pasaron la dirección a un brasileño. Cuando los brasileños empiezan a mandar comienza a salir todo mal. La Ford era la firma que más pagaba en Brasil, eso en 1966. Era muy bueno trabajar allí, siempre te promovían.

El tratamiento que hice fue dentro del convenio de salud de la empresa. Hice un tratamiento psiquiátrico. Yo iba a todo tipo de médico: me decían que el médico era bueno y allá iba. Los médicos me daban tantos remedios que ya perdí la cuenta. Fenobarbital, esos comprimidos... Yo tomaba de todo. Tomaba de todo. Luego me curé. También tuve muchas charlas con amigos. Cuando te enfermas, le cuentas el problema a una persona y quieres ayuda. Pero a veces la persona no dice lo que se le ocurre, tipo: "Mira que te vas a morir". Cuántos parientes míos me dijeron: "¡Pero te vas a morir!". Yo quedaba destruido. Pero cuando tiene el consejo de gente con buen criterio, te recuperas.

Yo estuve encerrado en el elevador, solo, tres horas. La sensación fue algo horroroso, algo horroroso. Estaba oscuro. Era un elevador de dos puertas, una se bajaba y la otra se levantaba. Yo bajé la puerta para que el elevador subiera; cuando el otro operario pasó, fue y abrió la puerta. Y nadie vio cuando ocurrió. Me fueron a sacar de allí a eso de la una y media, más o menos. ¡A la una y media de la mañana me sacaron de allí dentro! Era un elevador especial de trabajo. Me quedé encerrado, ¡me desmayé unas diez veces adentro! Entré en pánico. ¡Dios mío, qué cosa horrorosa! ¡No se le puede desear una situación así ni a un perro, ni a nadie, ni al peor enemigo que uno pueda pensar!

Fue un accidente de trabajo, ciertamente. Pero gracias a Dios me traté. Pensé en todo lo que no valía la pena. Pensé en todo lo malo que hay en el mundo. Entré en pánico, en estado de calamidad. El elevador tenía unos cinco metros por tres de ancho, pero es todo oscuro allí dentro. Si no abres la puerta es todo oscuro.

En Ford no era muy común un accidente de trabajo. Pasaba mucho tiempo sin haber accidentes de trabajo.

Yo tuve ese accidente. Lula perdió un dedo. Yo perdí la mano, casi perdí la mano. No logro abrir y cerrar normalmente. Tengo esta cicatriz grande. El problema es que fui a operarme este dedo, y me operaron el dedo equivocado. Yo qué sé, no se dieron cuenta cuál era el dedo. Me operé el dedo para volver a la normalidad. Porque todavía no volvió a la normalidad, no se estira por completo. Fue en la avenida Paulista, en el INPS, pero me operaron un dedo que no tenía nada ver...

Este accidente en la mano lo tuve cuando trabajaba en tejeduría de algodón. Fue en la Algodonera Paulista. Fui a arreglar la máquina, la muchacha no vio y la conectó. Era una separadora de fibra.

Yo estuve accidentado, Jaime también... Él se accidentó en los dedos. No perdió todo. Todavía le queda un poco. El otro hermano, Zé Cuia, se accidentó también. Se aplastó los dedos en una máquina, él era mecánico de camión. Luego le vino una alergia, cuando se acercaba al alcohol o a la gasolina se le hinchaba todo el brazo. Se le llenaba de erupciones. Y también el accidente en el que Lula perdió el dedo.

Además, estuvo el accidente de Jaime, que fue en la carpintería. Se accidentó en la sierra, en la cepilladora. No murió una o dos veces antes por suerte. Jaime se cortó muchas veces, tiene marcas. Una vez recibió un golpe en la panza que quedó unos dos meses con la panza toda negra. La madera volvió violentamente cuando estaba pasando por la cepilladora; debía ir hacia delante para la sierra y se fue para atrás. Le dio un golpe en el estómago que casi lo mata.

Los accidentes eran comunes. Lo eran y todavía lo son. El accidente laboral brasileño no cambió nada. Lo tapan, nada más. La medicina adelantó mucho, pero el accidente de trabajo sigue igual.

La relación entre los hermanos

Vavá: Espero que si Lula gana para presidente de la República ayude al pueblo en general. Él no va a ayudar a los parientes, no señor. Él se va a ocupar del pueblo. El resto, los parientes, cada uno tiene que vivir por sí mismo. De Lula yo sólo quiero la amistad y el cariño que él tiene por nosotros. Lo que quiero es que haga las cosas bien para todo Brasil. No para mí, para mis hermanas, para mis hermanos, para la familia, no señor. Si gana y hace un buen gobierno, ya va a ser muy bueno, no necesitará ayudar a nadie de la familia. Nadie admite que él es del *agreste*, del sertón del Norte. Salir del sertón del Norte de la manera como salimos y llegar a la posición a la que Lula llegó hoy... Tienen envidia, es todo envidia. Porque el dinero no compra nada, no compra dignidad, no compra moral, no compra honestidad, no compra nada de nadie. Hay mucha ignorancia en esa gente que no admite que un peón, que un obrero, haya llegado a donde llegó. Y en el Congreso hay poca gente que piensa en el pueblo.

Mis hermanas no precisaron de ayuda. De las hermanas de Santos, de la otra mujer, nadie sabe mucho. Hay dos que son pastores de iglesia, hay otro que vive en Americana, estado de San Pablo. Pero nadie tiene contacto con ellos. De mis hermanas de aquí, ninguna necesita de Lula. Si ellos necesitaran algo, él jamás va a dejar de ayudar.

Mi hermana menor, Tiana, tenía un televisor blanco y negro. Hace unos ocho años Lula vino aquí, salimos a las escondidas, nos fuimos a su casa y él me firmó un cheque en blanco y me dijo: "Ve, compra un televisor color y dáselo a Tiana". Yo fui al negocio, lo compré, pagué y le di el televisor. Listo. Era eso lo que ella necesitaba.

Yo tengo un hermano que no está bien porque no quiere. Jaime sólo piensa en la *cachaça*, no le preocupan otras cosas. ¿Acaso Lula tiene que ayudarlo? No tiene que darle nada. Pero si necesita, en caso de enfermedad, o algo así, él jamás va a negarse a dar apoyo a los hermanos. Cada vez que hemos necesitado asistencia médica, hospital, siempre nos ayudó. Siempre, siempre.

No todos los hermanos cuidan unos de los otros. No lo creo. Jaime es un poco distante. El que tiene más convivencia con Lula soy yo. Porque yo trabajo cerca, paso por su casa dos o tres veces por semana. Llego, converso con mi cuñada, mis sobrinos. Bromeo con Lula, discuto, le tiro de la barba, lo agarro... Estoy siempre allá. De los hermanos, el que convive más con él soy yo [ríe].

El padre, la madre y la amante
- MARINETE -

"Yo no recuerdo mucho el viaje a San Pablo. Recuerdo que nosotros teníamos que dormir en el piso y yo pensaba: 'Ay, Dios mío'. ¡Pero ahora fui al Nordeste en avión y volví en avión! ¡Dios mío, qué diferencia! Sé que en el viaje sufrimos mucho, llovía… Mi madre con sus niños pequeños…"

"Fue muy emocionante volver al Nordeste. Lloré, lloré."

"La vida es increíble, a veces sale todo al revés. No sé. Pero de lo que recuerdo de mi vida siento orgullo. Nosotros criamos a Lula. Lula siempre dijo que quería ser algo en la vida. Un día estaba jugando al fútbol y dijo: 'Yo voy a ser alguien en esta vida'. Era muy pequeñito cuando dijo eso."

"Mi madre veía a Lula en las revistas, alrededor de 1980 Lula estaba en su auge. Ella debía tener un enorme orgullo por su hijo, ¿no?"

Críticas a Lula[1]

Yo ayer escuché en la radio a Maluf diciendo que Lula había recibido dinero de PC Farias. ¡Estos dicen cada cosa en la radio, que no se puede creer! A veces hasta evito decir que soy hermana de Lula, ¿sabes? A veces estás en un lugar, en una fila, y oyes que la gente

---

[1] No bien llegué a la casa de doña Marinete para comenzar la entrevista, el día 29 de marzo de 1994, la entrevistada quiso ir a buscar enseguida sus álbumes de fotos para mostrarme fotografías que, según ella, eran muy importantes para nuestra charla. Doña Marinete se quedó un largo rato mostrándome las fotos de la Primera Caravana de la Ciudadanía [organizada por el Partido de los

dice cada cosa... Dicen que Lula tiene una casa en Morumbi... Dicen cada cosa... Yo me quedo quieta para no pelearme, evito decir que soy hermana de Lula. Es que la gente no sabe que Lula vino de abajo, que vino de abajo de verdad. Él sabe lo que es el sufrimiento de la gente. Lo sufrió de niño.

Yo me casé en 1957 y me quedé en Santos, mi madre tomó a los niños y se fue a San Pablo. Yo no recuerdo mucho la infancia de Lula. Cuando me vine para acá yo ya tenía dos hijas, hoy tengo cuatro. No conviví mucho con Lula en su infancia. Cuando me casé, él tenía de trece para catorce años.

El nordeste en los tiempos de la infancia

Nuestro árbol de ceibo, yo pensaba que era un árbol bien grande. Cuando llegué al Nordeste, ahora, estaba tal cual como cuando habíamos salido. Creo que es la sequía que hace eso.

Fue muy emocionante volver al Nordeste. Lloré, lloré. Yo y mi cuñada lloramos, la mujer de Frei Chico. Pero el primer día que llegué, después de 43 años, yo pensé que había algo diferente, y no había. Estaba igual, estaba peor. Recuerdo que cuando vivíamos allá todavía había verde, todavía había algo, pero ahora estaba peor, todo seco. Seco. El algodón, así como lo plantaron, quedó. Estaba todo pequeñito.

Nos encontramos con una parentela que no te imaginas. Yo no conocía a nadie, a nadie. Mira esta foto de la Bodega do Tozinho: la casa que teníamos quedaba enfrente de este almacencito. Hay una foto aquí con una prima que vivió allá junto con nosotros, pero ahora vive en la ciudad, en Garanhuns, ellos todos viven más o menos bien.

Hoy sólo está el terreno, tiraron abajo la casa. Yo no me acuerdo de muchas cosas. No sé si las cosas malas se borran de nuestra me-

---

Trabajadores] que visitó Garanhuns, de la cual había participado. Mostró a sus parientes nordestinos que hasta entonces no conocía, especialmente los primos. Exhibió fotos de los lugares en que los Silva vivieron de niños en Vargem Comprida. Esta sesión de fotos fue una especie de "introducción iconográfica" a la entrevista que sigue.

moria, pero Vavá dice que fue de la Bodega do Tozinho de donde salimos. Yo tenía trece para catorce años, pero hay cosas que no recuerdo mucho. En ese almacén, creo que había de todo: frijol, papas, esas cosas.

Sólo hay esas dos casas allá. Como era antes. Hoy está todo abandonado. No vive nadie. El terreno de mi madre se vendió, no sé quién lo compró. Ahora plantan mandioca y algodón.

La familia que quedó en Pernambuco

Nuestro parientes nos trataron muy bien, cuando volvimos ahora para allá. Nosotros ya los echamos de menos. Pero no tengo nostalgias de aquellos tiempos. ¡Fueron tiempos tan malos! Yo esta semana pensaba: hoy en día, llega Pascua, llega Navidad, los niños reciben regalos. Nosotros nunca supimos lo que era un regalo en nuestra vida.

Este que ves aquí es mi tío, hermano de mi madre. Tiene más de 80 años, es el tío Sérgio. Todavía vive allá en una casita…

Estos son los primos por parte de padre. No conocía a nadie. Yo me vine hace 44 años. Nunca más volví. Siempre tuve ganas de volver. Pero nunca tuve la oportunidad de decir así: "¿Vamos?". Lula nos dijo que nos daba el pasaje… Era también para mis dos hermanas, pero no fueron. Maria estaba enferma y Ruth estaba trabajando.

Esta es mi tía, hermana de mi padre. ¡Si vieras la alegría de esa mujer cuando nos vio!… ¿Sabes ese tipo de gente de campo, muy simpática, que no sabe qué más hacer para agradarte? Ella se llama Corina da Silva, es la simpatía en persona. Creo que era soltera en aquella época que estábamos allá.[2] La calle de la Bodega do Tozinho era de tierra, así, toda seca. En la calle todavía pueden pasar coches, pero está todo abandonado.

Cuando yo estaba por salir para el Norte, mis hijos me hacían tantas bromas… Decía que me iba a morir de sed, que no me iba a

[2] En este momento Marinete muestra con mucho cuidado la foto de una señora, sentada en una silla de madera antigua, tomando sol. Tiene el rostro surcado de arrugas profundas, que forman un mosaico, coronado por una vasta cabellera gris.

bañar. Entonces, yo insistí en sacar fotos para mostrarles que allá hay todo lo que hay aquí también. Garanhuns es muy bonita, tiene unas mansiones… Nuestra casa no era exactamente en Garanhuns sino en Vargem Comprida, hoy es Caetés.

La ciudad recibió bien a Lula. La gente de allá es petista fanática. Mis tíos pueden comprar agua en camión, tienen ganado, están mejor, pero quien no tiene nada durante la sequía da mucha pena, sólo yendo uno lo entiende. La ciudad cambió, está bonita, lo que no cambió fue Vargem Comprida.

Nos fuimos de allá niños pobres y volvimos pobres [risas]. Fue muy bueno el viaje, la pena es que me quedé sólo trece días, debería haberme quedado más.

Álbum de familia

Antiguamente a ellos les gustaba sacar fotos. Antes sacaban cada foto… Este de la foto es mi hijo más chico con cara de miedo. ¡Se moría de miedo cuando le sacaban fotos!

Esta es una foto de Lurdes, la primera mujer de Lula, tenía ojos castaños, era bien morena. Pero en la familia de mi madre tienen todos ojos claros. Son todos rubios. Mi madre tenía ojos azules. Nosotros somos así por la familia de mi padre, que son todos morenos. Los hijos de Lula son claros porque la familia de Marisa también era italiana. Los hijos de Vavá también son claros. Los de Maria también. Los míos salieron a mí, la familia de mi marido es toda clara. Yo ya tengo un nieto de 18 años.

Somos muy unidos. El que está más alejado de nosotros es Lula, porque no tiene tanto tiempo. Cuando vamos a su casa, él nunca está.

El caso de la muerte de Lurdes se debió a que ella tenía hepatitis, pero su madre no se dio cuenta de eso. Hasta hoy no entendí aquello. La internaron un jueves y murió un lunes. Fue algo así… ¡Estaba embarazada de ocho meses! Lula vivía en la calle Maristela, mi madre fue a su casa y dijo: "Lurdes no está bien". Después yo y mi hermana, Ruth, fuimos a ver a Lurdes. Cuando llegué ella estaba sentada en un sofá, en la sala, y había una sobrina de ella, recién nacida, y ella estaba con el bebé a cuestas. Comencé a charlar con ella,

ella se levantó. Percibí que sus ojos parecían como una yema de huevo. Amarillitos... Entonces llamé a su madre y le dije: "Doña Ermínia, me parece que tiene hepatitis". Y la madre de ella dijo: "¿En serio?". Yo le dije: "¡Mire los ojos de esa mujer cómo están!". Porque ella estaba enferma, pero los médicos, si sabían de qué se trataba, no querían decir nada. Y tampoco la habían internado. Lo que sé es que ese mismo día terminó internada, de noche.

Esa muerte nos indignó. Nadie se resignaba. Lula entonces... Ella fue la primera novia de él, era vecina, ¿sabes? Era una persona de la que todo el mundo gustaba. Fue una muerte así...

Eterno deseo: "ser alguien en la vida"

Este es mi hijo, dice que va a volver a estudiar el año que viene. Tiene que volver, ¿no? Hoy en día es difícil con estudios, imagina sin estudios... La cosa que más me rebela en la vida es no haber estudiado. Yo ni sé hasta qué grado estudié. Pero leer, leo muy bien. La cosa es escribir, ahí... Yo no me acuerdo de la escuela de Garanhuns. Parece que ahora reformaron la que había allá, parece que está muy bonita.

Siempre quise que mis hijos estudiasen. Es muy triste no poder estudiar. Porque antiguamente no era como hoy, no había escuela nocturna, no había cursos para adultos. Hoy hay de todo. Ahora abrió una escuela nueva aquí cerca, hace poco tiempo. Tiene un cartel en la puerta que dice que hay educación para adultos hasta cuarto grado. Yo me quedo pensando: "¿Voy o no voy?". Yo me imagino en un aula ahora... [ríe]. Yo insistí para que mis hijos estudiaran para ser alguien en la vida.

El "exilio" de Aristides

Recuerdo cuando mi padre se fue de Garanhuns. Mi madre estaba embarazada de Lula, quince días después de que mi padre se fue Lula nació. Mi madre se volvió muy gorda, ella se embarazaba y se ponía gigante. Él se vino con una prima y dejó a mi madre. No recuerdo detalles, me acuerdo simplemente de que él se vino y nos de-

257

jó a todos los pequeños allá. Parece que mi madre ni sabía. Yo era chica, no recuerdo bien.

Recuerdo a mi madre, al día siguiente, quejándose de que él se había ido. Él salió de noche, se vino y largó a mi madre, que quince días después tenía a Lula. Había un tío, hermano de mi padre, que parece que dormía en casa de mi madre. Estaba el hermano de mi mamá, el tío Sérgio, y esa era la vida que llevábamos.

Después de, creo, cuatro años mi padre volvió allá, con ella y dos hijos. ¿Puedes creerme que él volvió allá, dejó a los hijos y a la amante en Garanhuns, fue a mi casa, y mi madre quedó embarazada de mi hermana? ¡Quedó embarazada de Ruth! ¡No se puede creer! ¡Mi madre quedó embarazada y él se vino para acá nuevamente!

No sé si mi madre se enojó por haberse quedado embarazada. Siempre fue una persona demasiado tranquila. Es increíble, para mi madre todo estaba siempre muy bien. No sé si ella se guardaba todo. Nunca la oí quejarse de nada. Mi madre siempre fue muy cerrada. ¿Sabes cómo es la gente del campo, del interior, sabes cómo es, no? Mi madre sufrió mucho. Pero sufrió callada. No se quejaba. Nunca vi que mi madre se quejara.

Mi padre fue bueno para mi madre mientras vivió con ella. Fue bueno. Mi tío cuenta que él no permitía que faltara nada, que cada hijo que ella tenía él colocaba una persona para ayudarla. Porque allá no hay agua, y él no dejaba que a mi madre le faltara agua. Luego conoció a la otra…

No sé si mi madre le tenía rabia. Recuerdo que, cuando Lurdes murió, fueron a Santos a buscar a mi padre (mi marido y mi hermano). Cuando llegó, mi madre se escondió. No quiso verlo. Mi hermana vivía en el fondo de la casa de Lula, en esa época, ella no salió de allí para ver a mi padre.

Llegando a la "tierra prometida"

Hay muchas cosas que no recuerdo, el que se acuerda bastante es Vavá. Cuando vinimos del Norte tuvimos que quedarnos viviendo en la casa de la amante de mi padre. Mira a mi madre… No sabía leer, no sabía nada, y con todos sus hijos pequeños… No tenía dónde parar. Había un compadre de mi papá, que vivía cerca. Mi padre nos llevó para que nos quedemos en la casa de ese compadre.

Cuando mi padre llegaba, a las 4 de la tarde, pasaba por nuestra casa, no recuerdo bien si cenaba primero, después se iba a la casa de la amante. Cuando llegaba, a las 4 de la mañana, venía a nuestra casa despertando a todo el mundo. A las 4 de la mañana. Mi padre siempre fue imposible. De esa parte yo no me acuerdo mucho. No sé si es porque no deseo recordar. Esas cosas se me fueron de la memoria.

Aquí mi madre quedó embarazada de los gemelos. Tuvo los niños en casa. Una vez que nacieron ella empezó a sentirse mal. La internaron en la Santa Casa. Y yo me quedé con los dos niños. Eran prematuros. Lo que sé es que una murió a los 18 días y la otra murió a los 25 días, porque no dejaban internar a los bebés junto con mi madre. El hospital no lo aceptó, yo no sé por qué. A esa altura yo tenía quince años, hacía poco tiempo que habíamos llegado del Norte. Había una tía que ayudó a cuidar a los bebés.

Eran un varón y una nena. No sé por qué murieron. Hace 40 años las cosas eran difíciles. En esa época mi madre no tenía INPS no había hospital, no había nada. Murieron en casa.

Estaba mi suegra, que era la vecina; ella ayudaba bastante. Y estaba una tía, cuñada de mi madre, que también ayudaba. Mi madre estuvo internada, cuando volvió a casa estaba bien. Pero mi madre sufrió. Sufrió después de aguantar todo eso de él, de quedar embarazada, de no tener apoyo de nadie, de ver morir a dos bebés… Y él después se iba a la casa de la amante, volvía de madrugada… Mi padre era muy estúpido. Fue después de conocer a esta mujer que quedó así.

Vidas que toman otros rumbos

Yo sé que mi madre no se quejaba. Un día él le mandó a mi madre a remendar un pantalón suyo, parece que ese día ella le dijo: "¡Nunca más me vas a ver!". Parece que ese día él salió a trabajar y cuando llegó no había nadie allí: mi madre ya se había conseguido una casa bien alejada. La única que lo esperó llegar fui yo.

Yo le dije que mi madre se había ido y llevado todos los chicos.

259

Él me dijo: "¿Qué estás haciendo aquí?". Yo le respondí: "Bueno, estoy aquí solamente para entregarle la llave, pero también me estoy yendo". Y me fui. Nunca más mi madre quiso saber de él.

En Santos era muy difícil vivir. No había trabajo para los chicos. No había trabajo para nadie. Había unas tías de mi madre que vivían en Vila Carioca, en esa época toda la familia todavía estaba viva. Le dijeron a mi mamá: "¿Por qué no te vas a San Pablo? Allí es más fácil para conseguirles empleo". Porque Zé y Vavá ya de pequeñitos trabajaban con carbón y con café. Mi madre se vino para acá.

El primer noviazgo, la fiesta de casamiento

Allá yo comencé a noviar con mi vecino. Y mi vecino, que es mi marido, quería pedirle permiso a mi padre para que noviáramos. Él, mi novio, dijo: "No quiero nada escondido". Pero cada vez que iba a mi casa mi padre se iba. Mi padre no quería recibir a mi marido. Una vez, mi marido vio entrar a mi padre y fue atrás. Cuando mi marido se fue, él quiso pegarme. Ahí mi madre se metió en el medio y lo impidió.

Después de eso, cuando nos íbamos a casar, mi novio fue a comunicarle que nos íbamos a casar, que él ya había hecho la casa y que estaba todo listo. A esa altura yo ya tenía 18 años. Mi padre no lo aceptaba. No entendí por qué. Él era compadre de mi suegro.

Pero cuando yo me iba a comprometer, mi marido fue a hablar con mi padre. A él le gustaba que todo fuera correcto, pero no valía la pena… Fue a hablar con mi padre y él le respondió: "¡Yo no tengo nada que ver con la vida de ella!".

Mi marido era marinero, siempre viajaba. Después vino para acá y cambió de profesión, metalúrgico. Y yo trabajaba como empleada doméstica. En esa época mi madre se había ido para Vila Carioca.

Yo trabajaba en lo de los Gonzaga, hay cosas que uno no se olvida. Tenía una patrona cuyo marido era ingeniero de Wilson, una compañía. Yo la adoraba. Pensé: "No voy a pedirle que hagamos las cuentas, me voy a quedar con ella". Me quedé trabajando con ella y viviendo con mi tía, que estaba aquí. Luego me casé.

A mi casamiento vino todo el mundo. Mi madre vino al casamiento pero mi padre no. Mi padre era vecino y no vino. No vino a mi casamiento para no ver a mi mamá. ¿Y sabes qué ocurrió? Cuando debía casarme mi padre dijo que no iba a firmar. Fuimos al registro, necesitaba la firma de él, porque yo era menor, mi padre tenía que dar la autorización. Pero él dijo que no iba y no fue. Mi marido entonces fue al registro otra vez y el juez le mandó una intimación a mi papá. Ahí sí que fue… cabizbajo… Fue, firmó, cuando llegó el día de mi casamiento dijo que no iba porque iba mi madre. Y ella fue. Ruth era muy pequeñita.

Estaba mi madre, mis primos, mis hermanos, todos estaban en mi casamiento. La pena fue que no saqué fotos. No era posible. Para sacar fotografías debía salir de allá de Itapema, que era donde vivíamos, e ir hasta Guarujá, cruzar en balsa, para ir a la ciudad. Me casé vestida de blanco. En esa época, 40 años atrás, la ciudad no tenía nada. No tengo ninguna foto de mi casamiento. Pero fue un casamiento bonito, una fiesta muy linda. ¡Hubo fiesta!

La familia de mi marido era muy grande. Mi marido tuvo dinero para hacer la fiesta, antiguamente las cosas eran más fáciles. Hoy, nadie puede hacer nada. Pero mi marido era marinero y antes un marinero ganaba bien. Su padre también ayudó. El vestido de novia fue regalo de mi suegro. Luego lo deshice –era una tela tan linda– y le hice un vestidito a mi hija. La que lo cosió fue la vecina, de regalo.

Recuerdo la fiesta. Fuimos a la iglesia a pie. Era cerca. Itapema era un lugar pequeño en esa época, ahora es enorme, ya se unió con Guarujá. En esa época había tren, y la iglesia quedaba… como de aquí hasta el cementerio. Salimos de la casa de mi suegra. ¡Hubo hasta banda de música en mi casamiento! Fue muy bonito mi casamiento. ¡Hoy no lo puedo creer, hicimos de todo! A la familia de mi suegro le gustaban mucho las fiestas. Y al día siguiente todavía estaban todos allá.

Mi madre fue medio preocupada porque mi padre no había ido, ella se quedó preocupada por mí. Al llegar la medianoche, mi marido quiso llevarme a la casa de mi padre, porque éramos vecinos. Mi marido dijo: "No, señora, irás a ver a tu padre". Y fui. Pero mi padre se enojó tanto. Era tan ignorante… Mi madre tenía que ser buena y mi padre tenía que ser ignorante, ¿no?

Pero la fiesta continuó hasta el otro día. Había mucha gente de aquí de San Pablo, parientes de mi suegro. Mi suegro era de Alagoas, pero tenía muchos parientes aquí en San Pablo. Hay gente hoy que ni conocemos. Mi suegra era de São Sebastião. Lo que recuerdo es que al otro día había un montón de gente para almorzar...

No viajamos después del casamiento. Mi marido fue a trabajar al día siguiente, el lunes. Nadie entiende hasta hoy por qué mi padre no quería que me casara. Mi suegro era compadre de mi papá, padrino de los mellizos que murieron. Era pura ignorancia, no sé qué pensaba él.

Recuerdos del padre

No le tenía miedo a mi padre porque nunca me pegó. Me amenazó pero nunca me pegó. A las chicas creo que tampoco les pegó. Para mí, yo nunca tuve padre. No fui criada por mi padre.

Recuerdo cuando mi padre vivía en la chacra, en Garanhuns. Recuerdo cuando llegaba de la feria, los sábados. No sé si todos los sábados o cada quince días iba a la feria. Después de eso mi padre se vino para acá y no conviví más con él. Me casé y después que nació mi primera hija mi marido insistió en decirle que viniera. Fue a mi casa unas tres veces a ver a mis hijas –yo tuve la primera y enseguida la segunda–. Mi padre iba a verlas, mi marido insistía para que fuera. Mi marido decía: "¡Es su abuelo, ellas tienen que conocer a su abuelo!".

Pero de mi padre recuerdo muy poco. Y en Santos yo trabajaba afuera, llegaba a casa por la noche. Tampoco él nunca hizo falta, a decir verdad. Mi padre nunca nos hizo falta. Hoy dicen: "Fulano es marihuanero porque no tiene padre, Fulano es ladrón porque no tiene padre...". Me parece que eso no tiene nada que ver. Sufrir como sufrimos, nosotros éramos ocho niños sin padre, mi madre sola... Mi madre no conocía nada. Mi madre no sabía leer, mi madre no sabía nada y estaba entre extraños. Pero mi madre tenía una cosa: todo el mundo gustaba de ella [llora].

Mi madre era una persona muy buena. Sufrió mucho.

Tíos y hermanos que se fueron

El tío Dorico que vino para acá con mi madre ya falleció. Todos los que vinieron para acá ya fallecieron. En el Norte todavía hay dos hermanos de mi madre vivos. Está mi tía, que vive en Garanhuns, en la ciudad, que es madre de todos esos primos. Vive en Garanhuns, en la ciudad. Y está mi tío Sérgio. Los otros se vinieron para acá, con ese tío, que murió joven, joven, joven. Él era el benjamín de los hermanos de mi madre. Murió de infarto. Fue fulminante. Pero ya murieron todos.

Los mellizos murieron en casa. Hicimos velorio. Recuerdo que allá en el Norte también murieron dos hijos de mi madre. Murió uno que se llamaba Luís y otra llamada Sebastiana. Ella incluso le puso el nombre Sebastiana a Ruth después.

Cuando los mellizos murieron me quedé muy triste. Eran dos... Y eran nuestros hermanos más chiquitos. Pero iban a morir, porque de la manera como nacieron... Si hubiesen ido al hospital para que los amamantaran, si hubiesen ido junto con mi madre... Pero no fueron. No estuvieron en incubadora, pero eran normales. Lo único es que habían nacido antes de tiempo, creo que eran de siete meses. Nosotros les dábamos la mamadera, les dábamos leche. Tenían ropita porque nuestra vecina ayudaba. En todo lugar que mi madre vivió la gente siempre gustó de ella.

Si vieras a los vecinos de mi madre, en Vila Carioca, cómo gustaban de ella... Hasta hoy tiene amistades allá, incluso gente rica. Hay gente que tiene departamento en Santos, hay hasta dueños de fábrica.

Lindu: sus gustos y el fin de su vida en San Pablo

Un día el dueño de la casa donde vivía mi mamá parece que llegó a proponerle a casamiento. Creo que era español, no sé. Pero mi madre nunca quiso saber de hombres. Mi madre era joven, creo que tenía unos 28, 30 años cuando mi padre la dejó allá en el Norte. Era joven, joven, después de eso mi madre nunca más quiso saber de hombres. No sé a qué edad se casó mi madre, pero debe haberse casado joven.

A mi madre le gustaba mucho pasear los últimos años antes de morir. Vivía con Maria, aquí en Vila Paulicéia, y adoraba visitar a Ruth en Parque Santa Madalena. Venía a nuestra casa pero no se quedaba. Le gustaba estar en casa de Maria, que es donde tenía su propio cuarto. Recuerdo tanto la época que mi madre estaba enferma y Lula estaba preso.

El vientre de mi madre se ponía enorme por los líquidos. Entonces la internábamos y le extraían el líquido de la panza. Mejoraba, parecía que se ponía bien. Una vez fuimos con ella al sindicato…

Nunca oí a mi madre quejarse de su enfermedad, nunca. Nunca despertó a nadie quejándose de dolor durante la noche. Creo que no sufrió mucho. Fue muy bien tratada. Todos sus hijos la querían mucho. Todos sus hijos no, muchos más. Si vieras lo que había de gente visitando a mi madre cuando estaba enferma en aquel hospital… ¡Había tanta gente visitando a mi madre un día antes de que muriera, un montón de gente!

Esa noche me tocaba a mí quedarme con mi madre en el hospital. Yo hago de todo, pero eso de quedarme de noche en el hospital no va conmigo; entonces mi hija me dijo que me fuera a casa, que ella se quedaría con mi mamá. Solange se quedó con mi madre, que ya no estaba muy bien, pero estaba conversando. Cuando llegaron las 9 horas Solange se fue y dejó allá a Ermínia, la mujer de Zé Cuia. No bien mi cuñada entró ella falleció.

Murió conversando. Mi hija dijo que a la noche no había estado tan bien y pidió que la cambiaran de cama. Nosotros sabíamos. El médico le había dado de ocho meses a un año, cuando lo descubrió, no había más que hacer.

Mi madre a veces iba a la iglesia, era creyente. Asistía a la misa cuando podía, pero no era de frecuentar mucho la iglesia, no. Yo, de vez en cuando, voy a misa. No soy practicante, pero creo en Dios. Me casé por iglesia, todos mis hermanos también.

Madre heroína

Mi madre es una heroína. ¡Mi madre, si hay un lugar en el cielo, ciertamente está allí! Ella padeció para criar a estos hijos. Y luego venirse con un montón de niños pequeños, a un lugar en donde no conocía a nadie… Apoyo de mi padre no tenía, porque él estaba con la otra. Luego se marchó a Vila Carioca con sus hijos, construyó su vida. Ahí todo el mundo trabajó. Y había un montón de primos nuestros que vivían todos juntos con mi madre.

Recuerdos del viaje

No recuerdo mucho el viaje. Recuerdo que teníamos que dormir en el suelo y yo pensaba: "Ay, Dios mío...". ¡Ahora fui al Nordeste en avión y volví en avión! ¡Dios mío, qué diferencia! Sé que en el viaje sufrimos mucho, llovía... Mi madre con esos niños pequeños...

Durante el viaje, yo no sabía qué era todo eso: de dónde veníamos, para dónde íbamos. Yo ni sabía dónde paraba el camión, qué lugar era. Después de llegar a la Estación da Luz, en San Pablo, todavía teníamos que bajar hasta Santos. Para mí todo eso era otro mundo. Porque antiguamente, hace 40 años, era todo completamente diferente de hoy.

Luego llegamos a Santos y no teníamos dónde quedarnos. Mi madre pensaba que al llegar allá iba a tener una casa para ella. Pero no fue así.

Una carta, muchas consecuencias

Creo que Jaime estaba dolorido por el sufrimiento de mi madre en el Norte y le mandó una carta para que se viniera. Y mi madre vino creyendo que iba a tener una casa para ella, un marido para ayudarle a cuidar a sus hijos. Lo que sé es que en esos momentos sufrió. Después llegó aquí y vio que no era nada de lo que pensaba... A pesar de que allá en el Norte tampoco tenía nada, por lo menos tenía su campito, plantaba papas, mandioca. Ellos dicen que pasamos mucho hambre allá en el Norte, pero no lo creo.

Hambre no pasamos, pasamos necesidades. Porque todo, todo lo que ganaba mi padre era para la otra. Lo mejor se lo daba a los otros hijos. Todo lo mejor era para los otros, iba a la feria para los otros. Yo pensé: "¡Dios mío, Dios existe!". Porque lo que pasó mi madre, aquella lo pasó peor.

No sé cuántos hermanos tengo. Creo que unos ocho o diez. No los conozco, sólo a Beto, que es pastor, y a Jaques, que es un tipo muy buen mozo. Hay otro que vive en Americana y que vino al entierro de Zé, que yo tampoco conocía. Está Rubens, que vivió con mi madre, a ese lo conozco. Y hay unas mujeres, que no conozco a ninguna. Dicen que son muy bonitas.

265

Doña Mocita tampoco lo aguantó. Él la abandonó. Mi padre bebía. Aguantar a un borracho es difícil. Creo que se volvió así de tantos remordimientos que tendría, ¿no? Puso tantos hijos en el mundo para sufrir. Después debe haber tenido remordimientos de eso.

Mi madre tuvo doce hijos, contando los que murieron. Creo que con la otra tuvo diez más. Ella vive hasta hoy. El nombre de ella es Valdomira.

Cuando me vine para acá, no sabía lo que iba a ocurrir. Nosotros pensábamos que íbamos a mejorar de vida. Nacida y criada allá, sin haber salido a ningún lugar, yo no conocía mucho de la vida. ¿Qué es lo que conocía de la vida? Nada. Si vieras nuestro campito allá en el Norte, podrías imaginarte cómo era.

Marinete se transforma en empleada doméstica

En Santos, trabajé en el mismo barrio de Itapema, en la casa de una señora. A mí ella me caía muy bien, nos dábamos muy bien. Yo cuidaba a sus hijos para que ella saliera a trabajar. Se llamaba Ana, creo que era maestra o directora de una escuela. Esa fue la primera. Pero los chicos eran diablitos y me fui. Le dije: "Lo siento mucho, doña Ana, pero no aguanto a sus hijos". Había una nena que era insoportable, no aguanté. Me fui.

Conseguí empleo en la playa de Gonzaga, con un ingeniero. Su mujer trabajaba en un banco, creo que era gerente. Era un departamento. Ella viajaba mucho, y yo me quedaba con las llaves. A veces ni iba todos los días, porque ella estaba viajando siempre. Yo preparaba el almuerzo para el marido, ella se iba a viajar y el marido se quedaba. A esa altura yo tenía unos 17 años. Creo que fue con las vivencias que aprendí todo, porque allá en el Norte todo era diferente. Pero uno enfrenta las cosas. Basta tener ganas de aprender.

La patrona gustaba tanto de mí, que cuando me casé y no la puse de madrina... ¡uf! Pero no la puse porque pensé: "Dios mío, soy una persona tan simple, que no puedo poner a una persona como mi patrona para que sea madrina de mi casamiento. No puedo". Yo era tan simple. Después ella mandó un regalo para mí, un aparato de té y café muy lindo. Hasta el carnicero, donde yo compraba carne para ella en Gonzaga, una semana después fue a mi casa a llevarme un regalo. Todo el mundo gustaba mucho de mí.

Después mi patrona me dijo que se había entristecido porque no la había nombrado madrina de bodas. Yo puse a mi tío, hermano de mi padre, y a una prima de mi marido que vivía aquí en San Pablo.

Yo vine a San Pablo después de casada, cuando ya tenía a las dos chicas. Mi marido quedó desempleado y nos vinimos para acá, para ver si conseguía trabajo. Mi hermano le consiguió un empleo.

Antes de trabajar con doña Ana trabajé también en una mansión en Gonzaga. Recuerdo bien que había dos muchachos. Los dos estaban comprometidos para casarse, había una solterona que se llamaba Antônia y una pareja de viejos. Yo arreglaba la casa, ponía y quitaba la mesa del almuerzo, lavaba la vajilla, hacía todas esas cosas. Yo estaba feliz, porque trabajaba y tenía mi dinero. Era diferente del Norte, acá yo cobraba. La situación de empleada doméstica era mejor, claro que era mejor. Estuve bastante tiempo en esa casa también. Ni sé por qué salí de allí, no sé si porque quedaba lejos. Creo que alguien me consiguió un empleo en Itapema, que era cerca de mi casa.

Trabajé en tres casas. Después de que me casé no trabajé más. No era que no necesitaba. Lo que pasó es que tuve a mis dos hijos enseguida. En la época en que él era marinero yo no precisaba mucho, no, porque con lo que él ganaba se podía vivir. Es que más tarde él se quedó sin empleo y no consiguió más, porque sólo sabía hacer eso. Fue muy duro. Nos tuvimos que venir a la casa de mi mamá, él consiguió empleo, pero ganaba poco. Y aquí tenía que pagar alquiler. Dejamos la casa de allá, se la vendimos a mi suegro.

Una casa para vivir

Antiguamente las casas en Santos eran todas de madera. Mi marido construyó nuestra casa. Hizo habitación, sala de estar y cocina. La hizo muy bien hecha. Hasta tenía terminación estilo americana. También compró todos los muebles. Entonces, gracias a Dios, me casé teniendo mi casa. Estaba todo muy bonito.

Luego, cuando me fui de Santos y nos vinimos a vivir aquí, pude comprar un terreno. Era en Ponte Preta, un lugar que sufría inundaciones. Maldita sea la hora... Compramos el terreno y construimos una casa. Había semanas en que teníamos cuatro inundaciones en casa. Cuatro. Vavá fue a ver el terreno por mí, y el lugar era lindo, era una época seca. Era una calle tan linda que compramos el terreno. Cuando empezamos a construir era una inundación tras otra. Cuando salí de allí no tenía nada. Nada, nada, nada.

Eso fue en una época en que mi marido trabajaba en una metalúrgica en Vila Carioca. Aprendió la profesión allí, trabajó junto con Frei Chico. Estuvo unos siete o diez años en esa empresa. Luego se quedó sin empleo y fue a trabajar a la Mercedes Benz, trabajó bastante tiempo ahí también. A esa altura las inundaciones ya había acabado con todo lo que teníamos. No quedó nada.

En ese tiempo mi madre vivía allí en la Via Anchieta. ¿Sabes dónde está el Charcot? ¿Viste ese hospital para locos que hay en la Via Anchieta? Mi madre vivía en esa calle. Y yo iba todos los días de Ponte Preta a pie hasta la casa de mi madre. Yo tenía que llevar los niños y dejarlos durmiendo en casa de mi madre, porque no tenía condiciones de quedarme en casa.

Mi marido todavía estaba en la Mercedes, y aparece en venta este terreno actual, aquí en Vila Paulicéia. Era demasiado tranquilo aquí, pero no tenía miedo de quedarme sola. Le dije a Vavá: "¿Compramos juntos este terreno?". Y lo hicimos. Yo construí una casita de habitación y cocina aquí para salir de la inundación. No tenía nada, cuando salí de allá no tenía más nada. Había perdido todo: cocina, heladera, todo. Entonces comenzamos todo de nuevo. Mi marido después pasó a trabajar en Volkswagen Camiones y se jubiló allá. Había trabajado en Villares.

Nosotros sufrimos mucho. Yo sufrí mucho con ese tema de las inundaciones. Es triste vivir entre el agua. Lula también sufrió, junto con mi madre. A veces parece que uno está en el mundo para sufrir.

Hoy en día yo digo lo siguiente: "Estoy aquí en Paulicéia hace unos 25 años: de aquí no salgo, de aquí nadie me saca". Estoy cerca del cementerio… Mi madre está enterrada allí. Cuando vine a vivir aquí, había un solo difunto en el cementerio. No había ninguna casa aquí; estaba solamente mi casa y la casa de la esquina que era otro cuarto y cocina. Sola, no había nada. No había ni agua corriente, ni luz, ni nada. Pero para salir de la inundación yo me iba a cualquier lugar.

Cuando nació mi hijo que hoy tiene 29 años, una noche me desperté con mi marido gritando. El agua estaba subiendo por la cama y yo todavía estaba superando el parto. Porque era así: no era necesario que lloviera allí; llovía por acá y se inundaba allá. Todavía se inunda allá, pero parece que disminuyó un poco. El sacrificio que hice para tener esta casa… Yo iba a buscar agua a la casa de la esquina, era agua de pozo. Pero por lo menos estaba mejor, no había inundación.

Compramos el terreno junto con Vavá y lo dividimos. A veces nos atrasábamos en el pago, pagábamos cada seis meses. Pero no fue caro. Después que vine a vivir aquí construyeron más casas.

Este cementerio se llama Cementerio de Paulicéia. Siempre voy a visitar a mi madre. Pagamos para que alguien limpie la tumba.

Vida de mujer

Antiguamente uno se casaba teniendo la casita de habitación y cocina… y a arreglarse. Uno sufría muchísimo. Sólo servíamos para tener hijos. Me quedo pensando: hoy las mujeres tienen todo; yo juzgo por mi hija o por mi nuera. Miro mi familia y veo a las mujeres todas independientes, van al mercado en auto, ni necesitan marido. Van al médico solas, no necesitan marido. Me parece muy bien, yo apoyo eso. Antiguamente, todo dependía del marido. A pesar de que yo tuve pocos hijos… Tuve sólo cuatro.

Lindu y el hijo que "fue alguien en la vida"

La vida es increíble, a veces sale todo al revés. No sé. Pero de lo que recuerdo de mi vida siento orgullo. Nosotros criamos a Lula. Lula siempre dijo que quería ser algo en la vida. Un día estaba jugando al fútbol y dijo: "Yo voy a ser alguien en esta vida". Era muy pequeñito cuando dijo eso. Debía tener unos doce años, pero era pequeñito.

Yo creo que si mi madre estuviera viva hoy estaría muy orgullosa de Lula.

Mi madre sufrió mucho cuando Lula estuvo preso. La época en que mi madre estuvo peor fue cuando Lula fue preso. Él vino a

269

acompañar a mi madre con seguridad federal. Cuando murió, ella sabía que Lula estaba preso. Elle le pedía a Lula que dejara la política. Decía: "Lula, abandona eso. ¡Eso no te va a llevar a nada!". Pero no servía de nada decirles eso a Lula y a Frei Chico...

Estaban los dos presos en la época en que mi madre se enfermó. Mi madre era una persona muy simple. Creo que ella no tenía idea de qué era la política. Ella era una persona muy simple, tenías que conocerla para ver cómo era.

Mi madre veía a Lula en las revistas, alrededor de 1980 Lula estaba en su auge. Ella debía tener un enorme orgullo por su hijo, ¿no? ¡Después de tantos sufrimientos de niño, es para tener orgullo del benjamín!

Me acuerdo de todo

- MARIA -

"Mi madre se quedó sola en el Nordeste, tuvo a Lula. Y eso sin ayuda de nadie."

"Mi padre, el recuerdo que tenemos de él...Él no era un ser humano, ¿sabes? No lo era."

"Yo tenía que trabajar, no podía estudiar. O hacía una cosa, o hacia la otra. Entonces tuve que trabajar, si no nos moríamos de hambre. Y nosotros no queríamos robar, no queríamos pedir, ¿sabes?"

"Cuando empecé a trabajar en una casa de familia todavía no tenía diez años."

"Me acuerdo de muchas cosas, me acuerdo de casi todo."

Maria fue la que más convivió con Lula[1]

La hermana que más convivió con Lula fui yo, porque nosotros tenemos una diferencia de dos años. Además, nos casamos el mismo año: yo en enero y él en mayo. Yo conviví con él más que Ruth, que estuvo soltera unos tres años más, ella tiene con él una diferencia de cinco años.

Mi padre se fue de casa y dejó a mi madre embarazada de ocho meses, casi nueve, porque él se fue en septiembre y Lula nació en octubre. Mi padre se fue el día 25 de septiembre y Lula nació el día 27

---

[1] Esta entrevista con Maria fue realizada en su casa, el día 6 de abril de 1994. Maria fue absolutamente obsequiosa y solícita durante todo nuestro trabajo de investigación, entrevista y elaboración de texto.

de octubre. Ese detalle lo sé porque mi madre comentaba mucho. Me acuerdo de muchas cosas, me acuerdo de casi todo.

Mi padre se vino con esa mujer, prima de mi mamá. Sé que tiene un hijo con casi la misma edad de Lula, una diferencia de meses. Ella ya estaba embarazada cuando la trajo. Ese niño parece que es del mes de abril, si no me engaño. Es de abril o de mayo, creo que su nombre es Beto, José Roberto.

Lula y yo nos dimos siempre muy bien. Por ejemplo, más tarde, cuando Lula llegaba borracho a casa, era yo quien lo bañaba. Cuando noviaba con Lurdes, salía con el hermano de ella. Ese tipo es genial, Lambari, sabe cosas que te dejan impresionada. Ellos pasaron toda la adolescencia juntos. Se casaron y continuaron siendo amigos. Ni los hermanos eran tan amigos. Era una amistad, cómo decirte, la cosa más linda que podía existir. Tenían una amistad fuera de lo común.

Soledad y sertón

Mi madre se quedó sola en el Nordeste, tuvo a Lula. Y eso sin ayuda de nadie. Mi hermano mayor, que mi padre había dejado en casa para que ayudara a mi mamá no tenía ni doce años. Mi padre dejó un hermano de él para ayudar a mi madre, pero no nos daba una mano. Mi abuela por parte de padre vivía al lado, pero no nos ayudaban nada. No ayudaban nada. Nunca ayudaron. La familia hoy dice que ayudaron pero mi madre nunca tuvo ayuda de nadie. Mi madre siempre trabajó sola.

Lula y yo no llegamos a ir al campo, pero los demás fueron. Vavá fue… Marinete se quedaba cuidándonos. Marinete inclusive fue la que crió a Lula, porque mi madre trabajaba.

Una vez, una burra mordió a Lula. Casi lo mata. Estaba yo, Lula y Ziza. Él iba pasando, ¿qué edad tendría? Cuatro años tenía… Veníamos de la casa de mi tío. ¡No murió por milagro de Dios! La burra agarró a Lula con la boca y tuvieron que darle una cuchillada en el pescuezo para que lo largara.

Allá en el Norte no tuvimos ayuda de nadie. La única que iba a nuestra casa de vez en cuando era una tía mía que vive por el lado de la represa. Es la única viva aquí en San Pablo.

La difícil personalidad de Aristides

Doña Mocita estaba siempre en mi casa. Era prima de mi madre, iba mucho a mi casa. Pero mi madre nunca percibió nada entre los dos. Mi madre lo supo cuando ella ya estaba aquí con él. Nadie se dio cuenta que ella estaba encinta. Tenía quince años. Se vino para acá porque quiso, sabía lo que estaba haciendo. Cuando mi padre se fue, ya lo tenía arreglado con ella. Ya estaba todo preparado.

Mi padre, el recuerdo que tenemos de él... A Marinete no le gusta charlar sobre él. Pero yo me daba bien con él. Él no era un ser humano, ¿sabes? No lo era. Mi padre no era un ser humano. Vavá fue uno de los que más golpes recibió de él. Él atormentaba a Ziza... Ellos tenían que cargar agua para esa otra mujer... Tenían que llevársela sobre la arena caliente.

Yo misma fui mucho al manglar. Se transformaba cuando quería atrapar cangrejos, mariscos. Después, tenía manía de cortar madera para hacer cercas. Eran unas varitas, unas madera bien finitas. Él cortaba eso y lo dejaba allá, y Lula, Ziza y yo teníamos que cargarlo durante diez kilómetros o más. Era nuestra obligación traerlo. Después él no nos dejaba salir ni a la puerta. Él hacía todo eso de malo. Era maldad.

Mi padre no quería que mi madre se hubiese venido para acá. Él ya había traído a mi hermano mayor, Jaime. Jaime es el que está más alejado de la familia. Anda bebiendo, incluso está enfermo ahora. Es difícil ir a su casa en ómnibus.

La otra mujer, doña Mocita, también sufrió mucho con mi padre. La golpeaba. Él la echó de su casa con los hijos. Nadie sabía si mi padre estaba enfermo, estaba loco o era maldad en serio. Yo creo que era maldad. La echó junto con todos los hijos. Ella sufrió horrores. Hasta pasó hambre. Tuvo que llegar a pedir limosna para sobrevivir.

Es una pena no saber dónde está Rubens en este momento. Si lo supiera le diría que viniese aquí. Rubens iba a contarte el padre que tenía. Mi padre no le dio ningún ejemplo a sus hijos y nadie salió parecido a él.

Breve y fértil regreso de Aristides

Mi padre trajo a Jaime, y mi madre quedó embarazada de Ruth. Mi papá fue allá sólo para hacer a Ruth. Se llevó a doña Mocita y ella se quedó en casa de su madre, de sus parientes. Llevó un nene pequeño, y estaba embarazada ya otra vez. Incluso fui yo quien bautizó a ese niño, que luego murió. Mi padre estuvo un poco más de un mes allá en el Norte.

Mi padre se llevó allá tres hijos. Uno que murió y dos más. Murió. Él no tuvo problemas de mostrarle a mi madre los hijos que tenía con la otra. Mi madre ya sabía que él estaba con la otra. Después de que mi padre se fue, le contaron a mi madre que mi padre se había ido con otra.

¿La reacción de mi madre? No es porque murió, no, pero mi madre era fuera de serie. Mi padre martirizó tanto a Rubens que llegó a hacerle comer un kilo de harina sin agua. Él se quedó seis años viviendo con nosotros. Mi madre lo trató como lo trataba a Lula. No había diferencia entre uno y otro.

Mi padre no sabía qué hacer, entonces... Lo golpeaba tanto a Rubens que le dejaba marcas en la espalda. Rubens es un amor, vive en Santos. Pero mi padre lo golpeó tanto a ese chico que tiene marcas en la espalda hasta hoy. Cuando Zé fue a Santos a buscar a Rubens, este vino con la espalda lastimada, de tanto que le pegaban.

Rubens vino a mi casa cuando tenía unos ocho años, más o menos. Él y Lula iban juntos a la escuela. Pero él era muy esquivo. Cuando uno lo regañaba, o cualquier cosita que uno dijera, él ya se iba a la calle y se escondía. Teníamos que quedarnos buscándolo. Porque recibió tantos golpes que tiene marcas de cinto, de hebillas, marcas de manguera. Mi padre sentía placer en pegar. Ahora, mi madre siempre trató a Rubens muy bien.

Mi padre tenía placer en golpear. Murió y fue enterrado como indigente. De la otra tenía seis hombres, cuatro mujeres y otros cuatro que murieron pequeños.

Lindu entra en coma

Cuando mi madre llegó aquí, ella quedó embarazada, de mellizos. Estos bebés murieron por falta de cuidados. Mi madre tuvo problemas de presión alta y estuvo internada 17 días sin reconocer a nadie. Sin saber dónde estaba.

Las que cuidábamos a los bebés éramos Marinete y yo. Yo tenía nueve o diez años. La suegra de Marinete ayudaba. Los mellizos realmente murieron por falta de cuidados. Era prematuros y no sabíamos cuidarlos, no teníamos experiencia. No quisieron internar a los bebés. Mi madre fue internada en estado de coma.

Ella tuvo a los chicos en casa, con una partera. Después, se fue a la Santa Casa, porque tenía la presión muy alta. Recién a los 17 días empezó a recordar las cosas. Más tarde contó que cuando estaba internada oyó una voz lejos, era el médico que decía: "Si esta inyección tiene efecto, se salva; si no, no hay más nada que hacer". Ella siempre me contaba eso. Y esa inyección sí que tuvo efecto. Mejoró. Estuvo 25 días en el hospital, 17 días inconsciente.

El hospital no aceptaba bebés, no quiso internarlos. Nosotros no teníamos conocimiento, no teníamos experiencia. Y a mi padre no le importaba. No dio la menor ayuda, el menor apoyo. Yo no sé explicar qué tipo de persona era. No sé si era una persona, si era un bicho, si era un animal.

Crueldades

Él hacía cada cosa… Nosotros no podíamos tomar helados porque no sabíamos. Comíamos lo que él quería. Compraba fruta, compraba carne, todo para la otra y nos dejaba sin nada. Él nos aceptó cuando llegamos. Tanto que sacó a la otra mujer de la casa donde él vivía.

No quería que Jaime le mandara una carta a mi madre pidiéndole que viniera, pero Jaime dijo que se la iba a mandar. Jaime no le tenía miedo, Jaime toda la vida lo enfrentó. [Van a la casa del compadre…] Los chicos hacían de esclavos de la otra mujer. Es verdad que hacían de esclavos, era esclavitud.

Una vez mi padre compró bacalao e invitó a sus hermanos. Hizo eso una vez que los hermanos había ido allá, sólo para darse corte. Pero no fue cuando mi madre se había venido, sino mucho antes. Una vez, mi padre llamó a sus hermanos –que son todos iguales o peores que él– para mostrar la abundancia que había. Pero no había. Compraba carne para los perros y huesos para nosotros. Se cansó de hacer eso.

Ahora, para la otra, él pasaba por la tiendita y le compraba todo tipo de fruta. Nosotros éramos amigos del dueño de la tienda y él nos contaba. Hasta el día que empezó a decirle a mi padre: "¿Por qué no le lleva la mitad a sus otros hijos?". Mi padre empezó a sentir vergüenza y a llevarnos a nosotros. Pero nos llevaba una vez que otra. Porque de verdad lo que quería era matarnos, que sus hijos fueran esclavos.

Mi padre dormía cuatro o cinco días en la casa de la otra mujer y una noche venía a dormir en casa. Para atormentarnos, ¿no? Una vez salimos a comprar helado: yo, Vavá, Ziza y Lula. Cuando llegó, nos obligó a tirar el helado porque no sabíamos tomarlo, ¿sabes? Fue algo impresionante eso. Nos hizo tirar todo el helado.

Hay un hermano de crianza de mi padre que vive aquí, en esa calle, que fue el único que le dio fuerzas a mi madre. Su nombre es Luiz. Él se vino del Norte antes que nosotros. Nosotros nos vinimos poco después.

Me acuerdo de la historia que Lula cuenta sobre nuestro padre, que le daba pan al perro, y no a Tiana. Él hacía cosas que no puedes creer. Le compraba carne a los perros y huesos a nosotros, cuando compraba. Porque generalmente dejaba que faltara todo en casa. Todos comenzamos a trabajar: uno de una manera, otro de otra. Cada uno se fue arreglando.

Ellos se quedaron en Santos hasta 1954. Marinete y yo permanecimos en Santos. Ella se quedó en Santos hasta casarse, en febrero. Se quedó en la casa de mi tía Laura y del tío Dorico. Y yo me quedé trabajando en la casa de aquella señora porque estaba en la escuela. Después me vine en diciembre.

Mi padre se quedó con aquella mujer, doña Mocita, un largo tiempo. Luego la largó y consiguió otra. Él tuvo varias mujeres. Si tiene más hijos, nadie lo sabe. Hasta que murió, había un terreno, una casita, en Santos. Y ella vino a buscarnos. Marinete no la aceptaba en su casa. Yo soy diferente, ella venía a mi casa. La última vez que ella fue a lo de Marinete, mi hermana no la dejó ni entrar. Eso fue en 1985. Ella fue a mi casa y almorzó.

Después de que mis padres se separaron, y él se quedó solamente con doña Mocita, la hizo pasar miseria. Le hizo peor de lo que nos hacía a nosotros. Le golpeaba, les pegaba a sus hijos. Antes de separarse, no les pegaba a los hijos de ella, sólo a nosotros. Él tenía que tener alguien para golpear.

Su verdadero placer era martirizar. Era golpear. Rubens tiene cicatrices que dan pena. Mi padre lo quemaba con la punta del cigarrillo. Ese chico sufrió horrores con él.

La única explicación para el comportamiento de mi padre es puramente la maldad. No hay otra explicación. Todos sus hijos están más o menos bien, y cuando mi padre murió lo enterraron como indigente. Nosotros supimos que había muerto cuando ya hacía tres días que estaba enterrado. Murió un año antes de mi madre. Vinieron a avisarnos que estaba en el hospital y cuando llegamos allá nos dijeron que ya lo habían enterrado como indigente. Teniendo hijos cerca… Porque tenía unos hijos allá en Santos. Pero sus hijos le tenían tanto pavor que… No querían ni saber que existía. Mi padre fue algo imposible de contar.

Hoy en día la gente dice que Fulano es ladrón porque no tuvo padre. Mi madre crió a sus hijos sola. Porque, ¿qué ejemplo dio mi padre? Ninguno. Gracias a Dios todos ellos trabajaron. El que más estudió fue Lula. Mi madre quería que Lula fuera alguna cosa en la vida. Ella siempre lo quiso. Ella era muy apegada a Ruth y a Lula.

Enfrentando amenazas

Un día mi padre levantó la mano para golpear a mi madre. Nunca le había puesto la mano encima. Y mi madre era de una calma fuera de lo común, nunca reaccionaba. Recuerdo eso como si fuera hoy. Mi padre tomó un pantalón y se lo refregó por la cara. Ella estaba sentada en la escalera y le dijo: "No me levantes la mano, porque no me vas a golpear. Es la primera y última vez que haces eso. Yo me voy. Cuando vuelvas, no vas a encontrar a nadie en casa. Me voy a alquilar un lugar y me voy con mis hijos. Mañana mismo lo voy a hacer".

277

Mi padre nunca le pegó. Él se peleaba con ella, la insultaba, pero golpearla, no. Al día siguiente ella se fue y buscó una casa. Nosotros nos fuimos y Marinete se quedó para avisarle cuando él llegara. Encima, le arrojó un tintero a Marinete. Marinete no le tenía miedo.

Mi padre le dijo a mi madre que si nos íbamos de la casa, nos mataría uno por uno. Ella contestó: "Entonces tendrás que matarnos". Él le dijo que iba a matarnos a todos uno por uno. Y mi madre le dijo: "Nunca más te miraré la cara". Mi madre debía tener unos 37 para 38 años. Nació en 1915, eso fue en 1953. Era joven todavía.

Nos cambiamos de casa. Cuando hacía unos quince días que estábamos en esa casa, mi padre fue a mi casa con mi tío –ese tío que él había dejado para ayudarnos a nosotros en el Norte y no nos cuidó nada, el tío Zé, que es padrino de Lula y no dio nunca nada–. Mi madre le dijo: "Si has venido solo, puedes entrar; si estás con Aristides, puedes volverte de ahí mismo, porque aquí Aristides no pone los pies".

Mi padre estaba con él, pero se quedó escondido. Mi tío dijo que habían venido juntos. Mi madre le dijo que entonces se tenía que ir porque a su casa no iba a entrar. Y en serio no lo dejó entrar.

Empleada doméstica a los nueve años

Cuando mi madre se separó de mi padre, en Santos, nos fuimos a vivir cerca de nuestra primera casa. Sé que Zé se fue a trabajar en una carbonería, yo me fui a trabajar en una casa de familia. Vivía en la casa de mi patrona, que quedaba cerquita, pero sólo volvía los fines de semana. Jaime fue a trabajar en un astillero. Marinete fue a trabajar a una casa de familia. Ziza vendía manía…

Cuando fui a trabajar en una casa de familia, todavía no tenía diez años.

Aquí en San Pablo yo estudiaba de mañana y trabajaba en una casa de familia de la 1 a las 5 de la tarde. Marinete sólo trabajó en una casa de familia en Santos. Después ella dejó porque se casó. Yo me vine para acá y fui a vivir a la casa de una señora que era creyente. Sólo iba a casa los fines de semana. Cuando comencé a trabajar no sabía hacer nada. Pero fui a trabajar a la casa de una alemana que me enseñó todo: a cocinar, a planchar, a lavar la ropa. Esa mujer fue para mí más que una madre.

Más tarde, trabajé en un consultorio médico y aprendí enfermería, todo en la práctica. Trabajé mucho tiempo en un consultorio médico después que dejé la casa de familia. Aprendí muchas cosas. Es gente con muy buen nivel de vida. Lula trabajaba para el padre de ella, el doctor Raul.

Entonces, a los nueve años yo ya trabajaba en Santos: lavaba la ropa, los platos, limpiaba la casa. Mi patrona se llamaba doña Jovi, era una mujer creyente. Me tenía como hija.

Yo no me asusté en mi primer empleo. Esa mujer era muy buena. Tenía dos hijos adoptivos y a mí me tenía como hija. Ella cosía para afuera y me fue enseñando cómo tenía que hacer las cosas en la casa. Mi madre nunca me enseñó porque no tenía tiempo. Tenía ocho hijos y además trabajaba en el campo, te imaginas. Esa señora me enseñó las cosas y yo aprendí con mucha facilidad. Después me fui a la casa de esa alemana. Ella, todos los días, me daba cuatro o cinco prendas para lavar. Uno era abogado, había otro abogado también, uno ingeniero y otro médico. Todos los días se cambiaban de camisa, eran camisas que había que almidonar. Ella tenía lavandera, pero me daba las camisas y los calzoncillos para que yo lavara. Y tenía una muchacha llamada Viviane que usaba un amplio uniforme con ruedo, como antiguamente. La patrona no la dejaba lavar más su ropa, yo debía lavarla y plancharla. Todos los días ella me enseñaba algo nuevo.

Nos quedamos solamente dos años en Santos. Llegamos aquí a San Pablo el día que mataron a Getúlio Vargas: el 24 de agosto, si no me engaño. Fue el día que murió Getúlio. Nos fuimos de Santos y nos vinimos a San Pablo. Al llegar aquí comenzó toda la batalla otra vez.

Esa alemana se llamaba doña Madalena. Ella me enseñó a hacer de todo dentro de la casa. Hasta a cocinar me enseñó. Fue una persona que me ayudó mucho en la vida. Yo me sentía feliz de trabajar allí. Pero no tenía libertad… Yo almorzaba en mi casa. Y allá, cuando salía a las 5 de la tarde, ella me daba una rebanada de pan Pullmann y un vaso de té o de café. O sea que no tenía libertad de comer nada. Jamás tomaba nada. Si ella no me daba yo no tomaba nada, nunca en la vida hubiese tomado. Yo salía de la escuela, almorzaba y después del almuerzo me iba a trabajar.

Después, cuando tenía quince para dieciséis años, me fui a trabajar a un consultorio médico.

Dura adaptación en San Pablo

A mí me pareció muy raro llegar a un lugar tan diferente del Norte. La suegra de Marinete era una vecina y algo más para nosotros. Era comadre de mi mamá, y nos ayudó mucho. Luego me fui a trabajar a la casa de esa señora que era creyente, su familia también era del Norte, me ayudó mucho. No tuvimos muchas dificultades de adaptación aquí.

La única cosa fue que no pude tampoco estudiar. No fue posible. Hice hasta el cuarto grado, pero no llegué ni a tener el diploma, no teníamos condiciones. Yo tenía que trabajar, no podía estudiar. O hacía una cosa, o hacía la otra. Entonces tuve que trabajar, si no nos moríamos de hambre. Y nosotros no queríamos robar, no queríamos pedir, ¿sabes?

Tenía que trabajar. Yo llegué a ponerme zapatos por primera vez cuando tenía once años. Usaba chinelas. Hay una fotografía mía y de Lula, él tenía cinco y yo siete, en que aparecía con sandalias. Hasta hoy nos divertimos con esa fotografía, porque era la primera vez en la vida que nos pusimos zapatos. Allá no usábamos nada de eso. Recién empecé a usar zapatos aquí, a los once años. Allá se usaba ese tipo de sandalias de la peor calidad, chinelas, o si no, descalzos.

Fue una vida muy difícil. Ahora recuerdo, fue una vida muy difícil en serio. Y mi padre nos hizo sufrir mucho, no apoyó a nadie.

Lula: depositario de esperanzas

Mi madre tenía tenía la idea fija de que Lula tenía que ser algo en la vida. Ya que los otros no pudieron hacer nada, Lula tenía que ser algo. Tanto que ella hizo no sé cuántos viajes para inscribirlo en el Senai. Hasta que no lo inscribió, no tuvo paz. Ella nunca imaginó que él llegaría hasta donde llegó, nunca se lo imaginó. Ella quería que él tuviera un buen empleo. Que estudiara, que tuviese una buena profesión. Mi madre quería que Lula fuese mecánico, tornero-me-

280

cánico. Ese era el sueño de ella, porque era lo que daba más dinero en esa época. Hizo de todo para que él estudiara. Tanto que fue al Senai y buscó como una loca hasta conseguir una vacante. Ella caminaba desde Vila Carioca hasta Ipiranga a pie. Porque él estudió allí, en el n° 1822, en el Senai.

Maní, palomitas de maíz, paçoca*

En esa época Lula trabajó en una tintorería, trabajó con un médico, iba a vender dulces. El médico tenía un consultorio, pero también trabajaba con tacos de madera, vendía mucho. Lula le ayudaba a descargar el camión, a hacer esos trabajos. El trabajaba en una tintorería pegada a nuestra casa, era de una japonesa. Fue a vender dulces a la puerta de la escuela. Vendía maní, palomitas de maíz. Vendía *paçoca*. Compraba los paquetes grandes de palomitas dulces. Eso era en Vila Carioca.

Después fue a trabajar a una metalúrgica. Creo que se llamaba Independencia. Fue donde se cortó el dedo y recibió una indemnización. Con el dinero de la indemnización Lula compró muebles para su casa. Creo que en esa historia de que Lula compró un terreno debe haber una confusión, porque Jaime tampoco se acuerda de eso.

En busca de un espacio para vivir

Frei Chico y un primo mío fueron al Norte a pasear y allá ganaron un billete de lotería. Vendieron lo que ganaron en el bingo, creo que fue un coche, y compraron juntos un terreno.

El primer terreno que Lula compró fue cuando se casó con Lurdes. Era en Vila das Mercês, y se inundaba. Nos despertábamos con medio metro de agua dentro de casa. Eso no fue sólo una o dos veces. Perdíamos todo lo que teníamos.

En Vila Arapuá, Marinete perdió todo. Marinete fue una de las más perjudicadas. Ella levantó la casa unas cuatro o cinco veces, y ca-

---

* Paçoca: maní tostado molido, con harina y azúcar

da vez que ella levantaba más llovía. Hicieron hasta una especie de piso superior, pero de nada servía, terminó perdiendo todo. Era ese río que sale de Santo André, pasa por São Caetano, va hasta la avenida do Estado. Creo que es el Tamanduateí.

Nosotros vivíamos en Arapuá, en esa época, que era en donde había inundaciones. Luego nos mudamos a la casa que ellos compraron con el dinero del bingo en Vila São José, en la calle Padre Mororó. Esa casa le quedó a mi primo hasta hace unos tres, cuatro años. Entonces, Ziza vendió su parte y se compró una casa para él. Pero allí hubo otra inundación en que también perdimos todo. De noche te levantabas con metros de agua dentro de tu casa.

Nosotros vivíamos en Livieiro, de allá nos fuimos a Jardim Patente, donde no se inundaba. Luego salimos de allí y nos vinimos a vivir aquí, en esa misma calle, en la casa de ese Luiz, hermano adoptivo de mi padre. Él se fue a Paraná, dejó las cosas allí y nosotros nos vinimos a vivir aquí. Viví tres años. Lula se casó en esa casa, en la misma calle. Después que Luiz volvió de Paraná, la mujer de Lula murió y él fue a la casa de Lula. Frei Chico también fue a vivir allí.

En ese momento yo también me había casado y algunas cosas salieron mal, me fui a vivir al fondo de la casa de Lula, a una casita de habitación y cocina que había atrás. Creo que era en la calle Verão, en Vila das Mercês. Mi marido compró un camión, pero era robado. Tuvo que devolverlo y perdió todo el dinero. Para comprar otro camión no fue fácil.

Después nos fuimos de allá y nos vinimos a la calle Maristela, que es donde vive Jaime. Hace 20 años que Jaime vive allí. Es el único que no tiene casa propia. Jaime fue siempre un tiro al aire.

En la calle Maristela tuve a mi hijo. Y mi madre vivía con Lula en la calle Verão, en Vila das Mercês. Se quedó con él hasta que se casó con Marisa. Ruth se casó en esa casa también. Ahí se quedó Frei Chico, mi cuñada Ivenes, mi madre, yo vivía en la casita del fondo. Más adelante me fui a la calle Maristela, Lula se quedó allá un tiempo más y luego comenzó aquella historia de Miriam Cordeiro.

La ex novia con la cual Lula tuvo una hija

Lula conoció a Miriam en una época en que había perdido a su mujer, había perdido a su hijo. Y mi cuñada, casada con el hermano de mi marido, había tenido dos gemelas. Las chicas nacieron enfermas, tuvieron problemas de infección urinaria. Están vivas hasta hoy. Lula era director del sindicato e iba a llevar a las bebitas a la Clínica Modelo, que era donde Miriam trabajaba como enfermera. Llevábamos las nenas allá. Y ahí fue donde Lula conoció a Miriam, en ese vaivén. Lula comenzó a salir con ella.

Lula supo que Miriam estaba embarazada cuando ella estaba de tres meses y medio. No se lo había contado a nadie, la única persona que lo sabía era yo. Ella no se lo contó a Lula. Y Lula, cuando supo que estaba embarazada se puso muy muy contento, porque había perdido a su mujer y a su hijo. Ese hijo que Miriam iba a tener terminó siendo todo para él. ¡Estaba supercontento! ¡Muy pero muy feliz!

Apenas Miriam quedó embarazada, ella me contó, pero me pidió que guardara el secreto. Yo lo hice. Porque tampoco sabía si era verdad o no. Miriam le contó a Lula que estaba embarazada en mi casa. Después Lula toda la vida quiso pasarle una pensión. Cuando era Navidad y él se iba a viajar con Marisa, me llamaba por teléfono de donde estuviera pidiéndome que comprara un regalo para llevárselo a la nena. En el cumpleaños de ella también siempre me pedía que le comprar un regalo, cuando estaba viajando. Cuando necesitaba alguna cosa, Nelson Campanholo también le llevaba.

Luriam es apasionada por su padre. Siempre gustó de él, le sigue gustando y nadie le va a cambiar ese sentimiento. Lula nunca más quiso saber de Miriam Cordeiro. Lula iba a ver a la nena escondido, cuando Miriam no estaba en la casa, cuando estaba sólo la abuela de Luriam, doña Beatriz. O si no doña Beatriz mandaba la nena para que él la viera; quien llevaba a Luriam era Nelson Campanholo. Lula nunca más tuvo contacto con esa mujer.

La niñita nació a las 7 de la mañana, a las 9:15 Lula y yo fuimos al hospital a verla. Al otro día fui a pagar la maternidad, era Clínica São Camilo, que quedaba en la Marechal Deodoro. Lula me dio el cheque para pagar la maternidad. Él fue a registrar a la nena. El nombre Luriam es la mezcla del nombre de Lula con el de Miriam. Fue ella, Miriam, la que inventó ese nombre. ¡Dios mío, qué feliz que estaba Lula cuando nació Luriam! Era lo que él más quería. Y Miriam Cordeiro dijo que él quiso que ella se hiciera un aborto... ¡Jamás!

Lula conquista a la "mujer ideal"

Después él conoció a Marisa. Él trabajaba en el sindicato y le dijo a Luisinho, su secretario: "Cuando aparezca una viuda joven por aquí me avisas, que yo quiero hablar con ella". Eso fue un día, al día siguiente apareció Marisa. Le habían matado el marido. Marisa es una persona sensacional, no tiene orgullo, ellos viven muy bien. Marisa se entiende con Lula, es difícil encontrar una pareja que se entienda como ellos. Los hijos de Marisa son unos chicos... maravillosos.

Cuando murió el marido de Marisa ella estaba embarazada de dos meses. Ella registró al niño con el apellido de ella y del padre. Luego, cuando Lula cambió su nombre por Luiz Inácio Lula da Silva, le dio su apellido también a Marcos. Todos los hijos quedaron con el nombre Lula.

Miedo de que Lula fuera electo Presidente de la República

Yo cruzaba los dedos para que Lula no ganara en aquella época, en 1989. ¡Cómo sufrí cuando estuvo en la cárcel y mi madre enferma, sabiendo que ella iba a morir de un momento para otro estando él preso!... Los tipos iba a llevar a Lula temprano por la mañana a casa, escondido, para que nadie supiera que había ido a visitarla. La Policía Federal venía, se quedaba en la sala de estar –vivíamos en una casa de altos–, él subía, se iba para el cuarto, se quedaba 40 minutos. La policía nunca subió, tenía una confianza total en Lula.

Mi madre estaba internada. Tenía una radio portátil, le saqué ese aparato, le dije que lo había llevado a arreglar. Le pedí al médico que la hiciera permanecer en el hospital lo más que podía, porque nosotros ya habíamos tenido un golpe con Frei Chico en 1975, cuando fue preso político. En un momento, mi mamá empezó a llorar que quería irse. La retuvieron quince días más en el hospital. Ahí nos dimos cuenta de que no iban a soltar a Lula de ninguna manera y el médico me dijo que le contara a mi madre acerca de Lula sin haber salido, para ver su reacción, para ver si era posible llevarla a casa. Le conté y lo único que me dijo fue lo siguiente: "Que se joda, porque me cansé de avisarle...". Pero eso fue su muerte. Acabó con ella. Ella no quiso ver más televisión, no quiso escuchar más radio.

Cuando salió del hospital Lula iba a verla en casa, pero ella no sabía que él estaba preso. Pensó que ya lo habían soltado. Cuando en el hospital dijo que se cansó de avisarle y de pedirle que no se metiera en el sindicato, yo le dije que lo iban a soltar muy pronto.

Mi madre salió del hospital un jueves; el viernes Lula vino de mañana a ver a mi madre, a esos de las 6:20. Vinieron en un Chevette blanco, todos vestidos de civil. Entraron en casa y le dijeron a Lula que subiera. Creo que eso fue el día 18 de abril, cuando Lula vino por primera vez a ver a mi madre desde que estaba preso. Luego fue a verla otra vez, ella ya estaba internada, creo que fue el 2 de mayo. En esa época convencí a mi madre de que él ya no estaba más preso, de que ya lo había soltado, pero que no tenía mucho tiempo para quedarse.

Lula llegaba escondido porque la prensa no podía ver, y la prensa no salía de la puerta del hospital. Los tipos traían a Lula escondido de adentro del hospital. Los colegas de Lula ni sabían que él iba a ver a mi madre. Pero la policía fue muy buena, trajo a Lula tres o cuatro veces para ver a mi madre. Él sólo tenía que llegar antes de las 8 de la mañana, para que nadie lo descubriera. Los periodistas no podían saber que él estaba saliendo para ir a ver a su madre. El que lo dejó salir fue Tuma.

Yo ya había sufrido tanto con los militares... Y Tancredo Neves entró en la iglesia y nadie lo vio salir, ¿no es verdad? Entonces yo pensaba que, si él ganaba la elección, ellos lo iban a sacar a Lula. Él no iba a asumir. Puedes estar segura de lo que te estoy diciendo. Iban a hacer algo. Porque Lula toda la vida fue "lenguaraz", tiene ese tipo de personalidad y no piensa cambiarla. Lo que él dice no tiene vuelta atrás. Como en 1980, si él hubiera querido se volvía millonario. Lo que tuvo de ofertas para terminar con la huelga... ¡Y nunca aceptó nada de nadie! Nunca aceptó un centavo de nadie. Lula es super-honesto, es hasta demasiado. Lo que es de él, es de él, lo que no es de él, no es de él. No acepta nada. En esa época algunas empresas le ofrecieron dinero para irse del país, le mandaron un coche nuevo, en la puerta de la casa… le mandaron equipo de audio, le mandaron de todo. Y él no aceptó nada. Nada, nada, nada.

La huelga duró 45 días, lo metieron preso. Aun preso, él comandaba la huelga desde adentro y no aceptó nada. Entonces yo pensaba si él ganaba en 1989… Yo tenía mucho miedo en serio. Cuando llegó al segundo turno en 1989 ya fue una victoria. Pero yo pensaba que no iban a dejarlo hacer nada. Tenía mucho miedo porque yo ya había sufrido mucho. Frei Chico ya había estado preso. Preso político, quince días sin tener noticias de él.

Después de que Frei Chico salió de la cárcel supe que fue torturado. Mi cuñada, cuando lo vio a los quince días, dijo que estaba todo lleno de marcas. Mataron un periodista frente a él. Había una mujer a la que le daban electricidad en la vagina, en cualquier lugar. Ellos cometían horrores allí dentro. El día que llegué a verlo, sentí indignación. Y él todavía estaba en un lugar, allá en el Hipódromo, en libertad.

Mi cuñada lo vio a los quince días. Después de un mes pudo visitarlo. Al mes él tenía marcas en el cuerpo entero. Ella se quedó impresionada, pero sabía que cuando él saliera de allí volvería a hacer lo mismo. Y tanto es así que volvió de verdad. Volvió de verdad. Por eso yo tenía miedo de que Lula ganara, me daba terror.

Yo creo que, si mi madre estuviese viva, ella iba a pedir tanto para que Lula no se candidateara… No sé, pero creo que mi madre no iba a aceptarlo tan fácilmente, para nada. Ella tenía mucho miedo y mucha ignorancia. No tenía estudios, sólo sabía lo que los demás decían. Creo que si estuviera viva no iba a estar tan orgullosa, no… En el país que vivimos, uno no puede tener orgullo de nada.

Más recuerdos del sertón

Cuando mi padre vivía en el Norte, yo no lo recuerdo porque tenía dos años. Cuando volvió, yo tenía siete. No recuerdo cuándo se fue por primera vez. Yo tenía dos años y era muy enferma. ¡Dios, tenía un problema! Le decíamos "estar enfermucha", era una conjuntivitis en la vista. Estuve hasta casi los siete años con conjuntivitis. Mi madre hizo entonces una promesa, me curé y nunca más volvió esa enfermedad. Y, cuando mi padre volvió, yo ya tenía siete años; quiere decir que no conviví con mi padre casi. Allá en el Norte se quedó un mes y se fue.

Del día que llegó me acuerdo. Te voy a decir la verdad: yo no sentí nada, no señor. Era una persona extraña que llegaba, como alguien que nunca has visto, que no conocías. Luego nos vinimos aquí a Santos, y al llegar aquí fue peor la situación. Entonces es difícil que recuerde algo de él. No tengo buenos recuerdos de mi padre. No guardo amargura como Ruth. Ruth dice que mi padre sólo fue "a hacerla", ¿sabes? Hasta hoy ella guarda ese dolor. Yo no guardo amargura, pero tampoco tengo recuerdos buenos: él no nos dejó nada bueno.

Recuerdo la casa, recuerdo lo que comíamos. Nunca faltó comida, pero era así: frijol, harina, banana, ¿sabes? Carne, una vez que otra. Eran las gallinas que tenía mi mamá. De vez en cuando ella criaba gallinas. Porque mi padre casi no le mandaba dinero. Ella trabajaba en el campo junto con Zé, que tenía doce años, junto con Jaime, Vavá llegó a trabajar. Marinete cuidaba a los pequeños.

Había maíz… arroz en esa época no usábamos. Arroz era sólo para cuando había disentería. No había para nada. En mi época, no había nada. Te enfermabas… Mi propia madre perdió dos hijos por disentería. Era deshidratación, pero nadie lo sabía. Los dos murieron de disentería. Uno murió a los ocho meses, parece. Tanto que entre Vavá y Frei Chico hay una diferencia de tres años. Entonces Vavá fue el más mimado, mi madre siempre decía. Y la otra que murió fue entre Lula y yo. Puedes ver la diferencia entre uno y otro: porque yo cumplo años en agosto y Lula en septiembre. Hay una diferencia de dos años y murió uno en ese intermedio. Esa murió pequeña. Tenía uno o dos meses, algo así.

Todos los hijos nacieron en casa, con partera. Incluso Ruth nació con más de cinco kilos y medio. No había médico, INPS, nada. Eran todos remedios naturales. Había un hermano de mi mamá, que está vivo, tiene 87 años, vive en el Norte, el tío Sérgio. Él era el único que iba a la ciudad –eran 18 kilómetros–, cuando alguien se enfermaba mi tío iba a la ciudad, hablaba con el médico y el médico mandaba un remedio. El médico no venía a examinarnos, ¿sabes? Mandaba remedios.

Ese tío mío, el hermano mayor de mi madre, fue una persona que la ayudó mucho. Hasta hoy vive y todavía trabaja en el campo. Pero allá no hay eso de médicos…

Nosotros íbamos a buscar agua para bañarnos. Para lavar ropa no recuerdo la distancia que había. Donde tomábamos agua los sapos morían y bebía el ganado. Era una represa, ¿sabes? Ahora no, ahora ya está todo moderno, la hicieron de piedra. Antes la represa era de barro nomás. Era un agua barrosa.

Nosotros no teníamos hinchazón por líquidos. Es interesante. No sé si era porque mi madre nos daba muchos remedios contra los parásitos. Ella daba ese licor de cacao. Siempre nos trató contra la lombriz y esas cosas. Fue siempre muy cuidadosa en eso. Yo no tenía la panza hinchada. Cuando llegamos aquí a Santos, la gente se admiraba de viniendo del Norte no tuviésemos la panza hinchada. Era asombroso, nadie tenía. Generalmente todos llegaban con esas enormes panzas.

Mi madre era muy cuidadosa con sus hijos, nunca le dio una bofetada a ningún hijo. Nunca hizo eso. Detestaba que alguien gritara, ella no gritaba. Es increíble, pero ella no era cariñosa así, de besar, abrazar, y esas cosas. No era así. Le venía de su crianza. Pero percibíamos que tenía un amor muy grande por nosotros. Pero no era de llegar y abrazarte, besarte. Nunca lo fue. Me parece que eso era una parte por ignorancia y otra porque allá era muy difícil eso. Y además que tampoco tenía tiempo. Allá era uno detrás del otro: uno dentro, otro afuera. ¿Cuánto tiempo tenía ella para eso? Ella no gritaba, no golpeaba, hacía de todo para no dejarnos pasar hambre.

Pasar hambre en serio, eso sí te lo puedo decir, nunca pasé. Algunos de la familia dicen que almorzábamos y no cenábamos. Yo no lo recuerdo. Siempre almorzamos y cenamos, lo que hubiese, pero siempre hubo

Mi madre hacía cus-cus, o si no polenta. Hacía *xerém,** que el maíz ya va en pedazos. Recuerdo que hacía mucho eso. Nunca nos dejó pasar hambre; eso sí, no tuvimos ayuda de nadie.

---

* Xerém: maíz pisado grueso, que no pasa por el colador.

Cortesía Mauro Di Deus

En diciembre de 1980 algunos de sus fundadores, entre ellos Lula, entregan el pedido de inscripción provisoria del Partido de los Trabajadores al Tribunal Superior Electoral, en Brasilia.

Archivo personal de Lula

Primer material publicitario para las campañas electorales de Lula, que participaba de las elecciones para gobernador el estado de San Pablo.

Archivo personal de Lula

Lula con Henfil (autografiando un poema en homenaje a Lula), durante la campaña de 1982.

Archivo Personal de Lula

Lula, en los Estados Unidos en 1980, es recibido por el senador Ted Kennedy.

Archivo Personal de Lula

Lula viaja a Europa y es recibido por el papa Juan Pablo II, en el Vaticano, en 1981.

Archivo personal de Lula

Lula recibe a Nelson Mandela en Brasil.

Archivo personal de Lula

Lula, en viaje a Medio Oriente, tiene un encuentro con Yasser Arafat, en octubre de 1991.

Archivo personal de Lula

Por invitación del gobierno de Israel, Lula viaja en julio de 1993 y tiene un encuentro en la Knesset con el presidente del Parlamento israelí.

Lurdinha Rodrigues

Bajo una fuerte lluvia, Lula hace un acto para una multitud en Belém do Pará, en la campaña presidencial de 1989.

En diciembre de 2001, Lula tiene un encuentro con el presidente de Venezuela, Hugo Chávez, en Caracas.

Cortesía Carlos Tibúrcio

Cámara de Diputados

Reunión de la Comisión de Sistematización de la Asamblea Nacional Constituyente del 25 de junio de 1987.

Cámara de Diputados

Sesión de votación en la Asamblea Nacional Constituyente del 22 de febrero de 1988. Lula conversa con sus colegas Mário Covas y Fernando Henrique Cardoso.

Cámara de Diputados

Lula, haciendo un discurso ante la Asamblea Nacional Constituyente, en 1988, en Brasilia.

Denise Paraná

En un acto en la Plaza da Sé, en San Pablo, el mismo año, se reúne la familia
Lula da Silva. Junto a sus padres, el pequeño Luís Cláudio, con chupete, en el estrado.

Jorge Mariano / Archivo PT

Lula con Brizola y otros miembros de la coalición Unión del Pueblo Cambia Brasil, en
campaña hacia la Presidencia en 1994.

Archivo Centro Sérgio Buarque de Holanda

En octubre de 2001, Lula, en un viaja a Europa, tiene un encuentro en Francia con el primer ministro francés, Lionel Jospin.

Archivo Centro Sérgio Buarque de Holanda

También en octubre de 2001, en Lisboa, Lula es recibido por el primer ministro de Portugal, Antonio Guterrez.

Cortesía Ivaldo Cavalcante

Décima Caravana de la Ciudadanía, Valle del río São Francisco. Lula se reúne con el boyero Manuelzão, que inspiró a Guimarães Rosa en diversas obras.

Archivo personal de Lula

El matrimonio Lula da Silva visita la naciente del río São Francisco.

Lula viaja a Ginebra, Suiza, y se divierte, en contacto con la nieve por primera vez.

Archivo personal de Lula

Jugando también con sus hijos en la cascada, en una chacra de amigos.

Archivo personal de Lula

Lula, en su casa, con sus hijos Luís Cláudio y Sandro y su perra Princesa, "pasión" de la familia.

Cortesia Luludi / Revista Época

Lula, a quien le gusta mucho cocinar en las horas de descanso, prepara un plato especial en el horno a leña de su chacra, en São Bernardo do Campo, en 2002.

Cortesía Cesar Hideiti Ogata

En 2002, Lula festejando el cumpleaños de Marisa.

Archivo personal de Lula

Los nietos de Lula Asthar y Thiago.

Cuca / Archivo del Centro de
Documentación Sérgio Buarue de Holanda

Lula festeja con su viejo amigo Lambari la victoria en la segunda vuelta de la elección presidencial en Brasil.

Denise Paraná

Los hermanos del presidente Luiz Inácio Lula da Silva: Jaime, Marinete, Frei Chico, Maria, Vavá y Tiana (Ruth), personajes de esta historia, en una reunión familiar de noviembre de 2002.

Prensa Três

Lula, el hijo de Brasil, envuelto en la bandera nacional,
celebra la victoria del 27 de octubre de 2002.

Bebida y cáncer

La abuela Otília murió, pobre, por la bebida. Ella bebía una época, luego paraba; estaba tres, cuatro, cinco meses sin probar nada, luego volvía a beber otra vez. Y murió así. Murió realmente a causa de la *cachaça*. Murió otra tía mía más joven, también por la *cachaça*. Ella también bebía que daba pena.

Mi abuelo murió muy pronto, la familia de mi madre murió toda de cáncer. Ya murieron creo que unos 69 de cáncer. Tengo una tía todavía viva, que vive allá en el Norte. Es hermana de mi madre. Tiene 87 nietos y bisnietos.

Murieron 69 de cáncer en la familia de mi madre. Sólo uno murió de derrame. El hermano menor de ella. Toda la familia de mi madre, nuestros primos, tíos, mi abuelo. Yo no tengo miedo. Si tengo que morir de eso…

Mi madre tenía seis hermanas mujeres y cinco hermanos hombres. Mi madre tuvo catorce hijos, murieron cuatro. Mi tía Luzinete que vive aquí tuvo 19, murieron trece. Mi tía Carmelita tuvo 27, es esa que tuvo 87 nietos y bisnietos, creo que tiene 19 hijos vivos, parece. A una la mataron. Pero todo era así, de doce, trece hijos.

La familia de mi papá es más alejada. Viven aquí cerca, pero no tenemos contacto con ellos.

Lindu muere entre flores y homenajes

El entierro de mi madre es algo que me emociona mucho. ¿Sabes por qué? Lula era el presidente del sindicato en esa época. Ella no paraba de decirle a Lula: "Lo único que quiero..". Tenía un miedo pavoroso de morir. Ella murió sin saber que tenía cáncer. Porque mi tío Dorico tuvo mucho dolor y ella no. Ella le decía a Lula: "Cuando muera, lo único que quiero son flores y mucha gente en mi entierro". ¡Y mira si hubo flores y gente!

Hubo tanta gente que llegamos al cementerio, aquí, y la gente todavía estaba saliendo de la Beneficencia de São Caetano. Hubo que parar el tránsito. Vinieron dos coches sólo de flores. Fue algo así… No puedo decirte la cantidad de gente… Cuando llegamos aquí al cementerio había un grupo de la Schuller, 300 empleados. Hicieron una

289

fila al lado del cementerio. Todos en overol. Había más de 300 empleados esperándola.

El entierro de mi madre fue la cosa más bonita que puede haber. Y era la cosa que ella más quería en la vida. Murió contenta.

Mi madre me hizo sufrir mucho porque no quería quedarse sola en el hospital. Ella no quería ir a esa mesa de mármol cuando muriera. Entonces, le debo mucho a la Beneficencia Portuguesa de São Caetano, hicieron de todo para nosotros. Nosotros no tenemos cómo agradecerles, le dieron toda la asistencia que precisaba. No dejaron que la sacaran de la cama, del cuarto, hasta que llegara el cajón. Salió del cuarto en el cajón, porque no quería ir a esa mesa de mármol. Ella me pedía que yo no lo permitiera.

Cuando la persona muere, va a la morgue. ¿Acaso no queda en esa mesa hasta que el cajón llegue? Mi madre le tenía pavor a eso. Ella me decía: "Si dejas que yo vaya a la mesa, no te voy a dar sosiego". Y ella vivía conmigo...

En el hospital, me quedé en un cuarto particular y no me cobraron, me lo cedieron. Porque ya hacía dos años que se estaba tratando allá y habíamos hecho amistad, yo le llevaba el almuerzo, le llevaba la cena. Yo era la que la bañaba, porque ella no dejaba que lo hicieran las enfermeras.

Lula estaba preso en esa época, y la Beneficencia nos dio el cajón, nos dio todo. De viernes a sábado mi madre pasó a un cuarto particular, yo me quedé con ella. El sábado Frei Chico y yo nos quedamos con ella el día entero. El domingo fue el Día de la Madre, pasé el día entero con ella. De noche me vine y mi sobrina Solange se quedó con ella.

No podía haber descuidos, porque el médico dijo que ella se iba de un momento para el otro. El cáncer ya estaba en el cuerpo entero, pulmones, el cuerpo entero. El viernes, cuando vomitó sangre, el médico ordenó que le sacaran los aparatos. Dijo que se los podía sacar, porque estaba con suero y con una sonda que ella no quería. Murió conversando con mi cuñada: pidió un vaso de agua, tomó, giró la cabeza a un lado y murió. Yo llegué a la hora exacta. Parece que ella de verdad estaba esperando que yo llegara.

Deseos no realizados
- JAIME Y MARIA -

"El viejo, mi padre, era un ignorante. Él me mandaba escribir algo, pero como no sabía leer, yo escribía otra cosa. Soy semianalfabeto. Esa es la verdad. Mi padre no sabía que yo la estaba mandando llamar a mi madre, no sabía nada. Él me decía: 'Escribí esto…'. Pero sabes cómo son las cosas, él no sabía leer, entonces yo les escribí que se vinieran para acá, para San Pablo."

"Para uno que no conocía, San Pablo tenía corazón. Pero conmigo no fue piadoso. Conmigo no tuvo piedad. Hasta ahora no conseguí nada en este San Pablo. La verdad es esa. Y yo siempre trabajé. Trabajé como un burro."

"Gracias a Dios Lula se hizo muy famoso. Porque, sinceramente, Lula es más conocido que cualquier presidente de la República."

Jaime: una carta decisiva[1]

Yo llegué aquí el 25 de marzo de 1950. Después escribí para allá, para que vendieran todo lo que tenían y se vinieran para acá. Dos años después llegaron. El viejo, mi padre, era ignorante. Él me mandaba escribir algo, pero como no sabía leer yo escribía otra cosa. Soy semianalfabeto. La verdad es esa. Mi padre no sabía que yo la estaba mandando llamar a mi madre, no sabía nada. Él me decía: "Escribe esto…". Pero sabes cómo son las cosas, él no sabía leer, entonces yo les escribí que se vinieran para acá.

---

[1] Esta entrevista con Jaime se realizó en la casa de Maria el 10 de abril de 1994. Como Maria también participó en la conversación, fueron señaladas sus intervenciones.

Y Lula llegó aquí. De 1945 a 1952 son siete años. Siete años después él llegó aquí. Ahí empezó aquella historia.

Trabajos en el "mundo industrializado"

Nosotros comenzamos a cortar madera para hacer cercos: en aquel tiempo no había tapias, todas las casas tenían cercos. Después nos tuvimos que mudar a San Pablo, nos vinimos aquí, a Vila Carioca...

Yo trabajaba en un depósito de algodón, que no era el mismo en el que trabajaba Vavá. Después salí de allí y entré en la panadería de la calle Barão de Jaguará, en Moóca. Yo tenía 18 años, era bizcochero. Después Lula fue a estudiar al Senai y a trabajar en una fábrica de tornillos.

Me casé y me fui a vivir a Pirituba. Después de Pirituba me fui a vivir a Parada de Taipas, en el kilómetro 22 de la antigua ruta a Campinas, contratado por la empresa. Era la fábrica de alambres Avilândia. Hacía coladores, era todo manual.

Después me quedé sin trabajo y me fui a vivir con ellos a Vila São José, en São Caetano. Más tarde nos fuimos a vivir a Jardim Patente. Después de un año me mudé de nuevo para Vila Carioca. Ahí entré en la Lafer. Viviendo en la Vila São José, Lula conoció a su mujer, doña Lurdes.

En 1966 Lula entró en la Villares y yo entré en la Lafer. Estuve trabajando nueve años. La fábrica era aquí en São Bernardo. Empecé como maquinista, después pasé a encargado, después pasé al departamento de compras. Y después me dieron la patada a la que todos los que están empleados tienen que acostumbrarse. Nadie tiene empleo seguro.

En aquella época Lula no quería entrar en el sindicato. No quería. Pero de tanto que le insistieron, entró. Fue por presión de Frei Chico. Mi sindicato era diferente, era el Sindicato de Carpinteros. A mí no me gustaba la política. Si me hubiese gustado la política me habría quedado allá con Paulo Vidal Neto. Él siempre insistió para que yo entrara con él. Pero mi sindicato era diferente y no tenía sentido entrar. Nunca participé en ningún partido. Del único partido que soy es del Corintians [ríe].

Lula fue elegido presidente del sindicato. Después se metió con todo… y nunca más quiso dejar el sindicato. ¡Organizó aquellas impresionantes huelgas!

Lula presidente

Estuve cuatro, cinco años sin ver a Lula. Después me encontré con él en Pernambuco, fui invitado a participar en la Caravana de la Ciudadanía del PT.

Fue en la época en que estaba metido en ese infierno. Ahí se volvió famoso. Gracias a Dios, Lula se hizo muy famoso. Está destinado a ser nuestro presidente, si Dios ayuda. Y nadie le va a sacar ese lugar, puedes grabar lo que te estoy diciendo.

Uno, que vino tan de abajo, tiene que sentir orgullo de tener un hermano tan importante. Yo, por lo menos, lo siento así. Es por eso que discuto mucho por causa de Lula, andan diciendo que Lula es tal o cual cosa, que es no sé qué. Entonces yo respondo: "Si él fuese lo que ustedes andan diciendo, si no tuviese estudios, no estaría donde está". Porque, sinceramente, Lula es más conocido que cualquier presidente de la República. Mucho más conocido. Eso siempre lo dije y lo digo. Defiendo eso en cualquier lugar. Hay tipos a los que sólo les falta trompearme.

Coraje

Él llegó hasta el lugar donde está con coraje y fuerza de voluntad. Cada uno nace con el don para ser algo en la vida y decide si va a ser eso. Y él se hizo cargo y usó el don porque así lo quiso. Lo quiso y tuvo mucho coraje. No cualquiera afronta lo que él afrontó.

Fíjate: para afrontar las huelgas de São Bernardo… No era para cualquiera, para cualquier persona. Él tuvo mucho coraje, mucho valor. Un día, en 1980, fui a su casa. Era la última huelga. Cuando llegué allá, Marisa estaba llorando. ¿Por qué? Lo único que él le decía era: "Ahora que me metí en la política voy a continuar". Y tiene razón. Sabe que él es eso y va hasta el final. Si yo pudiese trabajar para él, trabajaría. Él ya había estado preso y lo habían soltado. Marisa lloraba, estaba con miedo. Con miedo.

Mucha gente no lo mató porque… al que tiene quien le cuide las espaldas nadie lo mata. Cualquiera le podía pegar un tiro en cualquier momento. Podía, puede. Ves, adonde él va, van tres, cuatro guardaespaldas. Dos adelante, uno atrás. En Pernambuco mismo, parecía un dios. Es la pura verdad. Nunca vi tanta seguridad, uno aquí, otro allí, otro allá. Estaba directamente cercado de policías. Y yo me dije: "¿Será que mi hermano llegó hasta ese punto?". Uno piensa muchas cosas, es lógico…

Mucho coraje, mucho valor para hacer esas huelgas que hizo. Yo mismo no lo habría podido hacer. De ninguna manera. Si él llega a presidente y lo dejan trabajar va a ser un buen presidente.

Si mi madre lo viese ahora a Lula se moriría del corazón. Se moriría. De la emoción, ¿eh? La emoción nos quiebra a todos. Estoy emocionado de verlo llegar a donde llegó. De verdad. Me siento orgulloso.

En el Norte estuve una temporada invitado por alguien, no sé quién, sólo sé que yo no pagué nada. Hacía 43 años que no iba. Y fui. Ahora hace un año que no lo veo a Lula. Nosotros estamos largo tiempo sin ponernos en contacto, pero todo está en paz.

El ceibo y otros recuerdos

Cuando volví al Norte, hace poco, todo me parecía extraño. Nadie me conocía y yo no conocía a nadie. Pero gracias a Dios, sabes como es en el interior, a la media hora haces amistad con todo el mundo.

Fui al lugar donde estaba mi casa. Ya no había nada, la habían derribado. Pero el ceibo estaba ahí. Yo me subía al árbol; ¡Ave María, nuestra diversión era justamente esa! ¿Qué otra cosa íbamos a hacer? No había otra cosa.

Vi el almacén de Tozinho. A ese lo conocía muy bien. Yo le vendía mamonas.* Las juntaba en la selva y las vendía. Nuestro tiempo

* Mamona: Arbusto originario de África, de cuyos frutos se obtiene aceite de ricino, de propiedades medicinales, y es utilizado también en la industria como lubricante.

de infancia en el Nordeste... Si yo hablase... No tengo vergüenza de hablar: el ricino, cuando se seca, cae al suelo. Les sacaba las semillas y las vendía en el almacén, después ellos las revendían. Según decían, usaban aceite de ricino para los aviones. Lula no llegó a ese punto, pero yo junté mucho ricino. También junté jurubebas. La jurubeba es una frutita, yo las juntaba para vender. Era el único medio de vida.

En aquel tiempo esto era todo: porotos, mandioca, batatas y maíz. Yo lo digo de corazón, y no miento, si quieres anotar, lo anotas. En aquella época sólo comía arroz cuando iba a un casamiento. La verdad es esa. Sólo en los casamientos, cuando no, lo que había era harina de mandioca, porotos negros, harina de maíz con leche, harina de mandioca con leche. No sirve para nada inventar que era diferente: yo soy así, hay que decir todo lo que uno siente.

Dejando su tierra, adaptándose al nuevo mundo

Cuando vine para acá vendí un "garrote" por 600 cruzeiros. Un garrote es un becerro. Lo tenía a medias con mi tía, le di su parte y me quedé con 300. Y me vine. Salí el 15 de marzo de 1950.

En aquel tiempo la ruta no estaba asfaltada. Las rutas del Norte hacia aquí eran de tierra. Demoré diez días. Diez días casi sin dormir de noche. Las mujeres viajaban en la parte de atrás del camión y los hombres abajo. Yo era un muchachito de apenas doce, trece años.

Y aquí estoy hasta hoy, sufrí como un condenado. Si hablaba de estudiar, mi padre me maltrataba. La verdad es esa. Y sé escribir mi nombre porque pagué, pagué para que me enseñaran.

Cuando llegamos fuimos a un hotel en Santos. Mi padre me dejó dinero en el hotel para que yo fuese al depósito donde él trabajaba. Me pasé y fui a parar al estuario del Macuco, allá, en la Ponta da Praia. Cuando volvía, el ómnibus pasó de largo por el hotel y me pregunté: ¿Dónde parará? Salté y me quebré la clavícula. ¡No sabía bajar! ¡Era la primera vez que viajaba en ómnibus!

De ahí nos mudamos a Itapema, que hoy se llama Vicente de Carvalho. Después fuimos a Vila Carioca. De la calle Auriverde me fui cuando ya me había casado.

No estoy separado. De mi "viejita" ni loco me separo. Se llama Alaíde. Tengo un hijo y una hija. Estoy orgulloso de ellos. Estoy orgulloso de mi hija, que hasta llegó a viajar al Japón trabajando para una empresa.

A Alaíde la conocí, por increíble que parezca, en mi casa de Vila Carioca. Nos conocimos… en aquella época se usaba ir al museo, pasear. Al principio todo el mundo iba al museo el domingo a la tarde. Los jóvenes pasaban la tarde allá, en el Museo del Ipiranga. Nos encantaba. Ahora no, cercaron todo y ya no hay más lugar para estar. Nosotros fuimos al museo y allí… [ríe y se pasa la mano por los labios, como diciendo: "¡Está todo dicho!"]. Comenzamos a noviar y su padre dijo que ella no se iba a casar con un pernambucano. Yo dije: "¡Vamos a ver si no se casa!". Estamos casados hace 33 años, van a ser 34 ahora en enero…

En un atardecer

Me acuerdo que fue en 1945. Lo recuerdo muy bien. Fue un atardecer cuando él dijo: "Me voy para San Pablo". La prima de mi madre, que se vino con él, ya lo estaba esperando en una esquina, junto a una planta de azucenas. Allí lo estaba esperando, y él se vino… Vendió los dos caballos viejos que tenía y se vino.

Sufrí en el Norte, ¿sabes? Tenía ocho años; mi hermano mayor, nueve. Trabajaba en el campo para sostener la casa. ¡Pero trabajaba! Y en esa época no había escuela. Allá no había. Entonces afrontábamos la vida.

Y cuando llegó octubre del '45 Lula llegó al mundo. El 27 de octubre de 1945. Mi padre se había ido y nos había abandonado a todos siendo niños.

Mi padre resolvió irse enseguida. Ya había comprado el pasaje en el *pau-de-arara*.

Cuando volvió, en 1950, llegó con tres hijos de la otra mujer. Ahí yo aproveché y me vine para acá.

Yo trabajaba en el campo, mi madre también. Todos teníamos que trabajar, el finado Zé, Vavá. Todos íbamos al campo. Nadie se podía negar. ¡Estábamos obligados a encarar la realidad! Lula no llegó a trabajar en el campo porque era muy pequeño.

Penurias de Lindu

Voy a contar. Cuando llegó desde el Norte, mi finada madre trabajó juntando café del suelo. Cuando descargaban los camiones, frente al lugar donde se hacía el torrado, siempre caía café en la vereda. Eso llegó a hacer mi madre en Santos: juntar el café y venderlo.

Cuando mi madre recogía café –y no tengo vergüenza de decirlo, si alguien lo desmiente, puedes mandarlo a hablar conmigo– fue cuando recién había llegado aquí. Enseguida de llegar. Lo juntaba del piso y lo vendía, el mismo depósito se lo compraba. Nuestro padre se avergonzaba. Él nos sacaba el dinero y compraba cosas para su "amiga"… y mi madre chupándose el dedo.

Yo ganaba una miseria –era la época de los mil-réis–,* mi padre sacaba el dinero y se iba a la casa de la "amiga". No le importaba nada.

Mi padre lo mandaba a Vavá a llevar agua… Nosotros buscábamos agua en un pozo de la Base Aérea de Santos, porque no había agua corriente en esa época. Nos quedábamos allá hasta la una, dos de la mañana esperando. Mucha gente iba a buscar agua a aquel pozo porque no se agotaba. Y yo la llevaba a la casa de la amiga. En ese momento los hijos de la amiga, pobrecitos, eran todos pequeños. Por eso no podían ir a buscar agua. Después fue cuando el "viejo"… no preciso decirlo, tú entiendes: venían los mellizos. Mi padre pasaba por casa a la mañana, se cambiaba de ropa y se iba a trabajar. Pasaba a la noche y sólo faltaba que nos matara. Nos golpeaba. El viejo era malvado en serio. No miento, en esto no hay mentira. Y se iba para la casa de la "amiga". Y así era. Esa era la vida que llevábamos.

Una vez… –¿sabes, cuando la ropa está podrida y no hay costura que aguante?– quiso golpear a la vieja. A la tarde yo salí por una calle y Zé Cuia por otra. Arreglamos un rancho viejo que no tenía luz, sólo lámpara a kerosene.

Al otro día, a la mañana, se fue a trabajar y nosotros agarramos los trastos –ya es hora de decir la palabra exacta– y nos fuimos a la otra casa. ¡Listo: nos abrimos de él de una vez por todas!

---

* Antigua unidad monetaria brasileña, sustituida en 1942 por el cruzeiro.

Truculencias

Fíjate bien, invité a mi padre a mi casamiento, la respuesta fue que lo que me merecía era… ¡Un tiro en la cara! Me tenía bronca, vaya uno a saber por qué.

Mira, sinceramente, puedes preguntarle a Vavá, a Frei Chico, a Marinete: en casa nos encerraban como a vírgenes, el portón estaba cerrado y nosotros adentro de la casa. No se salía, sólo para ir a trabajar. Se llegaba del trabajo y había que quedarse dentro de casa. El único derecho que teníamos era el de trabajar.

Fui maltratado como un perro. Bastaba decir que quería estudiar, una paliza.

Después, cuando nos separamos de mi padre, las cosas cambiaron; lógico. Lula llegó a donde llegó porque pudo estudiar. Después empecé a trabajar, quise casarme, dejé de pensar en estudiar, y siempre tuve empleo, gracias a Dios. Hoy soy empleado de Itamar [Franco] [ríe]. Soy jubilado, gracias a Dios. No por edad sino por años de servicio.

Si hubiera estado inscripto legalmente –como quería– cuando empecé a trabajar, me hubiera jubilado quince años antes. Porque mi padre nunca me dejó sacar el documento mientras fui menor de edad. Sólo me lo dejó sacar después de los 18. Es la ignorancia, ¿no? Antes se hacía todo como mandaban aquellos nortistas viejos, [pero] no voy a decirte que son todos… La ignorancia era reina y señora: no podía estudiar, no podía sacar el documento. ¡Ah! El asunto era ir al pantano a cortar leña.

En Bertioga hay una hondonada, ahí iba yo a cortar leña, a hacer carbón. Y cuando era carbón de calera, tenía que pasar allí la noche, tenía que quedarme cerca.

Dado vuelta

Cada vez que mi padre iba a comprar el diario traía dos ejemplares: uno para mí y otro para él. Yo, gracias a Dios, sé leer un poquito. En vez de poner el diario así [hace el gesto] el viejo lo ponía cabeza abajo. En el ómnibus… Era muy divertido. Pero ¡Ay! de quien le dijese que estaba al revés. ¡El "viejo" era una fiera, una fiera!

Ahora bien, fue enterrado como indigente. Pero yo no sabía, supe que se había muerto recién una semana después. Nadie lo sabía.

Doña Mocita: ¿culpable o engañada?

Con la amiga de él, prima de mi madre, nos encontramos en Santos, cuando volví de la Caravana del Nordeste. Me dijo: "Mira, Jaime, tu padre fue muy bruto con sus hijos". Y fue realmente así. El nombre de ella es doña Valdomira, pero todos la llaman Mocita. Está viejita, pobre. Esa vez que Lula estuvo en Santos conversó con ella, la abrazó y todo. Ella no tiene la culpa de todo lo que nos pasó en la vida. Fue engañada, ¿no? ¿Qué se le va a hacer?

Ella trabajaba en el campo con mi "viejo" allá en el Nordeste. Venía a casa, trabajaba con nosotros. Cuando salió de allá estaba embarazada de pocos meses, tres o cuatro. Con tres meses el vientre todavía no se nota.

Con la honda

Yo cazaba pajaritos, armaba tramperas para atrapar cuices. El cuiz es una especie de rata, pero no es exactamente rata, no tiene cola. Estábamos obligados a hacerlo. Era toda la carne que teníamos. Cazaba pajaritos: inambús, torcacitas, titirijís, lo que trajera la punta de la honda. Picaflores.

Y cuando íbamos a pescar a la represa nos juntábamos todos, iban todos los vecinos. Yo embarraba el agua, la ensuciaba bien para pescar lisas. Era un pez muy pequeñito. Íbamos a la chacra de Luiz Custódio, primo de mi madre.

Una escuela, una casa

Había allá un muchacho que hacía las veces de maestro. Nosotros íbamos. Si uno hubiera podido leer diez libros en un día, habría aprendido todo. Pero el que no pasaba los exámenes, era castigado con la palmeta. Inclusive él ahora vive aquí en Piraporinha. Hacía una pregunta, si no la sabías, le preguntaba a uno que la supiera. Ese era el que tenía que castigarte con la palmeta. El que contestaba bien daba los palmetazos en las manos del que se equivocaba. Hacía golpear a un alumno por otro alumno. Es así, sí... ese asunto del castigo no tiene ningún valor. Era agarrar un libro y ¡pá, pá, pá! Nadie podía aprender de memoria. Estudiar aquí es bueno porque vas, estudias y después tienes pruebas. ¿Es o no es así? Aquí rinden exámenes. Pero actualmente el Nordeste está mucho más adelantado. Yo lo noté cuando estuve allá.

Era una casa de adobe. No me acuerdo quién la había hecho.

Maria: La hizo la familia de mi padre cuando mis padres se casaron. Tenía una pieza, una sala y cocina. Dormíamos todos juntos.

En Santos: casa nueva, trabajos nuevos

Jaime: En la casa en la que vivíamos en Santos cuando nos separamos del "viejo", dormían mi madre, en una pieza, Maria, Ruth y Lula. En la otra dormíamos Vavá, Zé, Frei Chico y yo. Compartíamos la cama. Dormíamos todos amontonados.

Maria: En cada cama dormían dos.

Jaime: Todos éramos chicos, ¿qué se le va a hacer?
Mi hermano menor y yo trabajábamos en carbonería. Mi hermano era chofer y yo ayudante. De vez en cuando nos peleábamos. Él pensaba que era mejor que yo, y yo, que era mejor que él y así. No había caso.

La noche de luna

Cuando mi padre llegó, nosotros volvíamos de buscar agua en un pozo, Cuando llegamos a casa era de noche, una noche de luna, y él estaba volviendo. Venía de la casa del padre. A los hijos los había dejado en la casa de Mocita. A Mocita recién la vi cuando vine para acá.

Si en aquella época yo hubiera pensado como pienso ahora, él no volvía a pisar la casa. No entraba. Pero yo tenía ocho años, ¿Qué podía hacer?

Tengo un hermano por parte de Mocita al que no conozco. Parece que son once, uno murió. Hay uno que vive en Americana: Dair. Él me mandó a decir que fuese allá a pasear, pero soy tan bueno que no voy. ¿Sabes por qué no voy? No la quiero dejar sola a mi mujer con mi hija. Después de todo, si yo veo a los hermanos por parte de Mocita no reconozco a ninguno.

A Mocita la vi cuando volvimos del Norte. Juro por Dios que está muy avejentada. ¿Qué edad puede tener ahora? Unos 70, o más.

Maria: Debe andar por los 68. Mi madre se murió a los 64 y ella era bastante más joven que mi madre. Se quedó con la casa de mi padre. Y cuando él murió, ella vino a preguntar si queríamos nuestra parte; ninguno quiso.

Jaime: Cuando el "viejo" murió, ya estaba viviendo con otra. Iba por la tercera. Esa le robaba el dinero, él bebía, ella lo peló. Tanto que fue enterrado como indigente.

Maria: Debía ser una cualquiera. Una mujer de la calle.

Jaime: La casa quedó para Mocita y sus hijos. Todavía vive allá. Ella insistió para que fuese para allá. Pero no voy porque estoy con problemas en las piernas. Estoy parado conversando y de repente aparezco en el piso.

Maria: Nosotros la estimamos, a la única a quien no le gusta es a Marinete.

Jaime: Yo la respeto, viví con ella, el que me maltrataba era el "viejo".

Maria: Ella nunca nos maltrató. Creo que ella fue más bien una víctima en medio de todo aquello. Me dijo que el "viejo" era demasiado ignorante. Inclusive tuvo que pedir limosna para sobrevivir.

Orígenes familiares

Jaime: El único que todavía hoy vive con la mujer, es el tío Antônio. El tío José se metió con otra, en la calle Tabatinguera; ahora vive solo en Vila Carvão. El tío Euclides también se fue con otra. Dejó a la mujer con catorce hijos y se vino para acá. Nadie sabe dónde está. Ya se debe haber muerto. El tío José, el tío Euclides y nuestro padre dejaron a sus mujeres. Mi abuelo no la dejó a mi abuela. Cuando se murió, ella estaba con él: doña Guillermina, mi madrina.

Euclides, Aristides, José y Antônio. Hay dos hermanos de crianza, Luiz y Eronides, que llegó del Norte en 1950; vino junto conmigo y nunca más se supo nada de él. Nadie hasta hoy sabe por dónde anda. Dicen que consiguió trabajo por ahí, pero quién sabe.

De las hermanas de Aristides, la menor es la tía Corina, la mayor es Quitéria y la otra es Maria.

El abuelo João Grande y doña Guillermina no eran malvados, pero no ayudaron para nada. Me acuerdo una vez que entramos en el terreno del "viejo" para buscar sandías y salió a corrernos con una escopeta. Tiró, pero salimos corriendo como locos. Mi tío plantaba repollos, pero no nos daba nada. Nada.

Cuando uno es chico y vive de ilusiones

Pasé la noche en Capoeiras, que era cerca de allá, de Vargem Comprida. Mi madre se quedó llorando atrás de la puerta. Agarré y dije: "¡Yo voy!". Mi padre había preguntado quién se quería ir con él. Entonces dije "Vámonos". Pero me pagué el viaje con mi dinero, no me lo pagó él. Cuando uno es chico vive de ilusiones. Pero pienso que fue el "derecho de piso" que pagué para ayudarlos a venir para acá. Yo les decía: "Vendan todo y vénganse para acá. Vendan todo y vénganse para acá…".

Yo me vine con mi padre. Llegué un domingo a Capoeiras. Al día siguiente nos subimos al destartalado *pau-de-arara*. Cuando llovía había que atar una soga al camión y ayudar a empujar. No había asfalto entonces.

De noche, dormido a la vera del San Francisco, ni sabía lo que era un río. El "viejo" me dijo: "Ve a buscar agua". Y le pregunté:

"¿Dónde hay agua por aquí?". En la oscuridad, ¿cómo iba a saber dónde había agua? Junté agua, me lavé los pies –que es una manera de decir– y me dormí. Cuando vi que era un río de ese tamaño. ¡Ave María! Nunca había visto una cosa así en mi vida. Era un chiquillo, descalzo, ni zapatos tenía. No, no tenía ni zapatos.

Al otro día teníamos que esperar la balsa para cruzar el camión. Pasamos y nos vinimos aquí. Fueron nueve, casi diez días.

En el estado de Minas, me acuerdo como si fuera hoy, una noche nos quedamos varados. Menos mal que había llovido. Por donde pasan los caballos hay siempre huellas con agua. Juntábamos de allí el agua para beber. ¿No dejan pozos los caballos cuando pasan? De ahí la juntábamos. No había otra cosa para beber. De noche ¿dónde íbamos a encontrar agua? El que tenía sed se las arreglaba como podía, tenía que arreglárselas.

Adivina lo que comía yo durante el viaje: miel de caña sólida con harina de mandioca. Era todo lo que había. Cuando el hambre aprieta… Allá no había restaurantes. No había nada. Uno se traía su propia mocó.* Nosotros le decimos mocó a la comida, ¿sabes?

Hoy estoy aquí, gracias a Dios. Pago alquiler, pero me considero una persona más o menos libre de preocupaciones. Realmente pago alquiler, pero recibo una jubilación por discapacidad por mi dedo, la recibo de mi esqueleto [se ríe]. Bueno, es así.

Accidentes

Lo del dedo fue en una fresadora. Es la máquina más peligrosa que hay en la carpintería. Se usa sobretodo para hacer molduras, ornamentos, ranuras para las bisagras de puertas, todo eso pasa por la fresadora. El día que tiene que pasar algo, nadie se escapa. Yo me había mudado de casa, y Maria fue a la carpintería a preguntarme dónde estaba viviendo. Entonces yo dije: "don José, voy a salir un momentito, vuelvo en cinco minutos". Iba a mostrarle la casa, porque no sabía ni el número, me había mudado ese día. Sólo me fal-

---

* Bolsa hecha con cuero de animales, con una correa que atraviesa el hombro del lado opuesto del cuerpo pasando por debajo del brazo, usada para transportar pequeñas provisiones, papeles, etcétera.

taban dos fresas para terminar la jornada. Le mostré la casa y volví al trabajo. Fui hasta la máquina, la prendí, y en el momento en que puse la pieza, dio un salto y... ¡chau mi dedito! Este, este, este otro... Hay más, hay más, aquí y aquí [muestra las puntas de los dedos cortados, amputados por la máquina]. Y casi pierdo estos tres dedos. Hice así [indica con un gesto] y me golpeé en la sierra. Estaba conversando, haciendo gestos con las manos, ¡y metí los dedos en la sierra! Casi pierdo los tres.

Y ahora, después de jubilado, por milagro de Dios no perdí esta mano. Se me fue la mano en la sierra y sólo me hice una herida pequeña, aquí, en este costado. Pero podría haber perdido toda la mano. Ahí me dije "¿Yo? ¿Trabajar? De ninguna manera". Apagué la máquina. Ya estaba jubilado. Mi bendición y chau. Le dije al tipo "Mira, saca la cuenta de los días trabajados porque me voy". ¿Voy a perder la mano ahora de viejo?

Cuando perdí mi dedo busqué un abogado para reclamar la indemnización. Me hicieron la pericia y después salió la indemnización. Con la indemnización alcanza para comprar pan y leche...

Exceso de *cachaça*

Todavía hoy no sé por qué estuve internado. No sé si fue por beber demasiada *cachaça*. Vas a ver que esa es la verdad, ¿eh? Pero hay algo que sé: que me internaron. Y estuve allí diez días, después el médico me dio el alta. Pero yo no tenía el teléfono de mi gente para poder hablarles. No me acordaba del teléfono de nadie por culpa de la medicación. Después del alta continué allí. Fueron doce, doce días. Con los remedios que le dan a uno, uno se olvida de todo. Ni me acordaba que tenía familia, la verdad es esa...

Maria: Cuando fue al hospital estaba loquito. Estaba loco en serio.

Jaime: ¿Y qué sé yo cuándo entré en el hospital? No me acuerdo nada. Sé que una mañana le dije a la enfermera: "Déme el alta, tengo dos criaturas pequeñas que están solas en casa" [se ríe, porque los hijos ya eran grandes y no estaban solos]. Ella dijo: "Voy a darte

el alta". Pero lo que me dio fue un calmante "para dormir a un caballo" y dormí todo el día. Esa es la verdad. ¿Qué va uno a hacer? Son
cosas que pasan.

Sobre la madre

Con nosotros mi madre fue un ángel. Es la verdad. Ella nos crió
sin padre y gracias a Dios ninguno salió sinvergüenza en la familia.
Ninguno.

Maria: Marinete comentaba que mi madre no era cariñosa en el
sentido de apretarnos, besarnos, abrazarnos. Dice que no recuerda
que fuese cariñosa. Pero había ocho hijos para sostener, por quienes
trabajar… Este era su cariño. No nos pegaba.

Jaime: En una oportunidad le quiso pegar a Zé Cuia. Él se esca-
pó de casa, estuvo dos días en lo de Pedro Melo. Al que costó trabajo encontrarlo fue a Frei Chico, cuando se fue a esconder en un ma-
torral. Ella le quería dar una paliza.
Si mi madre estuviese aquí conversando, habrías pensado que estaba enojada. No sabía hablar en voz baja. Igual que yo, yo no sé hablar bajo. Sólo sé hablar a los gritos, no puedo cambiar.

Maria: Pero los gritos de ella eran diferentes. Hablaba alto porque era su forma de hablar. Pero era muy cariñosa.

Jaime: A mí, sinceramente, mi finada madre me trató muy bien.
Sin embargo mi padre me trató muy mal. Yo podría haber sido un
buen estudiante. Hace 45 años que estoy aquí en San Pablo, podría
muy bien haber estudiado, pero mi padre no me dejó.

Lula analfabeto

La gente dice que Lula es analfabeto. Yo les digo: "Si fuera analfabeto, ustedes lo son más". ¿Estaría donde está si no hubiese estudiado? Creo que no. Lo discuto, lo discuto firmemente. Lula es más

305

conocido que algunos figurones que andan por ahí. Él y Frei Chico. Como no me gusta la política, de lo único que discuto es de fútbol. Y aún así, si se empiezan a acalorar, me voy.

El *pau-de-arara*

Cuando llovía era terrible, había que bajarse y atar una soga para sacar al camión del atolladero. Las mujeres se quedaban arriba del camión. Y a mí, como era muchacho, mi padre me decía: "¡Tú también bajas!". Los otros hermanos no ayudaban porque eran pequeños, ni valía la pena que bajaran del camión.

Nos apeamos en Brás y fuimos al hotel Queirós. Me acuerdo como si fuera hoy. Queda en el barrio Brás; hace como diez años que no voy por allá, pero creo que el hotel todavía existe. Allí sólo hay gente del Norte. Es lugar obligado, se convirtió en un bastión para quien viene del Norte. Estuvimos ahí, nos dimos un baño y tomamos el tren para Santos.

Una vez que llegamos a Santos, fuimos a un hotel y nos quedamos unos diez o quince días hasta conseguir una casa. Nos fuimos a Vicente de Carvalho. No había hecho ninguna reserva de alquiler en Santos, una vez llegado, alquiló, en aquel tiempo eso era fácil. Era una casa de madera, se ordenaba rápido.

Lotería de los animales, burro, y partida de nacimiento

Antes de viajar, si no me falla la memoria, mi padre vivió en Itanhaém. Ganó dinero en el juego clandestino –la lotería de los animales– y se fue para el Norte.

¿Allá uno recordaba que cumplía años? En la época en que vivía en el Norte, nunca me acordé. Mira, fui yo mismo a registrar mi nacimiento, fui a anotarme para venir a San Pablo. Solito, me subí a un burro viejo y me fui al Registro Civil. Tenía ocho años. Ninguno tenía partida de nacimiento. A todos mis hermanos los anotaron aquí en San Pablo.

Él volvió al Norte durante la Feria de Capoeiras y compró un burro viejo. En ese burro fui a sacar mi partida de nacimiento. A la vuelta se largó una lluvia –y el burro es peor que la cabra, no le gusta el agua– y ¡ahí me las vi negras! para hacerlo atravesar un gran charco... ¡Para colmo había dos mocosos que me querían pegar con unos palos! Era un diluvio. Y yo con un viejo sombrerito de panamá en la cabeza y la partida de nacimiento bajo el sombrero. Me metí en una casa sin esperar el permiso. Lo recuerdo como si fuera hoy. Entré y puse al burro en una vieja cochera. Dejé al burro y entré en la cocina de la doña sin pedir permiso ni nada. Le dije: "El burro está ahí, me voy a quedar hasta que pare la lluvia". Cuando paró, me fui. ¡Qué sacrificio!

Yo tenía un becerro. Era mi caballo. Adonde iba, lo montaba y le iba diciendo: "¡Eh, mi viejo caballo!...". Cuando lo vendí para venirme sentí pena.

El bautismo y el destino

Pero yo me empaqué en que quería venir y vine. La "vieja" lloró mucho. Doña Mocita me trataba bien... ¿Qué iba a hacer? Para bien o para mal estaba ahí. De vez en cuando me daba una paliza de aquellas, pero no me importaba. Cuando uno es chico no piensa lo que hace, y yo no aguantaba callado tanto descaro. Y contestaba... Cuando el "viejo" volvía a la noche me golpeaba. Corté mucha leña en los bañados, cargándola más o menos cinco kilómetros. Si no eran cinco por ahí andaba. Mi "vieja" cabeza pasaba el día entre los jejenes. Cargaba todo en la cabeza. Y que encima no viese lo que pasaba...

Desde que llegué, parece que mi destino fue lidiar con la madera. Además de cargar leña trabajaba en un astillero haciendo barcos. Cuando trabajaba en la Lafer llamaron diez encargados para ir a trabajar a Mato Grosso. Nadie quiso ir. Yo ya me había casado. Y acepté. Estaba en aquel confín de Mato Grosso, sin luz, sin nada. Había cada víbora que no se podía creer. Allá elegía madera... Después, de regalo, el puntapié de la empresa. Fue en 1973.

Luego estuve 90 días desempleado. Fui a trabajar a una empresa que hoy es muy famosa en la fabricación de cerámicos, pero en aquel entonces recién comenzaba en el rubro de muebles. Allí fui, eran los comienzos. Después empezó a crecer y crecer, a los tres o cuatro años: ¡a la calle! ¿Qué hacer? Yo trabajaba con madera, siempre madera.

De ahí me fui a trabajar allá en el pico de Jaraguá. Todos los días me tenía que levantar a las 4 de la mañana y apechugar. Trabajé un año. Querían que me fuera. Que me despidieran, no me importaba.

Después fui a trabajar en Bocaina, cerca de Jaú. Me volvía loco de dejar sola aquí a mi familia para ir a trabajar en Bocaina. Trabajé seis meses. Me di cuenta de que la empresa no andaba bien y les dije: "Para ganar lo que gano, prefiero estar allá con mi familia". Listo. Me vine. A causa del producto con el que protegían a la madera de la humedad y de los gorgojos, me enfermé de neumonía.

En eso, un ingeniero, el doctor Davis, que siempre me ayudaba a conseguir trabajo, me habló de una empresa que iban a abrir. Me llamó para ser encargado. Y allí fui. A la empresa le empezó a ir bien. Empezaron a aparecer ejecutivos de saco y corbata, uno era esto, el otro lo de más allá y no sé qué. La empresa empezó a caer. Los dueños dejaron la empresa en mis manos y se fueron. Se fueron sin pagar las indemnizaciones de los empleados. Yo tomé la llave y fui a ver al abogado de ellos. Le dije: "Mira, aquí está la llave. La empresa no va más. No se hace cargo ninguno de los dueños". Días después vinieron unos que querían sacar lo que había adentro; como los dueños no les pagaban querían entrar. Ahora bien, como soy muy honesto... El hombre me dijo: "Jaime, déjame sacar estas cosas que yo te pago todos tus derechos". Le dije: "No lo puedo dejar, no está bien que lo haga". Él respondió: "Muchacho, esta empresa está quebrada, les he prestado mucho ¡y no me pagaron!". Contesté: "Mientras esta llave esté en mis manos yo no voy a dejar entrar a nadie, después que la entregue es asunto de ustedes". No recibí indemnización, perdí todo. Los otros, unos cinco o seis empleados, también. Nos quedamos con las ganas...

Todo esto fue en la época de las huelgas. Mi hija desocupada, mi hijo desocupado, yo desocupado. Y mi pobre "viejita" trabajando en una casa de familia en São Bernardo. Era empleada doméstica. Y menos mal que mi sobrina le había conseguido eso, fue nuestro recurso en esa situación.

En eso, un bello día pasaba por una carpintería y el dueño me preguntó: "¿Estás desocupado?". "Sí", le contesté, y dijo: "Entonces empiezas hoy, para ir tirando". Y tirando, pasaron trece años. Salí de allí jubilado. Hice hacer el cálculo de los años trabajados y… ¡Epa, ya estaba! Pero la jubilación tardó tres años en salir. Tres años.

Mi "viejita" trabajaba cuando era soltera. Después de que nos casamos yo no la dejé trabajar. Fue una estupidez mía. Debería haberla dejado. ¡Los celos son la peor cosa que hay en el mundo!

Persecuciones, preocupación por los hermanos

Recuerdo cuando Frei Chico estuvo en prisión. Hasta hoy, de verdad, nunca le pregunté si lo torturaron o no. Si sufrió o no sufrió. Nunca. Me parece que no le gustaría que le pregunte. Entonces no pregunto. Sé que él vivía aquí. Hasta ahora nunca le pregunté. Nunca.

Uno siempre siente ¿no? Siente. El muchacho estaba comenzando su carrera y fue perseguido. Y otra cosa: cuando se lo llevaron nadie sabía que estaba preso. Una vecina vio cuando lo fueron a buscar. Después él cambió mucho. En la huelga de 1980, estaba en el sindicato y dijo: "El que quiera trabajar, que trabaje, y el que no quiere…". Fue muy franco.

Mi madre estaba preocupada. Lógico. Cuando Lula estaba metido en el asunto de las huelgas se volvía loca. Decía: "Me cansé de aconsejarlo, pero no hay vuelta que darle". Yo la calmaba: "Ahora que está metido en el asunto, debe saber lo que está haciendo. De lo que estoy seguro es que no está solo".

Lula ayuda a Jaime

No hay diferencia entre ser o no hermano de Lula. No me trae problemas ni cambió en nada mi vida. Cuando mi mujer se enfermó, Lula mandó ambulancia, enfermera y médico. Tenía un problema en la cabeza, la internaron tres veces. Lula le brindó asistencia total, de eso no me puedo quejar. La primera vez me llamaron al trabajo para avisarme que mi mujer no estaba bien. Lo llamé a Lula al sindicato. No hubo más remedio que internarla. No reconocía. La segunda vez fue de noche. Cuando está así yo me doy cuenta. Ella trata de ocultarlo pero yo lo noto, la mirada es diferente. Fui a la sa-

la de primeros auxilios. Cuando llegas ahí y te mandan a la calle Prates, puedes tener la seguridad de que es para internación. En ese lugar sólo hay locos. Es la única posibilidad, los médicos son psiquia-
tras. Yo pedí que la llevaran al Palmares, en Santo André. Hoy ese
hospital ya no existe. Volvió a caer: ¡Otra vez Palmares! Después, de
nuevo enferma, y yo pensaba: "¿Dios mío, qué voy a hacer?". Mis hijos no querían que la volvieran a internar. ¿Sabes quién la curó? El
padre Beno, de la iglesia São João Clímaco. Él vino, se sentó, la miró y le hizo la receta. Cualquier remedio que recete el padre Beno,
las farmacias te lo entregan aunque la receta esté escrita en papel de
cigarrillos, no importa de dónde seas. Nunca más tuvo una crisis.
Nunca más. Desde entonces se mejoró y se encarga de la casa.

Mi "vieja" es de aquí de San Pablo. Se crió en Palmital pero nació en Pederneiras.

Gracias a Dios, todo está en paz. Inmejorable. Estoy casado hace 33 años.

Vila Carioca

En aquella época había sólo barro. Yo venía de la calle Álvaro
Frangoso hasta Sacomã. Iba con los zapatos en la mano… zapatos…
si se les podía llamar zapatos. Llegaba a Sacomã, me lavaba los pies
en un charco. Después tomaba uno de aquellos tranvías abiertos, en
la calle Cruzeiro do Sul. Trabajaba en una fábrica de coladores que
estaba en la Cruzeiro do Sul y que después se mudó a la Parada de
Taipas. Yo andaba en el ómnibus de mameluco. Porque tomaba el
tranvía y después el ómnibus, para ahorrar dinero para casarme. Y
hasta era mejor porque, lleno de aserrín, nadie se sentaba a mi lado
[se ríe]. Caminaba unos veinte minutos por la Vila Carioca después
que me bajaba en la calle Cantareira y andaba a pie veinte minutos
más para llegar a la empresa. Y eso cuando tenía dinero. Cuando no
tenía, me bajaba en el parque Don Pedro y subía a pie. ¡Estaba loco!

De vez en cuando viajaba en el tranvía sin pagar. Pero el cobrador le ponía el pie a uno. Si lo descubría, uno se rompía el cuello. Si
se acercaba el cobrador y uno no tenía dinero, "pum", saltaba. Pero
uno ya quedaba marcado, dos o tres veces y ya quedaba marcado.
Un día el cobrador me iba a poner el pie cuando estaba por saltar del

tranvía… si lo hubiese conseguido, yo ya era cadáver. Y me dije "¿Qué es esto?". Entonces a veces, para no tomar dos transportes, yo caminaba de la Cruzeiro do Sul hasta el Parque Dom Pedro para tomar el ómnibus. Qué vida…

¡Cuántas veces me quedaba una semana entera en Mauá, en la empresa, porque no tenía dinero para transporte! Hasta ahora me arrepiento: vendí el mejor reloj que tuve para pagar los pasajes. Lo vendí por 150 mil-réis.

La fiesta de casamiento de Jaime

Cuando mi madre me dijo: "No te vas a casar el sábado", le respondí "Sí, me caso". Le di once cruzeiros, 11.000 réis. Compré dos barriles de cerveza ¡y fue una señora fiesta!

Maria: Había menú salado y dulce. Vavá también hizo fiesta para su casamiento.

Jaime: Y pusieron aquella música *"pisa na fulô. Pisa na fulô…"*. Lo primero que hizo Vavá fue mandar a poner esa música.

Maria: Para el casamiento de Ziza también hubo fiesta. Lula y yo hicimos fiesta sólo para la familia. En el casamiento de Lula había torta y dulces.

Jaime: Yo hice fiesta porque en aquel momento se podía, hoy en día… Al casamiento de Lula no fui. A la que veo siempre es a doña Ermínia, apoyada en un bastoncito.

Ahora vivo en Jardim Maristela, en San Pablo.

Víboras

¡A nuestra casa en el Norte venía una víbora! Tenía el pecho blanco. Cuando una mujer está amamantando ella pone la cola en la boca del bebé y este chupa. Es una víbora que tiene esa maña. Y hasta que no la matábamos no estábamos tranquilos. ¡Y, sí, había que matarla! Me parece que no era venenosa, eso decía mi madre. No sé si era cierto.

Trabajé en un terreno en Bertioga. Dormía en un rancho con techo de paja. De noche se veía como pasaban por encima y por adentro del techo. Y yo era chico. Era cuando mi madre ya se había separado. Yo hacía carbón en Bertioga. En el campo, la yarará pía como un pollito.

San Pablo tenía corazón

"Para uno que no conocía, San Pablo tenía corazón. Pero conmigo no fue piadoso. Conmigo no tuvo piedad. Hasta ahora no conseguí nada en este San Pablo. La verdad es esa. Y yo siempre trabajé, trabajé como un burro. Trabajé 43 años sin parar. Tuve vacaciones en Santos una vez. No había sábado, ni domingo, ni nada; un día detrás del otro. En la Lafer el horario era de las 7 a las 10 sin parar, sábado, domingo, Viernes Santo, Navidad, Año Nuevo, no había, no había descanso. Y no logré nada hasta ahora. Logré mantener mi salud.

Extraños artefactos

¡Ave María, Dios mío! Si cuento, se van a reír. El día que llegué a Vicente de Carvalho y bajamos del barco dije: "¡Ave María!" cuando vi un altoparlante. Recuerdo hasta el nombre, se llamaba Altoparlante Guaraní. Estaba amplificando la transmisión del partido de la Selección Brasileña contra Uruguay. Era en 1950. Yo vi aquello hablando allá arriba encima de un edificio y dije: "¿Qué diablos es eso, Dios mío?". Me asusté de verdad. La verdad es esa. Nunca había visto…

Después fue el barco. ¡Ave María! Aquello era… Y justamente fui a trabajar en la construcción del barco en el astillero. Trabajé algo más de dos años con unos españoles. Ellos estaban contratados y yo como peón.

Cuando llegó toda la familia

Cuando llegó toda la familia yo estaba sentado en un tronco. Había terminado el día de trabajo y me había sentado allí. En eso llegó el "viejo" y dijo: "Vino toda la familia". A Marinete no la reconocí. No conseguí reconocerla. Cuando la dejé era una pequeña; las mujeres siempre crecen más rápido que los varones, es así. Después de dos años no la reconocí.

El "viejo" no sabía que yo les había escrito. No sabía nada. Hasta hoy. Bajó mi madre y después Maria, Marinete, Vavá y Frei Chico, Lula, Zé, Tiana… tío Odorico, Laura. Bajó toda la raza y yo dije: ¡Ya está! Nos fuimos a vivir a una casa en la calle Zé Lima.

Travesuras en Santos

Me acuerdo de una vez que fuimos a robar bananas. A Geraldo Cazuzinha le faltaba una pierna y ¡Ave María! cuando llegamos a la chacra de la viuda Conde los guardias nos corrieron. Y Geraldo, aunque le faltara una pierna, corrió más que todos. Se le sanó la pierna al instante [ríe]. Fue en Vicente de Carvalho. En aquella época Lula era muy chico.

Aristides una vez más

Tenía una ignorancia proverbial. No podía conversar sobre nada. Lo que sabía era… hablar a los gritos. No conocía otra forma.

Un día me tiró una guadaña al cuello por causa de un cigarrillo. Si me hubiera acertado con la guadaña me habría degollado. Por un cigarrillo. No quería que fumara. Yo iba yendo adelante y él detrás, vio el humo del cigarrillo. Íbamos a cortar leña y ¡zaz! [hace un gesto con la mano, mostrando cómo su padre le habría lanzado la hoz]. Yo era menor, tendría unos 16, 17 años. Si llegaba a acertarme con la guadaña, mi pescuezo estaba allá en la… Si hubiese sido ahora, me agarra. Pero en ese tiempo, saltando, yo era un gato. De no ser así…

Fui a cortar madera con Lula, allá en Santos, y él se cayó encima

313

de un facón. Se hizo un corte tremendo. Mi finada madre lo levantó y lo llevó a la Santa Casa. Cuando llegó mi "querido" padre, se enojó con la "vieja". Le dijo que no debería haberlo llevado. Fue un corte feo, feo. Estábamos juntos, él tenía unos siete u ocho años.

Más tarde Zinho, cuando pretendía a Marinete, quiso hablar con él. Y mi padre: "¡En mi casa ese no entra!". Cuando llegó Zinho, él estaba en cuclillas lavándose los pies. Zinho se acercó, se quedó cerca de él y el "viejo" no dijo nada. Pero después la quería golpear a Marinete. Tenía una "valentía" impresionante...

Y recuerdo que una vez, en la barca de Santos, él insultó a un muchacho. El chico lo enfrentó, y mi padre se hizo humo al instante... Sólo se hacía el valiente con los hijos.

En 1963, época de un frío terrible, fue cuando la echó a Mocita. Fuimos allá con el tío José para pedirle que la dejara volver. Él fue enseguida a agarrar la escopeta para tirar. Yo le dije: "No, tío, usted no lo va a conseguir a la fuerza, no puede ser a la fuerza, no quiere aceptar". Yo conocía al comisario, fui a verlo y al instante mandó un guardia. Cuando llegó, ¿piensas que estaba en la casa? Él ya se había ido. No quería conversar, pero tío José se le fue encima y él fue al armario a buscar la escopeta. El tío José forcejeó y le pedí que no lo hiciera, que nos fuéramos. Fui a hablar con el comisario: "Si es pecado, que Dios me perdone. Pero usted lo mete en el calabozo, unos tres días, no precisa pegarle ni atormentarlo, sólo para que aprenda". Eso fue lo que le dije. Hablé sin vergüenza, ya estaba casado, seguro de mí mismo

¿Por qué la echó a Mocita? La persona, cuando es un mal bicho, puede estar muerto que lo voy a seguir llamando mal bicho.

Y dime: ¿por qué Cazuzinha le clavó aquel facón en la espalda? Por causa de la ignorancia de él.

Maria: Fue ignorancia. Perdió el pulmón, ¿no?

Jaime: ¡Le dio una cuchillada! ¿Has visto esos cuchillos para cortar el pasto de la Intendencia, esos curvos? [**Maria:** Un compadre le hizo eso. Por la ignorancia de mi padre.]

Cuando lo supe, yo ya vivía aquí, fui a la Santa Casa a visitarlo. No murió porque tuvo suerte. [**Maria:** Los dos, mi padre y el compadre, estaban en un bar. Un bar allí en la esquina.]

314

La persona, cuando es ignorante, puede ser lo que fuere, que no hay nada que hacer. El "viejo" era el fin del mundo. Mi padre era así. A los otros, a los de afuera, él los trataba bien, pero a los hijos...

Maria: Cuando nos abrimos de él, yo tenía mucho contacto con mi padre. Iba allá a verlo. Me quería mucho, a Tiana también, pero ella no lo quería. Vavá también iba. Cuando murió la mujer de Lula, Zé, mi hermano, lo fue a buscar.

Jaime: ¿Qué pasó cuando el "viejo" llegó aquí?

Maria: Hubo mucho lío, mi madre se metió en la casa.

Jaime: Y no lo dejó entrar en la cocina.

Maria: Sé que mi madre entró en mi cuarto y no salió hasta que él se fue.

Jaime: No sé para qué Zé lo fue a buscar, mi padre ni conocía a la mujer de Lula. No conocía a nadie. Insistió en ir a la casa del tío Antônio, en Vila Carioca. Dijo: "Voy allá a buscar unas ropas y vuelvo". Y ahí "chau", nunca más apareció.

Maria: Él vino y se fue al otro día. Mi madre no lo quiso ver, y la tía Eronice tampoco. Antes del entierro de Lurdes ya se había ido. Mi madre se escondió en el cuarto y salió de allí sólo cuando él se fue. Nunca más habló con él después que se separó.

Jaime: A las mujeres de antes, después que el marido las dejaba, no se las podía convencer de que volvieran porque no volvían. Ya había criado a todos los hijos.

Aristides y la política

Mi padre no hablaba de política, soy sincero. El tipo no entendía nada. Algo habrá hablado. Pero nunca creí, repito, no creo que el "viejo" hablase de política.

315

Mira, él delante nuestro era una cosa, por atrás era otra. Yo no lo creo. Eso no lo creo, de verdad.

Maria: Él no hablaba, no. Mi padre no hablaba.

Obedeciendo a Lindu

Jaime: A la "vieja" siempre la tratamos muy bien. Como pobres, siempre como pobres, pero la respetamos mucho.

Yo planeé una vez viajar a Rio Claro, me acuerdo como si fuera hoy, para vender bizcochos. Era un muchachito, tenía 18 años. Cuando volví me preguntó: "¿Y el dinero?". Le dije: "Mira, mamá, me lo gasté todo en farra". Y ella: "No vas a poder viajar más, hijo, porque te tienes que hacer cargo de la casa. Esto así no va". Y no viajé más, se acabó. Tuve que trabajar allí.

Deseo insatisfecho

Mi intención nunca fue ser un empleado, pero infelizmente jamás tuve apoyo. Yo quería cualquier cosa, menos marcar la entrada y la salida. Pero jamás tuve la ayuda de mi padre. De la de mis hermanos nada puedo decir porque ellos no podían ayudarme. Pero en aquella época, si mi padre me hubiese apoyado un poquito no estaría trabajando bajo patrón. Quiero decir, ahora ya no ficho más.

Está todo dicho

Esto es todo lo que te puedo decir, y está dicho. De lo que pude recordar, es lógico ¿no? Después de treinta y tantos años de haberme casado, hay cosas que no podría recordar porque no participé.

La mayor alegría que tengo con mi familia es cuando nos encontramos. Gracias a Dios nuestra convivencia siempre fue buena.

Una mujer, dos nombres
- TIANA -

"Allá en casa todos me llaman Tiana, no Ruth. Yo sólo usaba mi nombre de bautismo. Fue mi madre la que me puso Sebastiana. Cuando llegamos a Santos y me fueron a anotar, la funcionaria dijo que mi nombre era muy feo y me puso Ruth. Mi madre aceptó. Por eso tengo esos dos nombres."

"Nosotros le llevábamos revistas a mi madre, Lula salía en las revistas en aquella época de la gran huelga. Ella decía: '¡Dios mío! ¿De qué manera va a resolver todo esto? ¡Debe haber un ángel de la guarda cerca de él!'. Porque tenía miedo de que lo mataran."

"¿Qué diría mi madre si supiese que Lula llegó hoy hasta donde está? Diría que es un macho cabrío."

Doble identidad[1]

Allá en casa todos me llaman Tiana, no Ruth. Yo sólo usaba mi nombre de bautismo. Fue mi madre la que me puso Sebastiana. Cuando llegamos a Santos y me fueron a anotar, la funcionaria dijo que mi nombre era muy feo y me puso Ruth. Mi madre aceptó. Por eso tengo esos dos nombres. La mujer del Registro Civil se llamaba Ruth. Ella dijo: "Una niña tan bonita –porque dicen que yo era bonita cuando era pequeña– ¡con ese nombre!". Ya me acostumbré a tener los dos. Pero la gente de casa me llama Tiana y nada más. Para mi marido y mi hijo, siempre fui Tiana. Pero uno tiene que dar el nombre que está en los documentos ¿no? A veces le preguntan a alguno de la familia por Ruth, y hasta a los primos; ninguno sabe quién es.

[1] Esta entrevista con Tiana se realizó en su casa el día 21 de abril de 1994.

Costumbre pernambucana

Cuando vinimos de Santos yo tenía cinco o seis años. Vinimos a vivir a San Pablo. Vivíamos en el fondo de la casa de un primo nuestro que tenía un bar. Estuvimos allí varios años. Me parece que no pagábamos alquiler. Porque las familias pernambucanas tienen esa costumbre, esa virtud de dar siempre una manito, de recibir a la gente para ayudar.

Después nos mudamos para la calle Auriverde, en Vila Carioca. Pasamos allí siete años. Lula y yo pasamos prácticamente toda nuestra infancia allí. Jugábamos. Lula tenía amigos, jugaba al fútbol de potrero. Los sábados y domingos se llenaba de amigos que venían a buscarlo.

Trabajo infantil

Estaba doña Marina, que era japonesa. Eran tintoreros. Yo también ayudaba a entregar ropa. Y Lula trabajó bastante tiempo como tintorero.

La diversión de Lula era jugar a la pelota. Mis hermanas eran mayores. Una trabajaba en un consultorio médico, la otra ya estaba casada. Maria trabajó más de siete años como enfermera en una clínica. Era una clínica general, el médico atendía de todo. Quedaba allí mismo, en Vila Carioca. Maria empezó sin saber nada y fue aprendiendo. Y era muy procurada, si hubiese podido estudiar habría sido una buena enfermera. Hasta hoy, cuando alguien tiene que aplicarse una inyección la llama a ella. Habría sido una gran enfermera si hubiese podido estudiar. Después que se casó no trabajó más. Antes vivíamos cerca.

Durante un tiempo, de los once a los trece años, trabajé con el doctor Raul Absanra, que era el médico de aquella clínica general. Cuidaba a su hija. Infelizmente, él ya falleció, pero la hija y la esposa viven. Cuidaba a la hija, que se llama Ismênia, dicen que ahora es médica pediatra. Ella tenía un problema en la pierna y yo la ayudaba. Yo iba por la mañana, a la tarde iba a la escuela. Jugaba con la niña, era niñera.

318

Estudiar para entender esta vida loca

Yo no trabajaba como empleada doméstica, sólo mis hermanas. Yo tampoco tuve la suerte de continuar los estudios, fui sólo hasta el cuarto año del secundario. Creo que mis hermanas estudiaron menos. Yo no seguí estudiando porque en aquella época nos criaban pensando más en el casamiento. La cabeza de uno funcionaba un poco de esa forma. A lo mejor fue falta de interés de mi parte, si fuese ahora... Por eso yo les insisto a mis hijos para que estudien, porque para entender esta vida loca hay que estudiar un poquito. Y también para el trabajo, ¿no es así? Para estar al tanto de la situación financiera... Pero no creo que el estudio sea todo. Creo que tiene mucho que ver con la cabeza que uno tenga.

Lula, ¿genio?

Lula no estudió en la facultad. Pero pienso que es un genio. Llegar a donde llegó con la instrucción que tiene... Me parece que tiene una inteligencia superior, para poder comprender la locura de la política se precisa mucha inteligencia. No es un curso universitario el que va a hacer inteligente a alguien. Le puede ofrecer experiencia para que la persona se exprese mejor, pero la inteligencia y la experiencia se adquieren con el tiempo.

Lula llegó donde llegó porque creo que eso ya era parte de su vida. Comenzó por intermedio del sindicato. Hizo una buena administración del sindicato, si conversaras con personas de aquella época, lo comprobarías... Por ahí pasó todo, ¿no? Y él llegó a donde está hoy. Se lo merece. No llegó pasando por encima de los otros en su propio beneficio. Uno que está más cerca tiene esa convicción.

Cuando era chico yo no pensaba que él pudiese tener una inteligencia especial. Me parecía que era común, nada de extraordinario. Nunca esperé que llegara donde llegó. Pero para mí es normal tener un hermano así, no modifica en nada mi vida. Yo hago mi vida aparte con mi familia. Y uno le da todo el apoyo, lógico.

Cuando dicen mentiras –algunos candidatos quieren ensuciarlo e inventan mentiras– uno se siente herido, ¿no es así? Uno sabe que no es verdad. Mi preocupación es que, si llega a ser presidente, le va a resultar muy difícil porque tiene muchos en contra. Lamentablemente la gente no admite que él sea presidente. Le critican que no tenga estudios, que no haya hecho la universidad, que sea pobre. ¿Un obrero llegar a ser presidente? Es muy difícil ¿no? Con la mentalidad de las elites...

Recuerdos de Aristides

No conviví con mi padre. Sé que tenía otra familia en Santos, vivíamos cerca. Recuerdos de él, digamos... buenos, no tengo.

Nosotros tenemos hermanos de la misma edad, incluso yo tengo un hermano de mi misma edad: Rubens, de su otra pareja.

No llegué a conocer a mis abuelos del Nordeste. Ni a la prima de mi madre que se casó con mi papá. De los hijos que tuvo con doña Mocita conozco sólo a dos: a Rubens y a Jacsom, que estuvo un día en la casa de Vavá. Mi padre tuvo más o menos 22 hijos.

Protección, adopción

Una vez Zé Cuia, mi hermano mayor, se fue a Santos y lo trajo a Rubens a mi casa; ese hermano mío era muy maltratado. Lo trajo a casa y mi mamá lo aceptó. Mi mamá lo acogió como si hubiera sido uno de nosotros. Intentó cuidarlo, se quedó casi un año con nosotros. Íbamos juntos a la escuela. En aquella época yo tenía entre once y trece años. Vivíamos en Vila Carioca.

Mi padre maltrataba mucho a Rubens. A Zé Cuia le dio pena y lo trajo a vivir junto a nosotros. Y mi madre aceptó. Me pareció muy lindo lo que hizo mi mamá. Ella, a pesar de ser una persona sin preparación, no se comportó como suele comportarse un ignorante. Y lo recibió. Lo cuidó, lo trató bien. Incluso porque llegó muy lastimado; ella lo curó.

Mi padre bebía. En realidad, todo lo que sé es lo que cuentan los otros, porque yo conviví muy poco con él. De la convivencia con él no me acuerdo, yo era muy pequeñita.

Después Rubens acabó yéndose de nuestra casa por propia voluntad. Comenzó a faltar a la escuela... Estaba tan acostumbrado a vivir una vida medio… bueno, más libre que la de la rutina familiar, aquella rutina de ir a la escuela, de tener horario para todo… Se quiso ir, mi hermano lo llevó de vuelta. Ahora está casado, tiene un hijo. No hace muchos años fue a la casa de Vavá y estuvo aquí en mi casa. Pero hace muchos años que no lo veo.

Estuve muchos años sin ver a mi padre. Creo que tenía doce años cuando fuimos a Santos a visitarlo. Mi mamá se separó de él cuando yo tenía cinco años. Recuerdo que vivíamos en una calle y él vivía en otra. Desde el día en que se separó de él, simplemente no lo quiso ver más. No le guardaba rencor. Siempre nos aconsejaba que lo fuésemos a ver. Nunca nos prohibió ir a verlo y siempre decía que si un día él nos precisaba lo teníamos que ayudar. Ella no era una persona de guardar rencor, aun con lo que había pasado. Tanto es así que aceptó al hijo de él y lo cuidó como a uno de nosotros.

Lindu recibe una nueva propuesta de casamiento

Ella nunca se quiso casar de nuevo, nunca tuvo otro. En un tiempo hasta tuvo un pretendiente, el dueño de la casa donde vivíamos. Cuando iba a cobrar el alquiler, el dueño siempre le hacía una propuesta. Pero ella nunca quiso saber nada. Me parece que era propuesta de casamiento, o algo por el estilo. Hasta nosotros nos reíamos con ella, le hacíamos bromas con el tema. Pero no quería de ninguna forma. Después de que se separó de mi padre, su vida fuimos nosotros. Y nada más. Eso fue en Vila Carioca. Pero fue una historia divertida. Si hubiera aceptado la propuesta del propietario habría tenido su casa, algo que nunca consiguió. Ahora que pienso en eso, a veces lo comentamos. No me acuerdo más del nombre de él… No tenía mucho dinero, pero tenía una casa. Y para nuestra forma de ver, en aquella época al que tenía una casa se lo consideraba una persona de buen pasar. Era viudo. Vivimos en esa casa unos siete años. Ahora esa casa es de una prima nuestra. Cuando la iba a vender, el dueño le propuso a mi madre que la comprara. Como no teníamos dinero, quien la compró fue mi prima. Queda en la calle Auriverde 1156. Ella todavía vive allí.

¿Cómo era Lindu?

Mi mamá era una persona sencilla, calma, pasiva. Aceptaba las cosas con resignación. Mi hermana dice que hasta me parezco un poco a ella... [llora].

Ella pasó. Nos crió como podía criarnos una mujer pobre, pero nos dio la educación necesaria. Yo la admiro mucho. Fue fuerte. Nunca tuvo instrucción. Para hacer lo que hizo, separarse de mi padre con todos los hijos pequeños... Pienso que eso es muy difícil, aún hoy. Y nosotros éramos ocho. Fue un paso muy grande. Son pocas las mujeres que consiguen hacerlo. Y criar a todo el mundo como lo hizo: nos dio educación, hizo de todos nosotros personas dignas, sencillas pero honestas. Nunca ninguno dio problemas. Todos trabajaron enseguida. Mi hermano mayor, Zé, a los ocho años ya trabajaba. Trabajaba con carbón. Nos divertíamos con él, llegaba a casa todo negrito. Todos trabajaron de chicos, Lula también.

Llega la enfermedad

La admiro mucho, mi mamá fue una excelente mujer. Excelente madre, nos ayudó siempre.

Falleció a los 64 años. Tenía cáncer de útero. Cuando se lo diagnosticaron la operaron, pero no pudieron hacer nada. Abrieron, pero ya estaba muy avanzado. Llamaron a todos mis hermanos, a Lula también, para que dieran el permiso para operarla. La operaron, pero no había nada que hacer. El médico abrió pero no le sacó el útero, no valía la pena, dijo que se había extendido mucho (el tumor). Aun así, ella vivió unos tres años más.

Esos últimos tres años vivió a fuerza de remedios, yendo al hospital, con internaciones, todo eso. Teníamos un médico en Santo Amaro que la atendía en forma particular, Lula pagaba los honorarios de las consultas. Y cuando necesitaba internación, el médico la atendía por el INPS –Instituto Nacional de Previsión Social– en la Beneficencia Portuguesa de São Caetano. Nosotros comprábamos los remedios, o los compraba ella misma. Mi madre recibía también una jubilación. Estaba jubilada por edad, no era una pensión de mi padre. Mi madre no llegó a trabajar con libreta de trabajo. Para afuera sólo trabajó lavando ropa.

No sabía que tenía cáncer. Tenía la esperanza de mejorarse. Cuando estuvo enferma se quedaba en mi casa y en la de Maria. Se quedaba unos quince días en casa, después una semana en la casa de Maria, pero estaba más tiempo en mi casa. Sólo que, en el período de la enfermedad, prefería estar más tiempo en lo de Maria; creo que por el hecho de que era enfermera, y yo vivía lejos, no tenía auto. En la última fase de la enfermedad estaba más en la casa de Maria, pero cuando se sentía mejor se quedaba en mi casa. A veces también pasaba unos días en lo de Frei Chico, a veces en lo de Vavá.

Mi madre fue una mujer con tanto coraje que hasta en vísperas de su muerte sonreía, bromeaba con nosotros, en la habitación le contaba chistes a mi marido y a otras personas que la visitaban. Eran las últimas horas de su vida y contaba chistes. Me acuerdo muy bien de eso.

Algunas veces el aniversario de su fallecimiento cae en el Día de la Madre. Murió el 12 de mayo de 1980. Un lunes, a las 11 de la mañana, al día siguiente del Día de la Madre. Para ese entonces nosotros ya sabíamos que estaba muy mal, hasta habían autorizado a sacarle la medicación, y fuimos a verla al hospital. Como era el Día de la Madre, dejaban entrar a la gente al hospital. Incluso habían venido unos vecinos con nosotros. Y ella allí, con tanta gente, en las últimas horas, contando chistes. Yo me vine y mi sobrina pasó la noche con ella. Mi cuñada, la esposa de mi hermano Zé Cuia, había ido a pasar el día con ella cuando falleció. Estaba lúcida.

Cuenta mi sobrina que el día que falleció, a las 5 de la mañana fue caminando sola al baño. No quería que la ayudara a sostenerse. Fue hasta el baño apoyándose, sola. Si sufría dolores, no lo demostraba. Era de esas mujeres que no reclaman por nada.

El cáncer desgasta a la persona, se va muriendo de a poquito. No hay forma de retenerla, se va yendo. Y en ese caso, ella estaba creída de que se iba a curar. Me parece que es peor; hoy las personas saben lo que tienen.

La muerte de ella fue muy dura. Todos la estábamos esperando, todo el mundo sabía. Pero la muerte es ingrata... Lula estaba preso cuando ella se murió. Unos quince días antes de que la internaran le dieron permiso a Lula para ir a visitarla. Mamá estaba en la casa de

Maria. Pasados unos días se internó para ya nunca más salir del hospital.

Lindu: miedo de que matasen a Lula

Le llevábamos revistas a mi madre, Lula salía en las revistas en aquella época de la gran huelga. Ella sólo decía: "¡Dios mío! ¿De qué manera va a resolver todo esto? ¡Debe haber un ángel de la guarda cerca de él!". Porque tenía miedo de que lo mataran, pero lo superó bien. Era la época de la dictadura. Hoy en día puedes decir todo lo que sientes al respecto del presidente, al respecto de lo que pasa. En aquel tiempo, no. Ella estaba con ese temor. No se conformaba. Hasta los médicos bromeaban con ella cuando leía las revistas. Pero se murió preocupada.

No recuerdo que pusiese objeciones cuando Lula entró en el sindicato. Tuvo verdaderamente miedo cuando él empezó a hacer política, en aquella época de la huelga, cuando lo metieron preso... Le debe haber dolido mucho. Y estaba preso, no por hacer algo equivocado, sino simplemente luchando por la causa de muchos... Pero hay mucha gente de la familia que no aprueba la participación en un sindicato, estar en política.

En la época del sindicato Lula hizo una muy buena administración. Consiguió muchas de las reivindicaciones que el pueblo reclamaba hacía tiempo. El sindicato tomó fuerza de 1980 para acá.

Mi madre demostraba el orgullo que sentía por Lula. Pero habría sentido orgullo aunque no hubiese hecho todo eso. Ella trataba por igual a todos los hijos. Tal vez estuviese más apegada a él y a mí porque éramos los menores. Fuimos los últimos que nos casamos. Los otros se iban casando, se iban alejando. Ya no era la convivencia cotidiana. Pero los de la familia siempre nos estamos viendo.

El casamiento de Tiana

Después de que Lula se casó con Lurdes, mi mamá y yo vivimos solas un tiempo. Vivíamos en Paulicéia. Yo trabajaba en la cartonería de la Lorenzetti. En el taller de cartonería están las máquinas que ponen grampas a las cajas. La caja venía cortada y uno la montaba y le ponía las grampas. Fue mi primer trabajo en una empresa. Trabajé allí durante cinco años. De ahí me despidieron. Después trabajé en otras empresas por poco tiempo. Fue entonces cuando Lula enviudó y mi marido y yo decidimos casarnos. Yo no trabajé más.

Vivimos con Lula unos tres meses y enseguida fijé fecha de casamiento. Mi madre y yo vivimos con él. Vino también Frei Chico a vivir con nosotros. Después que me casé, Frei Chico siguió viviendo con Lula.

Adolescencia: bailes, amigos, novios

Nuestra adolescencia fue un período agradable. Nos mudamos de Vila Carioca cuando yo tenía entonces trece años –hay cinco años de diferencia entre nosotros dos– y Lula 17 para 18. Fuimos a vivir a unas casitas y allí conocimos a doña Ermínia, que vino a ser su primera suegra. El marido, don João, ya había fallecido. Allí nos hicimos amigos de los hijos de doña Ermínia, una amistad maravillosa. Era en el barrio Arapuá, en el límite de São João Clímaco con São Caetano. Nos habíamos hecho amigos y salíamos juntos.

Lula no era de andar de novio. La primera novia, que yo sepa, algo serio, fue Lurdes. Era hija de doña Ermínia y era dos años mayor que yo. Estaban los hermanos de ella: Jacinto, al que le decimos Lambari, Toninho y Zezinho, el benjamín.

Era un placer. En esa época había bailes en casas de familia. Cuando alguien cumplía años, se hacía un baile el domingo por la tarde. También había una salita familiar donde bailábamos. Bailes, bailes con discos. En aquella época estaban de moda Ray Conniff, Carlos Alberto, también Roberto Carlos. Bebíamos gaseosas.

Cuando no teníamos invitación para un baile nos quedábamos en lo de doña Ermínia escuchando música o algo por el estilo… A veces bebíamos *caipirinha*. Era muy linda nuestra amistad, hacíamos programa todos juntos. Había un japonés llamado Olavo que salía con nosotros. A veces hacíamos bailes en su casa. Fuera de esto estaba el baile en Vila São José, desde las 10 hasta las 4 de la mañana. Era allí en São Caetano donde vive Frei Chico. Íbamos Lula, Lurdes, Jacinto y yo. Yo tenía unos catorce años y me dejaban ir porque Lula venía con nosotros. Era un grupito de cinco o seis, iban los vecinos. Lula no se enojaba si yo bailaba con alguien, siempre fue compinche. Siempre amigos, nunca me importunaba mucho. El que me controlaba más era Frei Chico. Era un buen grupito. Y en esos bailes en casa de familia siempre estábamos los mismos. No había maldad como hay hoy.

De vez en cuando íbamos al cine. Pero más a aquellos bailes. Lula tenía 18 ó 19 años; ya había terminado de estudiar en el Senai y trabajaba. Cuando se casó tenía 21.

El primer casamiento de Lula

La fiesta de casamiento fue muy linda, porque Lurdes y yo éramos amigas, además de todo. Lula fue mucho tiempo amigo de Lurdes, muchos años sin ser novios. Era verdaderamente amistad, y de repente empezaron el noviazgo. Éramos amigas de ir a comprar zapatos juntas, comprar ropa juntas, nos vestíamos... Había mucha amistad.

Los dos decidieron casarse. La fiesta fue en mi casa. En aquella época vivíamos en la Paulicéia. Hicimos papas, pan, unos sándwichs. Había también una torta. La madre de Lurdes mandó a hacer la torta. Fue una fiesta sencilla, sólo estuvieron los más conocidos. Algo muy íntimo, pero con las familias de todos los hermanos terminó haciéndose algo grande. Lurdes estaba muy bonita. Fue una unión en la que todo estaba dado para fuesen felices. Y ellos vivían muy bien.

Lazos afectivos y ayuda

Después de que se casaron, cuando no iban a almorzar a casa el domingo, íbamos mi madre y yo a almorzar allá. Inclusive después de casado nunca dejó ayudarnos a mamá y a mí. Yo ganaba poco en mi empleo, y no alcanzaba para sostener la casa... Porque teníamos que pagar alquiler. Arreglamos de esta forma: cada uno daba un poquito por mes para ayudar con los gastos, Unos daban, otros no podían. Pero las partes de Lula y Frei Chico nunca faltaban. En aquella época Lula trabajaba en la Villares. Cuando no podía venir, le pedía a algún amigo que nos entregara el dinero. Él estaba siempre atento por si necesitábamos algo. Ya me había casado, y mi hija tuvo que hacerse una transfusión de sangre y Lula puso el dinero, yo después se lo devolví. Él siempre estuvo cerca para ayudar. Es más, todos en la familia somos así. Bromeamos con Vavá, porque parece un asistente social. Todos nosotros tenemos un poco de asistente social.

Creo que en eso salimos a mi madre. Ella siempre tuvo muchas amistades. Si les preguntases a los vecinos de Vila Carioca: "¿Conoce a doña Lindu?", podrías confirmar que la imagen que tienen de ella es la de una persona siempre solidaria, si un vecino precisaba algo... Por eso éramos bien conocidos en Vila Carioca.

Yo fui la hija que estuvo más tiempo con mi madre. Después de que Lula se casó, estuve dos años más con ella.

Vidita

Nuestra rutina era esa, ¿sabes? Lula estudiaba en el Senai. Vivíamos como viven todos los pobres. Yo iba a la escuela, hacía las tareas de la casa. Yo tenía mis amigos y él los de él. En esa época, la verdadera diversión de Lula era jugar a la pelota, era el fútbol.

Vivíamos así. Había unos tíos que vivían en el fondo de nuestra casa, habían llegado del Nordeste. El tío Dorico y otro más. En Vila Carioca muchos tíos nuestros vivían cerca. A veces, al caer la tarde, la reunión era en mi casa. El tío Dorico salía del trabajo e iba allá a conversar. El tío Zé Rádio también venía, él trabajaba como custodia en una empresa. Estaba también mi tío Dédi. Nos reuníamos, conversábamos. Era una vidita común. Una vida simple.

Más tarde, cuando Lula se casó, mi madre y yo íbamos con frecuencia a su casa.

Lurdes muere prematuramente

La muerte de Lurdes fue algo muy desagradable. Fue muy repentina. Ella estaba embarazada; estaban refaccionando una casa en Vila das Mercês que habían comprado para dejar de alquilar... Ella trabajaba en la reforma inclusive embarazada.

327

La muerte de Lurdes, si lo pienso hoy, diría que fue consecuencia de no tener un diagnóstico a tiempo... Porque al estar embarazada y con síntomas de hepatitis, creo que el médico demoró mucho para diagnosticar. La enfermedad avanzó a un punto que... Ella murió de repente. Estuvo enferma unos quince días, no podía trabajar más. Fue un jueves cuando mi madre y yo fuimos a verla. Mamá se asustó de su estado, estaba muy grave. Sin embargo conversó con nosotras... Estaba en la casa de su madre y nos pidió que fuéramos hasta su casa, que estaba cerca, a bajar del árbol unas papayas maduras.

Mi madre se quedó preocupada, dijo: "¡Virgen Santa, Lurdes está muy mal!". Y le dijo a doña Ermínia: "Creo que Lurdes está muy mal, hay que llevarla a otro médico". La llevaron al médico el sábado, creo que cuando empeoró. Fue al Hospital Modelo y quedó internada. El domingo a la noche Lula estaba con ella; estaba desesperada. Le pidió a Lula que hablara con el médico para hacerle una cesárea. El diagnóstico recién estuvo el lunes, cuando ella murió, decía que era hepatitis.

Pienso que si el diagnóstico hubiera estado a tiempo no habría muerto. Nos tomó a todos por sorpresa. Estuvimos muy angustiados. Yo lo sentí mucho, éramos muy amigas. Lula estaba desesperado. Para él fue un golpe muy duro. Porque él simplemente volvió a la casa para buscar la ropa del bebé para llevarla al otro día temprano. El médico había decidido hacerle una cesárea al otro día a la mañana. Lula llegó allá con la ropa del bebé y recibió la noticia de que habían muerto. Ella murió en la sala de parto. Llegó a tener el bebé.

Creo que el bebé se había contagiado la hepatitis, porque nació todo morado. Era un bebé perfecto. Iba a ser un hermoso varón. Era un niño con buen peso. Fue un shock para todo el mundo. Lula fue a llevar la ropa con tanto entusiasmo, no sabía que el caso era tan grave... Fue un shock grande para la familia, ella se llevaba muy bien con todos nosotros.

El bebé nació de color morado. Creo que se había contagiado la hepatitis La verdadera causa no la sé. No sé si hubo algún otro diagnóstico en el certificado de defunción. Lo que sé es que mi madre y yo fuimos al hospital...

Sé que para Lula fue un golpe tremendo... Ellos estaban consiguiendo la casa propia, la estaban reformando; de repente se enfer-

Una mujer, dos nombres

ma iy en menos de un mes se muere cuando esperaba un hijo! Él estaba tan contento con el hijo.

Lula entra en una depresión

Lula pasó mucho tiempo deprimido. Enseguida que Lurdes murió, llegó mi prima, que era dueña de la casa donde vivíamos: necesitaba la casa. Y nos mudamos a la casa de Lula. Fue difícil. De repente irnos a vivir a su casa… Mi madre y yo dormíamos en la cama de ellos y él dormía en la sala de estar. Fue un momento difícil para él. Pero Lula lo superó. Con dificultades y todo, pero lo superó.

Tiempo después conoció a Miriam Cordeiro y estuvo con ella un tiempo. Después se casó con Marisa.

Tuvo el entierro de la mujer y el hijo juntos. Estaba el cajón de los dos. En esa época los velorios no eran como ahora. Uno acababa trayendo el cuerpo para casa. Fueron velados allí, en la casa de Lula. Llegaron muchos conocidos, nuestra familia es enorme. Para la familia de ella también fue terrible, Lurdes era la única hija mujer de doña Ermínia. Fue difícil, fue un momento difícil. Tanto para Lula, que sufrió más, como para nosotros. No me acuerdo si ya habían elegido el nombre del niño. Lurdes y Lula se llevaban bien. Los dos trabajaban, él en la Villares y ella en una empresa en Ipiranga. El objetivo de Lurdes era tener la casa propia. Habían conseguido eso… y se querían. Ella era tranquila, era una persona muy serena. Era bonita, una morena muy bonita. Más alta que yo, más o menos de la altura de Lula. Era cariñosa con Lula, sentía cariño también por nosotras, por mi madre y por mí.

El casamiento con Marisa, la sencillez de Lula

El casamiento de Lula con Marisa fue por civil. Yo no fui, porque era un día de semana. Hubo un almuerzo, creo que sólo estuvieron mi madre y los padrinos. Nada ostentoso: fueron allá, se casaron e hicieron al almuerzo. No estuvieron mucho tiempo de novios.

Yo jugaba mucho con Lula, a veces peleábamos –éramos hermanos–, él tenía la manía de dejar las cosas por la mitad. Cosa bien de hombres, un poco distraído. ¿Qué puedo decir de él? Que es una persona sencilla.

Entre los Silva

Jaime es el hermano que viene menos a nuestra casa. Pero en la familia es así, siempre hay uno u otro hermano que uno ve con menos frecuencia. Veo más a Frei Chico, a Vavá, a Marinete. A Maria, como no vive cerca, la veo menos. A veces nos reunimos aquí en mi casa, o en lo de Vavá. Pero hace tiempo que Lula no participa de las reuniones familiares. A él le gustan, hace unos tres meses me vino a visitar. Pasamos tiempo sin vernos y nos extrañamos, pero uno entiende que él no tiene tiempo ni para su propia familia. Nos reuníamos más cuando mamá vivía. A fin de año era seguro, todos venían a mi casa. Después que mamá murió nos fuimos alejando. Yo lo siento. Salí a mi madre... A ella le gustaba ver reunida a toda la familia, a ese montón de chicos corriendo por la casa.

Todos nos llevamos bien, no hay ningún malentendido, nada. Mis cuñadas son personas maravillosas. Las quiero como si fuesen hermanas. Incluso ellas sentían un cariño enorme por mi madre. Y mamá por ellas. Mi mamá no permitía que insinuáramos que algo en ellas no nos gustaba. No admitía que se hablase mal de ellas. Y más, en la época en que mi madre estaba enferma mis cuñadas estuvieron siempre, hasta más que yo, porque mis hijos eran pequeños. Mis cuñadas, como la mujer de Zé Cuia, Ermínia, le llevaban comida al hospital.

Gracias a Dios, creo que aún hoy nosotros somos una familia unida, a pesar de la distancia de uno u otro. Cuando Lula está reunido con nosotros es sólo eso, Lula. Habla de las cosas de casa, participa, pienso que hasta se siente bien de no discutir de política. Cuando nos encontramos, a veces a fin de año, nos juntamos para recordar cosas. A él le gusta recordar, le gusta burlarse de los otros. Es muy juguetón. A veces a uno le dan ganas de preguntar algo sobre política, sobre lo que está pasando, pero ni se toca ese asunto. Porque esos momentos juntos son tan raros... Por que él es ese hombre simple, le encanta estar cómodo, en chinelas, bermudas, continúa siendo simple, no es fácil hablar con él. Otras veces he estado en el Gobierno Paralelo y, aun estando en reunión, ocupado, ha salido a conversar conmigo.

En el tiempo en que mi madre vivía siempre pasábamos las fiestas juntos. A veces sólo en Navidad o en Año Nuevo. Después nos alejamos un poco, pero de cualquier manera conseguimos reunir en la de Vavá a casi todos los hijos. Cada uno lleva una comida, se paga entre todos la carne y las gaseosas. No intercambiamos regalos. No cuando nos juntamos todos. Hubo un año en que todos nos reunimos en una chacra, Marisa y los niños fueron, pero Lula no fue porque estaba viajando. Fue hace unos cinco años. Nos reunimos en Riacho Grande.

Macho cabrío

Lula hace una vida normal. Siempre trabajó. Esa fama de vago que le han hecho no sé de dónde la sacaron. ¿Piensan que sólo se trabaja en las empresas, como peón? No es así, ¿no? Lo que él hace hasta es peor que tener un empleo, porque quien trabaja en una empresa a la noche puede estar con su familia. Él ya no tiene más ese privilegio.

Mi madre no hizo proyectos para que Lula se dedicase a la política. Hizo todo para que entrase en el Senai. Lo estimuló, estaba atrás de él, quería que tuviese una profesión que los demás no pudieron tener. Pero en política... me parece que nunca se le pasó por la cabeza que Lula pudiese un día llegar a ser presidente. Ella era una persona sencilla.

¿Qué haría mi madre si supiese que Lula está hoy en esa posición? Diría que es un macho cabrío. Diría más o menos eso, por las dificultades por las que él pasó, por todo. Y tengo la seguridad que le diría que no deje nunca de ser humilde. Que nunca quiera pisar a nadie para ser más que los otros. Creo que jamás haría eso. Y también la convicción que nos transmitió: la de trabajar siempre honestamente. No se puede olvidar eso.

Todo terminó bien
- MARISA -

"Aquella noche que se lo llevaron preso, Lula se sentó tranquilo en la cama. Pidió café. Le fui a buscar un café. Lula se cambió y salió ¡con una tranquilidad! Y yo desesperada pensando: 'Esos tipos van a invadir mi casa'. Estaba preocupada por los niños, ¡si irían a hacer una masacre allí adentro! ¡Cómo saberlo! Estaba angustiada. Había gente que quería que Lula huyese. Pero Lula dijo: 'No. Con estas huelgas voy hasta el final. No me voy a escapar'. Le habían insistido en esa época para que se fuera del país... Él dijo que se quedaba hasta el final.

"Cuando Frei Chico estuvo preso fuimos a visitarlo a la comisaría. Ya sabíamos sobre eso, sobre prisión, tortura. Yo estaba desesperada. Estaba realmente desesperada porque ya había perdido un marido y ahora Lula estaba preso. Pero gracias a Dios todo salió bien."

Valoración de la compañera[1]

Lula siempre me valora, me elogia en todas partes. Siempre me presenta ante la gente que está con nosotros. Hace público su agradecimiento: "mi mujer me acompaña siempre". De vez en cuando hasta me adula un poco. Un amigo nuestro que grabó a Lula en uno de esos agradecimientos me dijo: "Cuando necesites reclamarle algo a tu marido, me pides prestada la cinta". Es un documento que lo ata a mí para el resto de su vida [risas].

---

[1] Esta entrevista fue realizada el día 6 de mayo de 1994, en la casa de Lula y Marisa.

Árbol genealógico

Mis padres son hijos de italianos, tanto los padres como las madres, hijos de inmigrantes que se vinieron para São Bernardo. Llegaron y aquí se quedaron. Y también se quedaron todos los hijos. Somos de aquí mismo, de São Bernardo. Incluso hay un barrio en la ciudad en el lugar donde tomaron posesión de las tierras y se instalaron. Hay un barrio en São Bernardo que lleva el nombre de la familia, el barrio de los Casa. Se establecieron en el barrio, plantaron, construyeron y crecieron. Cuando se lo reconoció oficialmente como barrio le pusieron el nombre de mi padre, ya entonces fallecido. Mi madre también es inmigrante, de la familia de los Rocco. Los Rocco vivían cerca de allí, se instalaron en unas tierras próximas porque todos ellos, los Casa y los Rocco, llegaron a Santos juntos en el mismo barco. Y tomaron posesión de las tierras.

Lo gracioso es que los miembros de las familias de mis padres siempre se casaban entre ellos. Eso pasaba porque no había mucha población aquí en São Bernardo. Fueron los primeros en llegar. Y la vida era una vida de campo, el trabajo era siempre el mismo, no había grandes cambios. Como estaban muy cerca, los hermanos de mi padre se casaban con las hermanas de mi madre. Y viceversa.

Así era, dos familias de origen italiano viviendo una cerca de la otra. El conocimiento que tenían del mundo se reducía a ese lugar y a esa gente.

Mis primas son todas primas hermanas. Todos tienen la misma sangre. Mi abuela por parte de madre tuvo ocho hijos. Por parte de padre, creo que eran nueve. Se casaron todos entre ellos. Tenían una bella chacra en São Bernardo, en el barrio de los Casa. Allí se casó mi madre. Mi abuelo construyó la capilla. Es la capilla de los Casa, que es de Santo Antônio, el nombre que el abuelo le puso a mi padre. Los hijos que tuvieron mis abuelos se casaron entre sí y mis padres acabaron casándose también y se quedaron a vivir en el lugar. No subdividieron el barrio, que era sólo de los Casa. Se casaban y se quedaban allí. Todos nosotros nacimos allí. Mi madre tuvo once hijos y soy la penúltima. Así, tengo una hermana que tiene hijos de mi edad. Mi hermana iba teniendo los hijos al mismo tiempo que mi madre. Soy tía, y tengo la misma edad que mi sobrino...

El nombre de mi padre es Antonio João Casa, el de mi madre Regina Rocco Casa. El Silva de mi apellido es el de Lula. Me llamaba Marisa Letícia Casa. Cuando me casé por primera vez fui Marisa Letícia Casa dos Santos. Cuando me casé con Lula, me lo cambié de nuevo, Marisa Letícia da Silva. Y cuando Lula incorporó el apodo a su nombre, lo cambié nuevamente y me llamo Marisa Letícia Lula da Silva. Tuve cuatro nombres desde que nací.

Mis hermanos también se fueron casando y se quedaron a vivir en São Bernardo. Hoy tengo nueve hermanos, dos murieron, éramos once. Me llevo bien con ellos. Son todos metalúrgicos. Todos están casados.

Mi familia no tenía mucho dinero pero tenía muchas tierras. En aquella época no era importante el dinero; lo era la tierra, para plantar y para sobrevivir. Iban a las ferias, vendían, criaban vacas, chanchos, gallinas. Y con eso sobrevivían. Mis padres eran agricultores.

Así fue como mi padre crió once hijos. Después estos se casaron y cada uno por su lado se fueron yendo. Fueron a trabajar en industrias cuando se industrializó São Bernardo.

Trayectoria profesional

Yo no llegué a ayudar a mi familia a trabajar la tierra, salí de la chacra y vine al barrio de los Casa a los cinco años de edad. Estaba más hacia el centro de São Bernardo, ya fui criada en el centro de la ciudad. Vine con mis padres, cuando ellos eran ya mayores y mis hermanos y hermanas habían empezado a trabajar en fábricas. Resolvieron venir al centro porque ya no podían hacer solos el trabajo de la chacra. Mis hermanos no querían quedarse varados allá en la chacra.

Mi padre acostumbraba mandar a trabajar a los hijos desde que eran chicos. Cuando yo tenía once años ya trabajaba. En realidad empecé a los nueve años. Era niñera. Había una señora que vivía aquí en São Bernardo que era sobrina de Portinari, el pintor. Esa señora tenía dos niñas. Y mi hermana mayor trabajaba en la casa de ella como criada. Cuando cumplió catorce años, mi hermana salió de allí para ir a trabajar a una fábrica. Cuando cumplían catorce años, mis hermanos iban a trabajar a una fábrica. Era la fábrica de chocolates Dulcora. Entonces mi hermana dejó el trabajo de criada y yo quedé en aquella casa en lugar de ella. Me quedé hasta que cumplí catorce años. De los nueve a los catorce trabajé cuidando a las niñas. Después fui a la fábrica de chocolates. Cuando salí de la casa de aquella señora mi hermana menor entró en mi lugar... Quedó al cuidado de las niñas y también a los catorce años fue a la fábrica de chocolates Dulcora. Como en el tiempo de mis hermanas mayores todavía no existía la fábrica de chocolates ellas trabajaban en el rubro textil aquí en São Bernardo.

Amor por los niños

Siempre me gustaron los niños, me encantaban desde que era pequeña. Y como estaba acostumbrada a cuidarlos –porque mis hermanas también tenían niños– me apegaba mucho a ellos. Hasta hoy me encantan. Tanto es así que tengo cuatro hijos. Si fuera por mí, tendría más. Pero la situación no lo permite. Siempre adoré a los niños, y aquellas chiquillas que crié me adoraban. Hoy cada una se fue por su lado, se casaron, ya no nos encontramos tanto. Cuando yo era chica mis sobrinas también me adoraban porque yo era la que se quedaba con ellas la mayor parte del tiempo... Los padres salían y las dejaban conmigo. Yo les daba todos los gustos. Jugaba. Hacíamos cabañas, casitas. Aquellos juegos de nenas, ¿sabes? Yo no era más que una niña.

Bombón de chocolate

Yo estudiaba por la mañana, iba a la primaria. La madre de las niñas, que me había contratado para cuidarlas, era maestra a la tarde. Entonces por la tarde dejaba a las niñas conmigo. Cuando estaba en los primeros años del secundario, cambié de horario: decidí estudiar de noche. Me quedaba todo el día con las niñas y me iba al colegio. Después entré en la fábrica de chocolate para envolver bombones y adquirí práctica. Ganaba por cantidad de bombones que envolvía. En esa época me encargaba de la envoltura del bombón Alpino. Una vez, en una Pascua, me pusieron como jefa de la sección de huevos de Pascua. Pasé a ser jefa. Trabajé allí cuatro años y medio. Pero casi no comía chocolates, no me gustan los dulces.

Casamiento y trabajo

Me casé por primera vez a los 19 años. Mi primer marido se llamaba Marcos Cláudio dos Santos. En esa época llegué a un acuerdo con la empresa donde trabajaba y salí. Me fui de la empresa y no fui más a trabajar. A los seis meses quedé viuda y estaba embarazada. Hasta que no nació el bebé, no busqué otro empleo. Como mi marido era hijo único, me quedé en la casa de mis suegros con el niño. Pero cuando Marcos cumplió un año decidí independizarme. "Ahora voy a trabajar", dije. Entonces dejaba a Marcos con mi madre, porque mi suegro y mi suegra trabajaban. Ella trabajaba en la delegación de enseñanza básica, él era taxista. Como los dos trabajaban, me fui a vivir con mi madre. Ella me cuidaba al niño. Ya había enviudado. En esa época yo tenía dos hermanas solteras y un hermano soltero y me fui a vivir con ellos. Conseguí trabajo en la Municipalidad de São Bernardo, donde trabajaba como inspectora de alumnos… Entré en la categoría de "servicios diversos" porque necesitaba trabajar, después asumí como inspectora. Después que conocí a Lula trabajé un año más. Pero cuando quedé embarazada del primer hijo que tuve con él pedí licencia… Después, ya con dos hijos, dejé, ya no volví más. No podía volver a trabajar. Eso fue en 1974. Trabajé desde 1971 hasta 1974 en la Municipalidad de São Bernardo.

El primer marido, su asesinato

Así conocí a mi primer marido: él vivía aquí en São Bernardo, yo también. Yo salía del trabajo e iba siempre a dar una vuelta por la calle Marechal Deodoro, que es una de las calles con más movimiento de la ciudad. Hoy hay allí locales de cadenas de comercios muy populares. Íbamos varias, un grupo de jóvenes de quince, dieciséis años. Y conocí a Marcos, mi primer marido, en la plaza Lauro Gomes. Parecía que teníamos afinidad… Yo pasaba por allí y lo veía siempre en el mismo horario. Él sabía que a esa hora yo pasaba y se quedaba esperando en la plaza. Hasta que un día comenzamos a conversar. Al día siguiente hicimos una cita a la misma hora para tomar una gaseosa juntos, y acabamos novios. Teníamos la misma edad. En realidad éramos dos niños. Estuvimos de novios un tiempo y en 1970 nos casamos. Pero lamentablemente sólo estuve casada seis meses.

Cuando me preguntas como fue mi primer casamiento, debo confesarte que no sé. Estábamos todavía en la luna de miel cuando murió. No tuve experiencia de vida de casada. Trabajé hasta los primeros cuatro meses de casada. Cuando descubrí que estaba embarazada salí de la fábrica, llegué a un acuerdo en la empresa. Después nuestra convivencia fue tan breve que no es posible hablar de la vida de casada la primera vez que me casé.

Él era metalúrgico, pero iba a buscar el auto del padre y trabajaba de taxista durante el día. El padre trabajaba de taxista a la noche. Ni bien salía de la metalúrgica, 4, 4 y media, se subía al auto y trabajaba hasta las 9 y media, 10. Como era al comienzo de nuestra vida de casados, nos casamos sin casa propia. Queríamos juntar dinero, comprar una casita, un auto. Él trabajaba doble horario para conseguir el dinero para eso. Lo necesitábamos principalmente porque yo ya había llegado a un acuerdo con la empresa. Marcos no quería que yo trabajase, decía que iba a trabajar 24 horas y no quería que yo trabajase más. Era muy celoso. Si quieres puedes entrevistar a la madre de Marcos, sería interesante. Ella convive conmigo hasta hoy; todos mis hijos la consideran su abuela. La adoran. Cada vez que viajo, ella viene y se queda en casa con mis hijos.

Como decía, no tengo muchos recuerdos de la muerte de mi primer marido. Cuando se enteraron de la muerte, mis suegros no me dejaron sola, estaba embarazada. Y mi suegro sólo quería que naciera el bebé. No recuerdo bien, tomé muchos medicamentos para recuperarme. En el embarazo de Marcos estuve muy enferma, pasé mucho tiempo internada. En ese momento no podía pensar en mí. Pensaba sólo en el niño que llevaba en el vientre. No sé qué pasó. Si me preguntan, no me acuerdo realmente lo que pasó entonces. Pero conseguimos criar al niño. Él es todo para la abuela, ella lo adora. La familia de mi suegra es de hijos únicos. Ella es hija única y tuvo un único hijo. Ahora tiene un nieto y "adoptó" también a mis otros hijos como nietos.

Mi primer marido fue asesinado dentro del taxi, trabajando. Fue un asalto. Y después de diez, doce años, mataron también a su padre. Después que murió el hijo, mi suegro quedó desequilibrado. Al contrario de lo que pasó con Marcos, cuando murió mi suegro no faltaba nada, ni el dinero de las vacaciones, ni la alianza en el dedo, ni el reloj. No le robaron nada, lo mataron. Y hasta hoy no sabemos cómo fue. Si fue alguien que lo odiaba o algo así; no pudimos develar ese misterio. Pero a los asesinos de Marcos los encontraron y los encarcelaron en Osasco. En esa época yo sentía odio por esos delincuentes, pero tenía un hijo para criar. No me conformaba, pero al mismo tiempo quería tener fuerzas para cuidar del niño [se emociona]. Entonces, creo que Dios es tan grande... había que dejarlo realmente en manos de Dios. Después de todo. ¿Qué iba a hacer? No había nada que hacer, no había salida.

Él era viudo, yo viuda...

Nunca pensé en volver a casarme. Y fui así desde pequeña: lo que quería era tener un hijo. Mi primer marido fue mi primer novio, lo quería mucho pero me criaron para eso, para tener hijos. Tenía esa mentalidad, mi madre me crió así. Por eso, después que Marcos murió, como ya tenía un hijo, no quería casarme nuevamente. Y con lo que pasé en tan poco tiempo... Un sufrimiento tan grande en tan poco tiempo... Yo pensaba: "Ya tengo un hijo, ¿para qué casarme y tener más conflictos?". Pasó que cuando llevaba tres años y medio de viuda conocí a Lula. Él era viudo, yo viuda...

Amor a primera vista

Lula siempre dice que se enamoró de mí a primera vista. Yo no. Me llevó un tiempo acostumbrarme a tener nuevamente un novio. En la época en que lo conocí a Lula yo tenía un "noviecito", pero no era realmente novio. Era más un amigo que otra cosa. Nos criamos juntos, jugábamos en la calle juntos. Y ese muchacho ya era maduro pero era soltero.

A mí no me gustaba salir sola, tenía una hermana menor que yo y salíamos juntas, porque de la mujer que sale sola siempre se habla mal. ¡Mucho más de mí, viuda! ¿Te imaginas lo que habrían dicho? Por eso yo salía mucho con ese amigo mío. Él era verdaderamente muy amigo. Todos pensaban que éramos novios porque salíamos mucho juntos. Él era una persona respetuosa, siempre lo fue. Todo el barrio nos conocía, nadie hablaba mal de nosotros. Pero yo lo provocaba a Lula. Le decía: "¡Voy a salir con mi novio!". Y Lula se enojaba: "¡Qué novio ni nada! ¡Tu novio soy yo! ¡Vamos a salir nosotros dos!".

El sello imprescindible

Cuando conocí a Lula le tenía mucha rabia, ¿sabes por qué? Lo conocí así: yo iba siempre al sindicato de los carpinteros. A las viudas les exigían un sello en unos documentos para recibir la pensión del marido en el INPS. Entonces todos los meses yo tenía que hacer ese trámite de sellar el documento. Después cambiaron: exigían sellar cada tres meses. Cada tres meses yo tenía que hacer sellar los papeles para ir al INPS a cobrar la pensión. Podía hacerlos sellar en cualquier sindicato; a pesar de que Marcos había sido metalúrgico, no necesitaba sellarlo en el sindicato de los metalúrgicos.

En cualquier sindicato se podía hacer sellar la ficha. Y como el sindicato de los carpinteros era mucho más cerca de mi casa, siempre iba allá. Ya me conocían. Era nada más que llegar, mostrar la ficha, le ponían el sello y yo me iba al INPS a cobrar mi pensión. Pero un día el sindicato de los carpinteros se mudó a otro local, en el centro de São Bernardo. Entonces era más cómodo ir al de los metalúrgicos. Era la primera vez que iba a aquel sindicato, nunca había entrado. Fui para sellar la ficha y vino a atenderme un muchachito de unos 16, 17 años. Yo le dije: "Sólo preciso que pongas el sello para que pueda ir a cobrar la pensión". "¿Es sólo eso?", me dijo, "Espera un momentito". Fue adentro para llamar a Lula y le dijo: "Mira, hay una viudita joven ahí, me pediste…". ¿Lula te contó esa historia? Él le había pedido al empleado del sindicato: "Cuando venga una viudita joven, me avisas, la quiero conocer".

Entonces Lula toma la ficha y la "secuestra". Le dije: "Estoy acostumbrada, siempre voy a otro sindicato a hacer poner el sello…", y él dijo: "No, ahora cambió la ley de sellos". "No, no cambió", le dije yo, "Voy siempre a otro sindicato, ellos ponen el sello y yo cobro". Me respondió: "No. Voy a tener que conversar contigo sobre ese cambio que hubo en el INPS". Yo le dije: "No puedo. Se me hace tarde, voy a trabajar". Yo entraba a las dos. Él dijo: "Entonces vuelve mañana". Marcamos un horario para que yo volviera al sindicato. Se quedó con el papel. Lula sabía que si me lo hubiese dado yo habría ido a otro sindicato y lo habría conseguido al instante.

Al día siguiente fui a conversar con él. Se sentó a la mesa y me indicó: "Siéntate…". Empezó a explicarme pero no explicaba nada de nada, lo que quería era hablar de su vida. "Pero eres tan joven…". "Soy joven, sí. Y tengo un hijo. Y necesito el dinero de la pensión. Lo que gano no me alcanza", le dije. No era verdad, porque mi suegro y mi suegra le daban todo, y de lo mejor, a mi hijo. Y tenía a mi mamá que era viuda y cuidaba a mi hijo como si fuera de ella. Pero era una forma de recibir lo que me correspondía. Estaba en todo mi derecho.

Él comenzó a decir: "¿Sabes que yo también soy viudo?". "No estoy interesada en saber si eres o no viudo. Sólo quiero que pongas el sello para poder cobrar." "¡Ah! Pero eres tan joven…", me decía. Yo no lo podía creer: "Mira, si eres o no eres viudo no me interesa, yo quiero lo que es mío…". Él dejó caer su identificación de viudez al suelo. Era una cédula en la que figuraba como viudo. Pero me di cuenta que lo había dejado caer a propósito. Tomé la cédula y leí: "¡Ah, eres realmente viudo! Perfecto, ahora me das mi dinero". Entonces me dijo: "Ahora te voy a explicar. No está listo. Va a demorar unos días", no sé qué y no sé cuánto, "la ley del INPS cambió…". "Pero, ¿cómo que cambió?" "Bueno, yo trabajo aquí en la parte jurídica, sé que cambió", me engañaba…

Sé que volví dos o tres días después. Hasta que un día fui con él a tomar un café y le dije: "O le pones el sello o me devuelves el papel, que yo me las voy a arreglar en otro lugar. ¡Necesito ese dinero!". Le puso el sello. Pero antes quería mi número de teléfono. Le dije: "Mi madre no tiene teléfono". Entonces me preguntó el número de donde yo trabajaba. Le di el teléfono y me fui.

La persistencia

Esa misma noche me llamó. En ese tiempo yo entraba a las 2 y salía a las 11. Trabajaba en la inspección del último ciclo del secundario de las escuelas del gobierno estatal. Era funcionaria de la Municipalidad, pero trabajaba para el Estado. ¡Y Lula me llamaba todas las noches! ¡Todas las noches! Hasta que me alteró tanto que le pedí a la secretaria. "Si llama, no le pases conmigo, dile que no estoy, que estoy fuera trabajando, inventa siempre un pretexto." Pero no hubo caso. Un día se apareció en la puerta de la escuela. Se iba de viaje, se iba lejos. Era un sábado y me había ido a buscar para conversar conmigo. Resolvimos almorzar juntos. Volvió del viaje y continuó… y empezó el noviazgo.

Charla va, charla viene, teníamos una historia tan parecida… Él viudo, yo también. Y como teníamos una cierta experiencia por haber estado casados –a pesar de que él tenía mucha más experiencia que yo– terminamos por entendernos. Lula me iba a buscar siempre al lugar donde trabajaba, nos encontrábamos en reuniones, en bailes… Hasta que un día resolvió ir a la casa de mi madre. "Voy a conocer el lugar donde vives", me dijo Lula. Porque nunca le había mostrado el lugar donde vivía. Y un día me espió para ver cuál era la casa en la que entraba. Un sábado se apareció allá y llamó golpeando las manos. Mi madre estaba ahí: "¿Usted es la madre de Marisa?" le preguntó. "Sí, soy yo", le respondió ella. "Entonces dígale que estoy aquí", dijo Lula. "¿Pero quién es usted?", quiso saber mi madre. "Dígale a Marisa que Lula está aquí."

Ese día, ese sábado, iba a venir a buscarme ese muchacho amigo mío para ir a bailar. Y ese sábado Lula dispensó a mi amigo. "No, no vas a salir con él", dijo Lula. Y se presentó ante mi madre como mi novio. Ella no sabía lo que pasaba. ¡Vendría Carlos a buscarme y había venido Lula también! "¿Cómo es este asunto?" Mi madre no entendía… "¿Qué está pasando?"

De repente, a partir de allí, la relación comenzó a andar bien. Lula dispensó a mi amigo. Él se dio cuenta y no apareció más. Y Lula siguió yendo a casa, hizo amistad con mi madre, con mi hermana. Él es de hacer amigos fácilmente, ¿no? Terminó convenciéndome.

Lula y sus hijos

Lula comenzó a jugar mucho con Marcos. Y para Lula fue muy bueno. Como había perdido un hijo que hoy tendría la edad de Marcos –en la época que el mío estaba naciendo el de él estaba muriendo– se apegó mucho a Marcos. Y Marcos fue un hijo para él. Marcos considera a Lula como su padre. Él no conoció a su padre. Nosotros no le enseñamos a Marcos a decirle papá a Lula. Cuando entró al jardín de infantes empezó a llamarlo así. Yo lo llevé a Marcos al jardín a los cuatro años porque había nacido mi otro hijo y estaba muy celoso del hermano. Como antes era el único, lo tenía a Lula todo para él. Cuando nació Fabio, él estaba celoso, cosas de niño. De vez en cuando Lula iba a buscar a Marcos al jardín y las niñas le decían: "Marcos, tu papá está aquí", y él comenzó a decirle papá. Mis sobrinos también le decían: "Tu papá te vino a buscar". Como yo trabajaba, Marcos se quedaba con mi madre y Lula pasaba a buscarlo por la casa de ella. Todos mis sobrinos le decían: "Tu papá ya te vino a buscar". Y él comenzó a llamar papá a Lula.

Cuando Marcos tenía nueve o diez años, le pidió a Lula que lo adoptara legalmente. Marcos sabía lo que le había pasado a su padre, tenía a su abuela, su abuelo, nosotros le contamos, él sabía todo perfectamente. Pero Marcos dijo que su deseo era que Lula lo adoptara. Porque el padre que conocía era Lula. Quería llevar su apellido. Lula fue a conversar con mis suegros. Les contó lo que estaba pasando, que había hablado con él y los abuelos lo tomaron muy bien. "Si es el deseo de Marcos, debes adoptarlo." Y ellos mismos llevaron los papeles al juzgado para que Lula adoptara al niño. Hoy Marcos lleva el apellido de Lula. Lula se sintió muy orgulloso… ¿Te imaginas ganar un hijo de esa forma? Y se adoran. Marcos siente un gran respeto por Lula. Hace todo por su padre.

Papá Lula

Es difícil hablar hoy de Lula como padre. Es mucho más fácil hablar de cómo era antes. Cuando los niños eran pequeños me ayudaba a cambiar los pañales, a darles la mamadera. Siempre ayudó a ponerles los zapatitos, a bañarlos. Pero hoy el tiempo no sobra. Los chicos están grandes, pero conversan muy poco, se ven muy poco. Los horarios no coinciden. Lula se ocupa de Luis Cláudio, el menor. De vez en cuando juega a la pelota. Juega a la pelota con Luis Cláudio. Pero tiene tan poco tiempo que se pueden contar con los dedos los días que juega a la pelota con el chico. Juegan en la cochera, se

343

divierten. A Lula le gusta tomarse un fin de semana para estar con los hijos. Hacer un asadito, estar juntos. Lula juega *snooker* con los chicos, ¿sabes? Pero el teléfono no tarda en empezar a sonar. Siempre tiene alguna reunión.

Recomenzando la vida

Después de estar casi siete meses de novios nos casamos. No sé si en esa época fue positivo o no. Era difícil habituarme a compartir la casa con un hombre otra vez, ¿entiendes? Lavar calzoncillos, ser ama de casa... Yo siempre trabajé afuera, por eso fue difícil el comienzo de la vida de casada. Trabajaba afuera, ya estaba embarazada, y cuando llegaba a casa... Antes yo hacía todo lo que quería, Mi madre me hacía todo. Limpiaba la casa, lavaba mi ropa. Es decir, yo sólo trabajaba fuera de casa. Cuando me casé con Lula me hice cargo de la casa. Y para mí fue difícil, ¿sabes? Después de tantos años sin hacer nada, hasta cocinar era un problema. Fui aprendiendo poco a poco. No sabía cocinar. En esa época Lula no me podía ayudar. Él sabía mucho menos que yo. No sabía ni freír un huevo. En la lucha cotidiana también Lula aprendió a cocinar. Yo me desesperaba. La ropa, la casa, los niños, la comida. Estaba completamente desesperada. Hasta que me fui acostumbrando. El comienzo de la vida de casada fue difícil para mí.

Planificando y educando

Nuestros hijos fueron más o menos planificados, a pesar de haberme quedado embarazada de Fábio en la luna de miel. Nació a los nueve meses y nueve días. Entre Fábio y Sandro hubo un espacio de cuatro años, tomé la píldora para no quedar embarazada. Después acepté tener a Sandro y con Luis Cláudio fue también así. Si no hubiese sido así, habría tenido uno por año. Yo usaba el diafragma y me descuidé. Eso pasó cuando Sandro tuvo un problema de corazón. Supe que estaba embarazada de Luis Cláudio cuando tenía cuatro meses de embarazo. ¡Estaba a las corridas a causa de la enfermedad de Sandro! Cuando fui a ver a la médica, porque estaba con un problema, me hizo un análisis y constató un embarazo de cuatro meses. Entonces dije: "Este es el último". Por un lado a causa de la edad, y por otro por mi vida agitada, tengo que criar los hijos prácticamente sola, educarlos... Todo depende de mí. No se puede contar siempre con Lula, él viaja mucho. Tengo miedo de criar hijos así, ¿entiendes? Mi padre y mi madre estaban mucho con nosotros, nos guiaban. Pero uno no tiene tiempo para eso. En el tiempo que me sobra de las Caravanas de la Ciudadanía, de los viajes que hago con Lula, me quedo en casa. No hago otra cosa, quiero estar cerca de mis hijos, conversar con ellos, orientarlos. Para que en el día de mañana no sean desequilibrados, se pongan en contra de la lucha de su padre. O que piensen que los abandonamos y que preferimos estar en la calle en lugar de estar junto a ellos. Quiero que lo entiendan, para que no haya problemas después.

Predilecciones

Como ya te conté, me gustan mucho los niños. Me gustaría adoptar uno, pero no me animo por la vida agitada que llevamos. Esta vida de estar siempre en la calle, de no parar en casa. De esa forma puedo terminar, no sólo no ayudando a ese niño sino perjudicándolo si no tengo tiempo suficiente para dedicarle. Yo me doy cuenta del sufrimiento de los míos, a veces sin madre ni padre a su disposición.

Pero también me encantan los animales. Me encantan las plantas. Conoces mi casa y sabes cómo es. Me gusta cuidar todo lo que tiene vida. Has visto a los animales que tenemos en el fondo de casa... Tengo dos perras, conejo, loro, canario. Un zoológico. Hamster, tortuga...

Yo crié aquí a una coneja, hacía pis y caca en el baño. Yo le enseñé. Teníamos un lorito, un amigo lo pisó. Fue un mar de llantos. El pajarito vivía dentro de casa, en esa planta. Era bebé, no aprendió a volar, estaba siempre dentro de casa. Bajaba de la planta, se subía a los pies de Lula y se iba derechito a tirarle de la barba. Nos hacía mimos. Era un bebito. Conocía a los chicos, a Lula, ni bien aparecía en la puerta. Si lo hubieras visto a la mañana, cuando yo abría la puerta... Hasta tenía su lugarcito. Después saqué la planta de allí para que los chicos no se traumatizaran sintiendo su falta cuando murió. Era su planta. Yo abría la puerta y él se me subía encima.

Un día pasó algo terrible con el pajarito. Todos nos deprimimos. Un amigo nuestro entró en casa trayendo una caja de cerveza, un cajón lleno. El pajarito se acercó corriendo, quería subírsele a la pierna, tenía una barba igual a la de Lula. Iba todo feliz, quería jugar. Pero nuestro amigo no lo vio, estaba de espaldas, y cuando se dio vuelta para poner la caja a un costado... ¡te imaginarás...! ¡Ni preciso contar el resto! No podíamos creer que el pajarito estuviese aplastado. Parecía que había muerto alguien. Lloramos muchísimo. Lula lloró mucho. Todo el mundo lloró. Lo extrañábamos, no quise tener otro. Sufrimos demasiado. Ahora nuestra alegría es esa coneja que ronronea, ronronea igual que un gato.

Una madre muy buena

Doña Lindu era una excelente persona. Cuando me casé con Lula él vivía con ella, por eso surgió la propuesta de que viniera a vivir con nosotros. Ella se quedó unos tres meses con nosotros. Pero como yo trabajaba afuera y Lula también, se quedaba muy sola. Era una mujer que estaba acostumbrada a estar en una casa llena de gente, ese constante entrar y salir. Como en ese tiempo estábamos nosotros solos en casa, se fue a lo de otro hijo, Frei Chico, porque estaba muy sola con nosotros.

Después se fue a la casa de Maria, había mejores condiciones. La impresión que yo tenía de ella era la de una buena madre que supo criar a los hijos, supo educarlos. Una mujer sola, batalladora, con fuerza. Como Lula fue el penúltimo hijo, el único de la familia que se había quedado viudo, ella le dio todo el apoyo, dejó la casa en donde vivía y se fue a vivir con él. Sólo una madre muy buena es capaz de hacer algo así. Era una compañera. Pero mi convivencia con ella fue tan breve...

Un corazón y tres apéndices

Sandro nació prematuro, de ocho meses. Y tenía un soplo, un soplo que no era grave. Cuando tenía seis años contrajo una bacteria. La bacteria se instaló en el lugar del soplo y tuvo endocarditis. Estuvo 45 días en el hospital. Los médicos demoraron dos meses para diagnosticar la enfermedad, hasta que lo internamos. Le hicieron un mapeo para ver qué tenía. Perdía peso y tenía dolor en el pecho. Empezó con dolor en la planta del pie, tenía terribles dolores en la planta del pie. Busqué un ortopédico pero no hubo caso, no le encontró nada. Después comenzó con dolor en el pecho, pero le hacían electrocardiogramas y en el corazón no aparecía ningún problema. Hasta que un día la enfermedad se manifestó y él perdió mucha sangre. Cuando identificaron la bacteria en la sangre ya estaban afectados el pulmón, los riñones y el hígado. La bacteria se iba instalando y provocando infecciones. Después de los cuarenta y cinco días de internación, Sandro estuvo nueve meses en casa alimentándose para recuperar peso y así poder hacer después una cirugía. Tenía seis, casi siete años. Entró en el colegio a los ocho años. En el año en que lo operaron no podía tener ni un resfrío. No podía tener ninguna infección. Hasta ahora no puede. Le tuvieron que sacar un pedazo de aorta y reemplazarlo con una prótesis. Abrieron a mi hijo de lado a lado. Si no lo operaban podía tener una hemorragia. A partir de allí, Sandro estuvo muy bien, saludable. Lo que no puede es tener infecciones. Hace poco tuvo un problema de apendicitis. También fue difícil descubrir lo que tenía. Lo internaron tres veces y no sabían que era apendicitis. Fue al hospital de clínicas, tuvieron que llamar un médico de afuera. El médico llegó, lo palpó, dijo que era el apéndice y que ya supuraba. Le hicieron un gran corte en el abdomen, Sandro sufrió. Y quedó otros quince días internado en el hospital a causa de una infección.

Con los otros hijos no hubo grandes problemas de salud. Fue tranquilo. Lula también tuvo problemas con el apéndice, pero lo auxiliaron rápidamente. Sintió dolores y de inmediato salió para el hospital. Marcos también se operó de apendicitis y también fue así: comenzó con dolor, le empezó a tirar la pierna y fue al hospital, diagnosticaron enseguida y lo operaron.

Lula tiene buena salud. Sólo tuvo que hacer una cirugía por apendicitis, nada más. No tiene problemas de garganta. A mí sólo me hicieron cesárea con Luis Cláudio. Nunca necesité nada, nunca me quebré, ni me hice cirugías.

El dinero de la casa

Nos casamos en 1974 y demoramos un año para poner todo en orden. Fue un casamiento sencillo, nos casamos por civil. Como él ya se había casado por iglesia y yo también, no teníamos ese sueño de casarnos por iglesia, fue sólo por civil. Hicimos un almuerzo para su madre, la mía y los padrinos, además de Marcos. Nos fuimos de luna de miel a Campos de Jordão. Estuvimos una semana y volvimos a trabajar. La fiesta de casamiento no fue nada especial.

Al año de casados, en 1975, Lula asumió la presidencia del Sindicato de Metalúrgicos. La solemnidad de la ceremonia fue algo impresionante, recuerdo que no teníamos ninguna experiencia. Lula resolvió ser candidato a la presidencia del sindicato. Yo estuve de acuerdo, pensaba realmente que tenía que candidatearse. Y yo estaba en el período de posparto de nuestro primer hijo. Fábio acababa de nacer y Lula estaba asumiendo la presidencia del sindicato. Yo lo apoyé en todo. Si tenía que viajar, tenía que ir. Yo le decía que fuera. Aguanté el chubasco: me hice cargo de la casa, los hijos, las cuentas. Me responsabilicé por lo cotidiano para que Lula quedara un poco más libre. No le echaba nada en cara. Él tampoco me pedía que yo le diera cuenta de lo que hacía. Yo hacía el presupuesto de la casa. Sobra para esto, alcanza para comprar esto otro, alcanza para aquello, esto va al ahorro… ¿entiendes? Yo era la que administraba. Lula nunca fue avaro. Cuando nos casamos, como yo trabajaba, teníamos cuentas separadas. La de él era de él, la mía era mía. Él pagaba las cuentas de la casa, ¿sabes? Un poco para esto, otro poco para aquello… Pero después, cuando dejé el trabajo, administraba también su dinero. Abrimos una cuenta conjunta. Hasta hoy es así, pago aquí, pago allá. Lula nunca me preguntó: "¿Cuánto gastaste?" o "¿Por qué no hay más dinero en el banco?". Nunca. Confía en mí. Él sabe que no hago gastos superfluos. Soy una mujer criada pensando siempre en el día de mañana, siempre muy segura. No se puede andar malgastando. Y hasta hoy somos así.

Participación en política

En 1978, cuando Lula estaba en la presidencia del sindicato, se empezó a hablas de huelgas. Algunas firmas grandes pararon. En 1979 hubo otra huelga, más grande. Y en 1980 Lula fue separado del cargo. En 1979 también lo habían separado del cargo, pero en el sindicato resolvieron el problema. En 1980 fue prohibido, estuvo preso y se quedó sin sindicato. A partir de allí tuve que ayudarlo más, no había sindicato, no había teléfono, no había más nada. Tenía que usar nuestra casa para contactos, para las reuniones. Empezó a usar la casa como oficina. Estaba todo concentrado en nuestra casa. Y yo lo dejaba, no me parecía mal. Él estaba allí, haciendo lo que necesitaba hacer. La empresa donde trabajaba en aquella época estaba en eso de "echarlo o no echarlo, llegar a un acuerdo o no", y con todo eso estábamos meses sin su sueldo. Pero yo había guardado un dinerito para esa situación, eran los ahorros que había estado haciendo mientras esperaba lo peor. Cuando uno tiene hijos tiene que esperar lo peor y guardar dinero. Y empecé a ceder mi casa para reuniones. Y como estaba cediendo la casa, también participaba.

Cuando tenía reunión los sábados y domingos por la tarde, me iba con los niños al sindicato. Iba a las reuniones, siempre estaba husmeando, quería saber lo que pasaba. Y en aquella época eran pocas las mujeres que frecuentaban el sindicato. Porque para mucha gente las mujeres que iban al sindicato "no servían". Pero como mi marido era del sindicato, me llevaba a los chicos e iba.

Comencé a integrarme mucho más cuando las reuniones se hacían en mi casa. Yo participaba en algunas reuniones, sabía lo que estaba pasando. Y empecé a entender mejor las cosas. Creo que cuando la mujer está dentro de la casa y el marido trabaja afuera, en algún momento hay que participar para saber lo que pasa, para entender cuál es la lucha del marido. Nosotros empezamos así. Él marcaba algunas reuniones en la iglesia matriz de São Bernardo, cuando eran muchos participantes. Mi casa era del Banco Hipotecario, pequeña. En mi casa sólo se hacían las reuniones con poca gente. Cuando eran multitudinarias se hacían en la iglesia e íbamos juntos.

Las huelgas, el arresto

La más terrible de las huelgas fue la de 1979, cuando no teníamos ninguna experiencia. Fue la más grande, fue cuando lo prohibieron a Lula. Mi suegro vino muy asustado a mi casa, me agarró a mí, agarró a los chicos y nos llevó a todos a su casa. Yo pensaba que no debería haber salido de allá. Mi suegro estaba preocupado por los niños, había mucha represión policial y él se moría miedo. Terminamos acomodándonos en el living de la casa de mi suegro. Yo estaba angustiada. Quería tener noticias de Lula, saber qué estaba pasando. Pero Lula no podía estar en la casa de mi suegro, tenía que estar en las bases. Yo estaba con miedo. En 1980 también sufrí. Después de lo de 1979, no sé si teníamos más experiencia, pero fue cuando lo metieron en prisión a Lula.

El arresto de Lula fue así: ya hacía varios días, varias semanas que la policía vigilaba la casa. Nosotros lo sabíamos. Frente a mi casa había un morro. Ellos estaban arriba de aquel morro vigilando mi casa con binoculares, observando quién entraba y quién salía. Después de un tiempo ya tenían el esquema montado, sabían nuestros horarios, cómo funcionaba la casa. Empezaron a acercarse. Estaban enfrente, tres o cuatro casas arriba de la mía. Y nos vigilaban desde allí. Venían en una camioneta Veraneo, había cuatro o cinco adentro de la Veraneo todo el día. Sólo hacían reemplazos para ir a comer. Era una tortura, un auto parado cerca, con gente siempre controlando lo que hacías, a dónde ibas.

Una vez salí con dolor de muelas para ir a la sala de primeros auxilios y me siguieron. A veces seguían a Lula hasta la plaza de la iglesia. Estuvieron vigilándonos tres o cuatro semanas. Nos perturbaba mucho. Yo iba a llevar a los niños a la escuela y nos seguían. Me daba cuenta que se comunicaban unos con otros. Pero los que estaban frente a mi casa no se movían de allí. Tenían un esquema bien montado. Fue realmente una tortura.

Nosotros estábamos muy comprometidos en la huelga, recibíamos alimentos para los huelguistas, y los que nos vigilaban siempre estaban detrás de nosotros. Hasta que pasó algo, una noche. Estábamos durmiendo y a la madrugada los policías golpearon el portón. Vi las dos Veraneo y todos los tipos armados con ametralladoras. El portón estaba lleno de policías, ni sé cuántos eran. Me dio un shock... ¡Un montón de soldados con ametralladoras llamando al portón! Frei Beto, que estaba en casa, abrió la puerta del living y dijo: "¿Quién es?". "¡El señor Luiz Inácio, por favor!", le dijeron. Explicaron que iban a llevar a Lula porque tenían una orden de arresto para él. Estaban seguros que Lula estaba allí dentro porque habían estado vigilando y sabían todo. Lo desperté a Lula, se sentó en la cama, me pidió café. Se vistió tranquilo. Era yo la que estaba más agitada y con más prisa que él. Tenía miedo de que entraran en casa. Pensaba en los niños, estaba superangustiada. La noche anterior también había estado durmiendo en casa Geraldo Siqueira, que era entonces diputado por el PMDB. Y Geraldinho había mandado a su chofer a San Pablo a buscar un material porque iba a haber una asamblea. El chofer nunca volvió a mi casa. Se fue y no volvió. Nadie sabía que lo habían secuestrado. La policía lo había seguido y lo había secuestrado, así que Geraldo no tenía auto para que lo acompañáramos. Yo tenía un Fiat a alcohol en la cochera. Para cuando se calentase ese auto y lo sacásemos de la cochera, que estaba cerrada con candado... la Veraneo ya iba a estar muy lejos. La policía había arrestado al chofer en San Pablo con el Opala para que no pudiésemos seguir al vehículo policial. Y no sabíamos para dónde iban a llevar a Lula. No dijeron nada, sólo que tenían orden de arresto y que se lo iban a llevar. Lula entró en el vehículo, desapareció en medio de ellos...

Agarramos el teléfono y empezamos a llamar. Llamamos a don Cláudio Hummes, a don Paulo Evaristo Arns, a la prensa, comenzamos a divulgar que Lula había sido arrestado. Nadie sabía dónde estaba Lula. Estábamos desesperados. Hasta que conseguimos saber a dónde lo habían llevado. La gente de la iglesia ayudó mucho en esa época. Descubrieron dónde estaba, en el DOPS en San Pablo.

Lula: hasta el fin

Aquella noche que se lo llevaron preso, Lula se sentó tranquilo en la cama. Pidió café. Le fui a buscar un café. Lula se cambió y salió ¡con una tranquilidad! Y yo desesperada pensando: "Esos tipos van a invadir mi casa". Estaba preocupada por los niños, ¡si irían a hacer una masacre allí adentro! ¡Cómo saberlo! Estaba angustiada.

Había gente que quería que Lula huyese. Pero Lula dijo: "No. Con estas huelgas voy hasta el final. No me voy a escapar". Le habían insistido en esa época para que se fuera del país... Él dijo que se quedaba hasta el final.

Cuando Frei Chico estuvo preso fuimos a visitarlo a la comisaría. Ya sabíamos sobre eso, sobre prisión, tortura. Convivíamos con Luiz Eduardo Greenhalg, en esa época él estaba averiguando sobre personas desaparecidas, trabajaba para las familias que no sabían el paradero de los hijos, los maridos... Yo estaba desesperada. Estaba realmente desesperada porque ya había perdido un marido y Lula estaba preso. Pero gracias a Dios todo salió bien.

¿Padre bandido?

Cuando arrestaron a Lula, Fábio era muy pequeño. Tenía cuatro para cinco años. No era posible darle muchas explicaciones de lo que estaba pasando, a pesar de que estaba siempre junto a nosotros, de que no salía de nuestro lado. Lo peor fue lo que pasó con Marcos, que iba a la escuela. Cuando arrestaron a Lula intentamos explicarle. Pero a un niño de nueve años le resulta difícil entender ciertas cosas. El chico ve el noticiero, ve al padre preso... Marcos sufrió mucho, los niños en la escuela decían que su padre era un bandido. Y encima, por desgracia, le tocó una maestra que estaba totalmente en contra del movimiento de Lula. Ella le hizo mucho daño a Marcos. Y hasta que todo se iba normalizando y nos dimos cuenta de que eso estaba pasando, transcurrió un buen tiempo. Fue un sufrimiento.

Marcos lloraba y no quería ir a la escuela, y yo le insistía para que fuese. Le decía que tenía que ir y no podía faltar. Cosas de madre. Pero él no me contaba nada, porque veía mi sufrimiento, me parece. ¡Iba a la escuela porque la mamá se lo exigía, llegaba allá y era una tortura! Si los compañeros le tiraban avioncitos de papel, la maestra castigaba a Marcos. Lo culpaba de todo. Vivió torturado aquel año. Cuando descubrí lo que pasaba, lo saqué de la escuela. Perdió el tercer grado.

Al año siguiente fui a la escuela, que estaba cerca de casa. Conversé con la directora y con la que sería su nueva maestra. Y esa maestra se hizo muy amiga mía. Yo les dije a la maestra y a la directora: "No quiero que vaya al grado de fulana de tal, porque lo hizo sufrir mucho el año pasado. Mi marido no es un marginal y está luchando por los derechos de los trabajadores". Les conté todo lo que había pasado. Les dije: "Espero que este año no pase lo mismo. Si hay alguna huelga, algún problema, espero que los compañeros respeten a Marcos como niño, y no por lo que es su padre". Y a la maestra: "¡Si no estás de acuerdo con el movimiento, deja de lado al padre!". Esa maestra me ayudó muchísimo con Marcos. Él se estaba recuperando de lo que había pasado, estaba completamente aturdido. Hasta pensaba mandarlo a terapia, pero no hubo necesidad porque la maestra fue una supermadre para él. Cuando se casó, Marcos le pidió a esa maestra que fuese su madrina de casamiento. El nombre de ella es Irai Rodrigues. Fue una madraza para él. Yo lo guiaba en casa, ella en la escuela. El chico anduvo que fue una maravilla. Y él fue el hijo que más sufrió.

¿De qué te quejas?

Una vez fui al DOPS y lo llevé a Fábio a visitar al padre. "¡Eh, papá, de que te quejas?" Le dijo. Lula atendía a la gente en la sala de Tuma. "¡Estás en un hotel! ¿De qué te estás quejando? ¡Estás mejor aquí que yo en mi casa, llena de gente! Entran y salen, entran y salen, nadie puede descansar. Uno quiere comer y no se puede ni comer en esa casa", le dijo Fábio. Tenía cuatro añitos. Gordito, fuerte, un diablo. Marcos ya era más tranquilo. En 1980, tenía también a Sandro, bebé, chiquitito…

Marcha de las mujeres

Yo tenía miedo de que Lula no saliera de la cárcel, de que le pasara algo peor. Vivía angustiada. Yo no sabía nada de leyes. Las mujeres resolvimos hacer una gran marcha aquí, en São Bernardo. Yo estuve al frente de ese movimiento por los maridos presos. La hicimos. La marcha se hace, no se hace, pelea para salir, policía por todos lados, lo de siempre. Estábamos adentro de la iglesia matriz de São Bernardo. Fue en 1980. Habíamos resuelto comprar rosas, para salir en manifestación con las rosas y los niños. Yo estaba emocionada, había mucha gente. Nunca pensé que había tantas mujeres en el movimiento.

Conseguimos llenar la iglesia, el patio, todo lleno, fue una gran manifestación, No sé cuantas mujeres había allí. Había muchas. Muchas. Había sólo mujeres. Los hombres estaban fuera de la columna. Nosotras al frente. Yo y todas las mujeres que tenían a los maridos presos. Habían llevado presos a hombres de todos los sindicatos. Nosotras marchamos bajando toda la Marechal Deodoro, la policía amenazaba. Cuando había problemas, nos deteníamos. Dimos la vuelta en la Marechal, hicimos esa gran manifestación en São Bernardo. Cuando llegamos a la iglesia yo ya estaba muy emocionada, medio aturdida con todo lo que estaba pasando. En eso se me acercó un periodista y me dijo: "¿Sabes que tu marido fue encuadrado en la ley no sé cuánto?". Después me enteré de que era la Ley de Seguridad Nacional. En aquel momento pensé: "¡Listo! Nuestra marcha no ayudó, complicó la situación…". ¡Me sentí tan mal en ese momento!

Yo iba a hablar y no pude, se me hizo un blanco. Me sentía prácticamente quebrada en ese momento. No conseguía hablar. Quería agradecer, la iglesia estaba llena de mujeres. Había muchas mujeres de metalúrgicos, aun cuando sólo los directores del sindicato estaban presos. Pero ellas comprendieron y fueron a la calle a ayudar, a apoyarnos. Yo estaba muy emocionada. ¡Y viene el periodista y dice eso!

Yo no entendía nada de leyes, nada… Me volví loca. "No ayudé a mi marido", pensaba. "Compliqué la situación de mi marido." Era la primera marcha que nosotras hacíamos. Tanta gente en la calle. ¡Imagínate cómo estaba mi cabeza! Pero al final la movilización terminó ayudando, tuvo repercusión internacional. Y funcionó bien. Nosotras teníamos que hacer algo. Estábamos demasiado quietas, sólo íbamos a las asambleas de Vila Euclides. Sólo eso. Todos los días se hacía un acto para contar cómo estaba la situación, no se salía de eso. Era necesario hacer algo para llamar la atención. La iglesia y la pastoral ayudaron. El propio sacerdote ayudó mucho, el padre Avelino. Él ayudó incluso a refugiar a la gente del sindicato. a organizar las reuniones, las marchas… la iglesia se convirtió en algo del pueblo. Él está hoy en Rio Grande do Sul, nos encontramos en una Caravana de la Ciudadanía. Lo adoro.

Liberan a Lula

Cuando supe que Lula iba a salir de la cárcel, fuimos a buscarlo. ¡Fue una emoción tan grande! ¡Él saliendo de la cárcel después de tanto tiempo lejos! Vinimos a casa. Cuando llegamos, mi casa estaba tomada. Había gente hasta en el techo. De la vecindad, toda la gente fue a mi casa. Estaba todo lleno, hasta me sorprendí. Llegué y no encontré mi casa sino aquella multitud festejando. ¿Sabes esa gente que va siempre a tu casa y de vez en cuando se le acaba a uno la paciencia? A veces quería estar sola, ser dueña de mi casa, ¿entiendes? Pero de repente pensaba que era bueno no estar sola en ese momento. Era un momento tan difícil que no me imagino como hubiera sido si hubiera estado sola. Los que venían mucho a casa eran los metalúrgicos, gente del sindicato, de la gestión de Lula. Esos estaban todos presos. Pero venían de otros sindicatos, como Olívio Dutra de los bancarios, Jacob Bittar, del petróleo de Campinas. Venían João Paulo Pires, de Betim, Antônio Carlos, del PMDB en la época, Geraldo Siqueira, Eduardo Suplicy.

Entonces me pareció muy bien que la casa estuviese llena. Hasta hoy no me libré de eso. Pero en el fondo lo disfruto. A veces me irrito y mando a todo el mundo fuera de aquí. En esa época también lo hacía. ¡Ahora, basta, se terminó, Lula está en libertad! ¡No quiero más reuniones aquí en mi casa! Pero era cuestión de segundos. Al rato la gente hablaba por teléfono y yo ya estaba organizando algo para Lula en mi casa. No hay caso. Eso también me termina gustando.

Vivir la vida

Cuando Lula salió de la cárcel, pensé: "Ahora se acabó. Intervinieron el sindicato de él. No lo van a entregar más". Pensé "Ahora Lula va a llegar a un acuerdo con la fábrica donde trabaja, consigue otro empleo". Quería que consiguiese otro empleo, que armara algo. Lo que no quería era que volviese a la actividad sindical. Pensaba que gracias a Dios iba a estar en paz, vivir realmente la vida. De repente, Lula se empecinó en formar el partido. Lo peor es que yo, muy diligente, dije: "¡Sí!, vamos a armar ese partido!". Pero jamás me imaginé que le iba a tomar todo su tiempo. Pensaba que sería más tranquilo que cuando estaba en el sindicato. Pero empeoró, no para más en casa, no tiene tiempo para nosotros, viaja mucho. En el sindicato era mejor porque se lo podía localizar. Era la única sede y desde allí yo conseguía saber dónde estaba. Ahora, con el Partido de los Trabajadores...

Al principio no teníamos local para reunirnos, era una complicación. Peor que cuando estaba en el sindicato. Yo pensaba que estábamos saliendo de algo pésimo para algo mejor [risas]. Y cuando empezaba a tomar conciencia, ya estaba casi legalizado el partido. El partido que yo ayudé a legalizar. Lula comenzó a viajar por todo Brasil. Yo me quedaba sola con los niños y él se iba. Fue tremendo.

Pero nunca le pedí a Lula que parase, nunca. Yo siempre doy estímulo. Creo que Lula se siente seguro conmigo, mucha gente ya me dijo eso. Ricardo Kotscho, que es muy allegado a nosotros, siempre dice: "Marisa, tú le das seguridad a Lula". Porque yo nunca digo no. Y cuando digo no, la cosa sale mal. Generalmente cuando le digo que no cuente conmigo, que no voy, o que estoy en contra, sale mal. Entonces, en ese caso, yo no tengo la posición de mujer de mi marido. Tengo una posición de militancia. No es cuestión de agradar a Lula sino de lo que es bueno para él. Y creo que mi postura es clave para el éxito.

Sin deslumbramiento

¿Sabes que no pienso mucho en cómo vamos a organizarnos si Lula fuera presidente? ¿Sabes que no lo pienso todavía? Ni yo ni mis hijos. Creo que ahora Lula tiene que hacer la campaña para ganar. Después vamos a ver cómo organizamos la familia. Yo no tengo delirio de poder. Creo que mi cabeza no cambiaría mucho si Lula fuera presidente... Él ya fue presidente del sindicato, uno de los más grandes del país. Yo fui tratada como primera dama del sindicato. Pero lo único que yo quería era estar juntos, conversar en los grupos, estar con la gente. Nunca quise ser más que los otros. Por mi mentalidad, ser mujer del presidente de la República no me va a hacer cambiar... Es algo que ya está en mí, ¿entiendes? Ya le estoy prohibiendo a todo el mundo que me digan primera dama. No quiero. No me gusta ese nombre, no quiero ese nombre. Prefiero que me llamen por mi nombre.

No quiero asumir ningún cargo si Lula es electo. Sólo quiero ayudar en lo que pueda. Y, además de eso, cuidar a mis hijos. Vamos a hacer tal cosa. Yo digo, está bien, ¿en qué puedo ayudar? Entonces me voy a abocar a ese trabajo.

El poder no me deslumbra. Me fastidia llamar la atención. Nunca me permití que se me subieran los humos, eso de que voy a ser fulana de tal. Me gusta arreglarme, vestirme, pero de acuerdo a las circunstancias. Les digo a mis hijos que lo que les vamos a asegurar es su formación, para que puedan desenvolverse en la vida. Si teniendo estudios ya es complicado, imagínate sin.

Lo que dicen de Lula

Cuando escucho algún ataque, cuando leo alguna mentira sobre Lula, me comporto más como militante que como esposa. Me pongo furiosa con las mentiras. Me da rabia. Pero no es porque es mi marido que me da rabia. Hay mucha gente que se lo toma como algo personal. Si veo que lo atacan a Lula, sé que es porque él está en un partido político, que ese es el motivo por el cual lo atacan. No sufro demasiado. Y no me busco complicaciones, no me meto. Uno sabe que de todas maneras esas cosas van a pasar. ¡De vez en cuando leo en los diarios cada estupidez!

En una oportunidad leí un pequeño artículo en el que el autor decía lo siguiente: "Cuando Lula aparece en televisión rascándose la panza, no es que tenga picazón. Él sólo se rasca para que todo el mundo vea que le falta un dedo de la mano. Él quiere reafirmar su imagen de ex obrero metalúrgico mutilado. […] Ese movimiento no es natural, es planificado […]". ¡Qué disparate! A veces les digo a los chicos: "¿Has visto lo que escribieron sobre tu papá?". Yo leo el diario porque me gusta leerlo. No porque habla de Lula. No colecciono recortes, nada. Nuestra vida es un libro abierto. Todos lo pueden leer.

Haciendo balance

Pienso en todo lo pasó. Creo que todo lo que pasa tiene su lado bueno. Por malo que sea, terminas aprendiendo, terminas ganando algo. Lo que me parece malo, es malo en su momento. Para mí lo peor es la enfermedad. La muerte. El resto no es problema. Me molesta en el momento y enseguida pasa. No me acuerdo de lo malo. Con la enfermedad me vuelvo loca, desesperada. Fuera de eso, nada malo. La convivencia con Lula es buena. Los chicos son educados. Con lo solos que los tengo que dejar... No hay disgustos en casa. Soy una mujer feliz.

Historias de la juventud
- LAMBARI -

"Cuando le dieron la noticia de la muerte de Lurdes en el hospital… Los médicos querían darle sedantes a Lula, él no aceptó. Lula estaba indignado, trastornado. Perdió a la mujer y al primer hijo juntos. Nosotros queríamos procesar al hospital. Después yo le dije: "¿Sabes qué pasa? Ella no va a volver, no sirve de nada!""

"Nadie del hospital lo llamó a Lula, nadie me llamó a mí. Nosotros teníamos teléfono, no era nuestro pero ellos tenían a dónde llamar. Nosotros les dejamos el número. ¡Virgen Santa!, qué desesperación cuando llegué allá y no habían llevado todavía el cajón, mi hermana estaba cubierta con una sábana y el bebito a su lado…"

La primera aventura de Lambari[1]*

¿Sabes cómo lo conocí a Lula? Yo vine del interior, de Bariri, a los 17 años. Un tipo fue allá a mi pueblo y me engañó, me dijo que San Pablo era una maravilla. El tipo dijo: "Lo único que vale la pena es San Pablo". "¡Me voy para allá!" Vendí mi taller, nadie me pagó. Porque allá no existe aquello de pagar al contado, te decían: "no te preocupes, te pago después".

Me fui con mi primo a San Pablo ¿y sabes dónde fuimos a parar? Paranapiacaba. ¡Era la última estación del tren que iba para Santos!

---

[1] Lambari es el apodo de Jacinto Ribeiro dos Santos, hermano de Lurdes, primera esposa de Lula. Lambari es también el mejor amigo de Lula durante la juventud. Esta entrevista se realizó en la casa de Maria, hermana de Lula, quien participa de la conversación en algunos trechos, el día 27 de junio de 1994.

* Lambari: Designación común a más de trescientas especies de peces. Son de tamaño reducido y muy apreciados en culinaria en el interior de Brasil.

Paramos en una pensión de madera. ¡Hacía un frío…! Era en el mes de junio, y el tipo no sabía, nosotros no sabíamos que había crisis. ¡La crisis que castigó en 1964! En 1964 "no había para nadie", no había trabajo, estaba todo parado. Y el tipo pensaba que para él estaba todo bien… ¡También, era peón de albañil! Él me llevó a una pensión. Los únicos que sabíamos leer y escribir éramos él y yo.

¡Qué desgracia haberme venido para aquí! Para sacarme una fotografía gasté dinero. Para sacar el documento, también. Tenía 17 años, no tenía edad para conseguir empleo. En el interior era mucho mejor, yo me había recibido de tornero mecánico. El tipo que me llevó a aquella pensión… Por eso es que nunca más en la vida comí salpicón de papa, salpicón de carne, harina de mandioca y pimienta. Era lo único que había allí para comer, era horroroso…

Y mi dinero se fue acabando, tenía cada vez menos, y menos y… en ese momento Dios me ayudó y conseguí trabajo en una empresa. Alquilé una pieza en una pensión cerca de la fábrica. ¿Y sabes lo que hice? Ayudar a mi amigo, que era también mi primo. Y lo llevé a la pensión, que era mejor, en la calle Silva Bueno.

Lambari conoce a Lula

Cuando conocí a Lula yo trabajaba en una metalúrgica que después quebró. Yo estaba en una pensión y veía el camión que estaba cargando acero, cargaba y cargaba. Yo me pregunté: "¿Qué diablos pasa?". Abrí la ventana y sólo veía al camión cargando. Al otro día estaban todos los peones en la calle, todos despedidos. Yo me había hecho muy amigo del dueño de la empresa, que también era de afuera, un argentino. Le dije: "Y ahora, ¿cómo voy a hacer para pagar la pensión?". El hijo del dueño me dijo así: "Quédate tranquilo, voy a entrar a la oficina y le voy a pedir a la empleada que te pague, pero no se lo cuentas a nadie". "Puedes quedarte tranquilo", le dije. Y me pagaron. Hasta hoy me encuentro con los amigos a los que nunca les pagaron.

Después fui a trabajar en la empresa Bombas Albrise, en ese lugar progresé mucho, fue una maravilla. Hice buenos amigos allí. Ya entonces vivía en Ponte Preta. Iba a pie hasta la avenida Anchieta. Y Lula estaba sin trabajo. Salí de Bombas Albrise y también me quedé sin trabajo. Comenzó el peregrinaje: Lula y yo, los dos desempleados. Nos fuimos a vivir a la calle Arapuá. La vivienda era un dúplex, nosotros alquilamos una casa y la otra estaba vacía. Al poco tiempo llega el rebaño de paraibanos, ¡la familia de Lula! [se ríe]. Y Lula con la mano enyesada, llena de gasas, vendas y tela adhesiva. Era la época en que se había cortado el dedo.

Lula se quedaba en la puerta de casa con la bicicleta. Apoyado en la pared, iba para adelante y para atrás, para adelante y para atrás... No tenía nada que hacer, ¿eh? [se ríe]. Y Maria Baixinha era enfermera...

Maria: En esa época ya tenía novio...

Maria Baixinha amaba a un camionero. Yo me fui haciendo amigo de Lula, de a poco se fue acercando. Era el más tonto del grupo. Tonto; no hablaba, no conversaba. Un día nosotros hicimos un baile en mi casa y yo empecé a bailar [se ríe e imita los pasos de baile].

Fue así: después de que alquilamos la casa, se vino la "bahianada" [se ríe]. Y Lula con la bicicleta para allá y para acá. Nosotros sólo teníamos una radio a pilas, unas sillas y una cocina vieja que nos había conseguido la mujer de la pensión donde vivíamos. Nos sentábamos en las sillas y nos quedábamos ahí, sólo mirando, como unos peregrinos... No eran sillas cómodas, no. En el living brillaban los revestimientos de madera, era una casa nueva, de alquiler. Y nosotros nos quedábamos escuchando la radio. Escuchábamos a Zé Bétio. Nadie conocía a nadie, éramos todos peregrinos.

Después de que la familia de Lula se mudó para acá, comenzó a haber más movimiento. Nos compramos un sofá, un tocadiscos... que también era radio. Ahí ya estábamos más a gusto. Lula y yo nos hicimos amigos, íbamos a la panadería, íbamos de acá para allá.

Lula, como un hermano

Tengo tanto aprecio por Lula, lo quiero mucho. Para mí es como un hermano. Nosotros "juntamos juntos muchas latas". Íbamos a comprar una *cachaça* y la bebíamos a medias, no teníamos dinero. El cigarrillo también era a medias. ¡El problema era que Maria Baixinha se lo fumaba todo! Yo no podía llevar el cigarrillo a mi casa, Lula sí podía. Yo le preguntaba: "¿Lula, dónde está el cigarrillo?" y me respondía: "¡Se lo fumó Maria Baixinha!".

Maria [riéndose]: ¡Es mentira! Lula nunca tenía dinero para el cigarrillo. Yo le decía: "¿Tienes dinero?". ¡Cuántas veces le di!

Mal inscriptos

¿Ya conté cómo nos inscribieron en el Registro Civil? La familia llegó de Minas Gerais y a nosotros, los hijos, nos inscribieron a los cuatro al mismo tiempo. Y mi padre, que nos fue a inscribir, no sabía nada.

La escribiente del registro le preguntaba: "Señor João, ¿a quién va a inscribir?

Él: "¡Cinto!" Yo "quiere" decir, ¡Jacinto! Y continuaba: "Nació en la cosecha del maíz".

Y la escribiente: "¿Pero que día fue esa cosecha?"

Él: "¡Toni!" Estaba hablando de Antônio…

La escribiente: "pero señor João, usted todavía no me dijo…".

Él: "¡Lurdi!". Estaba hablando de Lurdes…

Y la escribiente: "pero señor João…".

Él no sabía nada de nada. Y nos fue inscribiendo así, todo mal hecho. A mí me parece que la fecha de mi cumpleaños no coincide con los datos del Registro Civil. Creo que yo no tengo 48 años. Soy demasiado potente para tener todos esos años [risas].

Maria [riendo]: ¡Mmmmm…!, debes tener bastante más que 48…

El padre, don João

El entierro de mi padre fue muy extraño.

Maria: Él tuvo tantos paros cardíacos antes, que no lo creímos cuando realmente se murió. Yo decía: "¡Cuidado que se va a levantar!".

Mi padre pesaba 37 kilos. Cuando murió bajó un poco de peso, se fue a 35. Y un esqueleto humano tiene, como mínimo, 33 kilos; si contáramos sólo los huesos... Después que murió mi madre, pobre, estuvo con depresión...

Maria: Y aun así, la enfermedad y la depresión, ¡continuó viviendo 20 años más!

Lo internábamos con paro cardíaco y enseguida volvía del hospital. Había días en los que yo los llamaba por teléfono a todos, llamaba a todo el mundo. Llegaban todos pensando que estaba por morir. Y él volvía del hospital.

Él parecía insignificante, una "nada" en la cama del hospital, sobre esas camas con resortes. Parecía un don nadie. ¡Pero conocía a todo el mundo!

Maria: Él murió conversando.

Nadie quería que se muriera, sólo yo. Yo era el que lo cuidaba. Él tenía neumonía, problemas cardíacos, tenía de todo. Tenía todas las enfermedades, no le faltaba ninguna, ninguna enfermedad para dividir con alguien... [se ríe]. Se murió joven, a los 61 años [se pone serio]. Mi padre fue siempre enfermo. Nunca lo vi trabajar.

El apodo Lambari

Mi apodo me viene de la Volkswagen. Había un tipo que trabajaba antes en mi lugar cuyo apodo era Lambari. Entonces a mí me empezaron a llamar Lambarizinho. Pero Lambarizinho era más difícil de decir y me quedó Lambari también a mí. Después entró en la fábrica uno con el apodo de Piaba* pero se murió. Piaba fue a nadar

---

* Piaba: Designación común a varias especies de peces de tamaño reducido, boca pequeña y dentadura fuerte. Se alimentan de materias vegetales o de animales en descomposición / Lisa.

a Santos y murió ahogado. Todos me conocen por mi apodo, Lambari.

Lula era "taturana"

A Lula le habían puesto el apodo de "Taturana"* allá en la Villares, no sé por qué. No era peludo, ni siquiera tenía barba. Creo que era porque era bajito. Y ni siquiera, es porque cuando bailaba, se bamboleaba. Porque ni sabía bailar, aprendió conmigo. Yo lo llevé a Lula por el mal camino [se ríe].

Diversiones

Nuestras diversiones no eran realmente "diversiones". Porque diversión sin dinero no es diversión. Nuestra diversión era así: íbamos a misa de saco y corbata. A Lula ya le gustaba mi hermana y yo comencé a salir con una chica. No, no pasaban grandes cosas. Había un japonesito que se llamaba Olavo. Creo que en 1973 Olavo fue el primer amigo nuestro que tenía automóvil. Era feriante. Él tenía un Aero-Willys modelo casi del año. Y en ese momento empezó nuestro "crecimiento", comenzamos a evolucionar.

¿Conoces la ruta de la Lágrimas? Cuando sales de São João Clímaco, vas bajando; antes del puente que desemboca en la marginal hay una panadería en la esquina. Allí era la terminal de los ómnibus que iban para el Parque Dom Pedro. En aquella época los lecheros dejaban aquellos tarros de leche en la puerta. Cuando yo volvía borracho de los bailes, me llevaba los tarros de la puerta de los bares [se ríe]. La cantidad de litros de leche que había en mi casa no era broma. Me tomaba un litro así, empinando la botella.

---

* Taturana: voz tupí que significa "parecido al fuego" y que designa a las larvas urticantes de los insectos lepidópteros, que en contacto con la piel producen lesiones del tipo de una quemadura leve / Arg. (pop.) Gata peluda

Bailarines

En mi casa hacíamos también algunos bailes. Invitábamos a todos nuestros amigos. Y cada amiga invitaba a otra amiga. Mi madre enceraba los pisos, y mi hermana, con asco a la suciedad, sólo nos permitía bailar descalzos [se ríe]. Afuera de la sala donde bailábamos estaba todo lleno de zapatos. Se bailaba en medias, para no dejar marcas en el piso y para no ensuciar. Era maravilloso. Escuchábamos a Benvenido Granda, a Roberto Carlos y al rey del bolero de la época, Carlos Alberto, que cantaba aquellos boleros deliciosos.

Más o menos ricos

En ese tiempo nos hicimos más o menos ricos [se ríe]. Y nos fuimos a vivir a Jardim Patente, lejos de las inundaciones. Mi padre y yo vendimos nuestra casa en el interior y compramos una casa aquí, pero la casa se inundaba. No aguantábamos más. Y cuando baja el agua, deja la marca en la pared. Cuando la teníamos en venta, llegaban los que la querían comprar, ¡y apoyaban a los hijos contra la pared para ver si eran más altos que las marcas de agua. Había uno que llegó con el hijo bajito y dijo "¡Aquí nosotros no 'guantamos'!" [se ríe].

Terminamos alquilando la casa. No compraron.

Pobreza rica

No te imaginas qué lindo que era en aquella época. Era una pobreza rica. Creo que si hoy yo pudiese volver a aquella época, sería más feliz. Era todo tan lindo, esa simplicidad…

¿Banco? Nadie tenía cuenta en el banco. ¿Cubrir un cheque? ¿Qué cheque? ¿Qué inflación? Usábamos ropa prestada, nos la prestaba Zé Graxa, él tenía sacos. Tenía hasta un camión. Hoy ya no tiene más dinero…

Maria: Se bebió toda su fortuna. Fue perdiendo todo. El problema de él es realmente el alcohol.

365

Y Zé Cuia, nuestro hermano mayor, era mecánico pero no aportaba dinero en casa. Nadie sabe qué hacía con el dinero. Me parece que se lo gastaba en mujeres. Cambió cuando se casó. La mujer lo puso a raya.

Todo lo que el dinero pudiese comprar

Nosotros estábamos siempre juntos: Lula, Olavo y yo. Los padrinos de casamiento de Lula con Lurdes fueron Olavo y Mirtes. Olavo y yo trabajamos todo el tiempo juntos hasta hoy. Él también trabaja vendiendo automóviles. Y Quina se hizo músico.

Íbamos al cine juntos. Todo lo que había para ver, lo veíamos. Todo lo que el dinero pudiese comprar, era nuestro.

Una vez nos compramos tres chalecos iguales. Lula, mi hermano y yo. Eran unos chalecos bonitos. Yo conservo el mío. Andábamos los tres iguales. Íbamos a misa los tres vestidos igual. ¡Qué amistad increíble!

Lula "tonto"

De nuestro grupo [muestra foto] si nos ves a mí, a Osmar y a Olavo, te das cuenta de que Lula era el más tonto [se ríe]. Era tímido, no conversaba. No se acercaba a ninguna chica. ¡No se acercaba a una chica, no hablaba con nadie! No se puede entender como él se volvió así de inteligente...

Maria: La primera novia de Lula fue Lurdes.

La bella Lurdes

Era linda. Era una cosa de locos. Era la única hermana mujer que yo tenía. Era muy bonita, era la "más". Y no sólo era bonita, era muy buena. Adoraba a la familia [llora y se queda en silencio].

Maria: Ella era muy bonita. Muy bonita y muy simpática. La quería todo el mundo.

Entrega de diploma

Mi hermana se recibió en Ibitinga y yo me compré un traje en cuotas. ¡Parecía un rey! Compré uno de esos collares de perlas igual a los auténticos. De dos vueltas, lo compré en un puesto callejero. ¡Ah!, mi hermana no cabía en sí, llena de vanidad. Era la fiesta de egresada del curso de modista. Mi hermana estudió hasta el cuarto año.

Lurdes trabajó la tierra, ¡Virgen santa! Mi hermana era un "demonio", trabajaba demasiado. Mi madre tuvo un problema en el pulmón, estuvo cuatro años internada en un hospital de Araraquara. Y la que se encargaba de la casa era mi hermana. Tenía unos diez años. Se encargaba de mi padre y de los otros dos hermanos, mi padre también estaba enfermo. Y yo estudiaba en la ciudad.

En la primera empresa a la que acompañé a Lurdes para intentar conseguir trabajo, comenzó a trabajar al día siguiente. Era una tejeduría y al día siguiente volvimos para que entrara ya a trabajar. Ella no sabía nada, nada. Tampoco ganaba nada, nada. Hacía el trabajo general, costura. Llevaba las prendas para acá y para allá. Eso fue del '64 al '65.

Casi todos estaban desempleados. Y Zé Graxa tenía un camión. Zé Graxa era como de la familia. Él tenía su camión, no valía nada, pero lo tenía…

Maria: Zé Graxa es ese primo que se crió con nosotros. Con el dinero que ganó en la lotería allá en el Norte, él compró un camión viejo y un terreno con Frei Chico.

Maria y su camionero

Maria: Yo estaba de novia hacía casi cinco años y no se hablaba de casamiento. Antônio, mi novio, era chofer de camión, viajaba, nunca estaba en la casa. Él venía a encontrarse conmigo a la 11 de la noche, cuando los novios de las otras se iban, él estaba viniendo. Y entonces mi mamá le dijo: "¿Cómo es la cosa, Antônio, te vas a casar o no?". Era la primera vez que mi madre hablaba así con él. Él le respondió: "Si es por eso, ¡me caso ya!".

Antônio me dijo: "Busca unas ropas que vamos a escaparnos". Como era muy gracioso, pensé que era una broma. Y busqué algo pensando que íbamos sólo a dar una vuelta. Antônio le preguntó a Lula: "¿Qué hago con la llave de la casa?". Y Lula: "¡Ah! La tiras por debajo de la puerta".

Antônio estaba en Kombi. Y cuando llegó a mitad del camino yo le dije: "¿Vamos a volver ahora?". Y él respondió: "No, no te traje para volver". ¡Habló de esa manera! Ahí Lula pasó la noche entera despierto esperando. ¡Se moría de rabia! Se quedaron Lula, mi madre, mi hermana, todos despiertos. Al otro día nadie fue a trabajar. Fueron atrás de mí… Fue un trastorno. Pasamos por lo de mi suegro, le dijimos que mi padre estaba sintiéndose mal y que íbamos a tener que ir a Santos por eso. Era mentira. Pero yo no tenía documentos. Entonces, al día siguiente, fui a la casa de mi cuñada y todos bajaron ahí.

¿Y después, para volver a la casa de mi madre? Lula dijo: "Pero Antônio, con la confianza que yo tenía en ti, ¿fuiste a hacer una cosa así?". Yo no pensé que iba a tener tantos problemas. Pasé la noche en la casa de mi cuñada. Pero mi cuñado le dijo a mi marido: "Ahora, de aquí, sólo sales casado".

¡Lula se quedó con tanta rabia de esa historia! Porque él encima le dijo en broma a Antônio que tirara la llave por debajo de la puerta… Y Antônio obedeció. ¡Tienes que ver cómo mi madre se enojó!

Ella era mi madre

Lambari: Tengo la imagen de doña Lindu tan dentro de mi cabeza… Ella era mi madre. Si ella lo reprendía a Lula, también lo hacía conmigo al mismo tiempo.

¿Viste alguna vez a una mujer comiendo sandía con harina? Ella lo hacía. ¿Has visto eso? ¡La extraño tanto! Ella era una consejera. Nos apoyaba.

Frei Chico en prisión

Frei Chico, al que también le dicen Ziza, es otro hermano mío. Nadie tenía nada que ver con la política, menos Frei Chico que era comunista. Un día Frei Chico me invitó a almorzar a su casa. Pero llegué allá sólo habían quedados las chinelas. La Policía Federal había ido a buscar a Frei Chico a la puerta de su casa. Era un fin de semana. Yo llegué y sólo estaban las chinelas y su mujer desesperada. Llegué justo en el momento que lo habían llevado.

La policía ya venía investigando a Frei Chico hacía mucho tiempo. Ella era del "Partidón".

Maria: Pero nadie sabía eso.

En la cárcel Frei Chico conoció a un amigo mío. Era estudiante, era rico, hacía la facultad. La cárcel le complicó su carrera. Pero el día que él desapareció, nadie encontraba a Frei Chico.

Maria: Mi marido lo buscó la noche entera.

Yo anduve como peregrino. Eran tiempos de la dictadura. Dictadura: ¡hablaste del gobierno, a la cárcel!

Maria: Mi marido, Antônio, fue a lo de mi cuñada, la mujer de Frei Chico, y le preguntó si no había ido nadie aquel día a la casa de ellos. Frei Chico no le comentaba ni a la mujer lo que hacía. Era todo escondido. Ni mi cuñada sabía. Y mi cuñada le dijo a Antônio que habían ido allá unos tipos, preguntando sobre unos parientes. Entonces Antônio dijo: "¡Agarraron a Ziza, agarraron a Frei Chico!". Eran las 4 de la mañana. Recién al otro día supimos que habían detenido a fulano, que habían detenido a mengano. A Frei Chico no lo mataron porque su detención salió en el diario. Y cuando sale en el diario no matan, ¿no es así?

La primera novia

Mi hermana nunca había estado de novia y Lula tampoco. Un día hicimos una fiestita allá en casa. En ese baile Lula fue a pedirle la mano a mi hermana para ser novios. Pero Lula tenía vergüenza. De mi padre no, mi padre un cero a la izquierda, en el buen sentido [ríe]. Y mi madre también... El que dominaba el área era yo. Yo era el jefe de la familia. Todos tenían que hablar conmigo. Como Lula y yo éramos muy amigos, no sabía cómo encararme...

Maria: Entonces Lula emborrachó a Lambari. Ponía bebida para él y para Lambari. Lambari tomaba y él no [ríe]. Y cuando Lambari estaba bien borracho, Lula le pidió permiso para noviar con Lurdes. Cuando Lambari llegó a su casa, fue directo a contarle a su padre y a su madre.
Yo permití que ellos noviaran.

Maria: Lambari permitió en el mismo momento, estaba borracho.

En Jardim Patente comencé a noviar con Ruth [Tiana, hermana de Lula] y Lula ya noviaba con mi hermana. Yo noviaba con Ruth y me iba de su casa a las 10, cuando llegaba a casa Lula estaba con mi hermana. Él me miraba y decía: "Dame un tiempito...". Yo me iba a dormir y él se quedaba allí, noviando.
Lurdes no era enamoradiza, nunca había noviado con nadie. Lula fue su primer novio. Ella era brava, seria, honestísima. Más adelante ella empezó a trabajar en una tejeduría en Sacomã. Hasta hoy los turcos de allí la adoran. Ella fue una persona que dejó una bonita imagen. Era una persona excelente, maravillosa.

Lurdes, embarazada, se enferma y muere

Una vecina de mi madre, doña Maria, le que contó a ella que había soñado con Lurdes toda vestida de blanco. Cuando le conté a mi mamá que Lurdes estaba enferma mi madre se horrorizó, pensaba que ella iba a morir. Porque esos sueños muchas veces se hacen reales. Cuando mi madre miró bien a Lurdes, esta estaba pálida, con el rostro todo blanco. Fue al hospital y no la internaron en el momento, recién al otro día, cuando volvió.

Maria: Lula estaba preocupadísimo. Lurdes lloraba, la madre de ella lloraba. En el hospital el médico dijo que no sabía qué es lo que ella tenía y la mandó de vuelta a su casa. Le dijo: "No, no tiene para nada hepatitis. El que te dijo eso está loco". Lurdes era de piel morena, pero estaba amarilla. Estaba con hepatitis. Mi madre me dijo: "Maria, prepárate, porque me parece que ella no se escapa". El día que vinieron a dar la noticia a mi madre, ella ya sabía que Lurdes había muerto.

Cuando dieron la noticia de la muerte de Lurdes en el hospital... Los médicos querían darle calmantes a Lula, que él no aceptó. Lula estaba indignado, trastornado. Perdió a su mujer y a su primer hijo juntos. Nosotros queríamos hacerle un juicio al hospital. Luego yo dije: "¿Sabes una cosa? ¡Ella no va a volver más, no sirve de nada!".

Nadie del hospital llamó por teléfono a Lula, ni a mí. Teníamos teléfono, no era nuestro pero tenían a quién llamar. Nosotros dejamos el número. Qué desesperación cuando llegué allá y todavía no había cajón, estaba mi hermana cubierta con una sábana y el niñito al lado... Reconocí a mi hermana porque tenía una cicatriz en el tobillo, de cuando trabajaba en el campo. La azada se le había caído encima de la pierna. Cuando vi eso...

En el velorio de Lurdes llegó a quebrarse el piso de la casa, de tanta gente que había. Había mucha gente que Lula conocía, muchísima gente.

Entierro de doña Lindu

El día que la madre de Lula murió, él estaba preso porque había organizado las huelgas. Pero le permitieron ir al entierro de su madre. Había hecho huelga de hambre dentro de la cárcel. Estaba hacía mucho tiempo sin comer cuando su madre murió. Lula estaba amarillo, amarillo. Esa barba larga y Lula amarillo. Había dos oficiales de policía al lado de Lula en el entierro. Y Lula, amarillo, se iba hacia delante y hacia atrás, hacia delante y hacia atrás, se balanceaba de tanta debilidad.

En el cementerio los obreros se agarraron de las manos, así, dando un enorme abrazo. Era una increíble cantidad de gente. Unos 300

371

operarios. Era la cosa más emocionante. Lula había llegado en un Chevette de la Policía Federal. Terminado el entierro, los tipos se lo llevaron corriendo. Los de la policía salieron corriendo como locos. Sólo fueron dos policías con Lula. No estaba ni esposado. Él haciendo huelga de hambre y la madre que muere… ¡Qué problema!

Por los bailes de la vida

Ahora voy a hablar de cosas alegres. Hay que dejar la tristeza atrás. Una vez Lula y yo íbamos a un baile no sé dónde. Antes de noviar, éramos fiesteros. Había un tipo que estaba allí conmigo que tenía una prima que cumplía años. Entonces fuimos al cumpleaños de la mujer. Y era bonita, bonita en serio, y le gusté. Entonces le pregunté al tipo cómo hacía para acercarme a su prima. Me dijo: "El sábado tiene el casamiento de la hermana, ve allá". ¿Puedes creerme que Lula se puso un traje –creo que era de Zé Graxa–, un traje marrón, que las mangas le pasaban unos siete centímetros de las manos? [se ríe]. Y nos fuimos a ese casamiento.

Llegamos allá y el padre de mi amigo sirvió chopp. Lula y yo nos quedamos con aquel chopp y un paquete de cigarrillos como socios [se ríe]. Y Lula allí, con ese traje marrón.

Maria: Ellos no se despegaban nunca.

Y yo con un pantalón acampanado de este tamaño… Y Lula allí, con ese enorme traje marrón. En eso, comienza a sonar un bolero, y Lula me dice: "Ve allá, ve allá". Yo "subí una escalera" [se ríe, mostrando que se quedó en punta de pie] y llamé a la mujer para bailar. Y la mujer vino. Era una música de Ray Conniff, una que en la mitad para. Y yo bailando con ella ya fui deslizándome hacia abajo… [Se ríe y gesticula, mostrando que enterró la cara entre los senos de la mujer.] ¡Se le podía ver hasta el ombligo por el escote! Y la mujer: "¿Querías hablar conmigo?". Yo: "¡No sé por qué te llamé!". Y la música de Ray Conniff hacía el "chan, chan" y comenzaba otra. En ese "chan, chan" la mujer desapareció [se ríe]. Lula y yo nos fuimos a tomar el ómnibus, pero estábamos parados del lado contrario de la calle. Hasta que apareció uno y nos dijo que estábamos del lado equivocado [se ríe]. Estaba muy oscuro… En el ómnibus Lula me decía: "¡Es aquí!". Y yo: "Calma, todavía no pasamos el puente". Nadie lograba ver nada. Tratábamos de ver dónde estaba Ponte Preta. Después de mucho mirar, logramos hallar el camino. ¡Qué satisfacción llegar a casa! Teníamos unos 18 ó 19 años.

Aventuras acuáticas

Cuando nos fuimos a vivir allá, sufríamos inundaciones. Lula y yo nos hicimos "expertos" una vez que lo descubrimos. Un día, para que tengas una idea, con un sol muy fuerte, el agua estaba entrando dentro de casa. Lo que ocurre es que había llovido en São Bernardo. Nosotros vivíamos al lado de ese riacho de São Bernardo que va hacia São Caetano. Y Lula y yo teníamos que ir a una fiesta, era una fiesta de egresados. Estábamos yendo allí y cae el agua. Pusimos nuestro sacos así, en un palo de escoba. [Estira el brazo y muestra cómo hacía equilibrio con el saco levantado en dirección al techo para que no se mojara.] El agua hasta el pecho y nosotros haciendo equilibrio con el saco bien alto [risas]. Ahí nos fuimos a la casa de Zezão, un amigo nuestro. Nos cambiamos allá y fuimos al baile. Era en el aeropuerto, Club Aeropuerto, no me olvido hasta hoy.

Al final del baile, Lula tenía sueño y se durmió con la cabeza apoyada sobre la mesa. Lula tenía una camisa blanca, porque tuvo que ir de traje. Al cuello de su camisa se le doblaron las puntas hacia arriba, como si fuera una antena… Cuando lo llamé para que nos fuéramos, la camisa no volvía a su lugar [risas]. Y yo le decía: "Colócala bien". Y él contestaba: "No, no hay forma".

Yo no me olvido de eso nunca, Lula con el cuello de la camisa doblado de tal forma que no volvía a su lugar. Los trajes de Lula eran todos de Zé Graxa. Yo tenía mis zapatos. El que no tenía nada era Lula, no yo. Yo hasta tenía un traje hecho a medida. Había un sastre en São João Clímaco que hacía todo en tres cuotas. Yo bailaba mucho, era fanático. Me ponía mi traje, me colocaba el cinto y los pantalones acampanados. Yo era bailarín.

Proyectos de vida

Maria: Lula una vez estuvo un largo tiempo desempleado. Un día leí en el diario que precisaban un tornero-mecánico. Entonces le dije: "Lula, ¿por qué no vas?". Lula fue. Cuando llegó a Villares, lo contrataron en el momento.

En 1966 estábamos Lula y yo desempleados. Él fue a Villares y yo a la Volkswagen. Y los dos ingresamos juntos. Fue una gran alegría. Esta vez pudimos comprar una paquete de cigarrillos para cada uno [se ríe].

Nadie nunca sabía lo que iba ocurrir en el futuro. Yo pensaba que Lula a ser recolector de papel, cartonero [se ríe]. ¡Era el más débil del grupo, era medio tonto! Yo era el más despierto. Nadie se iba a imaginar que íbamos a llegar adonde estamos. Nadie tenía un proyecto común. Nuestro proyecto era conseguir empleo y trabajar.

El carácter de Lula

Lo que más me marcó en la convivencia con Lula es su carácter, su honestidad. Dentro de él tiene una honestidad que no se puede ni explicar. Él es "el" hombre honesto. Yo tengo una enorme gratitud hacia él. Es "el" amigo. Después de Lula, nunca tuvo un amigo como él. No lo digo por lo que es hoy en día, sino por nuestra realidad de antes, por nuestra batalla.

Hoy tengo amigos, pero ellos tienen dinero y yo también tengo. Así no es ser tan amigo, uno paga una cerveza y el otro paga la otra. La amistad de verdad es comprar un paquete de cigarrillos para los dos. Si yo quisiera compartir un paquete de cigarrillos con alguien hoy en día se reiría de mí.

Mi amistad con Lula es muy profunda. Es algo que te marca. Es algo que no se puede olvidar por el resto de tu vida. El puede ser Presidente, puede ser lo que sea, pero él siempre va a saber con quién pasó la infancia. Yo tampoco puedo escapar de eso. Si un día llega a ser presidente de la República y me preguntan quién fue mi amigo, les voy a decir: fue Lula. Uno no puede escapar de eso.

En busca de una historia

"Si no, dígame usted: ¿negro es negro? ¿blanco es blanco? O: cuándo es que comienza la vejez, que surge de adentro de la juventud.

"La confianza –usted sabe– no se saca de las cosas hechas o perfectas: lo que ella circunda es lo caliente de la persona."

João Guimarães Rosa, *Grande sertão: Veredas*

El papel de la historia oral

Al final de la década de 1960 los historiadores norteamericanos vivieron el *boom* de la historia oral.[1] Hoy, a pesar de ser bastante utilizada en todo el planeta y en una serie de estudios que se volvieron clásicos, como los de Oscar Lewis (autor cuyas obras tienen una importante influencia en este libro), la historia oral todavía recibe, hasta nuestros días, críticas de algunos intelectuales apegados a los documentos impresos. Una de las principales críticas formuladas por esos sectores reside en la afirmación de que la historia oral promueve a la condición de documento entrevistas que pueden estar influenciadas por evaluaciones subjetivas. O sea: el documento que la

[1] Veinte años antes, Allan Nevis, considerado el fundador de la historia oral tal como la conocemos hoy, organizó, ya en 1948, en los Estados Unidos, su Oral History Research Office, un centro de investigaciones de la Universidad de Columbia, en Nueva York. Actualmente, el Instituto congrega a más de 2.500 investigadores en torno a un archivo que reúne millares de cintas grabadas (Thompson, 1992, pág. 14).
Difundida hoy en el mundo entero, la moderna historia oral también echó raíces en suelo brasileño. Entre los centros de investigación más importantes de Brasil se encuentran el Centro de Investigación y Documentación de Historia Contemporánea de la Fundación Getúlio Vargas, en Río de Janeiro, el Museo de la Imagen y el Sonido (MIS) de San Pablo, y el Centro de Estudios Rurales y Urbanos (CERU) de la Universidad de San Pablo. A pesar de haber cobrado aliento en los últimos años, todavía hay restricciones a la historia oral por parte de algunos sectores más conservadores del medio académico.

historia oral produce no sería confiable, dado que su "objetividad" de documento histórico podría estar comprometida por los intereses y pasiones de aquellos que conceden las entrevistas. Fácilmente refutable, el argumento de la falta de neutralidad de los documentos de historia oral cae por tierra cuando consideramos que toda documentación escrita fue producida por personas sujetas a las mismas "limitaciones" de las entrevistadas.

Los intereses explícitos y los deseos indescifrables forman parte, ambos, del universo humano, atravesando inevitablemente todas nuestras producciones. Y eso si consideramos los aspectos subjetivos como una "limitación". Como, al contrario de estos intelectuales, consideramos los factores subjetivos un rico y elucidativo material de análisis histórico, definimos como finalidad de este trabajo ir más allá de los aspectos calificados como objetivos, realzando también los aspectos subjetivos. En ese sentido, la historia oral se muestra como un método y una teoría extremadamente adecuados a nuestros intereses.

En la obra *La memoria colectiva*, Maurice Halbwachs explica que en la memoria de los hombres las experiencias que ellos mismos realmente vivieron son traducidas para sí mucho más como la verdadera historia, que la historia sobre la cual hayan leído a través de algo impreso, o sea, a través de la escritura.

Para él, la historia escrita se distingue de la historia vivida, ya que esta última constituye "un cuadro vivo y natural sobre el cual se puede apoyar el pensamiento" (Halbwachs, 1968, pág. 71). Y es sobre este "cuadro vivo y natural" que la historia oral lanza hasta el fondo sus redes de pescador, con la expectativa de captar lo que no siempre es visible en la superficie de las aguas o, en este caso, en la superficie de ciertos textos impresos.

Argumentando también a favor de la historia oral, cabe recordar que el nacimiento de la historia estuvo marcado justamente por la oralidad, ya que la memoria de la humanidad se perpetuó a lo largo de los siglos mucho más a través del habla que del texto, o de cualquier otra forma de registro impreso. Interrogando cuidadosamente a testigos oculares del siglo V a.C., Heródoto buscaba sus evidencias históricas en una sociedad iletrada, abriendo camino a los historiadores futuros (Thompson, 1992, pág. 52). No obstante, con el paso de los siglos, paulatinamente, la oralidad cedió lugar a los registros escritos. En el siglo pasado, por ejemplo, para tratar de dar mayor credibilidad a sus teorías, Karl Marx apeló a la estrategia de buscar en declaraciones impresas de autoridades reconocidas datos e informaciones que pudieran dar sustentación a sus argumentos.

Con ello, Marx influenciaría a una enorme cantidad de intelectuales que identificarían los documentos impresos como las fuentes más auténticas de investigación (Thompson, 1992, pág. 65). De este modo, la utilización del método de historia oral constituye hoy en día mucho más la reconquista de una habilidad del oficio de historiador que propiamente una nuevo descubrimiento (Thompson, 1992, pág. 103). Pues, como nos relata la historiadora Maria Isaura Pereira de Queiroz:

> A través de los siglos, el relato oral constituyó siempre la mayor fuente humana de conservación y difusión del saber, lo que equivale a decir que fue la mayor fuente de datos para las ciencias en general [...]
> El relato oral está en la base de la obtención de todo tipo de información y precede a otras técnicas de obtención y conservación del saber: la palabra parece haber sido si no la primera, por lo menos una de las más antiguas técnicas utilizadas para ello.
> [...] Más tarde, cuando se inventa la escritura, no es más que una nueva cristalización del relato oral (Queiroz, 1988, pág. 16).

Sobre la importancia que la historia oral volvió a desempeñar actualmente en los medios académicos, no faltan relatos. El conocido historiador Michel Vovelle explica cómo necesitó echar mano de la historia oral para comprender fenómenos que se situaban más allá de los registros iconográficos:

> [...] procuré abrevar de fuentes "diferentes", a fin de tratar de comprender por qué se puede, frecuentemente, inferir más de esos abordajes aparentemente oblicuos que de los escritos (material iconográfico). Como ejemplo, entre otros posibles, pensamos en la historia oral, actualmente en pleno desarrollo (Vovelle, 1991, pág. 31).

Continúa diciendo:

> Sea que se trate de cultura popular o de religión popular, o incluso de actitudes en escala macrosocial concernientes a la vida o a la muerte,

nos enfrentamos permanentemente con la necesidad de lidiar con el silencio y de sorprender por medio de la confesión indirecta lo que no fue formulado, ni siquiera claramente sentido. De allí la necesidad de recurrir a otras fuentes no conformistas, en un proceso de investigación en que la fuente escrita pierde su supremacía: la iconografía, la investigación oral sobre la memoria colectiva, lo gestual de los ritos y las prácticas (Vovelle, 1991, pág. 114).

El antropólogo norteamericano Oscar Lewis defiende la utilización del método de historia oral como una manera de aproximarse a las emociones humanas y, tal vez, al "espíritu", de su objeto de estudio. Lewis explica que sólo por medio de la historia oral es posible elaborar, por ejemplo, autobiografías que contienen profundas expresiones. Miedos, dudas, risas, lágrimas y vacilaciones componen un documento vivo que sólo con mucha dificultad sería posible construir a partir de cualquier otro tipo de método (Lewis, 1973, pág. XXI).

Hay también otro aspecto importante a considerar en estos dichos de Lula, tantas veces reproducidos: la naturaleza del contenido reproducido. En otras palabras, aunque el discurso de Lula sea hoy tan conocido, tan ampliamente divulgado, se basa casi invariablemente en evaluaciones sindicales y políticas.

Pocos son los relatos sobre sus condiciones y experiencias de vida, sobre los personajes que marcaron su personalidad en forma indeleble, sobre sus aspiraciones y los motivos que lo llevaron a seguir una trayectoria que le confirió notoriedad nacional e internacional.

En este libro deseamos construir un texto abierto a las personas que forman parte de nuestro objeto de estudio, los miembros de la familia Silva, de manera que estos personajes reflexionen sobre sí mismos y sobre los demás. Eso significa registrar, ceder espacio para que cada personaje histórico cuente su propia historia a partir de un determinado punto de vista. Cada uno de ellos reflexiona sobre sí, sus limitaciones, sus potencialidades, su mundo, su país. Al mismo tiempo, todos reflexionan sobre sus trayectorias comunes, explicitando y agregando significado a sus experiencias comunes.

Si a través de la historia oral tomamos contacto con la voz de los obreros de la familia Silva y descubrimos sus motivaciones para emprender –o no– la lucha en el campo sindical, fue también gracias a este método que pudimos registrar el discurso de cada uno de sus componentes, percibir sus mecanismos de funcionamiento interno y el tipo de relación que cada uno de esos personajes mantiene con los demás. Sólo a través de la historia oral logramos obtener un "retrato de familia" pintado a varias manos. ¿De qué otra forma sería posible obtener tales informaciones o evidencias históricas?[2]

Según el historiador Paul Thompson, la ventaja esencial de este método es la flexibilidad y la capacidad de dominar la evidencia exactamente donde esta es necesaria. Y es en el ámbito de la familia, de los recuerdos familiares, algunos sólidamente guardados, otros casi olvidados, donde la evidencia histórica se hace más necesaria. Además, sostiene que

> la evidencia oral, al transformar los "objetos" de estudio en "sujetos", contribuye a una historia que no sólo es más rica, más viva y más conmovedora, sino también más verdadera (Thompson, 1992, pág. 137).

Es en busca de esta historia más verdadera –pues sabemos de antemano que no existe una historia absolutamente verdadera, ya que no existen verdades absolutas– que recorremos nuestro camino.

---

2 Sobre la historia de la familia, Paul Thompson (1992, pág. 137) sostiene: "El rasgo más sorprendente de todos, sin embargo, quizá sea el impacto transformador de la historia oral sobre la historia de la familia. Sin la evidencia oral, el historiador puede, de hecho, descubrir muy pocas cosas, tanto sobre los contactos comunes de la familia con los vecinos y parientes, como sobre sus relaciones internas".

De la "cultura de la pobreza" a la "cultura de la transformación"

> "Hay un punto del cual no se puede volver atrás. Todo me había desviado hacia un único rumbo, mi coraje orientado hacia adelante, sólo hacia adelante [...]."
>
> João Guimarães Rosa, *Grande sertão: Veredas*

Volvamos nuevamente al Brasil de la época en que la familia Silva vive sus días como migrantes nordestinos, ya entonces instalados en el Gran San Pablo y familiarizados con las ventajas, desventajas y modo de vida que la metrópolis imprime sobre sus habitantes. Eder Sader, en su obra *Quando novos personagens entram em cena: experiências e lutas dos trabalhadores da Grande São Paulo 1970-1980*, escribió un capítulo "Sobre las experiencias de la condición proletaria en San Pablo". Con el subtítulo de "En la vorágine del progreso", el autor intentó develar el significado de la experiencia proletaria entre 1960 y 1980.

Sader recuerda que fue al inicio de los años cincuenta que el país cobró impulso guiado por la industria automovilística. Alrededor de las nuevas empresas surgían barrios obreros, a lo largo de sus rutas de acceso brotaron ciudades dormitorio del Gran San Pablo. Fue exactamente en ese momento que la familia Silva migró para San Pablo y, siguiendo la ruta de millares de coterráneos, buscó –y en algunos casos consiguió encontrar– empleo en esas industrias modernas. Y, como tantas otras familias de inmigrantes, se instaló en sus barrios periféricos.

Lo que primeramente nos llama la atención en este importante trabajo de Eder Sader es percatarnos de que la trayectoria de vida, experiencia y cultura de los trabajadores estudiados por el autor también se corresponden con fidelidad a la historia vivida y relatada por la familia Silva. Como dijimos anteriormente Se hace evidente una gran confluencia de ideas, una expresiva concordancia en la caracterización del modo de vida y de la cultura obrera entre las obras de Oscar Lewis y de Eder Sader.

Eder Sader transcribe, por ejemplo, relatos de trabajadores que, así como Lula y sus hermanos, vivieron el drama del desempleo. Para un obrero, estar desempleado significa pérdida de la autoestima, en la mayoría de los casos hollada en la imagen de la dignidad construida sobre la capacidad de trabajo y la honestidad.

Observamos en ese texto de Sader la cuestión de la existencia de baja autoestima entre los trabajadores y poblaciones de bajos ingresos, como en Oscar Lewis.

¿Cómo comprobar tales atributos de dignidad y honestidad –fundamentales a la clase trabajadora– estando desempleado? Además, el trabajo significa una de las más importantes formas de inserción y construcción de la identidad social de esas poblaciones.

Es importante recordar que además de la seguridad financiera y moral que el empleo otorga al trabajador está también la seguridad de su integridad física frente a las constantes "golpizas" policiales. Tener una libreta de trabajo firmada es una especie de "certificado de buena conducta mezclado con un salvoconducto".

Lula y Frei Chico nos relatan detalles de los días amargos que enfrentaron de desempleo y cómo este hecho los abatió psicológicamente. Cuentan también por qué aspiraban a trabajar en empresas multinacionales: eran esas las que ofrecían los salarios más altos y –aquí aparece nuevamente la cuestión de la autoestima– formar parte de su plantel de empleados era un orgullo no sólo personal sino también familiar.

Desde nuestro punto de vista, pertenecer al plantel de empleados de una gran empresa, una industria que encarnase progreso y pujanza económica, era para el trabajador un símbolo de que él también pasaba a encarnar tales cualidades, representando la figura del vencedor dentro de las más genuina lógica capitalista. Trabajar en una "industria de punta", como las empresas automovilísticas multinacionales que se tornaron locomotoras de la industrialización brasileña, se traducía simbólicamente en ser el propio empleado un legítimo representante del "progreso". Progresar en la vida, para Lula y millares de otros trabajadores brasileños, dependía de caminar de la mano con el avance del capitalismo nacional.

Sobre la relación obreros/grandes empresas, Sader (1991, pág. 79) señala el hecho de que la formidable expansión industrial verificada en el ABC paulista al inicio de la década de 1970, sumada a la baja oferta de obreros calificados en el mercado, llevaban a un obrero calificado insatisfecho con su salario a tener como única alternativa para solucionar su problema financiero apelar al pedido de despido, ya que los sindicatos de trabajadores estaban con las manos atadas –pues se vivía bajo el manto represivo del régimen militar– y, consecuentemente, presionar a las empresas por mejores salarios no era una salida viable. Sobre ese tema pudimos observar cómo Lula y su hermano Frei Chico reaccionaron en sus constantes cambios de empleo. Aquí, una vez más, sus relatos confirman el relevamiento hecho por Sader.

Pero sólo tres de los Silva eran obreros de industrias del sector automovilístico, Lula, Frei Chico y Vavá. Estos dos últimos con poca calificación profesional, al contrario de Lula, que se convirtió en un obrero especializado gracias a un curso que le otorgó el diploma de tornero mecánico. A las mujeres les sobró el trabajo doméstico en las llamadas "casas de familia". Este era el trabajo más fácil o más "adecuado" para la mujer migrante, ya que exigía habilidades y patrones de comportamiento: la docilidad y la sumisión, por ejemplo, típicamente femeninas en nuestra cultura machista. Además, es preciso recordar que la adaptación a la rígida disciplina fabril era realmente un proceso muy penoso para quien había migrado de un universo tan diferente, donde las horas se contaban por la posición del sol, no por el número de piezas producidas en el seno de una frenética estructura industrial. Así, siguiendo el camino que el "destino" histórico le reservó, Marinete, la hermana mayor, sólo dejaría el empleo de doméstica después de años de trabajo, para casarse; Maria se convertiría en auxiliar de enfermería después de trabajar en una "casa de familia" como niñera y Tiana, la hermana menor y que tuvo mayor acceso a la educación, también repetiría la función desempeñada por Maria, la de niñera, siendo sin embargo la única que se volvió obrera en una fábrica de duchas. Cabe aquí recordar que industrias que demandaban meticulosidad y atención en detrimento de la fuerza física –como las del sector eléctrico y electrónico– preferían absorber mano de obra femenina, la cual, además de ser más "adecuada" para el trabajo, como vimos, pues era más delicada y más meticulosa, recibía menor remuneración, en comparación a la remuneración del trabajador masculino. Los relatos de Sader (1991, págs. 83-85) más de una vez están de acuerdo con los de la familia

Silva. A ejemplo de sus dos hermanas mayores, Tiana también dejó de trabajar tan pronto como se casó. Para los otros hermanos de sexo masculino sin ninguna calificación profesional, como Zé Cuia y Jaime, el desempleo era una amenaza mucho más permanente. Para ellos:

> La inseguridad y la inestabilidad son parte de su vida cotidiana, donde brotan continuamente tanto la rebelión como la sumisión (Sader, 1991, pág. 83).

En este pasaje, al describir la situación de los asalariados sin calificación profesional, Eder Sader nos recuerda una vez más (sin citar su texto) cuatro componentes de la cultura de la pobreza señalados por Lewis: la inseguridad, la inestabilidad, la rebelión y la sumisión. Siguiendo este mismo razonamiento, Sader sostiene:

> Los autónomos del "sector informal", sin estar directamente sometidos a un patrón y dependiendo cada día del éxito de sus estrategias para asegurarse la supervivencia, viven más fuertemente en situación de incertidumbre y desamparo (1988, pág. 83).

En el discurso de Jaime, principalmente, verificamos que estas descripciones de condiciones de vida se aplicaron en su experiencia personal. La dependencia completa del patrón, la inseguridad diaria en relación con la supervivencia para sí y para su familia, el constante desamparo por parte de las instituciones, todo eso componía y compone un cuadro que hasta hoy lo persigue. Y, una vez más, los textos de Sader y Lewis confluyen hacia un mismo punto: dependencia, inseguridad, desamparo, necesidad de asegurar la propia supervivencia diariamente.

Analizando el mercado de trabajo en el Gran San Pablo durante la década de 1970, Eder Sader dice que si la actividad de trabajo es extremadamente importante para la inserción del individuo en su grupo social, las condiciones diferenciadas de trabajo de ese mercado, que se tornó altamente competitivo, dieron como resultado una lógica individualista de ascenso social. Como citamos hace poco, el gran sueño de los obreros era asumir una función bien remunerada y valorada socialmente en el interior de las grandes empresas; así, el camino hacia el ascenso social y una mejor vida se hacía a través de una trayectoria individualista.

La famosa y tan repetida expresión popular "vencer en la vida" se traducía aquí en ser finalista en una carrera individual por un mejor empleo, es decir, mejor condición de vida, dejando a los compañeros atrás.

Para reforzar aún más la competitividad entre los trabajadores existía, en ese momento de la economía brasileña, la posibilidad de conquista de mejores cargos con relativa rapidez para los que eran más calificados profesionalmente, dado que el parque industrial crecía también en forma veloz (Sader, 1991, pág. 87). Así como sus hermanos, Lula relata su experiencia en este sentido, cuenta que sus "sueños dorados" de trabajar en una gran empresa nacieron en cuanto fue a vivir al Gran San Pablo. El niño se imaginaba en el futuro desempeñando este ideal que era también la realización del sueño que su madre había reservado para él.

Y tendría así el doble gozo de realización de este deseo de ascenso social: el placer de tornar real su sueño y el placer de tornar real también el sueño de su madre, conquistando al mismo tiempo la consecuente gratitud de su madre. Al mismo tiempo, podría "saldar" deudas subjetivas que sentía en relación a ella, debido a la dedicación que ella siempre le había prestado. En los discursos de Lula, así como también en los de sus hermanos, percibimos una enorme "sensación de deuda" para con doña Lindu, aunque sus hijos la hayan tratado siempre de la mejor manera posible.

Mientras vivían este sueño compartido entre madre e hijo, Lula, el eterno benjamín de doña Lindu, fue, como sabemos, el único que aún adolescente, tuvo la posibilidad de estudiar para convertirse en un obrero especializado. Mientras los hermanos mayores trabajaban casi todo el día para garantizar mínimamente el sustento familiar, Lula trabajaba pero también estudiaba. Así en el futuro, una vez recibido y como hombre adulto, él sería un trabajador calificado respetable, un orgullo para sí y para toda su familia, vestiría con satisfacción un uniforme de trabajo con la marca de una gran empresa estampada en el pecho, recibiría lo que para ellos representaba un fantástico salario y sería reconocido por sus pares como un ganador. Sería una forma de promoción hacia el simbólico ascenso social de toda la familia.

Sin poder imaginar el futuro que le reservaba un camino muy diferente del de este obrero calificado –que por vías diferentes, también significaría ascenso social– Lula, durante muchos años, simplemente albergó la esperanza de convertirse en obrero especializado que pudiese gozar de la estabilidad de un "buen empleo" en una gran industria metalúrgica y poder criar a sus hijos al lado de su esposa, sosegadamente, hasta envejecer y jubilarse, como tantos otros trabajadores que conociera y admirara. Este era su proyecto de vida. Más que un simple proyecto, era el proyecto de quien "venció en la vida". Nuevamente encontramos aquí un elemento más que podría ser caracterizado como de la cultura de la pobreza: la creencia en una salida individualista para un problema que, estructuralmente, era social, no individual. Pero Lula, en esa época, aún no tenía conciencia de que una respuesta más consistente y efectiva a este problema podría venir por intermedio de la organización colectiva de los trabajadores, no de la mera competencia profesional y personal entre ellos. Pasar de este grado de comprensión a otro, concibiendo la organización colectiva como respuesta a problemas colectivos, sería, como vimos en Lewis, cruzar los límites de la cultura de la pobreza.

Cuando focalizamos este punto limítrofe, en el cual se sobrepasa la línea divisoria de la cultura de la pobreza, se torna aún más evidente la contribución del estudio de Eder Sader a la comprensión de cómo estas clases sumergidas en el concepto de cultura creado por Lewis logran superar su condición de pobreza cultural. O sea, creemos que Eder Sader nos brinda, en el caso brasileño, una explicación para lo que Lewis dejó abierto.

El hecho es que, en el caso brasileño, en el período que estudiamos, todo nos lleva a creer que la superación de la cultura de la pobreza por parte de un segmento de la población ha sido el resultado de una serie de condicionantes económicos, sociales y políticos por los cuales pasaba el país en las décadas de 1970 y 1980. A la apertura política o distensión política se sumarían el surgimiento de grupos organizados en la sociedad civil, así como también nuevas formas de despegar a los sindicatos del Estado, para que estos abandonaran la mera función asistencialista que venían ejerciendo y pasaran a asumir la dirección del movimiento organizado de los trabajadores, que volvía a acumular experiencia y fuerza. Así, en un momento dado de la historia brasileña, muchos comienzan a cruzar las fronteras de la cultura de la pobreza y a creer en su capacidad de ser sujeto de la historia, dando origen a lo que llamamos aquí cultura de la transformación. Cómo se dio este proceso, lo veremos a continuación.

Analizando aún las características de este mercado de trabajo en que los Silva estuvieron sumergidos, Sader muestra la existencia de diferentes categorías de trabajadores, distinguiendo a aquellos que disfrutaban de estabilidad en el empleo de aquellos que, por el contrario, conocían de cerca la inestabilidad, viviendo de un lado para el otro en busca de empleo, girando como "trompos". En esta lucha vigorosa y muchas veces cruel por la supervivencia, el autor cree que la dependencia de los trabajadores del mercado de trabajo y de sus patrones asume variadas y diferentes formas de manifestación, siendo muchas de ellas disfrazadas. Para él,

> la supervivencia, la rebeldía, el resentimiento y el desamparo, la valorización de la libertad y la insubordinación están ahí presentes a través de las combinaciones más estrambóticas. En la elaboración de esas experiencias iban formándose las identidades colectivas (Sader, 1991, pág. 88).

Nuevamente Eder Sader trabaja con categorías de Lewis: rebeldía, resentimiento, desamparo, insubordinación. Pero, de estos sentimientos va a explicar cómo pasarán a germinar, más tarde, lo que llama nuevas identidades colectivas.

Al tratar la inserción del migrante, en especial del nordestino, en el mercado de trabajo paulista, el autor recuerda que entre las décadas de 1950 y 1960 había por parte de los intelectuales una visión muy optimista de ese proceso de migración, pues, a través de él, grandes masas de trabajadores pasarían a tener acceso a mejores condiciones de vida, condiciones que sólo el progreso de los centros industrializados y ricos podría garantizar. El autor revela que en la década de 1950 hubo un intenso crecimiento poblacional, señalando el hecho de que la ciudad de San Pablo tuvo un crecimiento anual geométrico de 5,6%, siendo entonces considerada "la ciudad que más crecía en el mundo". Aunque desacelerado, el crecimiento poblacional perduró en las décadas siguientes, y entre 1960 y 1980 creció dos veces y media (Sader, 1991, pág. 67).

Ya a fines de la década de 1960 la "teoría de la marginalidad" revé este punto de vista optimista sobre los efectos del intenso proceso migratorio, mostrando que la realidad de los migrantes podía ser mucho más cruel de lo que hasta entonces se creía.

Mecanismos de marginación y exclusión sociales y el consecuente sentimiento de desprecio, desarraigo, pérdida de la "identidad" propia, choques culturales y aislamiento pasan a ser fenómenos cada vez más considerados y analizados. Sader cree, sin embargo, que este tipo de interpretación de la realidad vivida por el migrante, aunque sea verdadera, es un tanto parcial, ya que parte de una falsa idea, o de una idealización; es decir, que el lugar de origen de los migrantes estaría repleto de cualidades. De otra manera, puede decirse que lo que existe es un olvido del lugar de origen tal como realmente es, creándose problemas bastante dolorosos para los trabajadores, aunque fuesen problemas de otro orden.

Sería como si, para defenderse del mundo tan árido e intrincado que acaba de conocer, y en el cual se siente extranjero, el migrante le contrapusiera todos los mejores recuerdos de su lugar de origen. En esta defensa desesperada contra miedos y amarguras cotidianas, el migrante procura dotarse de buenos recuerdos y olvida que su arsenal subjetivo no tiene sustento en el mundo, de que se trata de una falacia: si él mismo dejó el campo es porque el campo tampoco ya le saciaba más la sed de aquello que buscaba. Lo que acaba por ocurrir es que en este proceso se pierde la visión crítica del lugar de origen, el campo, que pasa entonces a constituir un "lugar simbólico" imbuido de fantasías positivas. En este "lugar simbólico" no hay exclusión, dado que idealmente es donde los actuales migrantes son verdaderos "ciudadanos", cuyas formas de pensar y actuar son absolutamente válidas y reconocidas, al contrario de lo que sucede en la metrópolis.

En este lugar idealizado el ser humano pierde su identidad de extranjero para, nuevamente, reconstruir su identidad primaria, reincorporarse a la tierra que le dio origen como su hijo legítimo, sintiéndose "dueño de su situación", como un sujeto mucho más pleno e integrado. Cuando aquí hablamos de integración, proponemos una doble interpretación del término: en el sentido psicológico el ser humano se siente más integrado internamente, con sus emociones y actitudes y, en el sentido más común del término, el ser humano se siente más integrado externamente a su medio ambiente físico y cultural.

A nuestro entender, la necesidad de idealizar el *locus* de origen y la difícil vida en el campo es un proceso de racionalización (también en el sentido psicológico del término) indispensable para que los inmigrantes lograran continuar viviendo en medio de condiciones tan duras y complejas de existencia. Los migrantes, al tener obligatoriamente que enfrentar lo que para ellos son gigantescos desafíos (ya que no poseen experiencia urbana), son "llevados a recordar" de forma idealizada sus experiencias anteriores, maximizando todo aquello que ellas podrían significar de bueno. A través de esta "estrategia inconsciente" es posible "acumular energías emocionales" indispensables para poder vivir en un mundo que se presenta tan frustrante. Este proceso de idealización del campo se hace bastante claro cuando leemos algunos de los discursos autobiográficos de los Silva, pudiendo citar aquí, en especial, el discurso de Vavá. Aunque todos reconozcan en la decisión de migrar una actitud correcta de sus padres, hay siempre algo de nostálgico e idealizado en la representación de lo que sentían, hacían y vivían en medio del sertón nordestino. Es cierto que a este fenómeno se le une la "tendencia" a idealizar el pasado, la infancia, olvidándose de los sufrimientos vividos en aquellos momentos pretéritos. La idealización del pequeño pueblito de Vargem Comprida, olvidado en las tierras secas del interior de Pernambuco, como vimos, es explicitada con claridad en los discursos.

Sobre la cuestión de la identidad de los trabajadores, más específicamente de los trabajadores migrantes, entre los cuales se incluyen los de la familia Silva, volvamos al texto de Eder Sader para constatar que el autor, citando el trabajo de Eunice Durham, defiende la idea de que la institución familia constituye una instancia privilegiada en la cotidianidad de los individuos. La estructura familiar y las relaciones por ella creadas son, por lo tanto, importantes objetos de análisis. Así, al contrario de lo que defienden muchos autores, la esfera de la producción no es lo único ni el más privilegiado espacio para la construcción de las identidades sociales, pues se le debe reconocer a la familia su papel social fundamental. Para Sader, la autora anteriormente citada:

> muestra cómo la familia sigue siendo un lugar central de reelaboración de experiencias de sus miembros y de construcción de proyectos de vida. Al apoyarse en la familia el migrante recupera (y reinterpreta) toda

una constelación de normas y valores comunitarios en el interior de las relaciones societarias. La movilización de parientes, vecinos, coterráneos, no constituye un residuo de patrones tradicionales, que tenderían a desaparecer con el progreso de la urbanización, sino que son relaciones actualizadas en la vida urbana y constitutivas de esta (1991, pág. 95).

Una vez más, por una vía diferente, los análisis de Eder Sader confluyen con los de Oscar Lewis. Si la familia aparece en este trabajo como "lugar central de reelaboración de experiencias y construcción de proyectos de vida", posee importancia indiscutible en la búsqueda de informaciones que nos puedan llevar al proceso de construcción de las identidades de aquellos que investigamos: su personalidad, su forma de actuar y pensar. La familia, sus relaciones internas (de los individuos entre sí, el espacio que cada uno ocupa, la imagen que los parientes construyen de sí mismos y de los demás) y las relaciones externas (de la familia con otros individuos, con otras familias, con las otras instituciones) son, por lo tanto, de fundamental importancia para la caracterización y la comprensión de nuestros personajes.

Sader, tomando prestadas las palabras de Eunice Durham, dice que "la movilización de parientes, vecinos y coterráneos no constituye un residuo de patrones tradicionales" sino, más bien, "son relaciones actualizadas de la vida urbana y constitutivas de ella", reafirma que esta red de ayuda y auxilio mutuos descripta por Lewis es, para los trabajadores en cuestión, una forma y una estrategia de supervivencia que emerge de su vivencia urbana. Es posible constatar la veracidad de todos estos análisis cuando tomamos conocimiento de los discursos de los Silva: la familia apareciendo como espacio para la reelaboración de experiencias y para la construcción de proyectos de vida e introyección de normas y valores urbanos, antes desconocidos. En sus discursos, los elementos de la familia Silva dejan transparentar que las relaciones familiares y la esfera de la producción son siempre los ejes centrales de sus descripciones autobiográficas.

Después de la cita, Sader dice en el párrafo siguiente que todas las investigaciones realizadas con migrantes llegaron a las mismas conclusiones obtenidas por Durham. Al llegar al Gran San Pablo, los migrantes siempre eligen un lugar seguro que, en el caso de ellos, se traduce en el espacio en que sus familiares (o simplemente coterráneos o meros conocidos) se hayan establecido.

Son esas personas más experimentadas que van a desempeñar un papel importante en el difícil proceso de adaptación a esta especie de "nuevo mundo" urbanizado que describimos en el capítulo anterior. Estos "agentes" son una referencia doble: poseen la legitimidad y comparten los códigos de quien ya perteneció al "antiguo mundo" (el campo) y, al mismo tiempo, pueden señalar los senderos que llevan a los placeres y a los dolores del "nuevo mundo". Conocer estos senderos es tener acceso al paraíso o al infierno de este continente recién descubierto. En términos menos poéticos, son estos "ex *pau-de-arara*" mínimamente adaptados los que ayudan de forma fundamental en la obtención de informaciones para la conquista de un empleo, de casa, de una forma de alimentación más barata, de la manera de obtener la documentación necesaria para vivir en la ciudad, de cómo ubicarse geográficamente y utilizar los medios de transporte, entre tantas otras informaciones imprescindibles para vivir en una gran ciudad. Fue exactamente eso lo que sucedió con doña Lindu y sus hijos: primero se establecieron en Santos, donde residía el marido; enseguida, separados de él, se fueron a San Pablo, pasando a habitar los fondos de un bar de uno de sus familiares, ya acostumbrado a la vida en la gran ciudad.

Con el paso de los años, doña Lindu continuaría ofreciendo a los parientes y coterráneos lo que otrora le fuera ofrecido: brindaba albergue e información a los "neófitos de la metrópolis". Cuando pasa a recibir contingentes de migrantes en su casa, ya ella misma se había transformado en este personaje llamado "agente" de informaciones del "viejo mundo", ahora implantado y adaptado al "nuevo mundo". Y así los eslabones entre los migrantes recién llegados a la metrópolis y los ya –semi o bien– adaptados a esta van aumentando y haciendo aún más larga y más sólida esta cadena de solidaridad humana indispensable para la supervivencia de esas personas que, más tarde, posiblemente, estarán sumergidas en la cultura de la pobreza y, quién sabe, la superarán.

Así, volviendo al trabajo de Eunice Durham, Sader coincide con la autora en que es la familia la unidad básica responsable por la seguridad financiera y hasta un importante centro de referencia cultural.[1] Aquí podemos comprender con la mayor claridad la importancia que Sader confiere al espacio familiar, ya que no deja dudas al afirmar que la familia es la "sede de la experiencia colectiva y de las relaciones que valorizan a cada persona", concluyendo que es necesario negar la idealización romántica de la familia y colocarla en su debido lugar, como institución existente dentro de un modo productivo capitalista específico, en primer lugar y, en segundo, como espacio de afirmación de las identidades de los trabajadores, personajes que constituyen tanto para el autor como para nosotros objetos de estudio.

Sader (1991, pág. 99) nos recuerda asimismo que en el discurso de los trabajadores por él analizado es posible percibir que el tiempo que pasan trabajando es para ellos entendido como algo semejante a un "tributo" que tienen que pagar para poder sobrevivir, pues, para ellos, su tiempo real de "vida" sucede fuera del lugar donde se encuentra su estructura productiva, o sea, su "vida" es su vida vivida en su tiempo libre: las relaciones con los familiares y amigos, el entretenimiento, el tiempo dedicado a la construcción de la soñada casa propia, etcétera.

Eso, sin embargo, no niega la afirmación de que también, y muy fuertemente, las identidades sociales se van forjando dentro de la esfera productiva.

Así comprenderemos que existen dos espacios importantes, cen-

---

[1] Concluyendo su razonamiento, Sader cree que "El examen del 'modo de vida' de los trabajadores en la ciudad dejó claro que la importancia de la organización familiar no constituía sólo un trasplante de la institución de la vida rural traducida por los migrantes. Contrapuestas a las tendencias individualizadoras dominantes en la vida urbana, la familia es la sede de una experiencia colectiva. Contrapuesta al anonimato de las relaciones de intercambio y de la burocratización dominantes en la vida urbana, la familia es la sede de las relaciones que valorizan a cada persona. Aunque sometida a los movimientos dominantes de la reproducción capitalista, la familia es la sede de otros valores y principios de funcionamiento que no le son reductibles. No se trata aquí de ninguna idealización romántica de la familia, cuando se sabe hasta qué punto las experiencias colectivas y las relaciones personalizadas vividas en instituciones jerarquizadas pueden ser más opresivas que las vividas en el anonimato de la individualización. Pero lo que nos interesa aquí es, en primer lugar, señalar la especificidad de la dinámica familiar bajo el capitalismo; en segundo lugar, afirmar que los trabajadores se apoyan en esa institución para afirmar sus identidades" (Sader, 1991, pág. 101).

trales, podríamos decir, a partir de los cuales se forman las identidades sociales y donde se transmiten, reafirman y construyen los puntos de vista, las formas de actuar, las ideologías, las culturas: la familia en primer plano y, enseguida, el lugar de trabajo (o, en el caso de los niños, lugar de estudio o de socialización fuera del ámbito estrictamente familiar). Siendo que, según la perspectiva del trabajador, es fuera del espacio productivo que él encuentra lo que considera su real tiempo de vida. En otros términos, para el trabajador, su vida se da más allá de los portones de la empresa donde trabaja. Tal vez porque sea en este ambiente "extramuros" que él puede sentirse como un sujeto, percibiendo su dimensión de ser individual y no apenas sintiéndose como pequeña parte de una estructura fabril, conjunto mucho mayor y más fuerte que él y sobre el cual tiene poco o ningún control.

Podemos notar aquí una relación dialéctica y ambivalente que los trabajadores empleados traban con sus empresas. Y por un lado, son esas empresas las que les confieren una referencia importante e inclusive reafirman su identidad social, al mismo tiempo son aquellas que los transforman en una pieza más de sus engranajes, anulando su individualidad. Es en este juego subjetivo y complejo –en que la empresa puede "conferir" al trabajador una identidad y, al mismo tiempo, "anularla"– que el trabajador se debate.

Yendo más allá de la mera constatación de que los trabajadores se valen de sus salarios y de su tiempo libre para reponer su fuerza de trabajo, o para "reproducirse", e investigando cómo se da este proceso de reproducción de la fuerza de trabajo, Sader (1991, pág. 100) llega hasta el lugar donde habitan los trabajadores.

Y es en este espacio colectivo donde toma forma una unidad doméstica familiar en que se definen los papeles que cada elemento intentará desempeñar en el mercado de trabajo. La familia y el trabajo constituyen lo que Sader llama "dos polos" opuestos en la vida del trabajador, siendo que es en función de la familia que el polo trabajo cobra significado, ya que es el polo familia el verdadero motivo de tanto sufrimiento y dedicación que el trabajador vive en su oficio.

Después de analizar la declaración de un metalúrgico del ABC paulista sobre su trabajo y su familia, Eder Sader concluye:

El objetivo de la dedicación a la familia es así la propia familia, lo que la confirma como un valor en sí misma [...]. Se cierra así el círculo de una visión de mundo que comienza y termina con la familia. Si los sociólogos de inspiración marxista sólo vieron a la familia como funcionalidad para el capital, prestaron poca atención a los significados y movimientos producidos en su interior, a nuestro joven metalúrgico, consagrado a la familia y queriendo ser útil a la sociedad, poco le importaron los significados y los movimientos de esta sociedad, sus valores de uso y de cambio (1991, pág. 104).

Una vez más podemos observar aquí, en este pasaje, una concordancia entre las ideas de Lewis y de Sader: la familia como valor en sí misma, la familia inserta en el capitalismo pero no sólo como mera pieza funcional de este modo de producción. Verificamos, al leer las autobiografías de los Silva, hasta qué punto estas consideraciones acerca de las familias de los trabajadores son correctas. La convergencia de la remuneración obtenida por cada miembro de la familia para una "caja única" responsable por la subsistencia y por la realización (o no) de los proyectos de ascenso social y conquista de patrones de consumo típicos de la clase media; la división de tareas: los responsables por el trabajo remunerado y por el no remunerado (el también fundamental trabajo doméstico) entre los familiares; la visita a otros elementos de la familia (padres, tíos, hermanos casados, etcétera) como forma esencial de fortalecimiento de los lazos sanguíneos y de solidaridad y también como forma de esparcimiento; la tentativa de realización del deseo de construcción o adquisición de la casa propia –aunque en barrios periféricos y en condiciones precarias– para albergar a la familia como uno de los más importantes objetivos de vida; la expectativa de que los miembros más nuevos –hijos, principalmente– tengan más acceso a la educación que el que pudieron tener sus padres; estos y otros aspectos que Sader señala enseguida en su texto constituyen una verdadera descripción detallada de la vida cotidiana de la familia Silva.

El emerger de una nueva cultura

Es importante comprender cómo los trabajadores consiguieron modificar sus condiciones de vida y, al mismo tiempo, cómo se procesaron tales modificaciones en un determinado momento de la historia brasileña, la segunda mitad de la década de 1970.

Por motivos de órdenes diversos, tres importantes instituciones nacionales entran en crisis en un mismo momento: los sindicatos de los trabajadores, entonces transformados en meras entidades asistencialistas; la Iglesia Católica, que estaba perdiendo parte de su rebaño frente a otras religiones;[2] y la militancia organizada en grupos de izquierda, debilitada con sucesivas derrotas políticas y hasta militares. Frente a los obstáculos a enfrentar, estas instituciones elaboran sus respuestas: de los sindicatos de los trabajadores surge el llamado "nuevo sindicalismo", de la Iglesia Católica tenemos la difusión de la teología de la liberación, de las organizaciones de izquierda brotan movimientos que tienen como objetivo una aproximación mayor hacia la clase trabajadora a través de un manifiesto interés por sus problemas cotidianos y por la elaboración de estrategias para resolverlos.

Los trabajadores, participando en esos movimientos sociales, acaban por repensar su vida cotidiana. Se fortalecen los lazos de solidaridad entre los obreros; una determinada visión humanista pasa a tener una tónica mucho más fuerte; las luchas concretas de los individuos contra sus problemas cotidianos se valorizan más y la fe en la necesidad de una justicia social desencadena la percepción y la denuncia de una situación de aguda desigualdad social.

Los grupos organizados provenientes de la Iglesia, de las organizaciones de izquierda y de los sindicatos tienen, en su interior, la creencia de que la sociedad es desigual e injusta y que –esto es fundamental– es posible transformarla. Estos movimientos "abren" los ojos y los oídos de los trabajadores, elevándose a una posición menos "alienada" con respecto a su condición social y proponiéndoles la búsqueda de soluciones alternativas a través de las organizaciones colectivas.

---

[2] Lo que significa no sólo perder espacio en el campo de la fe en los dogmas cristianos sino también perder espacio y poder político.

O sea, estos movimientos sociales son capaces de hacer cruzar los límites de la cultura de la pobreza para insertar a estos trabajadores en una diferente concepción cultural que pasamos a definir como cultura de la transformación. Los trabajadores, finalmente, fortalecen su autoestima, amplían su visión de mundo y pasan a considerarse sujetos de su propia historia. Y, aunque muchos de los movimientos sociales no hayan alcanzado los objetivos concretos que se propusieron, tal hecho, más que significar una derrota, se tradujo como una conquista más amplia, aunque muchas veces simbólica. Se fortaleció la fe en la democracia y en la fuerza de la organización social. La conquista simbólica de la cual hablamos puede ser comprendida como la superación de la cultura de la pobreza y la conquista de la cultura de la transformación.

Los sectores más organizados del proletariado comenzaron a exigir de las direcciones sindicales nuevas posturas más combativas, mayor representatividad de los intereses de la clase trabajadora, soltar las riendas del sindicato en relación al Estado, etcétera. Todo eso adquirió mayor fuerza porque los trabajadores más concientizados y organizados sabían que el régimen militar daba señales evidentes de desgaste y que la apertura política era un proceso que podría hasta ser postergado por algún tiempo más –no se sabía exactamente cuánto más– pero no podría evitarse. El régimen militar y su capacidad de control sobre los sindicatos y, de modo general, sobre toda la sociedad civil, se debilitaba más y más, como un paciente terminal. Teníamos, por lo tanto, más allá de la actuación de sectores de la Iglesia y de grupos de izquierda, la propia experiencia y el deseo de trabajadores organizados en las industrias de punta del país, que ansiaban no sólo mejores salarios sino también más democracia dentro y fuera de los portones de las empresas. Además, de una coyuntura política, económica y social favorable.[3]

---

[3] Agradezco aquí una vez más al Prof. Dr. Osvaldo Coggiola por sus sugerencias acerca de este punto.

¿Qué pensaban los trabajadores?

Algunas preguntas que cabrían en este momento son: ¿cómo Lula contribuyó a organizar esta masa de trabajadores que hasta entonces estaba sumergida en la cultura de la pobreza? ¿Cuál fue su contribución para que se ampliaran los límites de lo que llamamos cultura de la transformación? El surgimiento del llamado "nuevo sindicalismo" es una de las respuestas clave para estas cuestiones. El "nuevo sindicalismo", del cual Luiz Inácio Lula da Silva fue el exponente máximo, nació entre los trabajadores del sector más moderno de la industria del país, el metalúrgico, en la segunda mitad de la década de 1970, en un momento marcado por el ajuste salarial y por la apertura política en gestación, la cual, de cierta forma, posibilitaba el surgimiento de nuevos liderazgos y abría horizontes para la participación popular. Ese nuevo sindicalismo y sus líderes empezaron a ser parte de la escena pública y a confrontar a los representantes del capital y del gobierno a partir de la lucha por la reposición salarial. Lo que en un principio era apenas un proyecto de cuño básicamente económico, de reposición de un ya reducido poder adquisitivo, con el tiempo maduró y amplió sus horizontes, consolidándose también como proyecto político global para la clase trabajadora brasileña, con la constitución inclusive de un partido político identificado con los intereses de esa clase.

Lula surge en el escenario nacional como líder sindical de los trabajadores durante las huelgas del Gran ABC de finales de la década de 1970, más específicamente en el año 1978. Las primeras huelgas que surgieron en aquel año entre los trabajadores metalúrgicos de la región aparentemente tuvieron carácter espontáneo, o sea, aparentemente fueron articuladas por los propios trabajadores de forma espontánea y sin la intervención de la dirección del sindicato de los metalúrgicos. La espontaneidad de las huelgas aparece para algunos historiadores como un dato esencial para la comprensión del nacimiento del "nuevo sindicalismo" y de sus líderes. En verdad, esta posición es muy controvertida y suscita una serie de debates. La lógica del razonamiento de que los movimientos fueron espontáneos es la siguiente: si los trabajadores comenzaron a reivindicar mejores salarios por medio de huelgas muy poco o casi nada planeadas, es porque naturalmente había una expectativa entre el proletariado de instalar movimientos de ese género, y la dirección sindical apenas avaló lo que ya era una realidad, sin tomar las riendas del proceso ni tampoco planear su estrategia de lucha. Aunque realizadas de forma caótica, las primeras huelgas por mejores salarios habrían indicado a los dirigentes sindicales qué había que hacer y la dirigencia supo entender esa señal.

Para que podamos desarrollar cada cuestión de manera más organizada, volveremos a caracterizar el surgimiento del nuevo sindicalismo para, en el tópico siguiente, discutir con más profundidad el tema de la espontaneidad o de la no espontaneidad existente en el movimiento huelguista del final de la década de 1970, inicios de la década de 1980. Vale la pena discutir esta cuestión, pues con su elucidación podremos comprender mejor cómo Lula fue promovido –o se promovió– a la condición de líder de millares de trabajadores, así como también de qué manera la cultura de la pobreza generó dentro de sí la cultura de la transformación. Pero volvamos ahora al "nuevo sindicalismo".

Como parte de la dirigencia recién asumida del Sindicato de los Metalúrgicos de São Bernardo do Campo y Diadema, Lula asumía públicamente no tener ningún tipo de experiencia en el comando de las huelgas –es preciso recordar que el país daba sus pasos iniciales camino a la democracia– y delegaba en los trabajadores la responsabilidad de llevar la lucha de la mejor forma posible. Su discurso era que la clase trabajadora tenía legitimidad para luchar por sus derechos, en ese entonces violados. La dirigencia sindical apoyaría con gusto la voluntad y la decisión de los trabajadores, debiendo señalarse que el sindicato aparece en ese caso como instancia que "acata" las "demandas" de sus representados, en vez de formularlas por ellos. Lula deja claro en uno de los sus testimonios, de casi la misma época de la huelga, que no tenía ninguna experiencia huelguista y que como representante del sindicato apenas puso en marcha una decisión de los trabajadores:

> Ninguno de nosotros había participado de una huelga. Entonces no sabíamos si saltar de alegría o tener miedo. Porque siempre habíamos querido ver una huelga, y la vimos, siendo yo el coordinador de esta huelga [...] Fuimos convocados. Yo nunca había hablado de una huelga. Y la primera vez es siempre la primera vez.[4]

4 Ver este (en las páginas 38 y 39) y otros interesantes testimonios de Silva, Luiz Inácio: *Lula sem censura*, Petrópolis, Vozes, 1981a.

Otro hecho que adquiere bastante importancia para la comprensión de este proceso es la preocupación asumida por el presidente del Sindicato de los Metalúrgicos de San Bernardo y Diadema de aclarar al gobierno, a la patronal y a la opinión pública que las huelgas de los trabajadores eran pura y simplemente reivindicatorias de mejores salarios. Mediante la prohibición por parte del gobierno de las "huelgas políticas", Lula reafirmaba el carácter "apolítico" del movimiento. En ese momento, nadie podría imaginar que esa misma dirigencia, poco tiempo más tarde, iría a defender el papel político de la clase trabajadora, fundar un partido político y una central sindical.

Al final de la década de 1970, los dirigentes sindicales, entre ellos Lula, creían que el contingente de trabajadores liderado por ellos se componía en su mayoría de obreros sin conocimiento de sus derechos, sin identidad de trabajador, muy "ignorantes", formando una masa que demandaba un gran esfuerzo de "concientización", o sea, una masa de trabajadores de la cultura de la pobreza. No estamos hablando aquí de la minoría de trabajadores más politizados, que "impulsaba" hacia la izquierda la actuación de los sindicatos.

Ante este cuadro, al sindicato le cabría un papel fundamental en el proceso de "esclarecimiento" de los trabajadores, tratando de modificarlos culturalmente, atrayéndolos hacia el continente de la cultura de la transformación. En ese momento, en la concepción de liderazgo trabajador, es necesario que los obreros se concienticen para fortalecer más la lucha contra la explotación del capital.

Podemos observar que la visión de los líderes sobre sus liderados coincide con la de los autores que creen que no hay entre los trabajadores una "conciencia de clase". En este cuadro donde se proyectan fuerzas antagónicas en conflicto (trabajo y capital), el Estado aún aparece para los sindicalistas emergentes como árbitro justo, un poder capaz de legislar y aplicar la ley con autonomía, sin estar atado a intereses de grupos específicos. Esta visión se modifica cuando los líderes de los trabajadores comienzan a percibir al Estado como un poder que no conoce la "neutralidad" en el juego de intereses de las clases. Es entonces que representantes del "nuevo sindicalismo" comienzan a presionar para una mayor apertura democrática en el país, para que los trabajadores puedan participar más y con mayor con-

ciencia de los destinos políticos de la nación. El control guberna-
mental sobre los sindicatos, por ejemplo, comienza a ser rechazado
con vehemencia. El Estado deja entonces de ser concebido como un
representante del "bien común". Los trabajadores precisaban tomar
sus posiciones dentro de la esfera del Estado, y ellos mismos defender sus intereses. En este momento el horizonte de los trabajadores
se había ampliado.

El surgimiento de un partido formado por trabajadores para defender sus derechos nació con la misión, según algunos de sus fundadores, de conquistar la independencia política para los trabajadores. Para Lula, era necesaria la creación de un partido sin coloración
ideológica: ni capitalista, ni comunista, pero capaz de enfrentar los
problemas de la clase trabajadora con realismo (Oliveira, 1988, págs.
125 y 129). Más tarde Lula defendería el carácter socialista del entonces ya fundado Partido de los Trabajadores. Siendo forjado a partir
del sindicalismo oficial posteriormente transformado en "nuevo sindicalismo", el Partido de los Trabajadores nació en un momento de
transición política de la dictadura militar hacia la democracia, características que le confieren un carácter diferenciado en relación a otros
partidos de la izquierda brasileña.

Apareciendo en el escenario político brasileño como innovación,
el PT se formó como un partido que pretendía vincularse a la defensa de los intereses de la clase trabajadora y de los marginados de la
esfera política (los inmersos en la cultura de la pobreza), y también
como un partido que se deseaba democrático, con instancias que
permitiesen la representación efectiva de los afiliados por parte de la
dirección partidaria.

Los formadores del PT creían que la transformación social del
país sólo sería posible si viniese del pueblo, de las bases; para ello,
era preciso establecer una política "de abajo hacia arriba", o sea: la
voz de la dirigencia partidaria debería ser la de sus miembros, y no
lo contrario. Así, el PT nació con la difícil tarea de, concomitante-
mente, representar y organizar a los trabajadores que el partido se
proponía representar, hacer "transitar" a esta masa de la cultura de la
pobreza hacia la cultura de la transformación. Al mismo tiempo, las
fuertes corrientes que componían el partido –formada por militantes
sindicales y por católicos, por ejemplo–, tenían serias reservas con
respecto a la meditación política de los dirigentes partidarios y defen-

dían la idea de que al partido le bastaba unificar y generalizar las reivindicaciones y demandas populares, sin transformarlas. De estas dos tendencias internas resultaron lo que Keck (1991, pág. 275) llama "especie de posición esquizofrénica" entre la acción social y la política, lo que generó la dificultad de establecer una estrategia institucional partidaria. Al final, establecer una estrategia para un partido que representa algo en movimiento, todavía en formación, no podría ser tarea fácil. Fue recién en la segunda mitad de la década de 1980 que los dirigentes partidarios comenzaron a preocuparse más profundamente por la articulación entre la acción en la esfera estrictamente política y la acción del partido en el campo de los movimientos sociales.

Según sus fundadores, el Partido de los Trabajadores nació mucho más como propuesta ética y como intuición práctica que como proyecto ideológico con definición teórica clara. El Partido de los Trabajadores surgió sin ningún proyecto teórico formulado o definido apriorísticamente. El propio "poder" ansiado por el partido no se traduce sólo en la conquista del Estado, sino en algo no muy bien definido y a ser construido por la propia masa de trabajadores brasileños (Keck, 1991, págs. 279 y 280).

Ese partido que nace de forma intuitiva se consolida, modifica la forma tradicional de hacer política en Brasil y hace temblar los cimientos de la vieja elite política nacional. Keck defiende la idea de que la motivación del surgimiento del PT fue la existencia de líderes comprometidos en su creación, una base capaz de dar sustento al proyecto de partido, apoyo de un sector de la izquierda organizada y la buena voluntad de parte del PMDB (Keck, 1991, pág. 76).

Observaciones sobre las huelgas, el ascenso político de Lula y la construcción de una "cultura de la transformación"

Cuando los trabajadores paralizaron las máquinas de la Scania en la histórica mañana del 12 de mayo de 1978, no tenían idea del proceso histórico que iniciaban. Sólo llegaron, como siempre, a las 7 horas de la mañana en punto. Comenzaron con el ritual cotidiano que conocían tan bien: cambiaron su ropa por el mameluco de obrero, tomaron sus puestos frente a las máquinas... pero, esta vez, iniciaron una sorprendente y silenciosa "negación" de su trabajo. Ocurría la primera huelga (después del derrotado movimiento de Osasco de 1968) que iniciaría un proceso que contribuiría a poner en jaque una larga secuencia de gobiernos militares. En palabras del sindicalista Gilson Menezes, que vivió cada uno de los momentos de esta huelga primogénita:

> [...] salíamos por las secciones, los compañeros más conscientes, y comenzaban a conversar: ¿qué tal un paro? Vamos a parar, ¿qué te parece? Entonces fuimos viendo que nos íbamos encontrando y le íbamos pidiendo a esos compañeros que fueran de frente, principalmente los de herramientas, para entrar en contacto con otro personal. Y nos despedíamos pidiendo sigilo total. Fue un trabajo que hasta hoy me quedo pensando, imaginando cómo todo aquello pudo salir bien sin que los jefes lo supiesen. Herramientas ya estaba garantizada. ¿Y las otras secciones? Hablar con todo el mundo no era buen negocio, porque iba a haber alguien que iba a frustrar el bloqueo y decirle a los capataces. [...] El personal de la noche, pocos sabían. Ese personal salía y dejaba a los de día trabajando. Y aquel personal iba saliendo y nadie que entraba comenzaba a trabajar... los de herramientas no conectaron las máquinas. Las otras secciones en el pabellón A, nadie conectó las máquinas. Sólo unas tres o cuatro conectaron una que otra máquina. Yo sé que herramientas paró y el personal de otras secciones vio que estaban parados. Ahí paró toda la fábrica (Rainho, 1980, pág. 66).

Cuando estalló la primera huelga, la de Scania, Lula y su directorio habían tomado posesión hacía sólo 18 días. Una docena y media de días en la presidencia del sindicato. ¿Cuántos días de experiencia en participación en huelgas? Ninguno. Como leemos en sus relatos, Lula nunca había vivido una huelga, sólo había visto algunas, sin participar directamente, cuando estaba aún muy lejos de pertenecer al sindicato. Tampoco sus compañeros de sindicato sabían exactamente lo que era una huelga. Para agravar aún más la situación, doce de los directores no habían pertenecido antes a ningún sindicato. Eran todos novatos; marineros de primer viaje, como se autodenominaban. Tampoco sabían qué tipo de turbulencias podría presentarles el viaje.

La más total y completa falta de experiencia huelguista de Lula y sus directores, la inexistencia de un plan, de una estrategia de lucha, hicieron que muchos defendiesen la idea de que las huelgas que surgen a partir de mayo de 1978 no fueron más que una mera expresión espontánea de los trabajadores que sentían en la piel los efectos del ajuste salarial. Los diarios repetían esta idea con insistencia, sus articulistas políticos no tenían dudas. Lula persistía en declaraciones en las cuales el sindicato se eximía de cualquier responsabilidad sobre la planificación y organización de las huelgas. En el diario *Folha de São Paulo*, del 14 de mayo de 1978, Lula decía:

> Cuando ocurrieron los primeros paros, en algunos sectores de la Mercedes Benz el mes pasado y después en la Ford, yo dije que la extensión del movimiento era imprevisible. Ahora, en el tercer paro, yo digo lo mismo. Estos son movimientos espontáneos que nacen de la necesidad que el trabajador tiene de respirar. Es difícil prever lo que ocurrirá en otras empresas. Al final, es el trabajador que siente en la carne los bajos salarios. Entonces él piensa que debe luchar para mejorar su situación.

Entre las paredes de la academia, algunos autores estudiosos de la cuestión del movimiento sindical debatieron las tesis de la existencia o no de la espontaneidad en el origen del movimiento huelguista que cada día cobraba más aliento y a su manera desafiaba al régimen militar antidemocrático.

Para comprender esta cuestión, antes que nada es preciso entender cuál es el concepto que se tiene del término espontáneo, qué se concibe por "espontaneidad". Ricardo Antunes, realizador de una importante obra sobre las huelgas del ABC, explica lo que entiende por huelga espontánea:

> [...] es aquella que no se pautó, en su desencadenamiento y conducción, por la presencia de una dirigencia política consciente, por la razón dialéctica –portadora del máximo de conciencia posible para operar la transformación radical de la sociedad–, y por eso se atiene a la lógica intuitiva de la propia clase trabajadora, a su conciencia contingente (Antunes, 1988, pág. 210).

Discordando con la tesis de la espontaneidad, los coautores Rainho y Bargas sostienen que no hubo espontaneidad en la realización de las huelgas, ya que los trabajadores hacía mucho que habían encontrado formas de organización para posibilitar la futura realización de un movimiento huelguista. Para ellos:

Los hechos demostrativos a este respecto están bastante claros:

a) en los propios antecedentes de las huelgas;

b) en algunas fábricas siempre había un pequeño grupo de trabajadores pensando y divulgando la idea de la realización de una huelga;

c) en el proceso de comunicación utilizado ("alerta general"; "murmuraciones"; "conversaciones entre las secciones"; "mensaje boca a boca"; "notas y avisos en las máquinas y armarios"; "señas de mano", etcétera);

d) en el proceso de realización de la huelga ("entrar, marcar la tarjeta de puntos y no trabajar"; "paros generales y prolongadas"; "paros cortos con vuelta al trabajo y retomada de la huelga"; "parar después del café"; "si no sale bien ya estamos dentro de la fábrica, es sólo volver a trabajar"; "quedarse cerca de la máquina"; "conversar en grupitos"; "no crear tumultos y no romper nada"; "al entreguista, hay que pegarle sin que nadie se dé cuenta", "al salir de las fábricas, caminar directo hacia el ómnibus"; "las asambleas realizadas dentro de las fábricas o del sindicato, piezas importantes de la realización de la huelga", etcétera);

e) en las formas de negociación ("exigencia de negociaciones a través del sindicato"; "despistar a la prensa, patrones y a la Delegación Regional del Trabajo diciendo que no había cabecilla de la huelga porque no era una huelga y sí un paro y que había que mantener las negociaciones entre todos", etcétera) (Rainho y Bargas, 1983, pág. 82).

Las declaraciones que hicieron los dirigentes del sindicato en la época de Lula señalan que las huelgas fueron espontáneas. Pero allí hay un equívoco.

Aunque hayan hecho estas declaraciones e incluso hayan hecho publicar en el boletín del sindicato que los paros eran espontáneos, tales palabras encubrían otra realidad. Una realidad que más tarde Lula admite que existió, como nos declaró en su discurso autobiográfico. El sindicato fomentó sí la huelga –aunque de manera bastante frágil y desarticulada–, pero la verdad es que la institución no deseaba asumir públicamente la paternidad del movimiento. El miedo de que una represión policial violenta alcanzase de lleno a la dirigencia del sindicato explica la adopción de esta estrategia. Es preciso recordar que en aquellos tiempos todo lo que estuviese relacionado con trabajadores era, por definición, asunto de la policía.

Si la dirección sindical se alegase exenta de responsabilidad sobre las huelgas, sería mucho más difícil para los agentes represivos contener un movimiento descentralizado.

¿Cómo llegar a los cabecillas si no había cabecillas? La misma mañana en que hizo eclosión la huelga en la Scania, Lula recibió presiones de todos lados o, mejor dicho, de todos los "representantes del mismo lado". Él explica:

> Las presiones comenzaron temprano. A las 9 de la mañana, después de que recibimos el llamado telefónico de la empresa, la DRT nos llama, la empresa nos llama, el sindicato de la industria automovilística nos llama. Vamos a la reunión y es sólo amenaza, no tiene propuesta de acuerdo. La propuesta que ellos nos traen es la siguiente: "Vuelvan a trabajar porque van a ir presos, vuelvan a trabajar porque es ilegal…".
> La dirección se reunió y decidió salir diciendo: "Oh, la huelga es espontánea, no tenemos nada que ver con la huelga, vamos a plegarnos porque el trabajador está en huelga, nosotros no tenemos nada que ver" (Silva, 1981, pág. 38).

Incluso entre los trabajadores huelguistas, el subterfugio de "sacar el cuerpo", que tranquilamente podría ser bautizado como "estrategia de Juan sin brazos", también fue utilizado. Los huelguistas muchas veces no llamaban al movimiento "huelga" –al final, las huelgas estaban prohibidas–, hablaban sólo de "paro". ¿Huelga? "No señor, no, estamos de paro…", respondían. Pero, ¿sería sólo un subterfugio? No, era algo más que eso. El peso de la palabra huelga también pulsaba en la conciencia todavía un tanto inmersa en la cultura de la pobreza de los obreros.

Hay algo interesante en ese proceso en que la dirigencia sindical se niega a asumir la responsabilidad del movimiento huelguista que surgía; en este proceso en que uno de los eslóganes más emblemáticos del período de la dictadura militar ("todos juntos, en una corriente hacia adelante") es utilizado contra esta misma dictadura.

Y es que los propios dirigentes sindicales, aunque fomentasen las huelgas, se identificaban también con estos nuevos "símbolos" vueltos nacionales. Hablar de "una corriente hacia adelante" no era sólo una manera de huir de la represión, sino también una expresión de visión de mundo, del imaginario de esos obreros promovidos a la condición de dirigentes sindicales.

Lo último con lo que aquel sindicalista conocido como Lula se identificaba era con el ideario de las izquierdas clandestinas. Esto queda bastante claro en las entrevistas que le realizamos. Entre Lula y las izquierdas existía una mera relación de cordialidad, que encubría un choque cultural e ideológico bastante evidente. Así, el eslógan utilizado expresa, al mismo tiempo, dos cosas: la inteligencia de los dirigentes del sindicato utilizando el artificio para defenderse de la represión y –paradójicamente– la identificación de esos mismos dirigentes con el eslógan, que traducía la idea de "unión para la victoria". ¿Y qué otra cosa anhelaban los dirigentes sindicales a esa altura del campeonato, sino un "gol" contra el ajuste salarial? Aún no tenían conciencia plena de que, más que goles, precisaban cambiar por lo menos algunas reglas de juego. Y, en esa época, ni se daban cuenta de que el árbitro del partido –el gobierno– representaba los intereses del equipo contrario.

El año anterior, 1977, durante la campaña de reposición salarial, Lula le hablaba a los 5.000 metalúrgicos reunidos en una asamblea para discutir la pérdida del 34,1% del poder de compra de sus salarios. En su discurso, la preservación del orden instituido es una de las principales banderas. Lula aún demuestra respeto profundo por las autoridades, se muestra como un humilde que teme a Dios y un fervoroso nacionalista, guiado apenas por su profundo sentido de justicia. El 4 de julio de 1977, el diario *Folha de São Paulo* publicaba la siguiente declaración de Lula:

No queremos desorden ni confusiones, sólo lo que nos quitaron. Brasil, para ser milagroso, no precisaba ofender a la clase trabajadora. [...] Nosotros, cuando fuimos llamados, contribuimos y hasta dimos oro para el bien de Brasil. Pero llega el momento en que cualquier ciudadano quiere vivir con dignidad. Queremos recuperar lo que nos quitaron en la época del llamado milagro brasileño. Hasta admito que haya milagro, porque creo en Dios. Pero no creo que pueda haber milagro robando a quien no tiene nada. Sólo conseguiremos la reposición cuando la clase patronal sienta que los 120.000 metalúrgicos quieren sólo recuperar sus salarios.

Se dejaba claro que no se estaba criticando el orden establecido, recordando hasta que ya había, él, tan pobre, donado "oro para el bien del Brasil" y participado de campañas cívicas, además de no cuestionar la existencia de milagros, Lula se arriesgaba a parecer sólo alguien que rogaba un poquito de justicia. Sólo quería la partecita que le pertenecía por derecho. Nada más. Por lo tanto, Lula no es la expresión de las izquierdas organizadas contra la dictadura. Sino –además de muchas otras cosas– la expresión del fantástico y singular impulso de urbanización e industrialización brasileña y de su consecuente crisis. Más que eso, Lula es la expresión absolutamente compleja y bien acabada de la nación brasileña, tan rica en contradicciones. "Nadie ata a este país" era un eslógan que la izquierda organizada no conseguía entender, pero que Lula entendía profundamente, pues era su hijo más legítimo. Con experiencia e ideología tan diferentes a las de las militancias de izquierda, fueron Lula y los trabajadores que él representaba quienes paradójicamente acabaron por hacer temblar los cimientos del modelo económico con mucha más eficacia que la mayoría de los militantes de izquierda.

Su discurso no era politizado, él nunca había leído *El Capital* ni otros escritos de Marx –y continuaría sin leerlos, hasta hoy– pero su trabajo corroía los basamentos del modelo socioeconómico brasileño por debajo, exactamente donde los movimientos y grupos de izquierda no lograban llegar. He aquí la dialéctica de ese proceso.

¿Qué pensaban las clases dominantes?

Al principio el movimiento huelguista fue recibido por las elites –e incluso por las izquierdas– con sorpresa y aprehensión. Después, por mostrarse tan despolitizado, desorientó a algunos sectores de izquierda más activos y calmó a la derecha más "moderada". La "extrema" derecha, es evidente, continuó alarmada.

Para los observadores más atentos, estaba claro que aquellos hombres que cruzaban los brazos delante de sus máquinas –viejas compañeras de guerra– acariciaban el simple deseo de lograr pagar sus deudas, comprar un poco más de carne para la "patrona", golosinas para los niños. Querían poder fumar tranquilos, tener simplemente la libertad de gozar de los pequeños y baratos placeres de la vida proletaria. Muy lejos de la lucha de clases de los manuales de sociología que desconocían, los trabajadores en paro querían la paz. Estaban, en gran parte, sumergidos en el mundo inmediatista e individualista de la cultura de la pobreza, aunque sus horizontes se estuvieran abriendo frente a la posibilidad de conocer su propio mundo de nuevas formas, a través de la cultura de la transformación.

La prensa supo comprender el discurso pacífico y despolitizado de Lula y sus hombres. Con el título de "En paz, pero en huelga" la revista *Veja*, del 31 de mayo de 1978,[5] publica un artículo amigable hacia los trabajadores "pacíficos". Un título parecido sobre el mismo tema tuvo la revista *IstoÉ* el 24 de mayo de 1978: "Una huelga sin violencia".[6] con una dosis de poesía, así se describe el inicio de las huelgas:

Hacía diez años, y finalmente sucedió. De forma espontánea, suave, tranquila como un suspiro, pero sucedió. No hubo piquetes, comicios, panfletos, violencia. No hubo entreguistas. Sólo simples obreros que iniciaron sus días de trabajo como todos los otros: salieron bien temprano de sus casas, después de un primer café o de besar a su mujer, viajaron hasta sus fábricas en un asiento de tren, en bicicleta o tal vez manejando un *fusca*, marcaron tarjeta, saludaron a sus máquinas, compañeras de tanto tiempo, pero no comenzaron a trabajar. Solamente estacionaron al lado de prensas monumentales los delicados tornos mecánicos. Unos pocos encendieron los motores con que sus manos se acostumbraron a convivir, pero no comenzaron a trabajar.

La revista *Veja* del 24 de mayo de 1978[7] compartía la impresión del periódico de la competencia en cuanto al curso de la huelga: no

---

[5] Revista *Veja*, 31 de mayo de 1978, pág. 68.
[6] Revista *IstoÉ*, 24 de mayo de 1978, pág. 67.
[7] Revista *Veja*, 24 de mayo de 1978, pág. 94.

hubo piquetes, carteles o voces agitadas emergiendo de las aglomeraciones. Nada de debates, discursos y actos masivos. Tampoco se destacaban ostensivamente líderes. Hasta dentro de las unidades de producción, el clima difícilmente revelaría de pronto lo que estaba ocurriendo. La orden de parar, por ejemplo, era transmitida de uno a otro al oído.

Frente a tantas señales de que el movimiento era "ordenado", desvinculado de cualquier agremiación de izquierda, y de que no estaba imbuido de ningún otro proyecto político, el gobierno se mantuvo callado. Sencillamente atento a los acontecimientos, activando sus órganos de información, pero en ningún momento reprimiendo abiertamente a los trabajadores. La represión vendría recién con la huelga del año siguiente. El propio general Dilermando Gomes Monteiro, comandante del II Ejército, declaró con respecto a las huelgas:

Se trata de un manifestación relativa al sector del trabajo que no generó, hasta ahora [finales de mayo], ningún problema de seguridad nacional. Es preciso confiar en el espíritu de esa gente. Yo creo en ellos.[8]

Y:

Este es un hecho absolutamente nuevo, huelga sin violencia, sin agitación. Es necesario reconocer que en esta huelga no hay injerencias externas. De esta forma, no se puede hacer nada. Es imposible pretender que se ponga a la policía en acción para obligar a los obreros a trabajar a la fuerza.[9]

También el ministro de Trabajo, Arnaldo Prieto, demostraba algo de buena voluntad en relación a las huelgas, declarando estar "Encarando la huelga con mucha naturalidad y acompañando el desarrollo de los acontecimientos, buscando la conciliación. [...] Queremos soluciones claras, consensuadas pacíficamente entre empleados y empleadores".[10]

8 Revista *Veja*, 24 de mayo de 1978, pág. 95.
9 Revista *Veja*, 24 de mayo de 1978, pág. 69.
10 Revista *Veja*, 24 de mayo de 1978, págs. 91 y 92.

De acuerdo con la publicación de la revista *Veja* del 24 de mayo de 1978, en Brasilia, sin embargo, algunos susurraban entre las paredes del Palacio del Planalto: "Hoy huelga, mañana agitación, después algo peor". Pero la verdad es que el gobierno dejó el barco andar, para ver hacia dónde lo llevarían los vientos; pensaba que todavía no era hora de encender el motor de popa de la represión, colocando tropas en las calles. Aun así, permanecía atento a los acontecimientos. Al mismo tiempo que el gobierno se mantenía alejado del centro de la turbulencia, las emisoras de televisión y radio más importantes del país recibieron llamados telefónicos del Departamento de Policía Federal informando que estaba prohibida cualquier noticia sobre las huelgas. O sea: censuradas. La Red Globo y otros canales de comunicación que rezaban por la misma cartilla conservadora se mantuvieron silenciosos. Pero, a pesar de los llamados, las huelgas fueron noticia y no encontramos registros de que las empresas de información que dieron a publicidad el asunto hayan sido punidas.

Lo que hay de cierto es que el Deops de San Pablo ya trabajaba entre los metalúrgicos del ABC lo suficiente para informar al gobernador del estado de San Pablo, Paulo Egydio Martins –antes aun de la eclosión de la primera huelga– que los trabajadores estaban viviendo un clima de insatisfacción. Consultando el gobierno federal sobre qué actitud debería tomarse, el Gobernador obtuvo la respuesta de que el asunto era de ámbito federal y que las cuestiones de seguridad nacional deberían estar a cargo del gobierno central. Así, desautorizado de actuar, el gobierno esperó. Pero el Deops, a través de la dirección del comisario Romeu Tuma, continuó su trabajo de investigación.[11] Si era pronto para que el gobierno interviniera, no lo era para prepararse ante cualquier posible "revés".

Es bueno recordar que el Deops no dejó pasar por alto una reunión que se extendió durante extenuantes 19 horas. Se trataba de un encuentro entre la dirigencia del sindicato –Lula y Devanir Ribeiro–, la dirección de la Ford, que ya sufría ocho días de paro, y el Sinfavea (Sindicato Nacional de los Fabricantes de Vehículos Automotores). El objetivo era dar fin a huelga, naturalmente.

Los trabajadores de la Ford querían un 15% de aumento, pero

---

[11] Revista *Veja*, 31 de mayo de 1978, pág. 69.

terminaron aceptando el 11% (más un 3,5% de anticipo salarial) propuestos por la empresa. A pesar de que dicho encuentro no era exactamente lo que podría llamarse "amenaza al orden público", cada palabra dicha en la reunión fue cuidadosamente gravada por los agentes del Deops, con la aquiescencia, claro, del sindicato patronal, que ofreció su sede para la realización del encuentro.

Las huelgas de 1978 llegaron en un momento inigualable. Se caminaba sobre arenas movedizas. La sociedad civil se organizaba en una tentativa de reconquistar los derechos democráticos hacía mucho tiempo perdidos. El propio gobierno militar amagaba con un proceso de apertura política lenta y gradual. Algunos sectores de la burguesía más liberales ansiaban un capitalismo más "avanzado". Para ellos era preciso modernizar las relaciones entre capital y trabajo de forma que contemplase también la posibilidad de diálogo con los trabajadores organizados.

Hasta ahí ninguna sorpresa para aquellos que conocen la racionalidad del capitalismo moderno. Pero es obvio que la burguesía, como cualquier clase social, tiene, entre sus pares, divergencias de opinión.

Algunos, como Antônio Ermírio de Morais, superintendente del gigantesco grupo empresarial que en la época contaba con cerca de 30 empresas y 40.000 empleados, sostenían que el bullir de las huelgas "era culpa de los empresarios y de su ignorancia característica", al mismo tiempo que reconocían que el ajuste salarial hacía insoportable[12] la vida del trabajador. Otro gran empresario, José Mindlin, propietario de la metalúrgica Metal Leve, declaraba: "La huelga debe ser comprendida y admitida, dada la situación de dificultad en que vive la clase obrera".[13] Pero no todo eran flores. Según declaró un asesor del entonces ministro de Trabajo, Arnaldo Prieto,[14] algunos empresarios pedían que el gobierno "volviera a empuñar los palos contra los trabajadores".

Los empresarios más liberales desempeñaban su papel: no estaban poniendo en riesgo sus intereses económicos, por el contrario,

---

[12] Revista *Veja*, 31 de mayo de 1978, pág. 73.
[13] Revista *Veja*, 31 de mayo de 1978, pág. 60.
[14] Revista *Veja*, 31 de mayo de 1978, pág. 72.

querían mejorar las relaciones de trabajo en los moldes estrictos del sistema capitalista. Para eso era preciso tener un interlocutor que representase de hecho a la clase trabajadora, que tuviese legitimidad y, al mismo tiempo, estuviese genuinamente desvinculado de movimientos y organizaciones de izquierda. ¿Quién sería ese hombre?

La respuesta a esta pregunta puede ser encontrada en la forma generosa con que las empresas de comunicación –en especial las de diarios y revistas– trataron a Lula y al movimiento huelguista de 1978. Es a partir de ese período que Lula pasa a actuar en el escenario político brasileño, gana notoriedad nacional y poco después internacional.

Las clases dominantes, deseosas de esta especie de "encuentro amoroso", saludaban el surgimiento del "príncipe encantado" de sus sueños. En vez de los ojos claros y de los músculos perfectos –inevitables clichés de las historias de príncipes–, Lula exhibía los dotes que seducían a esa extraña princesa (la burguesía): su declarada desvinculación política, asociada a la más completa legitimidad entre sus pares, los trabajadores. Por fin había llegado aquel cuyo liderazgo y autoridad podrían guiar –y especialmente contener– a una legión de obreros... Al fin un gran líder de esa masa tan poderosa de plebeyos.

Fue así que parte de la burguesía escribió sus "cartas de amor" para el joven sindicalista. "Enamorada" del nuevo liderazgo "apolítico" (desde su punto de vista) de Lula, parte de la elite nacional dejó en claro su encanto ante la presencia del bravo líder de los trabajadores, admitiendo incluso su cruzada por mejores salarios.

El 23 de mayo de 1978, el diario *O Estado de São Paulo* publicaba nuevamente, en la columna reservada al editorial, el artículo impreso el día anterior en el editorial del *Jornal da Tarde*. Bajo el título de "Qué hay de nuevo en el movimiento huelguista", el diario apoyaba las huelgas que, aunque consideradas por la Justicia del Trabajo ilegales, para este no eran inmorales ni mucho menos injustas. Como sabemos, varios sectores de la burguesía y otros ligados a sus intereses luchaban por la democracia –como algunas grandes empresas de comunicación–. Frente a esto, eran bienvenidos los movimientos de presión social favorables a la conquista democrática, siempre que no pusiesen en riesgo el orden político y social vigente. Decía el diario:

Una de las cosas que nos parecen claras es que las paralizaciones no tuvieron, decididamente, carácter político. Fueron determinadas por reivindicaciones de naturaleza exclusivamente trabajadora, relacionadas exclusivamente a salarios. En este marco, la nota oficial del Sindicato de los Metalúrgicos de São Bernardo do Campo puede ser aceptada sin reservas. [...] Las reivindicaciones, por lo tanto, son razonables, y el comportamiento de los obreros puede servir de ejemplo a los padres y estudiantes que, sin tener las mismas razones y sin sufrir las mismas amarguras financieras de la clase obrera, están, frecuentemente, mucho más ajenos al buen sentido.

Según el diario, las virtudes del "príncipe encantado" deberían servir de ejemplo a los estudiantes y sectores de la Iglesia, que el diario evitó llamar textualmente "subversivos". En un artículo publicado en la revista *Veja*, el 31 de mayo de 1978,[15] los medios de comunicación de masa repiten el elogio: saludan a su "príncipe apolítico" y recriminan nuevamente a la Iglesia y a los estudiantes:

[...] van emergiendo liderazgos sindicales modernos, que hablan un lenguaje hasta ahora desconocido. El más articulado de esos nuevos líderes, "Lula" de São Bernardo do Campo, informó al público en general que agradecía la solidaridad de todos, pero aprovechó para recomendar que los estudiantes permanezcan en las universidades, estudiando, y que la Iglesia tratara de apoyar efectivamente la lucha de los sindicatos, en lugar de patrocinar movimientos paralelos de trabajadores. Por esa preocupación, es posible suponer que, después de tres cuartos de siglo de industrialización, la clase obrera brasileña está comenzando a emanciparse.

Sin suponer ni de lejos los caminos que Lula recorrería en el futuro, puesto que ni él mismo los suponía, se escribieron otras innumerables cartas elogiosas, como un editorial del *Jornal do Brasil* que destacaba que las huelgas eran fruto del desarrollo capitalista, que no representaban, de modo alguno, el "peligro rojo". En otras palabras, el "príncipe encantado" de sectores de la burguesía parecía ser realmen-

---

[15] Revista *Veja*, 31 de mayo de 1978, pág. 75.

te confiable, pues no empuñaba la bandera roja del ejército enemigo. Por el contrario, todo indicaba que estaba allí justamente para fortalecer el desarrollo capitalista defendiendo los intereses de la burguesía.

En ese momento Lula era visto como una especie de "héroe civilizatorio" capaz de aceitar y civilizar, dentro de los más altos patrones, la relación "armoniosa" entre capital y trabajo, "minimizando las tensiones sociales inherentes a los deseos de la lucha de clases". Decía el *Jornal do Brasil* el 17 de mayo de 1978:

> Sería un servicio a la causa democrática si algunos empresarios abandonasen el sentimiento condenable de suponer que las huelgas [...] pudieran provocar el desmoronamiento de las instituciones capitalistas. Huelgas existen en todos los países capitalistas de instituciones fuertes, de empresas sólidas. No existen huelgas en la Unión Soviética o en los países socialistas.

Mientras tanto, la revista *IstoÉ*, el 24 de mayo de 1978,[16] no ahorraba elogios para el nuevo liderazgo que surgía y que se imponía de una manera "nada subversiva". Habría mejor liderazgo para los trabajadores, desde el punto de vista de las clases dominantes, que aquel que, a pesar de en la práctica poner en jaque la ley antihuelga –lo que en principio sería una subversión del orden– dice que no desea entrar en la historia, sino que desea sólo la simple mejora de la paupérrima condición de vida de la clase trabajadora. El texto "explica" que Lula fue elevado a la mera condición de líder sin ninguna pretensión de proyección personal, sin ningún proyecto ideológico. Para la revista, Lula cayó en paracaídas en la contienda entre empresarios y trabajadores, a los que tuvo que representar, aún sorprendido con la altura del salto y la velocidad del viento.

Estampaba en sus páginas:

> ¿Qué es lo que ellos quieren? Básicamente, un aumento salarial en torno del 20% [...] Nada, en fin, especialmente ideológico, subversivo. [...] Como insistió en enfatizar Luiz Inácio de la Silva, Lula, presidente del Sindicato de los Metalúrgicos de São Bernardo do Campo y Dia-

---

16 Revista *IstoÉ*, 24 de mayo de 1978, pág. 68.

dema, una entidad con 30.000 asociados: "Este no es un movimiento para entrar en la historia. Nadie está actuando con este propósito. No estamos realizando movimientos para ser instrumento o tesis de sociólogos. Pretendemos, simplemente, atender a los deseos de los obreros, nada más que eso". Lula, como habitualmente, demostró su peculiar independencia. De cierta manera, sin embargo, sin querer, terminó atrapado en medio de la tormenta. Si las empresas se sorprendieron con la rapidez del paro y con la rapidez con que la idea se esparció, a pesar de la prohibición legal de las eternas amenazas de represión, el propio Lula se asombró cuando supo del movimiento y de su propagación. Ironía. Fue a Lula a quien las empresas llamaron para mediar la cuestión con los trabajadores. Y, de forma casi inevitable, se vio empujado a la incómoda condición de líder de una situación capaz de transformarse en confrontación.

Lula causaba realmente buena impresión. Entre un elogio y otro, se volvía cada vez más pública esta enorme simpatía, a través de las palabras del importante empresario y periodista Ruy Mesquita, entonces director de *O Estado de São Paulo* y del *Jornal da Tarde*:

[...] la impresión que me quedó de la entrevista de la TV Cultura (programa *Vox Populi*), reveló, para mi gran satisfacción, algo realmente nuevo en este país políticamente traumatizado durante catorce años, y nuevo en un sector que no estaba estancado hace sólo catorce años, sino desde los tiempos del Estado Novo, cuando fueron lanzadas las bases y las estructuras del movimiento sindical brasileño contemporáneo. Y lo que se me reveló como nuevo y agradablemente sorprendente fue justamente el hecho de que, durante catorce años de silencio políticamente impuesto, de letargo aparente, el edificio construido sobre aquellas bases y aquella estructura fuera destruido por un movimiento que brotó espontáneamente, en el seno del propio proletariado de San Pablo, en estado de pureza, incontaminado política e ideológicamente y que se preocupa principalmente por mantenerse rigurosamente así.
El Lula que me surgía en el video, lúcido, objetivo, con una claridad de pensamiento que se reflejaba en la increíble facilidad de expresión, parecía el producto de un ambiente político totalmente diferente de aquel que produjo a nuestros actuales líderes (o pseudolíderes) políticos, eclesiásticos, intelectuales o estudiantiles (Silva, 1981, pág. 99).

Tal vez la frase de la cita anterior que dice que Lula se mantiene en "estado de pureza, incontaminado política e ideológicamente" y que, mejor aún, se preocupa por continuar manteniendo este singular estado de "virginidad ideológica", pueda resumir con claridad los sentimientos que los sectores más esclarecidos de la clase dominante sentían por él. Siempre es interesante notar cómo la burguesía se imagina flotando en un espacio "a-ideológico": cuando Lula expresa con todas las letras en su discurso la ideología burguesa, es cuando, para esta misma burguesía, Lula no es tocado por ningún tipo de ideología.

Pero, al final, ¿qué Lula "lúcido, objetivo y con claridad de pensamiento" era este, que encantó tanto a una de las voces más expresivas del periodismo brasileño?

Veamos. En mayo de 1978, Lula tuvo su primera aparición en un programa de televisión. Fue en la TV Cultura, canal 2, en el programa *Vox Populi*, grabado en San Pablo (terminó sin poder ver su debut en el video, pues la noche que se exhibió estaba reunido con la dirección de la Ford tratando de negociar una salida para la huelga de la empresa). Durante la grabación de la entrevista, Lula temblaba tanto de nerviosismo que tuvo que sentarse. Le temblaban las piernas.

A pesar de la falta de experiencia ante las cámaras, Lula dio lo que muchos conservadores consideraron un show: demostró su profunda vinculación con la clase trabajadora pero –y este "pero" es importante–, al mismo tiempo, se mostró totalmente ajeno a la ideología de izquierda y a cualquier tipo de crítica más profunda al statu quo. Era humilde al extremo (siendo inclusive incapaz de trazar su propio perfil), declaró su falta de cultura formal asumiendo su "bajo grado de cultura". Demostró la seguridad de que jamás participaría de la "vida política", ya que "no servía para político"; además, no estaba para nada preocupado en saber si estaba siendo "usado" por la clase dominante. Estaba convencido de que los estudiantes no deberían participar de la lucha de los trabajadores, siendo su lugar dentro de las universidades. Detestaba cualquier tipo de radicalismo, elogiaba a los dirigentes sindicales pos-1964 (o "pos-intervención militar en los sindicatos", ya que en esa época los dirigentes sindicales no tenían, desde su punto de vista, "ningún compromiso político"). Deseaba volver a la fábrica para continuar trabajando atrás de su torno en cuanto terminara su gestión en el sindicato.

Llamaba al golpe militar de 1964 "revolución", y creía píamente en la ingenua versión de que esta "revolución" había ocurrido en función de la necesidad de controlar los índices inflacionarios considerados altos en aquella época. Lula se colocaba realmente como el interlocutor ideal para la clase dominante.

Incluso, pedía ayuda al comandante del II Ejército en la lucha contra lo que el propio general Dilermando Gomes Monteiro llamó "infiltración de las ideologías extremistas". Veamos algunos trechos de esta entrevista extremadamente elucidativa de un período que yo creo que es, para Lula, la fase final de su inmersión en la cultura de la pobreza (baja autoestima, etcétera) para iniciar su transición rumbo a la cultura de la transformación (organización de los trabajadores, etcétera):

Pregunta: Podría rápidamente trazar su perfil?
Lula: Yo prefiero que lo hagan ustedes.

Pregunta: ¿Cómo usted consiguió llegar a lo que es hoy en el sindicato?
Lula: Yo no soy nada en el sindicato. Yo soy sólo un presidente del sindicato debido al trabajo de todo un equipo y al apoyo que toda la clase trabajadora me dio. Pero sigo siendo tornero mecánico, convencido de que mañana volveré a la empresa en la que yo trabajo y seré el tornero mecánico que yo era antes de entrar al sindicato.

Pregunta: Me gustaría saber si a usted no le parece que está siendo usado por la clase dominante en la medida en que aparece en las entrevistas de la gran prensa, en los diarios, y aquí en *Vox Populi*.
Lula: Yo no sé… Queda para la interpretación de cada uno. […] Pero lo que yo quiero dejar bien claro, y esta es mi convicción, es que si durante toda su existencia el sindicalismo brasileño adormecido no logró resolver los problemas de la clase trabajadora, yo espero que ahora se les dé la oportunidad a algunos dirigentes sindicales que están despiertos y están tratando de resolver los problemas de la clase trabajadora.

Pregunta: Con la popularidad que disfruta en este momento, ¿usted tiene alguna pretensión política para el futuro?

Lula: [...] No tengo pretensiones políticas, no soy afiliado a ningún partido político y sé que jamás participaría de la vida política, porque no sirvo para político.

Pregunta: Yo le preguntaría a Lula: ¿cuáles son las perspectivas que él ve, de 1962 a los días de hoy, en la evolución del movimiento sindical dentro de la dinámica del movimiento político brasileño? [Pregunta hecha por el entonces ex secretario de Seguridad Pública Erasmo Dias.]

Lula: Yo tendría que hacer una cierta división del movimiento sindical antes de 1964 y posterior a 1964. Es un punto de vista muy personal: yo creo que el movimiento sindical antes de 1964 fue muy usado políticamente, se hacía tal vez mucha politiquería en vez de defender realmente a los trabajadores. Después de 1964 surgieron algunos dirigentes sindicales, entre los cuales yo quiero incluirme, que no tienen compromiso político con nadie y que están pura y simplemente dispuestos a cualquier sacrificio para la defensa de la clase trabajadora que ellos representan.

Pregunta: ¿Y las huelgas recientes, como en algunas industrias de automóviles o camiones, se deben a lo que usted dice o a alguna cosa más?

Lula: [...] Todo trabajador, cuando siente que su estómago le duele, quiere liberarse del dolor. Ahí es que suceden las huelgas.

Pregunta: Lula, ¿le parece que nuestro gobierno va a solucionar fácilmente el problema de la inflación?

Lula: Yo creo que el problema de la inflación en Brasil es un problema sin solución, porque cuando fue la revolución de 1964 el gran problema ya era la inflación. [...]

Pregunta: El movimiento estudiantil constantemente presenta la necesidad de una unión entre obreros y estudiantes. Entonces yo quiero saber, ¿cómo los estudiantes pueden integrarse al movimiento obrero?

Lula: Sin querer ofender a los estudiantes –tal vez mi bajo grado de cultura, yo sólo tengo estudios primarios, yo no aprendí mucho, sólo tengo el curso de tornero mecánico, tal vez sea mi desinformación lo que me lleve a ser así– pero yo creo que la mejor manera de que los estudiantes puedan ayudar a la clase trabajadora sería quedándose dentro de las universidades.

Pregunta: Como comandante del II Ejército, uno de los problemas que mucho me preocupan es el de la seguridad, por la posibilidad de infiltración de ideologías extremistas, como es la ideología comunista, en el seno del proletariado. Esta es una preocupación de todos nosotros. Yo quisiera saber cómo Lula ve la posibilidad de impedir que haya esta infiltración en los sindicatos obreros [pregunta del general Dilermando Gomes Monteiro].

Lula: Yo estoy en contra del radicalismo tanto de izquierda como de derecha. Creo que el radicalismo no lleva a nada. Ahora, yo quería decirle al general Dilermando, que la afiliación en mi sindicato es libre y yo no puedo identificar quién es de extrema derecha y quién es de extrema izquierda. Pero yo quisiera que el comandante del II Ejército nos ayudase a luchar por la libertad sindical, y me diese el derecho, no sólo a mí sino a todos los dirigentes sindicales que no tienen compromisos ideológicos, de luchar contra cualquiera de los dos extremos (Silva, 1981, págs. 53-83).

Pero, este ruidoso "romance" terminó pronto, bien pronto. Antes de la "noche de bodas". El líder metalúrgico perdió sus encantos en cuanto mostró que podría ser diferente: perder la ingenuidad política y el discurso conservador que la burguesía tanto amaba.

En las huelgas de 1978 Lula aún posaba para algunos sectores de la burguesía como un bello y adorable príncipe. En las huelgas del año siguiente, el encanto ya desaparecía. De los "músculos fuertes" de aquel que tenía el poder de liderar centenas de miles de trabajadores, surgía un sapo macizo, gordito, difícil de tragar y digerir. Su discurso era cada día menos "despolitizado".

Lula había tomado explícitamente la delantera y la organización del movimiento obrero que hasta entonces se creía espontáneo. Se convertía cada vez más en un representante de la cultura de la transformación, dejando así de ser el candidato perfecto para un romance con la burguesía.

La cultura de la transformación sustituye una visión de mundo pesimista, inmovilista, por una visión optimista, que cree en la movilidad de los hombres y de las naciones. La cultura de la transformación sustituye la visión inmediatista y conformista del mundo por una intensa ligazón con el futuro y con la superación de los problemas actuales. Su objetivo es dejar atrás la mera ligazón inmediatista, con la garantía de la supervivencia inmediata pero, además, preparar el porvenir, el proyecto de futuro.

La cultura de la transformación canaliza, así, las mejores energías creadoras. Es una verdadera ayuda para la sublimación de los deseos más individualistas y mezquinos, fortalecidos por el ideario capitalista, y para el surgimiento de deseos y acciones más solidarios y colectivos.

Si el concepto de la cultura de la pobreza es una reacción y una adaptación al modo de producción capitalista, el concepto de la cultura de la transformación también lo es, pero invierte su lógica. Ambos son el anverso y el reverso de la misma moneda. La cultura de la transformación no se restringe a una única clase social; las características inherentes a la cultura de la pobreza también pueden encontrarse en otras clases sociales, no sólo en las "pobres".

Así como la cultura de la pobreza, la cultura de la transformación tiende a surgir a partir de "catalizadores externos", los que, como vimos en las páginas anteriores, aparecieron en el escenario brasileño cuando vivíamos el comienzo del proceso de "modernización" del modelo capitalista brasileño, democratización política, etcétera. Aunque que no esté analizando un período estricto de nuestra historia y sí el camino de vida y muerte que las ideas y valores recorren a lo largo de la historia, vale a pena citar a Antonio Candido, en su artículo "Pasión de los valores". A través de él podemos comprender con claridad cómo las ideas, los valores y también las "culturas" traban relaciones profundas con lo que llama necesidades elementales de la vida individual, así como con las actividades económicas de la vida social, o sea, con los "catalizadores externos":

Como las personas, los valores, que son ideas, nacen, padecen suerte variada y mueren. Su raíz es modesta y común. Las necesidades elementales de la vida individual, proyectándose en la vida colectiva, se subliman en normas. Estas, disuelta la placenta que las nutre, se presentan como valores autónomos, externos, universales.

En torno a ellos se construyen las ideologías, otros valores, se forma el tejido de las ilusiones afines a la existencia. Las instituciones crecen a su sombra y la conducta se organiza según su directriz.

Pero las relaciones entre los hombres cambian, con los cambios de sus técnicas, con el reajuste de su actividad económica. Los valores pierden su fundamento concreto, su funcionalidad, pero permanecen cargados de contenido afectivo. Entran en choque con la vida, se transforman en sobrevivientes, padecen. La vida los vence y los supera en su crecimiento continuo.

Los momentos de pasión de los valores son momentos de dolor y de incertidumbre, en que jamás la humanidad tantea, se enfurece, cae, sangra y prosigue, en busca de nuevos criterios y creencias nuevas (Candido, 1992, pág. 109).

Al enfurecerse contra "el tejido de las ilusiones entrañables a la conciencia", Lula y otros trabajadores pasaron por momentos que se podrían describir como en la cita anterior y, en medio de su dolor y de su incertidumbre, conquistaron nuevas creencias.

Impresiones al final de la jornada

"La vida es ingrata en su blandura; pero deja traer la esperanza incluso en medio de lo amargo de la desesperación. Este es un mundo muy mezclado..."

João Guimarães Rosa, *Grande sertão: Veredas*

Hipótesis sobre los aspectos subjetivos de las declaraciones de Lula

Aquí exponemos algunas hipótesis y suposiciones de carácter subjetivo sobre el discurso de Luiz Inácio Lula da Silva. Nos gustaría resaltar que, al proponer hipótesis sobre la subjetividad de Lula, sólo estamos indicando nuestras impresiones, simplemente señalando lo que nos pareció sugerir su discurso. En estos aspectos subjetivos no pretendemos, de ninguna manera, afirmar que nuestro análisis es definitivo.

Estamos seguros de que en el campo de la subjetividad humana nunca es correcto realizar análisis definitivos. En verdad, este capítulo está mucho más destinado a proponer temas para que podamos reflexionar sobre ellos que a indicar "verdades". Trabajamos con el método que intenta comprender la historia considerando también los aspectos subjetivos de las personalidades estudiadas, y para ello utilizamos algunos conceptos del psicoanálisis.

Cada una de las entrevistas que nos concedió Lula nos proporcionó un océano abierto, pleno de informaciones; hay infinitas posibilidades de interpretación, desde los más variados puntos de vista. Sería imposible, aquí, abarcar todos esos ángulos de análisis, por lo que las declaraciones autobiográficas quedan como registro histórico, documento para futuros análisis.

Por ahora, nos proponemos presentar un conjunto de temas relacionados con la dinámica familiar, las experiencias de vida que forjaron los deseos, las características subjetivas, la personalidad, la capacidad de liderazgo sindical y político de Lula.

Ya en la primera frase de la primera entrevista, Lula se muestra enfático al señalar las dificultades en los comienzos de su vida, repleta de privaciones. Dice: "La primera cosa que recuerdo, cuando alguien me pregunta acerca de mi infancia, es exactamente el hecho de no haber tenido infancia".

A partir de allí, Lula comienza a describir la situación de pobreza y las dificultades permanentes en que vivía su familia cuando él era niño; nos relata sufrimientos, la ausencia de condiciones básicas de salud, el hecho de haber comido arroz por primera vez en su vida apenas porque estuvo enfermo. El arroz, producto caro para los Silva, sólo era ingerido como remedio, en caso de extrema necesidad. Así, Lula comienza su relato demostrando una experiencia de vida inicial bastante dura: la madre, abandonada por el padre (que había emigrado dejándola con un embarazo avanzado), se ve obligada a asumir la responsabilidad de proveer y cuidar a ocho hijos, niños aún bastante pequeños. Tendría que garantizar la supervivencia de su prole prácticamente sola. Según los relatos de algunos de sus hermanos, el tío de Lula que su padre había dejado encargado de "ayudar a criarlos" nunca realmente los ayudó. De acuerdo con las declaraciones, doña Lindu contó con poquísima ayuda familiar en el Nordeste.

Al relatar la dureza de sus experiencias infantiles, Lula cuenta que escuchó radio por primera vez recién a los cinco años de edad, en la conocida como Bodega do Tozinho. Los Silva vivían lejos, a 18 kilómetros de la ciudad más cercana. Su dieta era pobre: comer pan era muy ocasional y su desayuno consistía en un puré hecho con café y harina de mandioca. Considerando que Lula era el hijo menor de doña Lindu, es probable que esto haya favorecido su crecimiento precoz. Podemos imaginar una situación en la que Lula sufriera privaciones de orden material, pero no de este tipo. Posiblemente recibiera poca atención de su madre, que estaba ocupada en asegurar la subsistencia de la familia, en garantizar los cuidados de la casa y también los de los otros siete hermanos de Lula. Como se sabe, en situaciones de privación, y en un esfuerzo por asegurar su supervivencia, los niños tienden a intensificar el ritmo de su proceso de maduración.

Esta precocidad del pequeño Luiz Inácio, reflejada objetivamente en las tareas que debió desempeñar desde muy chico para sobrevivir, posiblemente lo haya transformado en un adulto más apto para enfrentar las adversidades que se le imponían en el camino y para darles soluciones creativas. La historia de Lula es la historia de un hombre que supo aprovechar los magros recursos que poseía para realizar grandes conquistas. Es el modelo de hombre que supo "hacerse a sí mismo", una especie de *self made man*. Desde chico, Lula aprendió, como el dicho, "a ver el vaso medio lleno", a transformar lo amargo en dulce, a superar los obstáculos de la vida para hacerla cada día un poco mejor.

Al relatarnos la dureza de sus primeros días, creo que Lula, al tiempo que nos lleva hacia la comprensión de su maduración precoz, nos alerta en cuanto a la naturaleza de sus orígenes –los desposeídos, los olvidados, los hambrientos–, e incluso deja en claro que estos orígenes no fueron olvidados o negados. Al contrario, como observamos durante el transcurso de los relatos, son esos mismos orígenes importantes motivos de orgullo y de identidad personal. Es interesante advertir cómo, hasta hoy, Lula cuenta parte de la historia de su familia desde el punto de vista del hijo menor, de aquel que entendía menos que sus hermanos mayores qué era lo que sucedía con sus padres. Cuenta que su hermano Jaime –que migró junto con su padre, la segunda vez que Aristides se fue para San Pablo–, cuando llega a Santos "descubre" que el padre había constituido otra familia. En verdad, tanto doña Lindu como todos sus hijos más grandes ya sabían que Aristides había huido con la prima de su mujer, doña Mocita. Todos –menos Lula– ya sabían que los hijos que Aristides había llevado desde San Pablo para que conocieran el Nordeste eran hermanos por parte de padre. Pero Lula era muy pequeño aún en aquella época para entender lo que ocurría y hasta entonces no conocía la versión de sus hermanos. Hay frases suyas como: "Mi padre ya se había ido de Pernambuco con esa prima; ella había desaparecido, pero nadie había relacionado su desaparición con el viaje de mi padre". Todo indica que esto no es verdad –según el relato de sus hermanos y de su tía Luzinete, hermana de doña Lindu–. Todos ya tenían conocimiento, menos el pequeño Lula, que se mantiene, en este sentido, en el "lugar subjetivo" del menor de la familia. Una cuestión que creemos importante destacar es que, al leer sus relatos, tenemos la impresión de que Lula siempre intenta (creemos que de forma inconsciente) minimizar la rabia que sintió por el padre, por todas las injusticias que él cometió con la esposa y los hijos.

En el relato de otros hermanos, por ejemplo el de Vavá, queda en claro cómo este sentía envidia del trato especial que el padre, Aristides, daba a los hermanos que venían de la ciudad grande, los cuales, además de ser hijos del padre con otra mujer, eran chicos mucho mejor vestidos, más cuidados, que nada sabían de la dura vida en el sertón del Nordeste. Durante todo su discurso, Lula señala los maltratos y el sadismo bastante fuerte del padre, aunque siempre parezca querer racionalizarlo,[1] explicando las situaciones de modo de suavizar lo que ocurría. En este caso de los chicos recién llegados (que por las manos de Vavá enseguida van a descubrir los efectos que la ortiga produce en contacto con la piel), vemos a un padre que llevó a los hijos que tuvo en otra unión para hospedarlos en la casa de su legítima esposa. Estos chicos no sólo eran el resultado de la constitución de una familia paralela, sino que –lo que agrava la situación– eran fruto de la relación que él había tenido con la prima hermana de su esposa, una de las mejores amigas que doña Lindu había tenido. Hay en los discursos de algunos de los hermanos de Lula una connotación de "traición" al referirse a esta relación amorosa entablada entre Aristides y Mocita.

Cuando llegaron a Santos, Lula dijo acerca del padre: "Aun teniendo otra mujer, el comportamiento de él era que mi madre era la mujer legítima". No era esa la opinión de los hermanos con relación al tratamiento que el padre daba a doña Lindu; de acuerdo con ellos, su madre era relegada respecto de la segunda mujer. Enseguida, Lula recuerda que no tiene rencor con el padre porque este haya tenido otra familia. Cabe preguntarse si no habrá tenido inconscientemente rencor alguno por la traición del padre que abandonó a la familia. Al parecer, la relación de ambivalencia que Lula establece con el padre es bastante grande; entrelíneas, es posible percibir cierta admiración por el hecho de que el padre consiguió constituir y mantener dos familias, por su fuerza física de estibador, por su capacidad de cazar, de cortar leña, aunque haya usado y abusado de la

---

[1] Racionalización, de acuerdo con el psicoanálisis, es un mecanismo psíquico de defensa que utilizamos para defendernos de un dolor emocional insoportable. Para ello recurrimos a una explicación racional lógica y coherente –pero no verdadera– en la cual nosotros mismos creemos, ya que, como todos los demás recursos defensivos, la racionalización es siempre un mecanismo inconsciente.

mano de obra de sus hijos para dividir la ardua tarea. Lula dice que el padre trataba "correctamente" a las dos mujeres y que el rencor que siente por el padre se debe a otros motivos. Cuenta él: "Tengo pena de mi padre porque pienso que él era muy ignorante. Mi padre era un pozo de ignorancia". No es casual que más tarde Lula aprehenderá toda la información de que sea capaz, estudiará incansablemente –aunque no lo haga en una universidad–, procurará hacerse más sensible y humano, enalteciendo su espíritu. Lula canalizará todas sus energías para huir del destino de su padre: no querrá ser nunca ese reprobable "pozo de ignorancia" que Aristides parecía representarle. En la campaña presidencial de 1989, su adversario Fernando Collor de Mello difundió por cadena nacional de radio y televisión, en el horario electoral gratuito, la falsa información de que Lula habría abandonado a su hija Luriam. Collor puso en el aire a la enfermera Miriam Cordeiro, madre de Luriam, diciendo que Lula quería que ella abortara a la niña. La información causó un enorme impacto negativo entre el electorado brasileño. Luriam, entonces adolescente, le pidió a su padre que la dejase hablar también a ella en cadena nacional de radio y TV para desmentir a su madre. Pero Lula no aceptó. Aun sabiendo que podría perder la elección a la presidencia de la República, prefirió resguardar a su hija. Dijo que la protegería a cualquier costo. Perdió las elecciones cuando los sondeos de intención de voto apuntaban en la dirección de un empate técnico entre los dos candidatos. Al parecer, en este caso Lula optó por un modelo de padre contrario al que él había tenido. Jamás abandonaría a sus hijos, jamás los expondría a situaciones adversas. Esa era una cuestión central para él; su personalidad se estructuraría en la negación del modelo de su padre. También sobre el tema de la ambivalencia en relación con Aristides, Lula asegura no haber recibido por parte de su padre un tratamiento de "segunda clase" respecto de aquel que tuvieron los hijos de la segunda esposa, doña Mocita. Sus hermanos mayores no concuerdan con esta idea y alegan, por ejemplo, que Aristides compraba comida de peor calidad para doña Lindu. Lula afirma también que no pasó hambre durante ese período. Entretanto, es necesario recordar que él de chico estaba acostumbrado a una dieta bastante pobre, que su referencia alimentaria era lo que se consumía en el Nordeste, como puré de harina con café en el desayuno. Pero, prosiguiendo con su discurso ambivalente, recuerda, demostrando tristeza y enojo, que el padre destinaba para sí mismo comida especial:

> Él se levantaba más temprano que nosotros, tomaba café, comía el trozo de pan de él. Después tomaba el pedazo de pan que sobraba, lo colocaba en una lata arriba del armario y nadie lo podía tocar. Sólo cuando él volvía, abría la lata para comerlo. Y no nos daba nada a nosotros; eso era sólo para él. Hoy, un padre normal, un ser humano normal, se queda sin comer para poder darle algo al hijo. Mi padre se lo comía.

Hay otro pasaje en el que Lula también habla del sadismo del padre con relación a la comida:

> Otra cosa que me marcó mucho de mi padre fue que un día –en 1952, mi hermana tenía unos tres años– yo vi a mi padre comiendo pan y mi hermana le pidió un pedacito. Mi padre tomaba los pedacitos de pan y los tiraba a los perros. No se lo daba a ella. No estoy seguro de si él la llegó a escuchar cuando le pedía, pero sé que eso me marcó mucho.

En estas dos declaraciones, Lula deja en claro que percibe la injusticia y el placer sádico del padre, pero abre "brechas" para que este "padre malo" pueda ser "redimido": en la primera cita dice que lo que el padre hacía, hoy un padre "normal" no haría. Habría que preguntarse si en aquella época un padre considerado "normal" haría tal cosa. En el segundo ejemplo, Lula describe una situación estremecedora de un padre que prefiere alimentar perros que a una hija y, tal vez para minimizar la brutalidad del padre, hace la aclaración acerca del pedido de la nena: "No estoy seguro de si él estaba oyendo". Es posible que inconscientemente Lula haya hecho aquí también el proceso de "racionalización". Es posible que Lula haya buscado explicaciones diferentes de aquellas que parecían evidentes para poder soportar su sufrimiento ante la realidad que presenciaba.

También sobre las crueldades de Aristides, Lula cuenta que un día su padre le dio un golpe en la cara a su hermana, tan fuerte que le hirió la cabeza, pero –y nuevamente aparece un "pero"– dice enseguida que la hermana era "desobediente". O sea, casi llega a explicar que el padre tal vez pudiera tener alguna razón para "perder la cabeza" y ser tan violento con la hija. En otros momentos, entretanto, consigue dar su versión de haber tenido de hecho un "padre malo": "Creo que él cuidaba más a los perros que a los hijos". Cuenta la paliza que Aristides le dio, con mucha violencia, al hijo Frei Chico (porque él y Lula no habían conseguido cuidar bien su pequeño barco) de tal forma que Frei Chico llegó a orinarse en el guardapolvo que acababa de ponerse para ir al colegio. Aristides casi llegó a pegarle también a Lula –sólo no lo hizo porque se lo impidió doña Lindu–.

La historia del helado negado por el padre es repetida varias veces y parece haber marcado mucho a algunos de los hermanos de Lula, e incluso a él mismo. Lula habla más de una vez de la dura humillación por la que su padre lo hizo pasar negándole helado –algo que él nunca había probado–, alegando que no le concedía ese dulce porque Lula era incapaz de sorberlo. El padre no le enseñó a hacerlo ni le dio la posibilidad de que lo aprendiera solo; simplemente lo excluyó, ante otros chicos, de aquello que para el chico parecía ser un fantástico manjar. Incluso en las cosas cotidianas más banales, en lugar de "abrir las puertas del mundo" para que en él fueran incluidos sus hijos, Aristides parecía preferir excluirlos. O sea, el padre de Lula no actuaba de acuerdo con lo que era esperado de un "padre": posibilitar experiencias nuevas, enseñarles las cosas de la vida, señalar caminos, fortalecer a sus hijos para que pudieran crecer. Un buen padre debería dedicarse a la inserción de los hijos en el mundo, no a su exclusión. Aquí, cabe recordar, una vez más el modelo de Aristides será una sólida referencia para Lula. Pero una referencia para ser seguida de manera invertida. Si Aristides quiere excluir, Lula quiere incluir a los más frágiles. Como líder sindical o partidario, el tema de la inclusión social está siempre en el centro de sus preocupaciones.

Lula relata que el padre trataba a los hijos "como si fuésemos esclavos", y los obligaba a desempeñar tareas arduas y dolorosas, como andar por horas en el manglar, lastimándose los pies descalzos y cargando en la cabeza pesados troncos para leña, tareas que demandaban una fuerza física que iba mucho más allá de lo que podría ser exigido a un niño. Eran también obligados a participar de cacerías peligrosas, en las que corrían riesgo de vida, según declaraciones de Frei Chico.

Lula y sus hermanos cuentan que el padre obligaba a sus hijos a quedarse encerrados en la casa después del trabajo; no permitía que pasearan, que tuvieran cualquier tipo de actividad placentera. Y, lo que supera cualquier ejercicio de imaginación, Aristides, que tanto deseaba ser alfabetizado –en público fingía permanentemente leer el diario, muchas veces incluso sosteniéndolo al revés pues no conocía siquiera el formato de las letras–, siempre trató de impedir, prohibir, la alfabetización de sus hijos. Aunque detestase su propia limitación, si él era analfabeto los hijos también debían serlo.

Es posible suponer, a partir del relato de Lula y del de todos sus hermanos, que Aristides no soportaba ver a sus hijos felices: no quería que noviaran, que fumaran, que jugaran al fútbol, que fueran al cine, que disfrutaran de los placeres más simples y cotidianos de la vida pobre que llevaban. Como vimos, Aristides quería que sus hijos tampoco progresaran o, en otros términos, que lo superasen. Todo indica que este padre no los reconocía verdaderamente como hijos. Al contrario, los veía como competidores con los cuales no se identificaba y por los cuales tampoco sentía orgullo. Jaime, el hermano mayor de Lula aún vivo, relata que el padre los trataba como si fueran "nenitas". En otras palabras, puede decirse que este padre simbólicamente "castraba" a sus hijos, impidiéndoles crecer y actuar como hombres y mujeres, impedía el ejercicio de su potencial como seres humanos.

En verdad, la gran cantidad de páginas de relatos de sus hijos nos llevan a imaginar que Aristides era la verdadera encarnación del padre fuerte, potente, dominador, la representación de la ley, como en general todos los padres lo son en determinada etapa de la vida de un chico. Pero en este caso Aristides era también la encarnación de una ley injusta, perversa, inhumana, en la cual la solidaridad, la dedicación, el amor, el crecimiento, el desarrollo y el éxito personal estaban prohibidos para los hijos.

Paradójicamente, con sus amigos personales Aristides parecía ser generoso. Sin embargo, en relación con los hijos no había señales de generosidad; a ellos les estaban permitidos el sufrimiento, la exclusión y la anulación de las posibilidades de progreso, de descubrimientos y del sentimiento del placer. Al parecer, a los hijos estaba prohibido todo aquello que Aristides hubiese querido tener y ser y nunca tuvo ni fue. Como si para Aristides aquella nueva generación no pudiera existir y desarrollarse integralmente.

A pesar de todo esto, Lula vuelve una vez más a valorizar la capacidad de trabajo de Aristides. Después de declarar que no tiene ninguna compasión por el padre, alega que, "desde el punto de vista del individuo que debía garantizar el poroto y el arroz para los hijos, él lo hizo". E incluso, momentos antes, había dicho: "Mi padre era esta figura trabajadora. Trabajaba mucho, pero mucho realmente. Era responsable en cuanto a no dejar que faltara comida en casa". No obstante, hace una acotación: "Era demasiado violento, y era una violencia producto de la ignorancia". Esta violencia marcaría a Lula, como él mismo lo dice, para el resto de su vida.

Aunque su "padre potente", trabajador, que supo imponer su voluntad, fuese un importante elemento de identificación para que Lula llegara a ser en el futuro un líder, la violencia infligida por aquel a sus hijos sería siempre un modelo a ser negado por Luiz Inácio. Parece ser que negar este modelo autoritario, egoísta y violento se transformó en una cuestión central y de honra personal para Lula. Aunque aparezca como identificado con la parte de la personalidad de su padre relacionada con la imagen de trabajador, esta imagen potente, fálica,[2] al mismo tiempo Lula niega vehementemente su estilo truculento y agresivo. Luiz Inácio se identifica con la visión optimista de la vida, con la fe de que sería posible transformar su mundo, aun cuando esto le pareciera totalmente imposible, con la postura humanitaria y no violenta de su madre. El modelo de su madre es esencial, estructurador. Las características de doña Lindu serán mucho más importantes en la formación de la personalidad de Lula y lo marcarán decisivamente en la actuación política que su hijo tendrá cuando adulto. En este proceso de identificaciones, Lula adquiere algunas características del padre, otras de la madre. Pues, como dijo con claridad, "tomamos un poco de la maldad de nuestro padre y un poco de la bondad de nuestra madre". Al usar el término "maldad", Lula se refiere en verdad a la capacidad de imponer sus deseos, a la tenacidad, a la combatividad que demostrará más tarde en su actuación como líder sindical y político. Así, tal vez sea de esta "convergencia de factores" que se delinean los rasgos fundamentales en la formación de la personalidad de uno de los más carismáticos líderes de masas de la historia brasileña.

---

[2] Lula se refiere, con un dejo de orgullo, a que Aristides "era capaz de hacerse cargo de dos mujeres".

En las más diversas declaraciones, queda en claro cómo, en toda su trayectoria sindical y política, Lula opta siempre por la vía pacífica, por la comprensión, por la atención dispensada al otro, por la conversación en lugar de la confrontación: en una palabra, por la conquista. Lula consiguió conquistar los distintos grupos políticos que se enfrentaban dentro del sindicato a tal punto que fue indicado para integrar las dos listas opositoras, que históricamente se odiaban. Como doña Lindu, que poseía una gran cantidad de amigos, Lula aprendió que el arte de la conquista puede fructificar en amplias y fundamentales relaciones de amistad. Tal vez con su madre, Luiz Inácio haya aprendido el significado de la palabra carisma. Las relaciones de amistad de doña Lindu significaron una red de ayuda fundamental para su supervivencia; sin el "arco de alianzas" que fue capaz de crear, sin una gran red de apoyo como la que tejió, tal vez hubiera tenido que pasar el final de su vida junto a sus hijos mendigando para sobrevivir. En el caso de Lula, estas relaciones de amistad están, como se constata en sus declaraciones, estrechamente ligadas a la construcción de su imagen como líder. Es de estos vínculos personales, de estas relaciones de confianza y afecto construidas individualmente dentro del sindicato que Lula adquiere el respeto y la fuerza política que lo impulsarán en su trayectoria futura. Es exactamente la aptitud para tratar con fuerzas divergentes y la vigorosa capacidad de congregar personas en torno de un mismo objetivo lo fundamental en su vida como sindicalista y hombre político.

Si las ambivalencias de Lula respecto de su padre fueron muchas, cabe aquí llamar la atención sobre un tema que parece de importancia, y es que en el relato de Lula la separación de sus padres aparece como en función del deseo de la madre de proteger a su hijo menor de la violencia del padre. Relatando el episodio en el que el padre le pega a Frei Chico con mucha violencia, Lula cuenta:

> Y mi padre, cuando terminó de pegarle (a Frei Chico) y vino a pegarme a mí... Cuando vino a pegarme, mi madre no lo dejó. Entonces le dio un manguerazo a ella en la cabeza y ese fue el comienzo del proceso de separación de mi madre y mi padre. Mi madre no admitía que él me pegara. Yo era el hijo menor. Creo que esto es algo propio de las madres. Siempre el hijo menor recibe más cuidados de la madre.

O sea, si el episodio fue "el comienzo del proceso de separación", esto puede haber significado inconscientemente para Lula que doña Lindu lo había elegido a él en lugar de Aristides, que de esa forma se sentiría desplazado. Luego, si fuese verdadera esa hipótesis, Lula –en su complejo de Edipo– había finalmente conquistado el amor de la madre, derrotando simbólicamente al padre. Esto, si de hecho fue percibido por Lula de esta manera, probablemente le haya significado, junto con el sentimiento de victoria, también un sentimiento inconsciente de culpa en relación con el padre, "derrotado para siempre", que perdería a la mujer que amaba. Tal vez esta "culpa inconsciente" explique el hecho de que los relatos de Lula, comparados con los de sus hermanos, hayan sido siempre los más complacientes con relación a Aristides. Y tal vez también esto, sumado a otros factores, ayude a explicar por qué la autoestima de Lula es mucho más elevada que la de la mayoría de sus hermanos. Al fin de cuentas, dentro de esta lógica Lula podría sentirse como alguien "victorioso". Recordamos una vez más que todas estas consideraciones de carácter subjetivo son sólo hipótesis planteadas por nosotros.

Lula cuenta que, en cuanto Lindu decidió separarse del marido, se mudó a una vieja casilla de madera, llevando consigo a sus hijos. Aristides, que no quería separarse de ninguna manera, pasó noche tras noche rondando la casilla de su ex mujer, lo que debería generar angustia en Lula. Pero, tal vez para aplacar su estado emocional, Luiz Inácio cree que, a pesar de las rondas nocturnas y de las tentativas de seducción paternas, su padre quizá no fuese siquiera capaz de amar a doña Lindu. Según sus propias palabras, Lula no sabe si su padre "tenía la dimensión de lo que significa enamorarse". Y dentro de esta lógica formulada por Lula, la "victoria" sobre el padre parecería menos cruel y, por lo tanto, menos grave, ya que el "perdedor" no tendría su corazón lastimado.

Si la versión hipotética de que doña Lindu habría colocado subjetivamente a Lula en el lugar de Aristides fue o no un hecho real, nunca lo podremos saber. Lo que nos importa, entretanto, es la posibilidad de que Lula haya creído en ello, de que haya creído que realizó el sueño (común a casi todos los humanos) de "vencer" simbólicamente a su padre y, subjetivamente, haber incorporado las "consecuencias" psicológicas que este tipo de acto produce: sentimiento conflictivo de triunfo y, al mismo tiempo, de culpa.

433

Cabe recordar que, especialmente en la versión de su hermana Maria, la pelea y los motivos de la separación de Aristides y doña Lindu fueron diferentes de los de la versión de Lula. Podríamos partir del principio de que Maria era mucho mayor y entendía mejor lo que sucedía, siendo por lo tanto mayor la probabilidad de que su versión sea más aproximada a lo que en verdad ocurrió. Sin embargo, es necesario tener en cuenta que el hecho de que Maria fuera mayor, o que la mayoría de los relatos van en un sentido más cercano a la versión de Maria, no significa necesariamente que la verdad esté del lado de la mayoría, o de quien supuestamente tenía mayor capacidad de comprensión acerca de qué sucedió en aquel momento. Sabemos que la memoria está siempre en construcción –no es algo acabado en sí mismo, sino un proceso– y que hay distorsiones producidas por innumerables factores.[3] Así, se hace mucho más difícil, si no imposible, establecer con precisión qué sucedió.

Lo que nos importa es que, al parecer, es posible que en su concepción Lula haya ocupado ese lugar simbólico del vencedor, además de haber tenido objetivamente un tratamiento cariñoso y algo especial, diferenciado, por parte de su madre, cuando era pequeño. Aunque algunos de sus hermanos lo negaran, al analizar las declaraciones familiares parecería que Lula fue el hijo que más demostraciones de cariño recibió de parte de su madre y aquel en el que más expectativas maternas fueron depositadas. Una declaración que obtuvimos de una hermana de doña Lindu, doña Luzinete, nos ha-

---

[3] La memoria nunca es algo completo, acabado; a cada nueva experiencia vivida los recuerdos del pasado también van reconstruyéndose; además, no se puede pensar que nuestra capacidad de registro mnemónico se asemeje al disco rígido de una computadora; siempre hay un punto de vista, una tendenciosidad que varía según cada momento histórico vivido por el que recuerda. Como dice Ecléia Bosi (1979, pág. 342), "la memoria puede recorrer un largo camino de vuelta, remando contra la corriente del tiempo. Corre peligro de desviarse cuando encuentra obstáculos, corrientes que se cruzan en el recorrido [...] Las transformaciones profundas por las que pasa la familia, la pérdida y la llegada de nuevos miembros son puntos de partida. Detrás de ellos, los caminos se pierden, discontinuos, apagados". También en la obra de Bosi encontramos, en la introducción hecha por Lima (pág. 9) un interesante análisis sobre la memoria: "Existe esta capacidad de hacer resucitar un mundo y situarse en él, evaluarlo retrospectivamente, situándose ya fuera de él. Se recupera la inexorable factualidad. Pero a la evocación de lo vivido se suma la reflexión sobre la experiencia".

ce pensar que la madre de Lula quería que él fuera lo que ella había esperado en vano de Aristides: que progresara en la vida y fuera un hombre generoso.

Para todos los hijos de doña Lindu, la separación de Aristides fue muy buena, a pesar de haberlos sumergido en una situación financiera de mayor penuria aun. Poco y nada era lo que doña Lindu tenía para trasladar a su nueva morada, una casilla ya en tan mal estado que el lugar que se utilizaba como cocina se desplomó entero mientras vivían allí. Lula cuenta –con una mezcla de tristeza por la miseria vivida y de orgullo por el coraje de la madre– cuál era el "patrimonio" que doña Lindu llevó a su nuevo domicilio:

> Recuerdo lo que mi madre tenía para llevar, además de la ropa del cuerpo y de algunas cajas que tenía de ropa. Lo que teníamos para llevar en la mudanza era una tina, una lata de leche en polvo Mococa ("¿sabes esa lata de leche Mococa que tenía una vaquita pintada?") para guardar el pan y un cuchillo. Este era el mobiliario que teníamos cuando salimos de casa.

En otro tramo de la entrevista, Lula habla sobre la separación: "Comenzamos a vivir mejor. La pobreza era mejor. Era una pobreza con libertad. Teníamos derecho a gritar, por lo menos". Doña Lindu, con su ejemplo de vida, enseña a los hijos que el coraje y la lucha por la libertad son valores fundamentales.

Hay una frase de Lula sobre la separación de sus padres muy interesante, cargada de simbolismo. Dice él: "La separación fue un grito de libertad que mi madre dio y que alcanzó en pleno a toda su gente, que eran los hijos". En esta frase, Lula nos da algunas pistas sobre la asociación mental que puede haber realizado entre la separación de su madre (representada como figura corajuda y justa) y su padre (representado como un déspota injusto, aunque poseyera algunas cualidades), por un lado, y la actividad política que él mismo desempeñaría más tarde, por el otro. Este "grito de libertad" de la madre contra la autoridad injusta y tiránica del padre, que "afecta de lleno a toda su gente", tal vez haya estado, años después, "instigando de forma inconsciente" a Lula para asumir el lugar subjetivo de su madre y clamar por libertad frente a todos aquellos que, más tarde, serían identificados por Lula como "déspotas injustos", así como Aristides fue para Lula. De esta forma, es posible que, al representar a "toda su gente" (que eran los trabajadores) de la manera corajuda como doña Lindu representó a la suya (que eran sus hijos), Lula se colocara contra este "padre malo", este ser injusto, simbolizado por los empresarios que no dejaban que sus obreros diesen sus "gritos de libertad".

Identificado en este aspecto con la madre, con su determinación de representar los intereses de sus hijos y protegerlos, Lula luchará por sus representados con tanta fidelidad y garra como doña Lindu luchaba por sus hijos. Lula correrá peligro al imponerse contra la autoridad instituida, como la madre lo hizo, dejando de lado beneficios económicos, lanzándose de pecho abierto ante un futuro absolutamente imprevisible, con pocas armas en la mano y ninguna garantía de que la lucha podría ser vencida. Vale la pena recordar aquí que, aunque doña Lindu siempre consiguió sobrevivir dignamente en el Nordeste sin la ayuda de Aristides, ella era una mujer analfabeta y desconocía por completo las reglas, tan distintas, de la metrópolis, cuando decidió separarse de su marido. La segunda mujer de Aristides, doña Mocita, al separarse no tuvo el mismo destino que doña Lindu: llegó a mendigar; acompañada por sus hijos, tuvo que pedir limosna para poder sobrevivir. O sea, al rebelarse contra su marido, imponiéndose de esa manera contra la autoridad instituida, doña Lindu sabía que correría serios riesgos de fracasar, que sus armas en esa lucha por la supervivencia eran escasas, precarias, pero aun así no se dio por vencida, proponiéndose enfrentar un desafío de grandes proporciones. A su vez Lula, al organizar a los trabajadores en el Sindicato de Metalúrgicos de São Bernardo do Campo y Diadema en épocas de dictadura militar, al convocar a huelgas, prohibidas por ley, como forma de lucha, al identificar a los empresarios y el gobierno como "déspotas", al estilo de su padre, entraba, como su madre, en la lucha con el pecho abierto, sin ninguna seguridad acerca de cuál sería el desenlace de la historia. Pero tenía una única certeza: la de que era necesario oponerse sin cobardía a lo que consideraba injusto. En cierta forma, ambas historias tuvieron finales (puede decirse que en el caso de Lula hasta ahora) suficientemente buenos; no obstante, sus vidas podrían haber sido bastante diferentes.

¿Quién podría garantizar que doña Lindu no se transformaría en una mendiga, que sus hijas no tendrían que prostituirse para sobrevivir? ¿Quién podría garantizar que Lula iba a saber y a conseguir representar a los obreros que deseaba representar? ¿Quién podría garantizar que la policía no reprimiría con más violencia a los trabajadores huelguistas y que Lula no moriría en el olvido, como otros, en una prisión después de sesiones de tortura? Además de sus cualidades personales, ciertamente los vientos de la historia soplaron a favor de doña Lindu y Lula, ya que las condiciones subjetivas definen parte de la vida, pero bajo ninguna hipótesis la definen en su totalidad. Y por suerte, por las características extremadamente complejas de la nación brasileña –especialmente las condiciones políticas, sociales y económicas por las que el país pasaba– las historias aquí relatadas no tuvieron finales dramáticos.

Hay, además, un hecho que debe ser recordado: Aristides muere solo, sin familia, a pesar de haber tenido varias mujeres y nada menos que 22 hijos conocidos. Es enterrado como indigente. Lula recibe la noticia del fallecimiento del padre varios días después de haber sido sepultado. Lo curioso es que, coincidentemente, la noticia de la muerte del padre llega a él una hora después de la noticia de que había sido declarada la primera huelga pos-1968 en el país. En el mismo momento en que Aristides, el "mal padre" (simbólicamente, la mala ley), es dado por muerto, los trabajadores, liderados por Lula, dan el golpe mortal a la "mala ley" (la ley antihuelgas), que deja entonces de regir en la práctica y también fallece. No tenemos condiciones de interpretar con exactitud la importancia de la asociación que Lula hizo entre estos dos acontecimientos, pero ciertamente esto lo marcó. Fue una coincidencia que él mismo percibió y que nunca más olvidó:

> Supe de la muerte de mi padre así: recibí la noticia de que Scania había decretado la huelga de 1978 a las 8 de la mañana; a las 9 de la mañana recibí la noticia de que mi padre había muerto. Entré en contacto con mis hermanos y les dije: "Nuestro padre murió, vamos todos para allá". Como mis hermanos llegaron antes que yo, descubrieron enseguida que mi padre había muerto hacía doce días, no aquel día. Yo había recibido la carta de su mujer con mucho atraso. La imagen que me quedó de mi padre es sólo la de Santos. No tengo imágenes de mi padre en Pernambuco. Yo no sentía falta de padre. En verdad, mi padre no quería que nadie estudiase. Él sólo quería que trabajásemos [...].

Es el propio Lula el que relaciona la muerte del padre con la huelga. Más aún, es el propio Lula el que relaciona al padre con el deseo de que él, Lula, no progresara en la vida, no estudiara; es el propio Lula el que dice que no siente falta del padre. De este "padre malo" que no aceptaba desobediencias ni desafíos a sus órdenes y que, dentro de esta lógica, probablemente no habría aceptado siquiera los "vuelos propios" que los trabajadores osaron levantar con sus huelgas en aquel difícil momento histórico.

La actitud inmediata de Lula no podría ser otra: gregario como era, llama inmediatamente a los hermanos, pero demuestra no sufrir mucho por la muerte del padre –que, como persona física, representaba poca cosa para él–. La parte de Lula que estaba identificada con el padre –simbolizada por el hombre fuerte, trabajador, fálico– sí tenía mucha importancia y aun mucha vitalidad. Pero, como sabemos, si existe esta conciencia de "la buena y la mala ley, vinculada al buen y al mal padre", ella forma parte del propio Lula y no depende más de la persona física de su padre. La muerte física de su padre probablemente no iría a alterar mecánicamente la conciencia de Lula, la imagen de autoridad paterna que él poseía. Lula declara no sentir la falta de padre (de la persona del padre). O sea, recuerda que este "mal padre" (esta "ley mala") no le sirve para nada más que para darle motivos para luchar contra él/ella.

Pero, ¿por qué estamos dando tanto énfasis a la ambivalencia de Lula con relación a su padre? Hay un estudio de E.V. Wolfenstein (1968), que se propone comprender la formación, desde el punto de vista psicoanalítico, de las personalidades revolucionarias. Para ello, el autor utiliza, además, evidentemente, de la teoría psicoanalítica, las biografías de Lenin, Trotsky y Gandhi. Trabaja con obras producidas por los propios revolucionarios (autobiografías) u obras de otros autores que escribieron sobre la vida de estos líderes. Luego de un extenso y minucioso estudio de la vida de estos tres hombres, desde los primeros años de la infancia hasta la madurez, Wolfenstein llega a una serie de conclusiones específicas sobre cada una de las personalidades analizadas e intenta, a partir de ello, elaborar un perfil más genérico sobre lo que sería definido como "personalidad revolucionaria". Para Wolfenstein (1968, págs. 129 y 135), los tres revolucionarios estudiados, durante su juventud cargaron un peso y una culpa inconsciente respecto de sus padres ("padres", aquí, en el sentido de progenitores del sexo masculino) que no consiguieron aliviar dentro de sus relaciones familiares. O sea, no encontraron en el seno de la familia campo propicio para la sublimación de los sentimientos hostiles en relación a la personalidad paterna.

Wolfenstein (1968, pág. 219) percibe que, después de la adolescencia, en los revolucionarios estudiados el sentimiento de ambivalencia en relación con el padre se intensifica ante la muerte o la separación del padre (este parece ser el caso de Lula). Pero para que consigan resolver esta lucha interna sin buscar salidas neuróticas es necesario que hayan sido suficientemente fortalecidos con manifestaciones de amor y apoyo (como Lula tenía de doña Lindu). Para Wolfenstein (1968, pág. 219), es necesario que haya determinada combinación de sentimientos que se traduzca en una fuerte ambivalencia edípica, con gran intensidad de amor y de odio. Como vimos en las páginas anteriores, las entrevistas de Lula parecen estar cargadas de esos ejemplos.

Más adelante, el autor (1968, págs. 289 y 291) también sostiene que el ejercicio de liderazgo por los revolucionarios resulta una salida más confortable para los conflictos internos vividos con sus padres durante la infancia. Así, como revolucionario, el sujeto divide sus emociones, su amor y su odio. El odio está enteramente dirigido contra aquel que, de forma ideal, representa la autoridad; y todo el amor está depositado en aquellos que comparten sus intereses revolucionarios. Además, su nueva ideología (en el caso de Lula, aquella adquirida en su vuelco a la cultura de la transformación) justifica su acción, pudiendo así el revolucionario desarrollar un nuevo papel social. De esa forma, para Wolfenstein (1968, pág. 303) la meta del revolucionario pasa a ser "destruir la autoridad paterna" y reconstruir una nueva autoridad según sus propios principios. Las semejanzas de funcionamiento psíquico descriptas por el autor al hablar de Lenin, Trotsky y Gandhi nos dan la falsa impresión de que Wolfenstein estudió también la biografía de Lula. Pero aunque esto no sea una verdad –y de hecho no lo es–, podemos comprender un poco mejor la construcción de la subjetividad de Luiz Inácio Lula da Silva, aunque él no se proponga ser un "revolucionario" al estilo de los otros tres.

Es cierto que tanto los componentes de la cultura de la pobreza como los de la cultura de la transformación constituyen el anverso y el reverso de un mismo fenómeno, que es, en verdad, una "cultura mayor", en la cual toda la sociedad está inmersa. Si existe una postura individualista, cínica, interesada en la preservación de las reglas sociales vigentes, hay en contraposición –y por lo tanto en relación directa y únicamente ligada a esta– una cultura que niega todos estos valores y propone visiones del mundo y conductas antagónicas. Si existe el llamado a conductas humanistas, a la organización social, al cambio de las relaciones sociales, este sólo existe en oposición al individualismo cristalizado, al desprecio de la figura humana, al cinismo que procura creer que las desigualdades sociales producidas históricamente son algo que traducen una verdad absoluta e inmutable, más allá de la capacidad humana de cambio. Para esta postura conservadora –"el mundo es como es, sálvense los más capaces, como yo"–, existe otra, transformadora: "El mundo está de esta manera; vamos, juntos, a transformarlo para mejorarlo". Esta segunda forma de pensar puede tener orígenes tanto religiosos como visceralmente ateos (recordemos a los comunistas, los anarquistas, etcétera). En el caso de Lula y Frei Chico, la cultura de la transformación aparece nítidamente asociada a proyectos políticos que, aunque distintos, están todos encuadrados en un proyecto que puede ser llamado genéricamente como de "izquierda".

Nos gustaría ahora hacer algunas anotaciones sobre Frei Chico: al contrario de Lula, era un activo militante de un partido clandestino de izquierda. Su trayectoria personal fue extremadamente importante para la formación del despolitizado obrero "Luiz Inácio" en el líder político "Lula".

Al insertarse entre la masa trabajadora del centro industrializado del país, Frei Chico, como él mismo relató, toma contacto con sindicalistas y comienza a politizarse hasta, más tarde, convertirse en un típico miembro del entonces clandestino Partido Comunista Brasileño. ¿Qué consideramos ser un "típico miembro" del PCB? Significaba ser alguien que colocaba un ideal colectivo –la "causa revolucionaria– por encima de los ideales personales; significaba también una postura de vida, una especie de ética de izquierda, fe y obediencia (paradójicamente) casi religiosas en relación con los dogmas y las decisiones tomadas por las instancias superiores del partido. A esta completa e incondicional adhesión el partido retribuía muchas veces con las más diversas acciones internas de solidaridad, entre ellas, ayuda financiera para proveer la subsistencia de sus cuadros, lo que de hecho ocurrió en una determinada época de la vida de Frei Chico. Si bien este "militante típico" pagaba pesados tributos por su opción –que más que ideológica era una opción de vida–, al mismo tiempo obtenía varios lucros (entre ellos, los narcisistas). Ganaba al mejorar su autoimagen, su autoestima, al sentirse perteneciente a aquello que él concebía como "un grupo de mejores", o sea, el grupo de aquellos que eran capaces de "redimir a la humanidad" construyendo una sociedad en la cual "reinara la justicia para siempre". Si bien eran obligados a simulaciones, a actividades clandestinas, al incómodo sigilo permanente, al mismo tiempo sentían el placer de ser portadores de una misión "destinada a pocos". Todo militante sabía que podía caer en manos de la policía, que tal vez fuese torturado violentamente hasta la muerte, lo que puede sonar como algo terrorífico. Pero también puede sonar como un riesgo que se corre con un cierto placer, anticipando beneficios simbólicos de una posible martirización. Los militantes eran verdaderos soldados que colocaban su vida al servicio de una causa que consideraban de gran nobleza. En resumen: en esta opción de vida, privaciones muy específicas producían, en contrapartida, placeres también muy específicos. Simples, comunes y anónimos obreros podrían, en fin, sentirse hombres únicos y especiales; más aún, podrían sentirse menos impotentes (menos "castrados" simbólicamente) frente a hombres ("fálicos") que detentaban el poder de las instituciones, públicas o privadas, que estructuraban el orden socioeconómico vigente.

Podemos sostener la hipótesis de que cuando un obrero entra a formar parte de los cuadros de un partido clandestino de izquierda ocurre un proceso de "doble filiación". Aquí no busco sólo el sentido del término cuando es aplicado comúnmente con relación a la inserción partidaria. Hablo también de una "filiación simbólica". Explicándolo mejor, quiero proponer la hipótesis de que un trabajador que se encuentra en una situación de "orfandad institucional", que se siente huérfano en relación con el "mundo", del cual se siente excluido, puede, a través del proceso de "filiación", formar parte de una determinada "familia" y así pertenecer a ella. La nueva "filiación" funcionaría como una especie de partida de nacimiento que certificara la existencia y, por lo tanto, el reconocimiento social de un determinado individuo.

Los vínculos de parentesco, un apellido, etcétera, identifican y sitúan al individuo en un lugar único en la sociedad. Los vínculos de parentesco, más que un nombre, nos proporcionan un "lastre" subjetivo, un sentido y un significado social. Cuando se siente que no hay algún tipo de "filiación" o pertenencia a algo que lo "filie" satisfactoriamente, el obrero –o quienquiera que sea– puede intentar buscarlo bajo las alas de una institución fuera o dentro del lugar de trabajo. Puede buscar su filiación en una iglesia, en un partido político, en un sindicato, en algo en lo cual forme parte, que lo caracterice, que lo nombre; en fin, que lo identifique. Para quien se siente en una situación de exclusión social, recibir un nombre, una identidad, un certificado de pertenencia, de reconocimiento de su existencia (fuera de los círculos, de las instituciones sociales más reconocidas) puede transformarse en una solución fantástica, no sólo para problemas objetivos que aparezcan en lo cotidiano, sino también para aliviar angustias de "no-pertenencia", ese sentimiento de exclusión subjetiva. Y este es un sentimiento que no se debe dejar de considerar, dadas la intensidad de la angustia, la sensación de falta de identidad, inexistencia y desintegración; en fin, todo el sufrimiento que puede provocar.

Así, podríamos considerar la hipótesis de que –además de todas las condiciones históricas y sociales de gran importancia en este proceso– Frei Chico haya tratado de "resolver" su sentimiento de exclusión, de orfandad o de "no-pertenencia" a través de su filiación (aquí el término es usado en ambos sentidos) al Partido Comunista Brasileño. Sería así, al mismo tiempo, un "afiliado" y un "hijo"* de un grupo cuya lucha por la causa social era uno de los rasgos identificatorios. Recordemos que Frei Chico, como Lula y los otros hermanos, casi no fueron reconocidos por su padre como hijos (o por lo menos no lo fueron de la manera que deseaban). Claramente se observa en los discursos de los Silva un sentimiento de tristeza en relación con la incapacidad, o a la falta de deseo, de Aristides para desempeñar aquello que en nuestra sociedad entendemos como "papel de padre". Así, parecería que el sentimiento de orfandad paterna es una realidad en todos los Silva. Para aliviar las angustias derivadas de este senti-

---

* En portugués, la semejanza entre los términos afiliado –filiado– e hijo –filho– permite establecer con más nitidez la asociación lingüística.

miento, cada uno siguió, por cuestiones sociales ceñidas a cuestiones personales, su propia trayectoria. Tal vez podamos plantear la hipótesis de que este es uno de los motivos que llevaron a Frei Chico a pertenecer, durante 20 años, a la máquina del Partido Comunista Brasileño. Al negarse a participar del PCB, contrariamente a lo que hacía su hermano mayor, que ejercía tanta influencia, es posible que Lula haya intentado buscar su propia "familia" (vínculo de pertenencia) dentro del Sindicato de los Metalúrgicos. Si fue Frei Chico el que lo hizo insertarse en la estructura sindical, los poderes del hermano mayor se habían agotado. Lula comenzó a buscar su identidad particular vinculándose a su manera con la "familia sindical". Recordemos que Lula comienza a actuar mucho más activamente en el sindicato al que pertenecía después de perder a su primera mujer y su primer hijo, o sea, la primera familia que él mismo constituyó como hombre.

Este debate sobre la búsqueda de la identidad es extremadamente complejo; son infinitas las variables que pueden intervenir. Aquí sólo proponemos algunas consideraciones e hipótesis. Pero hay algo que atraviesa todos los relatos autobiográficos de los Silva, apareciendo con una fuerza evidente, sobre el cual debemos pensar: la cuestión crucial de "ser alguien en la vida". Sabemos que esta es una expresión bastante popular en Brasil, pero en las clases más bajas su importancia parece central. Como si en estas clases hubiera un sentimiento de que, de hecho, "no son nada en la vida", de que son "nadie en la vida" o de que son excluidos de la "vida" exactamente por el hecho de que aún no son "alguien".

El razonamiento, y esto es una paradoja, aparece como algo irracional, pero la racionalidad existe justamente en su contradicción principal: si se desea ardientemente "ser alguien en la vida" es porque el sujeto se identifica como un "nadie en la vida", lo que significa, al mismo tiempo, "ser" sin "existir en la vida", ya que no es "alguien". Como una especie de "viviente sin vida", formula la imagen de sí mismo como si estuviese "al margen de la vida", tal vez por el hecho de que tanto objetiva como subjetivamente se sienta al margen de las instituciones que parecen "dar" sentido a lo que el discurso dominante considera que es la "vida".

En importantes diccionarios brasileños encontramos, para la expresión popular "ser alguien en la vida", la explicación: "Persona de relevancia social y/o intelectual". Pero, ¿qué quieren decir los Silva cuando emplean la expresión "ser alguien en la vida"? ¿Qué tipo de "relevancia social y/o intelectual" buscaban, ya que sabemos que el concepto de relevancia es bastante relativo? Vavá cuenta que recibió una invitación, cuando aún era chico, para ingresar en la Marina como estudiante, pero que, aunque tenía ganas de aceptarla, su madre se la hizo negar, ya que precisaba trabajo remunerado para ayudar a garantizar la supervivencia de su familia. Dice él:

> Comienzas a analizar... Comienzas a pensar: yo podría ser alguien en la vida... Comienzas a pensar que podrías ser alguien en la vida y comienzas a emocionarte. Pero tienes que pensar lo contrario: y el problema de mi madre y de mis hermanos, ¿qué podría haber ocurrido con ellos?

Aquí queda claro cómo, según la concepción de Vavá, habérsele negado su inserción en una institución reconocida socialmente como la Marina le costó el hecho de no ser "alguien en la vida". El niño dejó de recibir todos los beneficios que la Marina podría ofrecerle: estudio, alojamiento, alimentación, uniforme, posteriormente una función determinada, un salario y, más que eso, la identidad definida dentro de la institución. Por otro lado, su consuelo es pensar que su papel estuvo reconocido dentro del círculo menor de la institución familiar.

Dice Marinete: "La cosa que más me rebela en la vida es no haber estudiado [...]. Yo insistí para que mis hijos estudiaran para ser alguien en la vida." Ante esta declaración es posible deducir que, como mínimo, Marinete posee sentimientos ambiguos en relación a la vida (si habla de la cosa que más la rebela en la "vida", tiene, por lo tanto, "vida"). A la vez insistió para que sus hijos estudiaran, ya que, para ella, eso les aseguraría una inserción en "vida", ya que así se volverían "alguien".

Es cierto que esta búsqueda de un espacio en la sociedad que sea único, que le posibilite al sujeto dejar la marca de algo que le sea singular y personal, la búsqueda del reconocimiento social, es un fenómeno humano y que, por lo tanto, puede ser observado en las más diversas clases sociales, no siendo una exclusividad de las más pobres. No obstante, creemos que individuos de las clases más pauperizadas, inmersas en la cultura de la pobreza, como lo estaban Lula y sus hermanos, vivían esta búsqueda de una forma mucho más intensa, dramática, ya que estaban "excluidos" objetivamente y, muchas veces, subjetivamente de las instituciones que, de acuerdo con el discurso dominante, "aprueban" la vida. O sea, el tipo de vida diferente de aquel que determina el discurso dominante pasa a ser una especie de "no vida". El que no posee determinados bienes de consumo, el que no posee determinado nivel de instrucción/información, el que no tiene acceso a instituciones (bancarias, hospitalarias, de esparcimiento, etcétera), no sólo está al margen del "núcleo de la sociedad" (pensando de acuerdo a la lógica del discurso dominante) sino también "al margen de la vida", siendo pues un "nadie en la vida".[4] Y este sentimiento de ser un "nadie en la vida" que existe entre los más pobres tiene su origen en las profundas desigualdades de la sociedad brasileña.[5]

Maria explicita el deseo de la madre, doña Lindu, de que por lo menos el hijo menor fuese "alguien en la vida": "Mi madre tenía tenía la idea fija de que Lula tenía que ser algo en la vida. Tanto que

---

[4] Lamentablemente, no pudimos detenernos en este trabajo en discusiones acerca de lo que llamé "discurso dominante". Hay también una serie de cuestiones importantes a las cuales no nos pudimos dedicar, como por ejemplo la explicitación de cómo la ideología dominante puede manifestarse en los relatos autobiográficos de los Silva, los preconceptos, las ideas y concepciones de vida estereotipadas, etcétera.

[5] Me gustaría recordar aquí un hecho reciente de nuestra historia nacional que me pareció muy emblemático. Creo que no fue por casualidad que, el día que todos los noticieros de la televisión brasileña informaban incesantemente sobre los funerales del consagrado Ayrton Senna, una de las emisoras difundió, muy rápidamente y sin ningún detalle, una nota sobre un choque de trenes suburbanos, muriendo dos trabajadores. Ahora bien, por más que Senna sea merecedor de honores, pareció un tanto exagerado que los nombres de los dos trabajadores que irónicamente murieron en condiciones semejantes a las de él, ni siquiera hayan sido citados en la nota. Era simplemente trabajadores anónimos y, por lo tanto, sin nombre o sin identidad, dos "nadie en la vida". La ironía parece estar en el hecho de que Senna, tal como los anónimos, también murió en un accidente de trabajo, ya que ser piloto era su profesión. Pero Senna, con su victoriosa inserción no sólo brasileña sino internacional, era una especie de "muy alguien en la vida". Tanto que una de las principales rutas del país, hasta entonces bautizada como "Trabajadores", pasó a llamarse "Ayrton Senna". Nada más simbólico: se cambia los trabajadores (nótese el plural) por un trabajador, el cual, por lo que podemos comprender del discurso dominante, debe "valer" más que todos los otros simples "trabajadores" no identificados juntos.

ella hizo no sé cuántos viajes para inscribirlo en el Senai. Hasta que no lo inscribió, no tuvo paz". Una vez más el estudio y una inserción institucional aparecen aquí como garantía de inserción "en la vida". Con este testimonio, Maria deja bastante claro un aspecto de la dinámica familiar de los Silva que es posible percibir en todos los discursos, sin excepción. El espacio subjetivo que Lula ocupaba dentro de la familia Silva. Y aquí puede estar la clave para entender buena parte de la formación de la personalidad de Luiz Inácio. Queda claro que siendo el hijo menor –en realidad el hombre menor, ya que Tiana es la hija más pequeña de doña Lindu– Lula ocupa un espacio simbólico privilegiado. Sobre sus hombros doña Lindu y los otros hijos depositaban el sueño de ascenso social de la familia. Como Lula declaró, "yo era considerado el científico de la familia". A Lula no sólo se le permitía la posibilidad de intelectualización sino también, y principalmente, se la estimulada y esperaba. Era alguien que ocupaba un espacio privilegiado en su grupo social primitivo, su familia. Lula debía ser un vencedor y llevar junto con él a todos los miembros de su grupo. El poderoso deseo de su madre de hecho se realizó. Primero ella vio a su hijo diplomarse en el Senai, después, aunque aprehensiva con los posibles peligros que corría su hijo, asistió a su ascenso como líder sindical. Lula, tal vez identificando a los miembros del sindicato como si éstos fueran miembros de su gran familia, también podría sentirse responsable por elevarlos a una posición superior. Tal vez, años más tarde, extendiendo simbólicamente la idea de familia hacia sus electores y representados, desearía también elevarlos a una posición superior. La hipótesis que planteamos es la de que quizá Lula no haya elegido inicialmente solo su destino de "representante" de los más débiles. No haya elegido inicialmente solo el lugar subjetivo de aquel que sería capaz de elevar la calidad de vida de su grupo social. Tal vez Luiz Inácio haya sido tempranamente colocado en este lugar subjetivo. Pero, si eso es verdad, Lula realizaría su elección y entonces, de manera activa y no pasiva, decidiría su lugar subjetivo "refrendando" la elección de su madre. Entonces, Lula habría incorporado conscientemente, habría tomado para sí, un deseo que anteriormente era de su madre en relación a él. Una vez más, cabe recordar que estas consideraciones son sólo hipótesis que nos tomamos la libertad de plantear.

Después de esta digresión, volvamos a nuestro asunto inicial, la trayectoria de Frei Chico. Uno de los puntos importantes de los relatos autobiográficos de Lula es el momento en que confiesa que la prisión y la consecuente tortura sufrida por Frei Chico fue un hito que redefinió su propios rumbos. Decía Lula:

> Y cuando supe que Frei Chico había sido torturado, que había sido duramente golpeado, ¡sentí por dentro una gran indignación! Un padre de familia, un tipo que trabajó desde los diez años, con una vida entera jodida, un tipo que no tenía nada a no ser su familia y sus ideas, ¿de repente llega un milico troglodita cualquiera y ordena que lo metan preso? ¿En nombre de qué? ¿En nombre de qué orden? ¡Eso me produjo una rebelión interior! [...] Eso fue muy, pero muy bueno para mi cabeza. Si fue malo para el cuerpo de ellos, por los golpes que recibieron, para mi cabeza fue un salto cualitativo extraordinario en mi actividad política [...] A partir de eso empecé a no tener más miedo. ¡Porque si yo tenía que ser preso por lo que pensaba, entonces que lo fuera!" Y eso fue muy importante porque comencé a no medir más mis palabras en las asambleas. No me preocupaba más el régimen militar, no me preocupaba más si me iban a meter preso o no. Empecé a desbocarme en las asambleas, decía lo que tenía que decir, ¿sabes?, sin ninguna preocupación.

Cuando leemos el trabajo de Wolfenstein sobre la personalidad de los revolucionarios, encontramos, en el caso de Lenin, algunas semejanzas biográficas entre este y Lula en lo que concierne a la relación que tuvieron con sus hermanos. Así como Luiz Inácio, Lenin tenía un hermano mayor que ejercía sobre él una profunda influencia. Sasha desarrollaba actividades subversivas y, tal como Frei Chico, lo hacía en la más completa clandestinidad. Nadie de la familia sabía acerca de los ideales revolucionarios del hermano mayor de Lenin. Al comienzo, así como el joven Lula, al joven Lenin sólo le interesaban sus juegos, sus estudios, las novelas que leía, era tímido y no demostraba ningún interés por las actividades políticas. Más tarde, en 1887, al descubrir el zar sus actividades subversivas, Sasha fue ejecutado. Había un importante vínculo afectivo entre Lenin y su hermano mayor, así como entre Lula y Frei Chico. Luego de una muerte que él consideró absolutamente injusta, Lenin se opone al poder instituido, transformándose él mismo en un revolucionario:

alcanza un punto de mutación en su vida. Si usáramos la expresión de Lula, a este punto de mutación lo llamaríamos de "salto cualitativo extraordinario". A semejanza de Lula (que, aunque no haya perdido a su hermano, comprendió la violencia de la que fue víctima), Lenin empieza a interesarse más por la política, pierde la timidez y el miedo, se opone al orden vigente. En ambas historias, el sufrimiento vivido por los que lo amaban y tomaban como referencia –sufrimiento considerado injusto– sirvió como un gran estímulo para luchar por lo que creían justo, costara lo que costara.

La experiencia por la cual pasó Frei Chico es siempre inolvidable, la tortura deja marcas indelebles, impresas en el cuerpo y en el espíritu para el resto de la vida. Es cierto que hay paliativos, mecanismos para cicatrizar las heridas, pero difícilmente tales marcas se borren por completo. El testimonio de Frei Chico sobre las torturas sufridas es un documento importante, trágico pero fundamental, para el registro de la historia reciente de este país.

En Viñar (1992, pág. 60) encontramos la siguiente definición:

> La tortura es todo dispositivo intencional, cualesquiera sean los medios utilizados, creado con la finalidad de destruir las creencias y convicciones de la víctima, para privarla de la constelación identificatoria que la constituye como sujeto. Este dispositivo es aplicado por agentes de un sistema de poder totalitario y está destinado a la inmovilización por el miedo de la sociedad gobernada.

La realidad vivida por Frei Chico retrata la historia de uno de los más duros períodos de nuestros gobiernos militares y, con detalles del que vivió una experiencia tan traumática, ejemplifica lo que Viñar expresa en la cita anterior. Buscando el control social a través del miedo, el poder totalitario instituido en Brasil se sirvió de individuos que designó como "subversivos" para destruir sus creencias, ideales y, con ello, la propia individualidad de estas personas y de su círculo de amistades. Cuando se tortura a una persona física y emocionalmente, a través de la consecuente inseguridad y del miedo que se instalan en la sociedad, todo un conjunto de personas que se encuentran físicamente alejadas de las celdas de la tortura pasan a sentirse también torturadas emocionalmente.

La libertad "física" pasa a ser casi secundaria en el proceso por el que determinados individuos, dominados por el pánico, se vuelven sus propios verdugos, torturándose con sentimientos profundos de angustia y miedo producto de su real estado de inseguridad. Estas etéreas "celdas de la tortura" se instalan en el interior de los propios individuos. Es difícil huir de ellas, ya que en momentos históricos como esos nadie está seguro, incluso una delación infundada puede cambiar el rumbo de la vida de las personas. Sabemos que, en Brasil, el simple hecho de haber sido amigo o vecino de un militante de izquierda llevó a mucha gente a conocer la tortura. De allí el consecuente control social, y no sólo el control de las víctimas que cayeron bajo el poder de las instituciones represoras, sino el de un conjunto mucho más amplio de personas.

En el artículo "La verdad de la represión", publicado en el periódico *Opinião*, en 1972, Antonio Candido describe este proceso bárbaro de control social a través de métodos de "desmoronamiento", "desorganización", "desidentificación" de las víctimas:

La policía aparece entonces como un agente que viola la personalidad, robándole al hombre los precarios recursos de equilibrio de los que usualmente dispone: pudor, control emocional, lealtad, discreción, disueltos con pericia o brutalidad profesionales. Operando como una poderosa fuerza reductora, trae a la superficie todo lo que habíamos logrado reprimir, y transforma el pudor en impudor, el control en desmán, la lealtad en delación, la discreción en trágicas intrigas. De ahí una especie de monstruosa verdad suscitada por la policía. Verdad oculta de un ser que iba penosamente presentándose como "otro", y que de hecho era "otro", en la medida que no era obligado a recaer en sus profundidades abisales. Es más, sería más correcto decir que el "otro" es el suscitado por la policía. El "otro", con su verdad impuesta o desentrañada por el proceso represor, extraída, contra la voluntad, de los sótanos donde había sido más o menos ocultada. De hecho, la policía tiene necesidad de construir la verdad del "otro" para poder manipular el "yo" de su paciente. Su fuerza consiste en oponer el "otro" al "yo", hasta que este sea absorbido por aquel y, de este modo, esté preparado para lo que se espera de él: colaboración, sumisión, omisión, silencio. La policía modela al "otro" por medio del interrogatorio, de la investigación del pasado, de la exposición de la debilidad, de la violencia física y moral. Al final, si fuera necesario, podrá incluso emplear a su servicio a este "otro", que es un nuevo "yo", manipulado por el dosaje de un ingrediente de la más alta eficacia: el miedo, en todos sus grados y modalidades (Candido, 1992, pág. 105).

A lo largo de todo su testimonio sobre la tortura, las palabras de Frei Chico no son más que la perfecta pormenorización de aquel que vivió la experiencia sobre la cual el profesor Antonio Candido nos habla. Ya al inicio del relato de Frei Chico queda claro que la estrategia de crear pánico social ya estaba en curso: los miembros de su sindicato ya percibían que había un cerco contra ellos, ya se sabía que muchos habían caído presos. Frei Chico relata su secuestro: el intento desesperado de librarse de documentos "comprometedores". Los ojos vendados para que perdiera el sentido de la orientación, y, al llegar al DOI-CODI, la humillación de tener que quedarse completamente desnudo ante otras personas, según él, para "quebrar su moral". Esta parte del relato explica cómo fue el comienzo del proceso de intento de transformación de Frei Chico en "otro", usando el término de Antonio Candido de la cita anterior. Las palabras de Frei Chico salen emocionadas:

> Llegué al DOI-CODI. La sensación que uno tiene es algo terrorífico, es muy duro no saber qué va a ocurrir. ¡Es horrible, es algo enloquecedor! [...] Después pasó un tipo, pasó, se quedó mirándome. Era una situación deprimente, muy loca. Después me llevaron a una sala especial. Era un cuartito pequeño, todo hermético, anti-ruido. Había una silla de dragón. Entonces empezaron las descargas eléctricas, golpes, hasta contar lo que sabes. Como a veces ellos dicen muchas cosas que saben con certeza, tú sólo confirmas. Pero en determinado momento uno ni sabe lo que dice. [...] Desmoralizaban a la gente, el asunto era desmoralizar a la gente. No llegar al punto de matarla. Ellos en verdad trataban de destruirte como ser humano. Ese era el objetivo.

Frei Chico utiliza la expresión "situación muy loca" para referirse a la experiencia de la tortura: en Viñar también encontramos la reiteración de lo que piensan Antonio Candido y Frei Chico. Para Viñar (1992, pág. 58) "el loco que llevamos en nosotros emerge en esta situación extrema" y la víctima puede pasar a tener valores éticos (y por lo tanto creencias) contrarios a los que tenía anteriormente. Tanto es así que el valor más primitivo de los seres vivos, que es la conservación de la vida, es puesto en jaque. Frei Chico cuenta: "Si uno tiene la oportunidad, uno se mata. Es por eso que te quitan el cinturón, te dejan sin nada. No se podían usar los cordones de los zapatos. [...] Cosas cortantes, ni pensar, no podías quedarte con nada de eso".

Debemos todavía efectuar algunos comentarios autobiográficos de Marisa y Lambari. Marisa nos cuenta acerca de su origen humilde; tal como Lula, tenía padres agricultores, aunque su situación socioeconómica fuese superior. Al contrario de Lula, sin embargo, Marisa nunca tuvo amenazada su subsistencia. Aun así comenzó a trabajar tan tempranamente como su marido: Luiz Inácio vendía tapioca y naranjas a los siete años, ella trabajó de criada a partir de los nueve. La primera esposa de Lula también se ve obligada a realizar trabajo adulto cuando todavía era niña. Alrededor de los diez años de edad su madre cae gravemente enferma y Lurdes asume ella sola todas las tareas de la casa.

Notamos también que en ambos relatos, el de Marisa y el de Lambari, así como en los relatos de los Silva, las relaciones de parentesco y las redes de ayuda aparecen como factores vitales de supervivencia. Y este, como vimos, es uno de los aspectos señalados por Oscar Lewis acerca de la vida de los personajes inmerso en la cultura de la pobreza. También podemos notar cómo ocurren en la vida de Marisa y Lambari otros aspectos señalados por Lewis para esa población de ingresos más bajos: la falta de instituciones públicas, la falta de "Estado" que garantice la vida. Este cuadro se revela en la falta de asistencia médica, o en la asistencia de mala calidad que habrían sufrido Lurdes y su hijo, quienes, de acuerdo con los relatos, padecieron en un lecho de hospital sin el tratamiento debido. En el caso de Marisa, fue la violencia urbana la que segó la vida de su primer marido, Marcos Cláudio, y posteriormente la de su suegro, ambos asesinados mientras trabajaban. Hay diversos pasajes en las entrevistas de Marisa y Lambari que nos indican hasta qué punto sus historias de vida confluyen en el mismo sentido que señala Oscar Lewis sobre las poblaciones de bajos ingresos.

La historia, una vía de múltiples manos

Hasta hoy, mucho de lo que se escribió respecto de Lula y del partido fundado por él posee un sesgo unilateral. La mayoría de los trabajos se preocupan por mencionar que el Partido de los Trabajadores se origina en las bases sociales (trabajadores, principalmente), citan el importante desempeño de Lula como líder sindical y político. Pero se olvidan de decir que el Partido de los Trabajadores es, antes que eso, un fenómeno producido por el conjunto de la sociedad brasileña en su dinámica propia. Y, como sabemos, la sociedad brasileña no es compuesta sólo por sus llamadas "bases", aquellas que Lula llegó a representar.

El surgimiento del Partido de los Trabajadores, así como otras conquistas encarnadas en la figura de Lula, es fruto de todo el conjunto de actores sociales, un amplio universo de clases que, al defender sus intereses, traban relaciones dialécticas entre sí. Las conquistas de los trabajadores brasileños fueron el resultado fiel de sus luchas, pero no podemos olvidar que quien lucha lucha por algo y contra alguien, nada se da en el vacío. Parece demasiado obvio tocar este punto, pero muchos estudios supervaloran sólo una parte de los actores sociales. Como si los trabajadores, hasta entonces adormecidos, despertasen solos de un sueño profundo y, sin ninguna influencia del medio externo, del momento histórico que vivían, decidieran en ese momento luchar por sus derechos.

El liderazgo de Lula, las huelgas que enfrentaron al régimen militar todavía vigente, la fundación del Partido de los Trabajadores y de la Central Única de los Trabajadores no fueron solamente el resultado de la rebelión de los "de abajo", de las clases insertas en la cultura de la pobreza, o de la actuación de los representantes de los trabajadores que conquistaron la cultura de la transformación. Surgieron también a partir de la relación y de la correlación de fuerzas de estos con los "de arriba", las clases dominantes.

Se proclamó muchas veces que la rebelión de las "bases" (de los representantes del trabajo) cambió la estructura de la sociedad brasileña redefiniendo el poder "de arriba" (representantes del capital), como si la historia caminara por una vía de mano única. No se trata aquí de buscar héroes, si queremos comprender a fondo tan complejos procesos históricos y sociales. Si los trabajadores de hecho desempeñaron un papel fundamental en el proceso reciente de democratización del país –transformando a Lula en uno de sus principales portavoces–, es cierto, sin embargo (como lo pudimos notar a través de la reproducción de párrafos publicados por la gran prensa), que parte de las clases dominantes tenían también interés en este proceso de apertura política. En otros términos, en historia no existen líderes geniales, iluminados, que actúan solos modificando la estructura del mundo, definiendo los caminos por donde deben circular las naciones. En la historia existen siempre procesos en los cuales múltiples actores participan de un juego/lucha cuyo final nunca está definido apriorísticamente.

Al final de este trabajo nos parece claro que, si lo particular y lo universal siempre se encuentran y se funden en cada historia de vida, en las historias de Lula y de su familia esta fusión aparece en forma particularmente nítida. Pudimos percibir cómo, de la cultura de la pobreza, se gestó una nueva cultura, la cultura de la transformación, y sus implicaciones políticas y sociales no sólo en la trayectoria personal de Lula y de su familia, sino también en la historia reciente del país. Llevado por sus propios deseos, capacidades y por las condiciones de vida que experimentó, Lula se transformó de anónimo y "alienado" operario en un gran y politizado líder de masas. Al principio con el interés y la aquiescencia de algunos importantes detentores de poder político y económico, posteriormente contra ellos.

Defendemos la idea de que las vías históricas son múltiples, así como también son múltiples sus condicionamientos. Trabajamos con relatos personales, individuales –tal como lo hizo Oscar Lewis– para llegar a lo universal, pero fuimos a buscar también en lo universal algo que pudiese explicar lo particular. Trabajar con la llamada "historia cotidiana" asociada a la transdisciplinariedad es sin dudas un gran riesgo, ya que los tropiezos son inevitables; pero la posibilidad de contribuir al debate se hace más real. Aceptamos por lo tanto los riesgos de un trabajo tan ambicioso, de este intento de "cruzamiento de las condiciones objetivas y subjetivas". Tenemos la certeza de que, cuanto mayores son los riesgos, más altas son las posibilidades de errores, pero también crecen las posibilidades de aciertos.

De ninguna manera creemos que las consideraciones que formulamos en este libro traduzcan algún tipo de verdad acabada o absoluta sobre la historia de Lula y de su familia. Lo que hicimos fueron apenas consideraciones formuladas a partir de testimonios biográficos honestos pero que, por su propia naturaleza autobiográfica, no están libres de las trampas que la pasión coloca en nuestra razón. Analizamos estos testimonios a la luz de teorías y estudios históricos, económicos, antropológicos, sociológicos, psicológicos. En este estudio transdisciplinario tuvimos como meta comprender, a través de diferentes aspectos y puntos de vista, la "construcción" de este personaje fundamental de la historia brasileña reciente. Sabíamos desde el comienzo que nuestro proyecto era muy ambicioso y por lo tanto arriesgado. Entre otros riesgos, tal como los biografiados, nosotros también podíamos caer en las "trampas de la pasión". Pero hicimos todo el esfuerzo del éramos capaces para realizar un trabajo de la forma menos apasionada y más objetiva posible. No tenemos, sin embargo, la pretensión de haber producido un estudio totalmente neutro, ya que creemos que en ciencias humanas la idea de que es posible trabajar con neutralidad absoluta no fue más que un gran engaño.

Esperamos que este libro pueda contribuir a la comprensión del modo de vida de las clases trabajadoras, de sus aspectos sociales y psíquicos, de su cultura. Esperamos que pueda contribuir a la comprensión de un momento histórico vivido por la nación brasileña y del surgimiento de uno de los mayores y más carismáticos líderes de masas que ya existieron en nuestro país. Nuestro objetivo nunca fue "clausurar cuestiones". Recordamos al historiador Eric Hobsbawm, que en su obra *La era de los extremos* ya en su prefacio alerta: "Debe haber innumerables cuestiones en relación a las cuales demuestro ignorancia y defiendo opiniones polémicas"; más adelante, sin embargo, dice: "Si el historiador tiene condiciones de entender algo de este siglo en gran parte es porque vio y oyó" (Hobsbawm, 1995, págs. 7-8).

El dedo que falta: retratos de Brasil

Hay un dedo que falta en la mano de Lula: en lugar del dedo meñique, un espacio vacío. Lula perdió su dedo; como tantos otros metalúrgicos, fue una víctima más de los accidentes de trabajo, así como lo fueron todos sus hermanos. El dedo que falta en la mano de

Lula es emblemático de las faltas inscriptas en el cuerpo y en el espíritu de los brasileños. Lula es el retrato del país de las faltas, de las ausencias, de aquello que se debería haber hecho pero fue abortado, segado, interrumpido.

El dedo que le falta a Lula corresponde a la falta de comida, cuando le aparecen los primeros dientes; a la falta de agua, de cloacas, de luz, de educación, de salud, cuando el pequeño Luiz Inácio y sus hermanos crecían en el sertón nordestino y, luego, en los suburbios de San Pablo. Al dedo que falta le corresponde la falta del padre que recién conoció a los cinco años de edad; larga ausencia del que tuvo que emigrar, pues su tierra le negaba la posibilidad de conseguir el sustento para su familia.

Al dedo que falta le corresponde la falta de amparo y la desesperación de su madre al decidir vender sus pocas pertenencias, cerrar los ojos al pasado, olvidar sus raíces, colocar a sus hijos, todavía pequeños, en un *pau-de-arara* y partir hacia lo desconocido: intento de sobrevivir en un mundo para el cual no la habían preparado, siguiendo la penosa ruta de otros millares de brasileños. Al dedo que falta le corresponde la falta de información de aquel que nunca había imaginado la existencia de ríos, mares, barcos, carreteras asfaltadas, túneles, automóviles, ciudades, conglomerados urbanos... y contemplaba todo pasmado, aunque ya tuviera siete años cuando llegó a San Pablo. Al dedo que falta le corresponde la falta de un empleo que se busca sin pausa, la falta de dinero para tomar el ómnibus para ir a trabajar –cuando ya tenía un empleo–, la falta de carne para mezclarle a la harina que llevaba en la marmita fría y que colgaba al lado del torno. Al dedo que falta le corresponde la posible falta de asistencia médica que permitió la muerte de su primera mujer y su primer hijo. Los Silva estaban en el país de la falta de respeto a los derechos elementales del ser humano, de la falta de derechos ciudadanos para las clases sociales más empobrecidas.

Brasil, llamado "país del futuro", era el país de un presente repleto de faltas. Aunque también –y contradictoriamente– repleto de posibilidades. Los Silva con sus tantas "faltas" son la clara demostración de una clase social que vivió un período histórico en el que, a pesar de la gran explosión industrial, hubo mucho más concentración que distribución de la renta. Y, aun así, la familia Silva obtuvo conquistas inimaginables en su lugar de origen.

La familia Silva es el retrato de un país lleno de contradicciones, fortunas y miserias de todo tipo. De su seno surge un presidente de la República, electo en 2002, con más de 52 millones de votos, que rompe con cinco siglos de alternancia de las elites en el poder. También del seno de la familia Silva se originan personas que desempeñan o desempeñaron a lo largo de sus vidas trabajos manuales mal remunerados y de manera absolutamente anónima: fueron carpinteros, panaderos, metalúrgicos (especializados o no), mecánicos de automóvil, empleadas domésticas.

Pero las contradicciones no acaban aquí: a pesar de haber nacido en la familia Silva un militante de larga trayectoria en un partido de la izquierda tradicional, el Partido Comunista Brasileño, habiendo sido incluso víctima de la tortura, no es Frei Chico el que se proyecta políticamente, como sería lo más lógico. En el país de las faltas, la lógica se invierte: aquel al que le faltaban militancia y cultura política al inicio de su carrera es quien se torna el gran líder político de masas, sin nunca antes haber soñado con ello. De esta forma, Brasil, país de las "faltas", es también el país de las posibilidades, de las complejidades y de las contradicciones. Si es verdadero todo lo que dijimos sobre las "faltas" vividas en el cuerpo y en el alma de los Silva, también es verdadero el hecho de que fue emigrando a la región industrializada del país como se abrió un horizonte pleno de posibilidades para estos nordestinos antes hundidos en un mar de limitaciones.

Si en la metrópoli la asistencia médica falló, en el sertón nordestino no existía tal asistencia; si en la metrópoli la mano de obra fabril era explotada, en el sertón nordestino no había empleos. Existe una complejidad muy grande en este proceso: si Lula perdió el dedo por negligencia médica y falta de seguridad en el trabajo, en el Brasil industrializado había, sin embargo, un hospital (aunque sea precario) y un empleo formal en la vida de Lula. Los Silva son, por todo lo que pudimos observar en nuestro trabajo, la encarnación viva de las contradicciones y la complejidad brasileñas. Ni más, ni menos.

En palabras de Lula:

Había una dinámica entre los compañeros del gremio. A medida que la gente lo iba exigiendo, uno iba... Como optamos por que el sindicato no sería el tutor de los compañeros, sino una especie de caja de resonancia de ellos, cada vez que los trabajadores exigían, en vez de frenarlos, nosotros los dejábamos libres. Entonces ellos querían más boletines, y tenían más boletines; más actividad, y tenían más actividad; más cursos de formación política, y tenían más cursos de formación política. Ellos querían que nos radicalizáramos más, nos radicalizábamos más. Pasamos a vivir en gran medida a partir del propio crecimiento de los compañeros. Por eso yo digo siempre que soy el fiel reflejo del crecimiento de mis compañeros. Ni más ni menos. A medida que ellos avanzaban, yo avanzaba, en la medida que ellos no avanzaban, yo tampoco lo hacía.

De la cultura de la pobreza a la cultura de la transformación, Lula hizo su camino transformando alienación política en capacidad de organización y liderazgo. A pesar de sus singularidades individuales y de haberse transformado en uno de los más importantes personajes de nuestra historia, Lula fue también el retrato de su clase. Junto a su familia, un retrato del país. Los Silva componen un cuadro vivo, complejo y original de la nación brasileña de las últimas décadas. Lula es, por sobre todo, el hijo legítimo de Brasil.

Referencias bibliográficas

ABCD Sociedade Cultural: *Lula: entrevistas e discursos*, São Bernardo do Campo, 1980.

ALBERTI, Verena: *História oral: a experiência do CPDOC*, Río de Janeiro, FGV, 1990.

ALMEIDA, Maria Hermínia T.: "Sindicato no Brasil", *Debate e Crítica*, n° 6, San Pablo, jun. 1975.

ANTUNES, Ricardo: *O que é sindicalismo*, San Pablo, Brasiliense, 1980.

——: "A rebeldia do trabalho", *O confronto operário no ABC paulista: as greves de 1978-80*, San Pablo, Ensayo/Unicamp, 1988.

ARNS, Dom Paulo Evaristo: "Prefacio", en *Brasil: nunca mais*, Petrópolis, Vozes, 1986.

BARBEIRO, Heródoto (Entrevistador): *O que pensam os presidenciáveis: Lula*, San Pablo, Harbra, 1989.

BERLINCK, Manuel T.: *Marginalidade social e relações de classe em São Paulo*, Río de Janeiro, Vozes, 1977.

BOTTOMORE, Tom (ed.): *Dicionário do pensamento marxista*, Río de Janeiro, Jorge Zahar, 1988.

BOBBIO, Norberto: *O conceito de sociedade civil*, Río de Janeiro, Graal, 1982.

——: *O futuro da democracia: uma defesa das regras do jogo*, Río de Janeiro, Paz e Terra, 1986.

BOSI, Ecléia: *Memória e sociedade: lembranças de velhos*, San Pablo, T.A. Queiroz, 1979.

CALLIGARIS, Contardo: *Hellô Brasil*, San Pablo, Escuta, 1992.

CAMARGO, Aspásia et al.: "O método de história de vida na América Latina", *Cadernos CERU*, San Pablo, 19:148-180, jun. 1984.

CANDIDO, Antonio: *Brigada ligeira e outros escritos*, San Pablo, Unesp, 1992.

CARDOSO, Fernando Henrique: "Proletariado no Brasil: situação e comportamento social", en *Mudanças sociais na América Latina*, San Pablo, Difel, 1964.

CENTRE FOR CONTEMPORARY CULTURAL STUDIES: *Da ideologia*, Rio de Janeiro, Zahar, 1983.

CHAUÍ, Marilena: "Os trabalhos da memória", en BOSI, E.: *Memória e sociedade: lembranças de velhos*, San Pablo, T.A. Queiroz, 1979.

COGGIOLA, Osvaldo: *Questões de história contemporânea*, San Pablo, Oficina de Livros, 1994.

CORREA, Carlos Humberto P.: *História oral: teoria e técnica*, Florianópolis, UFSC, 1978.

CORREA, Hércules: *A classe operária e seu partido*, Río de Janeiro, Civilização Brasileira, 1980.

————: "A estrutura sindical brasileira: lutas, experiências, propostas", en *Encontros com a Civilização Brasileira*, Río de Janeiro (21): 129 -30, mar. 1980.

CURTIS, Richard D. et al.: *A guide for oral history programs*, Fullerton, California State University, 1973.

D'ALENCASTRO, Luis Felipe: "L'impératif électoral au Brésil: 1964-1981", en *Problèmes D'Amérique Latine*, n° 61, 3er trimestre, 1981.

DANTAS Jr., Altino: *Lula, sem censura*, Petrópolis, Vozes, 1981.

DAVIS, Cullon et al.: *Oral history: from tape to type*, Chicago, American Library Association, 1977.

DIAS, Everaldo: *Histórias das lutas sociais no Brasil*, San Pablo, Alfa-Ômega, 1977.

DREIFFUS, René Armand: *A internacional capitalista. Estratégias e táticas do empresariado transnacional de 1918-1986*, Río de Janeiro, Espaço e Tempo, 1986.

————: *1964: a conquista do Estado: ação política e golpe de classe*, Petrópolis, Vozes, 1981.

————: *O jogo da direita*, Petrópolis, Vozes, 1989.

ECO, Umberto et al.: *Meaning and mental representations*, Boomington, Indiana University Press, 1978.

EVERS, Tilman: "Identidade: a face oculta dos novos movimentos sociais", en *Novos Estudos Cebrap*, N° 4, abril, 1983.

FAORO, Raymundo: *Os donos do poder: a formação do patronato político brasileiro*, Porto Alegre, Globo, 1979.

————: *Trabalho e conflito social*, San Pablo, Difel, 1976.

FERNANDES, Florestan: *Pensamento e ação: o PT e os rumos do socialismo*, San Pablo, Brasiliense, 1989.

————: *Sociedade de classes e subdesenvolvimento*, Río de Janeiro, Zahar, 1968.

FREUD, Sigmund: *Obras completas*, Río de Janeiro, Imago Editora, ncd.

FURTADO, Celso: *Análise do modelo brasileiro*, Río de Janeiro, Civilização Brasileira, 1973.

————: *A formação econômica do Brasil*, San Pablo, Nacional, 1967.

FUCHTNER, Hans: *Os sindicatos brasileiros: organização e função política*, Río de Janeiro, Graal, 1980.

GADOTTI, Moacir e PEREIRA, Otaviano: *Pra que PT. Origem, projeto e consolidação do Partido dos Trabalhadores*, San Pablo, Cortez, 1989.

GAY, Peter: *Freud para historiadores*, Río de Janeiro, Paz e Terra, 1989.

GORENDER, Jacob: *Combate nas trevas – A esquerda brasileira: das ilusões perdidas à luta armada*, San Pablo, Ática, 1987.

GRAMSCI, Antonio: *Maquiavel, a política e o Estado moderno*, Río de Janeiro, Civilização Brasileira, 1976.

————: *Obras escolhidas*, San Pablo, Martins Fontes, 1978.

GUATTARI, Felix: *Felix Guattari entrevista Lula*, San Pablo, Brasiliense, 1982.

GURGEL, Cláudio: *Estrelas e borboletas. Origens e questões de um partido a caminho do poder*, Río de Janeiro, Papagaio, 1989.

HALBWACHS, Maurice: *La mémoire collective*, París, Presses Universitaire de France, 1968.

HARDMAN, F. Foot e LEONARDI, Victor: *História da indústria e do trabalho no Brasil*, San Pablo, Global, 1982.

HISTÓRIA imediata: *A greve na voz dos trabalhadores*, San Pablo, Alfa-Ômega, n° 2, 1979. *Estudos Cebrap*, San Pablo, n° 26, 1982.

————: *Controle capitalista e luta operária na indústria automobilística brasileira*, San Pablo, Vozes/Cebrap, 1982.

HOBSWABM, Eric: *A era dos extremos: o breve século XX: 1914-1991*, San Pablo, Companhia das Letras, 1995.

IANNI, Octavio: *O ABC da greve operária*, San Pablo, Hucitec, 1980.

————: *O colapso do populismo no Brasil*, Río de Janeiro, Civilização Brasileira, 1968.

———— et al.: *Política e revolução social no Brasil*, Río de Janeiro, Civilização Brasileira, 1965.

————: *Teorias de estratificação social*, San Pablo, Nacional, 1973.

KECK, Margareth Elizabeth: *A lógica da diferença: o Partido dos Trabalhadores na construção da democracia brasileira*, San Pablo, Ática, 1991.

KEHL, Maria Rita: "A psicanálise e o domínio das paixões", en CARDOSO, S. et al.: *Os sentidos da paixão*, San Pablo, Funarte/Companhia das Letras, 1990.

————: "A razão depois da queda (utopias e psicanálise)", en *Tempo do desejo*, San Pablo, Brasiliense, 1989.

KOVARICK, Lúcio: *Capitalismo e marginalidade na América Latina*, San Pablo, Paz e Terra, ncd.

———— e CARDOSO, Fernando H.: *Os partidos e as eleições no Brasil*, Rio de Janeiro, Paz e Terra, 1975.

———— y MENEGUELLO, Raquel: *Partidos políticos e consolidação democrá-tica: o caso brasileiro*, San Pablo, Brasiliense, 1986.

———— y MOURA, A.: "Política econômica e abertura política no Brasil: 1973-1983", en *Textos IDESP*, n° 4, San Pablo, 1984.

LEWIS, Oscar: *Antropologia de la pobreza: cinco famílias*, México, Fondo de Cultura Económica, 1983.

————: *La vida: una familia portorriqueña en la cultura de la pobreza: San Juan y Nueva York*, México, Joaquín Mortiz, 1975.

————: *Los hijos de Sánchez*, México, Joaquín Mortiz, 1973.

LIMA, Heitor Ferreira: *História político-econômica e industrial do Brasil*, San Pablo, Nacional, 1973.

LOPES, José Sérgio L.: *Cultura e identidade operária: aspectos da cultura da clas-se trabalhadora*, San Pablo, Marco Zero, ncd.

"LULA, entrevistas e discursos", Ed. *O Repórter de Guarulhos*, Guarulhos, 2a edição, 1981.

"LULA, retrato de corpo inteiro", testimonio dado a R. Antunes, A. Rago, M. D. Prates y P. D. Barsotti: *Revista Ensaio*, n° 9, San Pablo, 1982.

LUKÁCS, Georges: "Consciência de classe", en *Historia y consciencia de cla-se*, Barcelona, Grijalbo, 1975.

LUXEMBURGO, R.: *Greves de masses, partis et syndicats*, Paris, Maspero, 1969.

———— (org.): *Os trabalhadores e os partidos*, San Pablo, Semente, 1981.

MARTINS, José de Souza: *A chegada do estranho*, San Pablo, Hucitec, 1993.

MARTINS, Luciano: *Industrialização, burguesia nacional e desenvolvimento*, Río de Janeiro, Saga, 1968.

————: *Politique et développement économique: struture de pouvoir et système de décisions au Brésil*, Tesis de doctorado, mimeo, 1973.

MARX, Karl: *O capital*, Río de Janeiro, Civilização Brasileira, 1971.

————: "O 18 Brumário de Luiz Bonaparte", en *Obras escolhidas*, San Pa-blo, Alfa-Ômega, vol. 1, ncd.

———— y ENGELS, F.: *Obras escolhidas*, San Pablo, Alfa-Ômega, 1983, vols. 1, 2 y 3.

MENEGUELLO, Raquel: *PT, a formação de um partido: 1979-1982*, San Pa-blo, Paz e Terra, 1989.

MORAIS FILHO, Evaristo: *O problema do sindicato único no Brasil*, San Pa-blo, Alfa-Ômega, 1978.

MORAIS, Ricardo: "Dieese: os 25 anos de história vinculada ao movimen-to trabalhista e sindical", *Gazeta Mercantil*, San Pablo, 29 nov. 1980, pág. 5.

MOREL, Mário: *Lula, o metalúrgico: anatomia de uma liderança*, Río de Janei-ro, Nova Fronteira, 1989.

MOSS, William W.: *Oral history program manual*, Nueva York, Praeger, 1974.

NEVINS, Allan: "Oral history: how it was born", en *Oral history: an interdisciplinary anthology*, Stanford, Stanford University Press, 1961.

OLIVEIRA, Francisco de: "A economia brasileira: a crítica da razão dualista", San Pablo, *Estudos Cebrap*, n° 2, 1972.

————: *O elo perdido*, San Pablo, Brasiliense, 1987.

OLIVEIRA, Isabel R. de: *Trabalho e política: as origens do Partido dos Trabalhadores*, Petrópolis,Vozes, 1988.

ORAL HISTORY ASSOCIATION: *Oral history evaluation guidelines*, Lexington, Oral History Association, 1980.

PEDROSA, Mário: *Sobre o PT*, San Pablo, Chedid Editorial, 1980.

PLEKHANOV, G. V.: "A propósito do papel do indivíduo na história", en *Obras escolhidas*, Edições Moscovo/Progresso, URSS, 1987.

POMAR, Wladimir: *Quase lá: Lula, o susto das elites*, San Pablo, Brasil Urgente, 1990.

PRADO Jr., Caio: *História econômica do Brasil*, San Pablo, Brasiliense, 1983.

PT: UM PROJETO PARA O BRASIL: Seminario realizado en San Pablo los días 15 y 16 de abril de 1989, San Pablo, Brasiliense, 1989, vol. 1 y 2.

QUEIROZ, Maria Isaura: "Relatos orais: do 'indizível' ao 'dizível'", en VON SIMSOM, Olga M. (org.): *Experimentos com histórias de vida*, San Pablo, Vértice, 1988.

————: *Variações sobre a técnica de gravar no registro de informação viva*, San Pablo, USP, 1983.

RAINHO, Luiz Flávio: *Os peões do Grande ABC*, Petrópolis, Vozes, 1980.

———— y BARGAS, Osvaldo M.: *As lutas operárias e sindicais dos metalúrgicos em São Bernardo*, São Bernardo do Campo, Associação Cultural Beneficente dos Metalúrgicos de *SBC* y Diadema, 1983.

REIS, Fábio Wanderley (org.): *Os partidos e o regime*, San Pablo, Símbolo, 1978.

RODRIGUES, Leôncio Martins: *Conflito industrial e sindicalismo no Brasil*, San Pablo, Difusão Européia do Livro, 1966.

————: *Sindicalismo e sociedade*, San Pablo, Difusão Européia do Livro, 1968.

————: *Trabalhadores, sindicatos e industrialização*, San Pablo, Brasiliense, 1974.

ROUANET, Sérgio Paulo: *Teoria crítica e psicanálise*, Río de Janeiro, Tempo Universitário, 1983.

SADER, Eder: *Quando novos personagens entram em cena: experiências e lutas dos trabalhadores da Grande São Paulo 1970-1980*, Río de Janeiro, Paz e Terra, 1991.

SAMPAIO, Antonio P.: *Lula e a greve dos peões*, San Pablo, Escrita, 1982.

SEGATTO, J. A.: *A formação da classe operária no Brasil*, Porto Alegre, Mercado Aberto, 1987.

SILVA, Luiz Inácio da: *Lula sem censura*, Petrópolis, Vozes, 1981a.

————: *Entrevistas y discursos*, Guarulhos (SP), Editora O Repórter, 1981b.

SKIDMORE, Thomas E.: *Brasil, de Castelo Branco a Tancredo*, Río de Janeiro, Paz e Terra, 1975.

————: *Brasil, de Getúlio a Castelo Branco*, Río de Janeiro, Paz e Terra, 1975.

SILVA, Hélio: *O poder militar*, Porto Alegre, L&PM, 1984.

SIMÃO, Azis: *Sindicato e Estado*, San Pablo, Dominius, 1976.

SINGER, Paul: *Dominação e desigualdade: estrutura de classes e repartição de renda no Brasil*, Río de Janeiro, Paz e Terra, 1981.

————: *Um mapa da exclusão social no Brasil*, San Pablo, Cebrap, 1995.

SODRÉ, Nelson Werneck: *História da burguesia brasileira*, Petrópolis, Vozes, 1983.

————: *Vida e morte da ditadura: 20 anos de autoritarismo no Brasil*, Petrópolis, Vozes, 1984.

STEPAN, Alfred: *Os militares na política*, Río de Janeiro, Artenova, 1975.

THIOLLENT, Michel: *Crítica metodológica, investigação social e enquete operária*, San Pablo, Pólis, 1992.

THOMPSON, Paul: *A voz do passado: história oral*, Río de Janeiro, Paz e Terra, 1992.

THOMPSON, E. P.: *A formação da classe operária inglesa*, Río de Janeiro, Paz e Terra, 1988.

TRAGTEMBERG, Maurício: "O saber e o poder", en *Sobre educação política e sindicalismo*, San Pablo, Cortez, 1982.

WEFFORT, Francisco C.: *Classes populares e política*, San Pablo, USP, 1968.

————: *O populismo na política brasileira*, San Pablo, Paz e Terra, 1980.

WOLFENSTEIN, E. Victor: *Los revolucionarios: Lenin, Trotski y Gandhi*, Buenos Aires, Paidós, 1968.

VANSINA, Jean: *Oral tradicion as history*, Madison, University of Wisconsin Press, 1985.

VIANNA, Luiz Werneck: *Liberalismo e sindicalismo no Brasil*, Río de Janeiro, Paz e Terra, 1976.

VIÑAR, Maren y Marcelo: *Exílio e Tortura*, San Pablo, Escuta, 1992.

VON SIMON, Olga de Morais (org.): *Experimentos com história de vida*, San Pablo, Vértice, 1988.

VOVELLE, Michel: *Ideologias e mentalidades*, San Pablo, Brasiliense, 1991.